古代歷史文化 研究輯刊

七 編

王 明 蓀 主編

第 15 冊

明代四川的民變

鄭 俊 彬 著

國家圖書館出版品預行編目資料

明代四川的民變／鄭俊彬 著 — 初版 — 新北市：花木蘭文化
出版社，2012〔民101〕
目 2+252 面；19×26 公分
（古代歷史文化研究輯刊 七編：第 15 冊）
ISBN：978-986-254-825-7（精裝）
1. 民變　2. 明代　3. 四川省
618　　　　　　　　　　　　　　　　　　101002885

ISBN-978-986-254-825-7

9 789862 548257

古代歷史文化研究輯刊
七 編　第十五冊　　　　　ISBN：978-986-254-825-7

明代四川的民變

作　　　者	鄭俊彬
主　　編	王明蓀
總 編 輯	杜潔祥
出　　版	花木蘭文化出版社
發 行 所	花木蘭文化出版社
發 行 人	高小娟
聯絡地址	新北市永和區中正路五九五號七樓
	電話：02-2923-1455／傳真：02-2923-1452
網　　址	http://www.huamulan.tw 信箱 sut81518@gmail.com
印　　刷	普羅文化出版廣告事業
初　　版	2012 年 3 月
定　　價	七編 24 冊（精裝）新台幣 38,000 元

明代四川的民變

鄭俊彬　著

作者簡介

鄭俊彬，1957 年，5 月 1 日生於台東縣卑南鄉，成長於彰化縣溪州鄉，大學、碩士、博士皆就讀於中國文化大學史學系，以明代社會經濟生活史為專攻研讀方向，累進成果，匯集成書，提供對明代庶民生活經濟有興趣者參考閱讀。

提　要

　　「明代四川的民變」文中對四川民變變亂之遠、近因及其對民生經濟之影響，有極詳細之探討，可成為讀者瞭解明代民變亂向之參考指南。明代四川經濟發展和唐、宋二朝代相比，呈現緩慢下降，經濟重心漸漸南移後，位於邊陲的四川經濟地位更不被重視。此外和四川遠離政治中心，遙遠無期的北京城，任官有如同被放逐，在四川任官者非但不為朝廷所重視，亦為一般仕宦者所不願接受，因此政治地位和中央的關懷度遠不如唐、宋時期。

　　政治地位不被重視，經濟地位又漸漸下降，加上吏治制度不建全，軍事措施又失當，終於釀成社會危機，民變不斷迭起。治國者的疏忽和整治無方，及地方農民抗官宿怨的累積激盪下，從明初開始的民變竟然和明代亡國相始終。

　　本論文從政治、軍事、經濟等面向深入追尋民變迭起的原因，探討民變「變向」之來龍去脈分析，是探討「明代民變」變向、延伸、及其造成經濟成長停滯、亡國等因素之重要閱讀參考書。

目次

緒　論

　　唐代四川的社會經濟和江南地區一樣繁榮，是唐王朝財賦重地。當時號稱「揚、益，俱爲重藩，左右皇都。」〔註 1〕蓋謂「天下之盛，揚爲一，而蜀次之」，可見成都平原是僅次於揚州，爲全國經濟最發達區域之一。〔註 2〕陳子昂曾說：「國家富有巴蜀，是天府之藏，自鹽右及河西諸州，軍國所資，郵驛所給，商旅莫不取給於蜀。又京師府庫，歲月珍貴，尙在其外，此誠國之珍府。」〔註 3〕所以安史之亂以後，北方殘破之餘，每當長安有難，皇室往往避難四川，作爲反攻基地，徐圖恢復之舉。安史之亂爆發之時，「河南、河北，貢賦未入，江泊轉輸，異於往時。惟蜀劍南，自用兵以來，稅斂則殷，部領不絕，瓊林諸庫，仰給最多；是蜀之土地膏腴，物產繁富，足以供王命也。」〔註 4〕又如朱泚之亂，德宗逃往梁州，也是「倚劍蜀爲根本。」〔註 5〕及至唐末，黃巢之亂，僖宗亦逃至成都，「蜀中府庫充實，與京師無異，賞賜不乏，士卒欣悅。」〔註 6〕可以印證，四川的財力、物力尙足以維持瀕臨危亡的唐代政權。唐朝滅亡之後，王建、孟知祥先後憑藉四川的人力、財賦，建立了前蜀、後蜀政權。其時北方戰亂相尋，社會經濟遭到嚴重破壞，四川位處西陲，少有經歷大的戰火，經濟持續而穩定發展。如後蜀立國時期，「府

〔註 1〕　蒙默等著《四川古代史稿》（四川：四川人民出版社，1988 年 10 月第一版）
　　　　　頁 204，四、〈唐代四川在全國的經濟地位〉。
〔註 2〕　李敬洵《唐代四川經濟》（成都：四川省社會科學院出版社，1988 年 5 月）頁
　　　　　27～33，第五節〈經濟發展概況〉。
〔註 3〕　同註 1。
〔註 4〕　李敬洵《唐代四川經濟》頁 1～5，〈前言〉。
〔註 5〕　同註 1。
〔註 6〕　同註 1。

庫之積，無一絲一粒入中原，所以財貨充實。」〔註7〕唐末、五代以來，四川經濟不斷地往前發展，因此宋太祖趙匡胤建立政權之初，在南北統一過程中，制定了「先南後北」，「先取西川」的戰略。宋太祖曾告訴太宗說：「中國自五代以來，兵連禍結，帑廩虛竭，必先取西川，次及荊、廣、江南，則國用富饒矣。」〔註8〕以四川的財賦作爲統一天下的基礎。

迨北宋政權鞏固，四川地區社會經濟更有長足的進展，這是由於：一有唐代經濟發展作爲基礎；二因長久以來，四川地區戰亂較少，有利於經濟發展；三則地方司土之官注意經濟發展；四爲農民之努力，使四川地區社會經濟發展程度更超越唐代。〔註9〕以糧食產量爲例，川省僅次於兩浙路，是宋代重要稻米產區，糧食除了自給外，尚可供銷荊湖等地。〔註10〕南宋之時，北方淪喪，川西及川中成爲農業最發達地區，成都附近形成了「蜀地膏腴，一畝千金，無閑田以葬的局面。」〔註11〕南宋末葉，蒙古帝國移師侵蜀，四川地區戰亂長達半世紀之久，對社會經濟帶來鉅大的摧殘與破壞。蒙古攻蜀以前，四川每年的收入約占南宋王朝全部收入的三分之一，每年供應軍米達一百五十六萬石，也約占南宋全部軍米的三分之一。蒙古攻蜀以後，四川不僅無糧外調，且餉糧需依靠京湖供應。〔註12〕戰亂之後，「昔之通都大邑，今爲瓦礫之物；昔之沃壤奧區，今爲膏血之野；青煙彌路，白骨成灰，哀恫貫心，瘡痍滿目。」〔註13〕直到元朝帝國統治期間，四川地區經濟，始終無法恢復到宋代的原有水平，從當時每年稅糧收入十一萬六千五百七十四石，僅佔全國歲入的千分之九，可以推見有元一代四川農業的凋敝。〔註14〕

元末明初，四川在明玉珍的割據統治下，因其治國頗尚節儉，在經濟方面，「始定賦稅，十取其一，農家無力役之征。」〔註15〕並將一些部隊，實行「屯種」政策，「以擅國用」；〔註16〕因而「蜀人悉便安之」，〔註17〕社會經濟

〔註7〕 李敬洵《唐代四川經濟》頁1～33，第一章〈區域經濟地理〉。
〔註8〕 《四川古代史稿》頁240～241，一、〈宋初先取西川〉。
〔註9〕 前引書，頁268～269，第三節，〈宋元時期四川地區社會經濟的發展〉。
〔註10〕 前引書，頁269～274，一、〈宋代四川地區的農業〉。
〔註11〕 同前註。
〔註12〕 《四川古代史稿》頁255～264，五、〈蒙古攻蜀〉。
〔註13〕 前引書，頁294～297，四、〈元代的社會經濟概況〉。
〔註14〕 同前註。
〔註15〕 《四川古代史稿》頁264～268，六、〈明玉珍和大夏政權〉。
〔註16〕 同前註。

始往前發展。方孝孺就曾說：明玉珍「躬行節儉，興文教、辟異端、禁侵掠、薄稅歛，一方咸賴小康焉。」〔註 18〕明玉珍死後，子昇嗣，當時朱元璋勢力日大，明昇曾遣使入貢朱元璋，使臣自言：四川「沃壤千里，財利富饒，天府之國。」可見，蜀地在元末尚稱富庶。〔註 19〕然而明昇闇弱，群下擅權，朝政大亂，遂予朱元璋政權有可乘之機。〔註 20〕洪武四年（1371）春正月伐夏，秋七月，夏亡。〔註 21〕征戰期間，夏軍強烈的抵抗，明軍所到之處，焚殺搶掠，以致太祖初年，蜀地淒涼殘破，太祖不得不將民稀事簡之州縣，裁汰冗官，且將州縣所轄戶數及糧賦不及數者，降調裁併，以節省財政支出，如「資陽縣，以居民鮮少，不滿二鄉，歸併簡縣」；又如黔江以「黔之民半夷，并其地於彭水」；邛州編戶十一里，改爲縣，隸嘉定州，太祖此次調整州縣雖普及全川，但卻以盆地中心爲範圍，可見當時四川盆地中心之簡陋，更遑論盆偏州縣，今將洪武年間州縣省併及其調整情形，作表如下：〔註 22〕

表一　洪武年間四川省州縣省併一覽表

年代	西元	月	原行政區			調整	裁革	合併	後續異動			
			府	州	縣				年代	西元	月	調整
5	1372			高					正德 13	1518	4	州
				黔江				省入彭水縣	洪武 14	1381	9	縣
6	1373	12		羅江				省入綿州	13	1380	11	縣
				簡	縣				正德 8	1513		州
9	1376	4	嘉定			州						

〔註 17〕同前註。

〔註 18〕同前註。

〔註 19〕夏原吉《明太祖實錄》（據國立北平圖書館紅格鈔本微捲影印，台北：中研院史語所校勘印行，民國 57 年 6 月二版）卷二，頁 4，丙午年 9 月己亥。

〔註 20〕前引書，卷二十一，頁 5，吳元年 3 月戊寅。

〔註 21〕前引書，卷六七，頁 3，洪武 4 年秋 7 月己丑。

〔註 22〕《明太祖實錄》卷九六，頁 1，洪武 8 年春正月戊辰，及卷一○五，頁 5，9 年 3 月甲午，及卷一一二，頁 1，10 年 5 月戊寅，及卷一三四，頁 6，13 年 10 月庚戌，和張廷玉《明史》（台北：鼎文書局，民國 69 年 1 月三版）志第十九，地理四，頁 1022～1052，及范淶清修《資陽縣志》（清咸豐 10 年刊本，中研院史語所善本）卷八，頁 1～3。及劉球《兩谿文集》（《四庫全書珍本》十一集，文淵閣本，商務印書館影印）卷四，頁 9～10，〈黔江縣學記〉；常明《四川通志》（清嘉慶 31 年刊本，中研院史語所善本）卷二六，輿地，公署，頁 34～36 明尹淳〈復修邛州記〉。

年代	西元	月	原行政區			調整	裁革	合併	後續異動			
			府	州	縣				年代	西元	月	調整
9	1376			榮	縣							
					龍遊		革					
				眉								
				邛	縣							
			潼川	州								
				逐寧	縣							
			廣元	州					洪武22	1389		縣
				劍			革		洪武13	1380	11	州
					綿谷		革					
				巴	縣				正德9	1514		州
			廣安	州								
				渠	縣							
				大寧	縣							
				達州	縣				正德9	1514		州
					奉節		革		洪武13	1380	11	縣
10	1377	5		綿	雙流			省入華陽縣	洪武13	1380	11	縣
					新繁			省入成都縣	13	1380	11	縣
					漢陽		革					
					崇寧			省入灌縣	13	1380	11	縣
					金堂			省入新都縣	13	1380	11	縣
					井研			省入仁壽縣	13	1380	11	縣
					資陽			省入簡縣	13	1380	11	縣
					什邡			省入綿竹縣	13	1380	11	縣
					德陽			省入漢州	13	1380	11	縣
					縣				13	1380	11	州
					彰明			省入綿縣	13	1380	11	縣
					蒼溪			省入閬中縣	13	1380	11	縣
					南部			省入閬中縣	13	1380	11	縣
					西充			省入南充縣	13	1380	11	縣
					營山			省入蓬州	13	1380	11	縣
					儀龍			省入蓬州	13	1380	11	縣

年代	西元	月	原行政區			調整	裁革	合併	後　續　異　動			
			府	州	縣				年代	西元	月	調整
10	1377				新寧			省入梁山縣	13	1380	11	縣
					南川			省入綦江縣	13	1380	11	縣
					酆都			省入涪州	13	1380	11	縣
					武隆			省入彭水縣	13	1380	11	縣
					慶符			省入宜賓縣	13	1380	11	縣
					筠連			省入高縣	13	1380	11	縣
					珙			省入高縣	13	1380	11	縣
					江油			省入梓縣	13	1380	11	縣
					射洪			省入鹽亭縣	13	1380	11	縣
					中江			省入潼川縣	13	1380	11	縣
					蓬溪			省入遂寧縣	13	1380	11	縣
					彭山			省入眉縣	13	1380	11	縣
					丹陵			省入眉縣	13	1380	11	縣
					青神			省入嘉東州	13	1380	11	縣
					大邑			省入邛縣	13	1380	11	縣
					威遠			省入榮縣	13	1380	11	縣
					名山			省入雅州	13	1380	11	縣
13	1380	11		夔			府					
22	1389	4			綿谷			併入廣元縣				
資料來源	（1）《明史》志第十九，〈地理四〉，頁 1022～1052 （2）《明太祖實錄》，卷一〇五，頁 2 （3）《明太祖實錄》，卷一一二，頁 1 （4）《明太祖實錄》，卷一三四，頁 6 （5）《明太祖實錄》，卷一九六，頁 4											

　　蜀地既殘破，民貧財困，不得不依靠外省之接濟，纔能暫渡時艱。如洪武四年八月，戶部就曾令湖廣行省歸峽等處及荊岳等府，前後運二十萬石糧餉成都，江西南昌等四府，亦運糧十萬石餉重慶，共三十萬石約可支給將及半數官吏軍士俸糧。〔註23〕洪武六年（1373），四川行省會計明年官吏軍士歲支俸糧共七十四萬一千七百餘石，今稽其所入，不及所用，詔以銀一千萬兩，

〔註23〕《明太祖實錄》，卷六七，頁 7，洪武 4 年 8 月甲午。

兼給之。〔註24〕至十三年時（1380），四川所徵田糧，纔足以支付軍餉及官吏月俸。〔註25〕官餉雖足，但所屬州縣，居民鮮少，征夫糧餉，肩任背負，民實苦之，成都故田數萬畝，胥荒蕪不治。〔註26〕漢州德陽縣知縣郭叔文遂奏請「以謫遷之人，開耕以供邊食，庶少紓民力。」〔註27〕於是大量流民、移民墾荒，如洪武六年，太僕丞梁野仙帖木爾言：「四川西南至船城，東北至塔灘，相去八百里，土膏腴，宜招集流亡屯田。」從之。又據《光緒潼川府志》記載：「明初中江縣開設，土著人戶止七家，餘皆自別省流來者。」及《永樂瀘州府志》記載：「昔元時地廣人稀，四方之民流寓瀘者，倍于版籍所載，欽惟聖朝，瀘之附籍者，雜四方之民。」通過上述方式，大批的流民、移民流入四川，再加上軍士衛所的屯田墾荒輔助下，土地開墾，農業生產不斷地提升。〔註28〕至永樂、宣德、正統、景泰年間，川省已是「民樸殷富、牛馬成群，寄宿於野，民勤農耕」，一幅太平盛世的景象，當時，川省已有餘糧接濟鄰省，如成祖永樂十年（1412）五月起，涪州、長壽二地糧倉儲所貯之米，可支百年，遂令貴州都司衛所俸米，於此支給；又如貴州興隆衛，宣宗以前，也在重慶等府支軍俸糧二萬餘石，此後重慶等府遂依年例，每年運糧補助貴州軍衛所俸糧，到英宗正統三年（1436）九月，據都、布、按三司復視川省見糧，可足五年。各衛軍士月糧，遂每日添給三斗；足見川省糧儲愈來愈豐富。〔註29〕

〔註24〕 前引書，卷八六，頁1，洪武6年11月戊戌。

〔註25〕 前引書，卷一三二，頁1，洪武13年6月癸亥。

〔註26〕 前引書，卷一八一，頁2，洪武20年3月丙子。

〔註27〕 同前註。

〔註28〕 《明史》卷七七，志第五三，〈食貨一〉，頁1883，屯田，及《明太祖實錄》卷八一，頁1，洪武6年夏4月壬申，就曾命重將鎮四川西南，俾招集流亡，務農屯田。及蒙默等《四川古代史稿》頁375～378，〈明代四川地區的經濟〉，〈人口狀況〉。

〔註29〕 蒙默《四川古代史稿》（成都：四川人民出版社，1988年10月第一版）頁383～39，〈農業、商業、手工業〉，及夏元吉《明太宗實錄》（據國立北平圖書館紅格鈔本微捲影印，台北：中研院史語所，民國57年6月二版）卷一二八，頁2，永樂十年五月壬辰，及楊士奇《明宣宗實錄》（據國立北平圖書館紅格鈔本微捲景印，中研院史語所，民國57年2月二版）卷四六，頁1～2，宣德3年8月壬午，及卷一一〇，頁8～9，宣德9年4月己卯，及陳文《明英宗實錄》（據國立北平圖書館紅格鈔本微捲景印，中研院史語所，民國57年2月二版）卷三十，頁5～6及卷四六，頁4，正統3年9月癸巳條。

這種盛世延續到成化、弘治年間，至正德年間又起變化，時人徐敷詔在〈劍州守畏亭楊公擢廣東廉州二府序〉云：「國朝累葉，稱風俗淳厚，民生富庶者，在弘正間，武皇帝末載，蜀罹兵燹，劍壤土信雕廢，室家信不保。」和許相卿〈送都諫吳公參政四川序〉云：「蜀產之饒，古稱陸海，今尚爾邪！營建徵發，岷峨赭然，任輓負擔數千里間，赤子僵憤者相屬。」再加上「凶逆貪殘屠剝蠹漁之餘，樂國墟矣。」〔註30〕熊過《南沙文集》也記載，正德以降，因逢天災，百姓流移轉死，不知息所，加以邊疆民族交侵，盜賊竊發，執事者又無長久撫綏之策，人民競相逃離災區，邊疆民族又乘機據要害地，坐收買路錢，肆無憚忌，寇劫殺人，經年累月，幾成無人之區。〔註31〕

元末明初，四川經濟的凋敝，經洪武、永樂二朝墾荒，農業生產大增，以致有成化、弘治年間的盛世。正德以降，因天災、兵荒、民亂等因素，社會經濟又走向凋敝之途。但不論是興盛或凋敝時期，明代川省地區社會經濟已不能與唐、宋時代相比擬。唐時雖無正式的年收稅糧記載，但《新唐書》曾記載：「蜀中粟多，浮江而下，可濟中國。」可約略看出當時糧產之富，尚可救濟他省。〔註32〕南宋時期，四川負擔川陝軍糧更達一百五十萬餘斛，占全國軍糧總數的三分之一，成為南宋軍糧的主要供應區，〔註33〕降及明代，年收稅糧僅有一百零三萬八千五百四十四石，而且「僅備蜀用，較漕賦甚遠」。此為明代川省社會經濟倒退現象的實例之一。〔註34〕

再以茶產量論之，唐和五代時期蜀茶產量，史無記載，但是陸羽《茶經》所載全國三十一個產茶區中，四川有彭、綿、眉、邛、雅、瀘、蜀、漢八州，約占全國四分之一，可見其規模之大。〔註35〕五代十國時，前蜀王建一次能「貢茶、布十萬」，可反映當時四川茶葉產量相當可觀。〔註36〕降及宋代，四

〔註30〕徐敷詔撰《徐定庵先生文集》（明萬曆44年刊本，中圖微捲）卷十三，頁54～56，〈劍州守畏亭楊公擢廣東廉州二府序〉；許相卿《黃門集》（萬曆25年陳興郊浙江刊本，中圖微捲），頁18～19，〈送都諫吳公參政四川序〉。

〔註31〕熊過《南沙先生文集》（明泰昌元年熊胤衡重刊本，中圖微捲）卷三，頁10～12，〈安蜀亭碑記〉。

〔註32〕蒙默等《四川古代史稿》頁193，〈隋唐時期四川經濟的繁榮〉〈農業〉。

〔註33〕前引書，頁272，〈宋代四川地區的農業〉。

〔註34〕《四川古代史稿》頁379～383，〈賦役制度〉。

〔註35〕前引書，頁192～195，一、〈農業〉。

〔註36〕賈大泉、陳一石著《四川茶葉史》（成都：巴蜀書社，1988年4月第一版）頁21～28，一、〈種茶〉。

川地區種植茶葉更較唐代普遍，川陝四路產茶的有雅、蜀、邛、嘉、眉、蜀、漢、錦、簡、利、巴、興、洋、文、瀘、合、渠、夔、忠、達等州，及永康軍、長寧軍、南平軍等二十餘州軍，〔註37〕北宋川茶產量，至神宗元豐七年（1084），達到二千九百一十四萬七千斤；元豐八年（1085），達到二千九百五十四萬八千斤。〔註38〕南宋時期川茶產量，僅成都府，利州路二十二處茶場，歲產二千一百萬斤，而且不包括潼州府路，夔州路的產量，若合計之，亦相當接近北宋的年產量。〔註39〕據賈大泉《宋代四川經濟述論》一書估計，北宋四川茶產量占宋朝全國茶葉總產量的百分之五十六，南宋約占百分之六十二，可見四川已成為全國最主要的產茶中心。〔註40〕元代朝廷因採商人營運，向茶農、茶商課稅的辦法，政府並不直接經營茶業，所以不能計算出川茶年產量。〔註41〕明初，川茶課徵約一百萬斤，至中葉降至四十六萬五千一百六十斤，此一數字大約維持至明末，若把此一數量，以明初課徵額十分之一來計算，川茶年產量在明初有一千萬斤，至中葉則降至四百六十五萬一千六百斤，無論是明初或中葉產量，和宋代最高年產量二千九百萬餘斤相比較，顯然出現大幅度的落差，此又為明代四川社會經濟倒退現象之一實例。〔註42〕

　　再以鹽產量論之，唐代四川鹽年產量，史無可考。〔註43〕降及宋代，川、陝井鹽生產，不論產區及產量，皆較唐代發達。改變唐代以來，「蜀麻、吳鹽自古通」，仰賴外地供應食鹽的局面，做到井鹽自給自餘。〔註44〕當時產區益州路有陵井鹽和綿、邛、眉、嘉、雅、漢等州。梓州路有梓、資、遂、果、普、昌、瀘、戎、榮、合、渠等州和淯井監、富順監、長寧監；夔州路有夔、忠、達、萬、黔、開、涪、渝等州和雲安軍、大寧監；利州路有閬、蓬等州、共三十三個州軍監，歲辦鹽課。據《文獻通考》所載，北宋前期有六二八井，歲辦鹽課一千六百三十萬斤，宋高宗時有四千九百井，歲辦鹽課六千萬斤。〔註45〕降及

〔註37〕前引書，頁37，二、〈產茶分布〉。

〔註38〕前引書，頁38，三、〈茶葉產糧〉。

〔註39〕同前註。

〔註40〕賈大全《宋代四川經濟述論》（成都：四川社會科學院出版社，1985年月）頁85～88，〈茶葉產區和產量〉。

〔註41〕賈大泉、陳一石《四川茶葉史》頁100～101，二、〈茶課的不斷增加〉。

〔註42〕前引書，頁150～153，〈明代川茶的產量〉。

〔註43〕李敬洵《唐代四川經濟》頁157～163，第三節〈井鹽生產〉。

〔註44〕賈大泉《宋代四川經濟述論》，頁1～4，〈宋代四川的經濟地位〉。

〔註45〕《四川古代史稿》頁279～281，二、〈製鹽業〉。

元代，因戰爭的蹂躪，鹽場僅餘十二個，鹽井九十五口，分布在重慶、成都、夔府、敘南、嘉定、順慶、潼州、紹慶等路，歲辦鹽課最高爲文宗天歷二年（1329），共課鹽一千一百五十六萬四千斤，較之南宋高宗六千萬斤，尚不足五分之一。〔註46〕當時因井鹽廢弛，「四川軍民多食解鹽」。〔註47〕以瀘州南、淯兩井鹽課量爲例，合課十二萬斤，而宋代僅南井鹽歲產就達四十一萬斤，可見元代瀘州鹽業大幅度的衰落。〔註48〕及至明朝，洪武時期，鹽司初立，有鹽井二百八十七眼，到景泰時井數達一千三百八十眼，鹽井數目不斷地擴大，鹽產區也較廣闊，至嘉靖時，鹽產區分布全省五十七州縣。〔註49〕但鹽井時開時廢，各井所出，也時高時低，總計洪武時期四川歲辦鹽課一千零一十二萬七千四百四十斤；景泰年間達二千一百三十五萬三千七百四十三斤；弘治時期達二千零一十七萬六千八百斤；正德年間達到一千八百四十六萬八十四斤；嘉靖中降至一千七百八十五萬零三千六百斤；萬曆時期，則降爲九百八十六萬一千餘斤。〔註50〕以最高歲辦鹽課二千五百餘萬斤而言，僅占南宋高宗鹽課三分之一，若以神宗時歲辦鹽課與宋高宗年課相比，則僅有六分之一，顯然又出現大幅度之下降，此又爲明代川省社會經濟倒退之一實例。

表二　明代川省歷朝歲辦鹽課增減統計表

朝代	年課鹽額（斤）	增減鹽額（斤）	備　註　及　資　料
洪武	10127440		（1）增減額計算以洪武年間鹽額爲基數。 （2）資料來源自《續文獻通考》卷三十，《大明會典》卷三十三，《正德四川志》，卷二十五，〈經略鹽課〉，《嘉靖四川總志》，卷十六，及《明清四川井鹽史稿》，頁90。《經國雄略》二卷，四川，頁33
景泰	21353743	+112226303	
弘治	2017680	+10049440	
正德	18460684	+8323244	
嘉靖	17853600	+7726160	
萬曆	9861400	-266040	

〔註46〕前引書，頁294～296，四、〈元代四川的社會經濟概況〉。
〔註47〕賈大泉《宋代四川經濟述論》，頁27。
〔註48〕陳世松《宋元之際的瀘州》（重慶：重慶出版社，1985年9月第一版）頁112～113，二、〈產業凋敝〉。
〔註49〕彭久松等主編《四川鹽井史論叢》（四川省社會科學院出版社，1985年3月成都）頁173～19，冉光榮〈明代四川井鹽業的初步研究〉。
〔註50〕同前註，及張學君、冉光榮著《明清四川井鹽史稿》（成都：四川人民出版社，1984年10月第一版）頁1～35，第一章〈明代井鹽生產的發展與鹽業政策的演變〉。

再以絲織業論之，在唐代時，四川始終是全國絲織業最重要的高級絲織品中心，中葉以後，民間的布帛生產迅速發展，逐漸成為全國最主要的布帛產區。〔註51〕當時不但量有增加，質也提高，以絹帛為例，段文昌《入蜀記》記載：「梁、閬二州絹長十五丈，重一斛，其色目鮮白。」〔註52〕時人稱此絹為「重絹」，質量相當好，價格高出號稱天下第一的宋、□二州土絹。〔註53〕綾、錦更是舉國皆知，尤其是蜀錦以章彩奇麗，色澤鮮豔素具盛譽，更是唐代四川最著名的高級絲織品。〔註54〕麻紵以質量優異，尤受江南商人之垂青。大批蜀麻沿著長江而下，轉販到江南地區。〔註55〕逮宋，四川在唐代已有的絲織業基礎上，更進一步發展到史無前有的絲織業王國，成為宋代最主要的紡織中心。當時蠶絲織文綺麗者冠於天下，蜀中麻布產量居全國之冠。蜀錦、絹紬、綾緞等多種絲織品的品種，數量、質量都超過歷史水平，為人稱譽，馳名中外，而衣被天下。〔註56〕以「蜀錦」為例，因質地堅韌厚重，圖案豐富多彩，色調鮮豔，與定州的「緙絲」，蘇州的「蘇繡」是全國著名的三大工藝名產。〔註57〕其後更在成都成立「成都錦院」，專門從事錦的生產。每年上供六九〇匹以供應廣大無窮的宮廷需求，且其產品亦告增加，名目達四十四種，遠比唐和五代為多。〔註58〕蜀錦在市場上廣受歡迎，一些商人甚至運銷到西北各民族部落，以至「中國織文之工，轉而衣被椎髻鴃舌之人矣。」〔註59〕降及明代，四川絲織業，依然發達，然已無宋代原有的盛況，大量的川絲外銷陝西，供給陝西的繅絲業，本地的絲織業發展卻比較緩慢，紡織技術且遜於江南。如以「蜀錦」為例，明時，「惟蜀藩製之，名無多，價甚昂，不可易得。」再以四川布政司染織局所產絹為例，每年依例得上貢京師，左布政使潘鑑都認為：「蜀匠織造粗惡，與吳浙所產者不同」，反不如繳現銀，或者收買江南好絹上納，則官民兩便。而「保寧府雖以產水絲出名，但多運至江南作改機綾絹」，其自製之綢綾絹等絲織品，雖在「用以自衣被」外，仍能以

〔註51〕李敬洵《唐代四川經濟》，頁 1～6，〈前言〉。
〔註52〕前引書，頁 126～151，第五章〈紡織業〉。
〔註53〕同前註。
〔註54〕同前註。
〔註55〕同前註。
〔註56〕賈大泉《宋代四川經濟述論》頁 65～84，五、〈紡織業〉。
〔註57〕同前註。
〔註58〕同前註。
〔註59〕同前註。

其餘「貨諸他郡」，但並無外銷他省之事。〔註60〕則明代四川紡織業，非但不能與宋代相媲美，連在國內地位都已落在江南之後。

　　總之，從整體上而論，從秦漢以至唐宋，蜀地之物產鹽、茶、絲織業，皆為天下之最。降及元、明二代，卻一落千丈，雖然其間有宋、元之際的軍事征伐，從西元一二二七年，蒙軍闖入蜀邊地為始，至一二九七年，東川平定止，忽必烈以汪良臣為行四川中書省事，正式統治四川，其間有七十年，兵荒馬亂，及南宋網羅軍費之搜括，雙重殘害下，社會經濟，遭至極大之破壞。〔註61〕但有明一代，統治四川二百七十餘年，非但不能恢復唐、宋盛況，反而每況愈下。若以明朝論之，明初諸帝，勵精圖治，地方經濟恢復甚速，至成化、弘治年間達最高點；正德以降開始走下坡，神宗以後便急遽而降。揆其原因，有人認為是「風氣變遷」使然，但顧祖禹則不以為然，他說：

> 志稱蜀川土沃民殷，貨貝充溢，自秦漢以來迄於南宋，賦稅皆為天下最。地又多鹽井、銅鐵……今土地比於唐宋之舊，豈少殺歟？鹽井之跡，豈盡煙歟？銅鐵之饒，豈衰竭歟？向之供億幾半天下者，今境內之資儲，仍虞不給，何歟？或者曰風氣變遷，吾未敢相信也。
> 〔註62〕

但據個人詳閱四川史料中得知，其社會經濟緩慢成長，終而導致衰敗之因，可能與其遠離政治中心有關。就僅以一般仕宦派官狀況而言，唐、宋時，因四川地位頗高，唐代四川行政長官大都由中書省出為四川節度使，官罷亦由節度使再入中書省，此因當時帝都長安，四川為其分輔。迨北宋初，也由執政出制置，制置復入執政。南宋紹興初，有佩相印任官，歸朝復佩相印者，蓋此時，四川與江南相犄角，圖復中原，故不得不重其任。到明代永樂時，定鼎北京，四川僻在西陲，地位已大不如唐、宋之時重要，官蜀地者，非但不為朝廷所重視，亦為一般仕宦者所不願接納，此因在於政治地位上已遠不

〔註60〕何宇度《益部談資》（《百部叢書集成》之二十四，《學海類編》二十五，台北：藝文印書館，民國56年）卷中，頁3，及范鎬《衢村集》（明刊本，漢學影照本）卷四，頁66～64，一、〈便貢賦以省勞費〉，及《古今圖書集成》職方典，〈總論水利蠶桑〉。

〔註61〕陳世松著《蒙古定蜀史稿》（成都：四川省社會科學院出版，1985年11月）頁1～163，及賈大泉《宋代四川經濟述論》，頁262～276，〈南宋末期經濟殘破的表現〉。

〔註62〕顧祖禹《讀史方輿紀要》（台北：洪氏出版社，民國71年1月出版）卷六六，頁2853。

如唐、宋時代。〔註63〕而經濟重心南移，已成歷史必然性，自然更不受重視。然而，四川一地造成經濟下降之主因，實不能以距離京師遠近所能完全解釋得盡。最重要的根本原因，是政治、經濟制度的不健全，諸如：茶政之不當、川木之苛擾，加上吏治之不良，及軍事措施失當，所釀成的社會危機。因此，更加劇四川民變之迭起，從英、憲之際起，以迄於康熙年間，前後長達二百二十五年之間，連續不斷的民變，有如雪上加霜，促使四川社會經濟在有明一代敗壞至極。因此，本文擬就以上種種蛻變的歷史背景因素，以「明代四川的民變」作一專題的探研，期望從政治、軍事、經濟等三方面深入追尋民變迭起的原因，及民變對明代四川社會經濟破壞的具體的事實，藉以說明民變與四川社會經濟之遲緩停滯不進的因果關係。

　　近三十年來，海峽兩岸學人及國際學者研究有關明代四川社會經濟之論著零散不整，大都是一些大陸學者所編寫泛論性的「通史」，如蒙默等編著的《四川古代史稿》、四川簡史編寫組編著的《四川簡史》，〔註64〕李世平的《四川人口史》，〔註65〕賈大全的《四川茶葉史》〔註66〕以及郭濤的《四川城市水災史》之類。〔註67〕這些專書最大特點是從上古介紹到清代，屬於通論性的，對於明代四川社會經濟皆約略涉及，未能更進一層次的深入探討。另外，其中有專論明代井鹽方面的著述，如：林元雄等著《中國井鹽科技史》、張學君

〔註63〕 王世貞《弇州續稿》（《四庫全書》，一二八二集）卷二八，頁 1～2，〈送大中丞小溪孫公進台秩撫蜀序〉。

〔註64〕 蒙默、劉琳、唐光沛、胡昭義、柯建中《四川古代史稿》（四川：四川人民出版社，1988 年 10 月第一次印刷），是書共七章，540 頁，從先秦時期的四川起，止於清代的四川，明代部份偏重於政治、經濟文化的介紹，皆屬通論性的，及四川簡史編寫組編著《四川簡史》（成都：四川省社會科學院出版社，1986 年 12 月），該書第七章〈明清時期的四川〉：第一節、明朝在四川的統治，將明代四川的政治、經濟、及民亂約略談及，並未深入研究。

〔註65〕 李世平著《四川人口史》（成都：四川大學出版社，1987 年 10 月第一版），是書專論四川人口發展史，從古代巴蜀至明清，第六章，專論明清的四川人口，從元末明初的湖廣移民入川開始，到清代湖廣填四川和四川戶口的猛增等節，將明清人口的變遷談得很清楚、本論文引用其觀點頗多。

〔註66〕 賈大泉、陳一石著《四川茶葉通史》（成都：巴蜀書社，1989 年 4 月第一版），是書共分八章，從隋代至民國時期之川茶，一概論之，第五章專論元明時期的四川茶葉。因屬通史，論點比較廣泛。

〔註67〕 郭濤著《四川城市水災史》（成都：巴蜀書社，1989 年 4 月第一版）此書共分八章，依江河流域形勢論各地水災發生之情形，並約略談及災傷，並未探討救濟及防災之措施，屬於記錄性的書籍。

等《明清四川井鹽史稿》以及彭久松等編《四川井鹽史論叢》等三書。對明代四川井鹽鑿井技術的進步，及井鹽的產量、行銷、鹽政敗壞，皆有進一層次的探討，所論也較深入，因此本文對川鹽開採、行銷不再作疊床架屋之重複研究，僅對官府、商人、地主、灶戶四者之間利益衝突，所激起的動亂，作補充探討。〔註68〕至於有關社會史方面的專著，皆集中於少數民族奴隸制度之研究，如：胡慶鈞的《明清彝族社會史論叢》，《西南民族研究・彝族研究專輯》等，有關彝族之生活起居，社會經濟等特性，研究已相當透徹。〔註69〕而民變方面的研究成果，通論性的有李文治的《晚明民變》、顧誠的《明末農民戰爭史》、柳南義的《李自成的紀年附考》，皆通論性的涉及明季四川民變及張獻忠入蜀之經過及其敗亡。〔註70〕其中專著之研究以張獻忠爲較多，如：袁庭棟的《張獻忠傳論》、胡昭曦的《張獻忠屠蜀考辨兼析湖廣塡四川》，

〔註68〕 林元雄、宋良義、鍾長永、馬宗瑤、聶成勛著《中國井鹽科技史》（成都：四川科學技術出版社，1987年12月），該書分四篇十四章，從地質上論井鹽的分佈、鑿井技術的發展、開採技術的演進、製鹽技術，均有卓越的論點。及張學君、冉光榮著《明清四川井鹽史稿》（成都：四川人民出版社，1984年10月第一版）共分十一章，前三章談論明代井鹽生產的發展，與鹽業政策的轉變，和大寧灶夫鄢本恕等人領導的起義，最後談到明代後期到清代前期井鹽生產技術的巨大進步。陳久松、陳然主編《四川井鹽史論叢》（成都：四川省社會科學院出版社，1985年3月）此書有二篇文章，一篇冉光榮〈明代四川井鹽業的初步研究〉，文中提及對「明代四川鹽業不宜估計太高」，其論點亦認爲明代川鹽產量日漸下降趨勢；另一篇，唐光沛〈明正德年間四川大寧灶夫領導的起義〉對武宗年間因鹽政失策引起的民變，有詳細敘述，本文因爲篇幅有限，將來另寫論文分析官府、地主、商人、灶戶四者之間利益衝突，所引起的民亂。

〔註69〕 胡慶鈞著《明清彝族社會史論叢》（上海：上海人民出版社，1981年4月第一版），此書分別討論明代水西及涼山彝族的奴隸制度，及明朝在彝族地區推行的統治政策，和明天啓、崇禎年間的「奢安之亂」。《西南民族研究・彝族研究專輯》（成都：四川民族出版社，1987年5月），是書亦集中論點在彝族之奴隸制度之研究。

〔註70〕 李文治編《晚明民變》（中華書局、上海書店聯合出版，1989年2月第一版）第四章〈民變極盛時期「中」——張獻忠〉，從幼年介紹到獨霸四川時期，第六章第二節介紹張獻忠開始衰敗死亡與四川的放棄。顧誠《明末農民戰爭史》（河南：中國社會科學出版社，1984年10月第一版）第十四章〈大西軍在四川〉，專論張獻忠在四川的一切措施及其失敗的原因，柳義南著《李自成紀年附考》（北京：中華書局，1983年6月第一版），此書從李自成一歲、張獻忠一歲寫起，止於張獻忠四十一歲，對晚明四川民變之考據評論有獨特之看法，尤其是有關夔東十三家，分早期、中期、晚期，各期各家不同，更爲他書所未提者。

以及成都社會科學研究叢刊編輯部出版的《張獻忠在四川》。〔註71〕凡此專著皆將民變重點置放於張獻忠入蜀、亂蜀、敗亡經過，而未能將民變時間拉至英、憲之際，以較長時空從經濟、政治、軍事及社會之變動等來探討民變與四川社會經濟之因果關係。這是以上民變專著忽略之處，也是本文想彌補缺憾的重點探討所在。其他國外研究成果，較分散而與本文所要取材者，相關較少，則略去不舉。

在原始史料取材上，本文是以當代文獻為主體，例如：《明實錄》、會典、奏議、文集、筆記、雜錄等，尤其是坊間尚未景印出版的明人文集，凡中央圖書館已縮印成微捲者，更是本文的主要資料。次以明清方志為輔，但在這方面受到極大之限制；蓋明季兵燹民變後，原所存留的明修方志，幾乎全在戰火之下焚毀無遺，康熙、乾隆年間所修的方志之中，也苦於無文獻可徵，無舊典可尋。清人在修方志時，就常提及有關明代史事史書無資料可資考者。如《蜀故》記載：「自蜀府成王貯書數萬卷，兵燹後，盡為灰燼，好學之士，欲窺全貌，駸駸乎其難。」〔註72〕康熙《崇慶州志序》也記載：「余自澝茲都，旁求志冊，竟鮮全書。蓋蜀遭兵燹，典籍久煙，名山之藏燼於劫火，兼之賢者殆盡，文獻文徵，詢訪者惟此一、二老而已。」〔註73〕乾隆《新繁縣志》也記載：「兵燹之後，家少藏書，播遷之餘，邑無遺獻。」〔註74〕《墊江縣志》也記載說自甲申亂後縣志盡毀，文獻無徵。「乾隆丙午，始行採輯，創立志乘，有明事跡，僅存什一於千百。」〔註75〕乾隆二十五年（1760），富順知縣熊葵向修縣志時，也因獻忠流毒，典籍灰燼，曾提出「勢所難為」之論調。〔註76〕嘉慶《新修梁山縣志》記載：「邑經前明兵燹頻仍，煙燎之餘，簡冊成灰燼，

〔註71〕袁庭棟《張獻忠傳論》（成都：四川人民出版社，1981年1月）及社會科學研究叢刊《張獻忠在四川》（成都：1981年2月出版），及胡昭義《張獻忠屠蜀考辨——兼論湖廣填四川》（成都：四川人民出版社，1984年第一版），凡此諸書，皆給張獻忠極高之評價。

〔註72〕彭遵泗《蜀故》（清光緒24年玉元堂校刊本、中研院史語所善本）敘。

〔註73〕沈恩培《增修崇慶州志》（清光緒3年刊本，中研院史語所善本）序，頁1～2，吳志原序。

〔註74〕張文珍《續修新繁縣志》（清同治12年刊本，中研院史語所善本）頁1～3，初修原志序。

〔註75〕夏夢鯉《墊江縣志》（清道光8年刊本，中研院史語所善本）卷一，〈凡例〉，頁1。

〔註76〕羅廷權《富順縣志》（清同治11年刊本，中研院史語所善本）頁13～15，〈原序〉。

何有於志乘。」〔註77〕同治《營山縣志》則記載：「西蜀遭獻賊之亂，典章文籍漫滅於荒煙燐火間，十不存一。」〔註78〕諸如此類記載，不勝枚舉。〔註79〕明清方志記載，皆依據斷簡殘編而後克成，多無數據，即或有之，也缺乏歷朝的連續性，因此祇能作個別分析。雖然，方志有其極限，但尚可從少數殘存的明代方志及清代方志中保留的片斷明代史料，窺其一、二，仍爲本文主要史料之一。本文期望在上述二大類素材中，爬梳出明代四川民變與社會經濟變化之史料，並在前賢時彥研究成果的基礎上，檢討本文的主題「民變」與明代四川政治、軍事、社會經濟的關係。

〔註77〕朱言詩《梁山縣志》（清同治 11 年刊本，中研院史語所善本）卷首，原序，頁 19～22。

〔註78〕翁道均《營山縣志》（清同治 9 年刊本，中研院史語所善本）卷三十八，藝文，墓誌，頁 34，〈羅孺人墓誌銘〉。

〔註79〕王夢庚《犍爲縣志》（嘉慶 19 年刊本，史語所善本）藝文，頁 41～43，「康熙 24 年，編縣志，搜採全書，終不可得，僅拾斷簡殘編，增定成帙。」趙炳然《納谿縣志》（清嘉慶 18 年刊本，中研院史語所善本）卷一，頁 3～5，〈納谿舊志序〉：「納邑遭兵燹後，舊譜無存，老成又皆物故，雖極力搜羅，孰從而求之，即耆英父老之耳聞口授，則又無徵不信，延及數月，卒無所獲，遲之，又久恐干功令，因而會集儒生故老，廣覽全書，博採總志，彙成一帙。」及劉元熙《宜賓縣志》（民國 21 年排印本，中圖善本），嘉慶 17 年序，頁 3～4，「宜賓舊文物地，明天啓後，屢傷於寇，故士族稍就淪喪，嘉慶辛未余訪舊志，僅得康熙丙寅年間破舊書數卷。蓋傷痍甫定，文獻闕如，非爲之者不力也。」及李調元《井蛙雜記》（《筆記小説大觀》十九編第九冊，台北：新興書局影印）自序中記載：「蜀遭獻逆之亂，書籍殘燬，青羊一劫，衣冠塗地，兵災之後雖綴拾遺，纂修省志，賴有當地諸公，搜覓亂珊瑚鐵網難盡，又或傳聞互錯，不免漏溝，因不揣固陋，思拾遺而補綴之。」

第一章　明代四川的政治

第一節　前、中期的四川政治

　　四川地大民雜，化有所不及，令有所不齊，素稱難治。再加上明廷定都北京，川省遠在萬里之外，公文書簡郵寄以年月期，曠月耗時。人民申訴、冤滯之獄，一不達於縣，再不達於州，甚至有坐墳圮而不達京師者。〔註1〕以建昌為例，距京師以萬里計，遙望成都亦千里，有事難達聽聞。四境之地，大多如此。〔註2〕若非守令得人，民情可上達，則官吏極易欺上矇下。〔註3〕「得人則治，失人則亂」，明興，四川雖屢有民亂，然禍患不久，四境不擾，旋起旋滅，皆任吏參置得宜，以致地方富庶，猶稱陸海。〔註4〕根據《明史‧循吏傳》記述，定遠知縣高斗南，與岳池知縣王佐等因事被逮，「其耆民奔走闕下，具列善政以聞，太祖嘉之，賜襲衣寶鈔遣還，並賜耆民道路費。」〔註5〕當時朝廷對於川官之挑選，極其嚴格，貪鄙不稱，性質庸常，且善避事者皆黜降，別選賢

〔註1〕　《升庵集》，卷四，頁9～10，〈四川御史題名記〉。
〔註2〕　《升庵集》，卷四，頁11～12，〈四川兵備道題名記〉，及卷二一，頁2～4，〈劍州志序〉。
〔註3〕　《古庵文集》卷三，頁43，〈中南濱郡候之四川按察副使序〉。劉吉《明憲宗實錄》（據國立北平圖書館紅格鈔本微捲影印，台北：中研院史語所校勘印行，民國57年2月二版），卷一一，頁5，天順8年11月丁巳，及卷一九，頁1～2，成化元年7月丁未。
〔註4〕　高叔嗣，《蘇門集》（《四庫全書珍本》六集，文淵閣本，台北：商務印書館，民國64年）卷五，頁1～2，〈送伸純李君赴四川建昌道少參序〉。
〔註5〕　張廷玉《明史》（台北：鼎文書局，民國67年10月再版）。

者代之。〔註6〕甚至未入流之老人之選，亦選用年高有德，眾所信服者，使勸民為善。〔註7〕嚴格執行「任官必須擇人，不可以缺多輒濫受」的政策，因此吏治清明，此種局面大約維持了六、七十年之久。〔註8〕正統以降，政局日非，官吏肆無忌憚貪瀆。川省官員貪瀆情形可由巡按四川監察御史田斌一案窺其一二。田斌和欽天監漏刻博士單誠友善，當田斌巡按四川時，單誠有事至蜀府，日與田斌飲酒。夾江盜起，都指揮僉事徐欽防禦不周兵敗，鎮守少監閻禮劾欽罪，徐欽透過單誠賄斌，以杖了事。後事發，上命錦衣衛遣官追贓，并械送欽、斌、誠三人拷問。田斌、單誠遂將風聞蜀中有司貪瀆情形上告，如前巡按錢進至建昌選軍政，亦受金，序班丁華齋至四川亦受銀，工部主事陳善，行人李麟、楊魁，先後至蜀府，亦假公事受賄賂。於是錦衣衛準備另行拷問，皇上同意。雖然這案件因隨著英宗駕崩而作罷，但從此川官之貪賄情形更普遍。〔註9〕英宗末年，撫治更非其人，始聞百姓流移轉死他地，不知息所。如天順八年（1464）正月，朝廷指出，川省等地，賊寇發生，皆因官司採買物料時，守令不得其人，以致飢寒逼身，嘯聚為盜。〔註10〕九月時，刑部司務朱貴更指出因天災，飢饉遍地，有司撫治無術，百姓衣食不足，遂演成流寇，軍衛有司，互相蒙蔽，及至狼狽，方始上聞，防亂已不及。〔註11〕至十一月，朝廷再度提出，四川寇賊滋漫，皆由本處官員，因循怠惰，不肯同心協力。〔註12〕憲宗成化元年（1465）二月，六科給事中袁凱等言，又再度重申：「四川累年寇盜不息，兵民被害，俱三司、總兵、巡撫、巡按等官，因循廢弛所至。」〔註13〕平定劉千斤之亂的太子少保白圭也認為川省官員，平時即不能加意撫卹百姓，以消弭禍患於未然，待民亂暴發又不能及時勦捕，以弭患於己，要求各處鎮守、巡撫、巡按并三司等官，嚴撫剿賊。〔註14〕孝宗弘治二年，巡撫僉都御史丘鼐也指出：「蜀川富饒，

〔註6〕 楊士奇等，《明宣宗實錄》（據國立北平圖書館紅格鈔本微捲景印，台北：中研院史語所校勘印行，民國57年2月二版）卷三，頁6，洪熙元年7月。

〔註7〕 前引書，卷四，頁12。

〔註8〕 前引書，卷一一，頁10，洪熙元年11月壬戌。

〔註9〕 陳宇等《明英宗實錄》（據國立北平圖書館紅格鈔本微捲景印，台北：中央研究院史語所校刊印行，民國57年2月二版）卷三五九，頁4～5，天順7年11月庚午。

〔註10〕 《明憲宗實錄》，卷一，頁7，天順8年正月乙亥。

〔註11〕 前引書，卷四，頁11，天順8年4月辛亥。

〔註12〕 《明憲宗實錄》卷一一，頁5，天順8年11月丁巳。

〔註13〕 同註3。

〔註14〕 《皇明經世文編》〈白恭敏奏疏〉卷之一，頁12～13，〈四川盜賊疏〉。

前代迄今，地非異也；蓋人事未修也。」〔註15〕以劍州爲例，因四境相距千里，遼絕二百里，荒陋至極，自明初以來，「官其地，陋其士、窳其政者，往往是也。」〔註16〕以重慶爲例，因土官軍衛雜處，富庶且謗議易生，地方官因貪瀆故，以致「自有知府以來，無見陞遷者」。弘治九年（1496）屈直爲知府，視事時，吏持「帳簿、地步簿呈公，征需七八千金。」屈直認爲此皆小民營利爲生，官爲此橫斂，遂取簿付之於火，屈直在重慶九年，因留心更治，竟然做到：「境人安，倉庫有餘羨之積，囹圄無留滯之囚。」巡撫蕭君認爲屈直：「存心正大，有廉愼之操，處事公平，若勤能之譽，乃四川多官中之傑出者，必須不次擢用，方協譽論。」十八年（1505）冬，陞河南參政。〔註17〕類似屈直這種惠民作風，川省不多見，若有也隨著主事者的調遷，政風又回到從前，昧著良心橫斂的官員，必然很多，否則明代官員，不會多將英宗以降川省多盜寇之原因，歸諸於「撫治非人」。〔註18〕

武宗以降，情況更形惡劣，尤其是自劉瑾專政以來，太監分布各省，剝下攘上，守令之官，競相科索，膚髓啄盡，民不聊生。時民不堪命者，起而爲盜，天下皆然，四川尤盛；故藍、鄢等農民登高一呼，萬民嚮應，頃聚數萬。〔註19〕川撫林俊更把藍、鄢之亂源，全歸諸於劉瑾之禍害：一則劉瑾革巡撫兵備，寇亂發生時，守巡難調，此盜之所由也；二則荒旱盜起，皆不容奏聞，此盜之所盛也；三則遍索無厭，剝民至骨，盡離其心，此盜之所由熟也。以上三因素，遂導致民貧窮困，視官如仇，執縣令殺官員而不畏，皆瑾致也。〔註20〕當然，劉瑾僅是此次動亂的因素之一，還有其它因素摻雜在內。如當時待罪鄉里的康海就認爲：「國家承平日久，豪民貪吏得志恣肆，窮人蒙

〔註15〕《皇明經世文編》〈王文恪集〉卷一，〈蜀中水利〉，頁22～34，〈送劉世熙任四川僉憲序〉。王鏊《震澤集》（《四庫全書珍本》五集，文淵閣本，台北：商務印書館，民國62年）卷一〇，頁2～3，〈送劉世熙任四川僉憲序〉。

〔註16〕《升庵集》卷三，頁2～3，〈劍州志序〉。

〔註17〕韓邦奇《苑落集》（《四庫全書珍本》四集，文淵閣本，台北：商務印書館景印，民國61年）卷八，頁18～15。

〔註18〕同註3及12，及《明英宗實錄》，卷三四，頁6，正統2年9月戊申。及《明武宗實錄》，卷七四，頁4，武宗正德5年12月戊戌條。

〔註19〕王萱《青崖奏議》（明嘉靖7年王氏家刊本，中圖微捲），卷二，頁1～9，〈論卻蜀盜〉。及《皇明留臺奏議》，礦稅，卷一四，頁12～16。

〔註20〕林俊《見素集奏疏》（萬曆13年，南京刊本，中圖微捲）卷三，頁27～31，〈災異處置地方疏〉。

被荼毒，不能自立，故奸猾者，輒起兵生亂。」〔註21〕鎮守太監韋興也認為：「官司因承平日久，一時不謹，致數載大變。」〔註22〕亂事剛起，亂民不過三、五十人，有司不早撲捕，積至數千，又匿不以聞，演至數萬，民墜塗炭，逾六年始平。〔註23〕蓋因川省地之隔遠，視如域外，賊亂消息，又不得時聞，朝廷征剿對策比較緩慢，寇亂往往延宕多時未能戡定。〔註24〕藍鄢亂起，紀功軍事給事中王萱向皇上直言：「蜀雖遠在一方，固國家之版圖，陛下之赤子，未有無蜀而有全國者。」請求「陛下軫念四川，與山東、河南一體切視」，否則「劍門棧道，將必有失險之日。」至於處理方式，王萱認為欲塞盜源，安輯撫綏之而已。〔註25〕撫字無術，造成民亂，待藍鄢之亂平定後，紀功給事中王萱奏請分別輕重，懲勸三司等官，但朝廷論處布政使黃瓚等四十五人功過時，以「盜賊已平，姑從寬典」，「先年奏報稽遲等官，俱勿究」，而不嚴懲失職官員，一昧姑息，以致這種為朝廷所忽視和地方撫治非人造成民亂的情形，並未隨著藍鄢等流寇集團戡平而有所改善，有司仍然玩法如故。如夔州府，多豪家習橫，前後知府，率因循待調，〔註26〕以致「吏多苟且，民習久弊，樂寬縱，便姑息，紀綱弛甚。」又為民亂之溫床。〔註27〕

第二節　後期的四川政治

世宗以降，政治更腐敗。嘉靖十八年（1939）禮部尚書黃綰在送葉一之任重慶推官賀詞中，指出百姓動亂原因，在於地方官未能樂其生，他認為：「上者挾欺詐以乖民之信，騁嚴酷以撓民之良，使之皆囂然喪其樂生求安之心，是皆驅之以為盜」，迨百姓動亂後，則「悉營伍修弓矢利戈戟，竭府庫之有，啗之使戰，窮其力，盜日轉熾。」至此，遂派官軍，一昧征討，未曾檢討百姓動亂之

〔註21〕康海《對山集》（明嘉靖24年西安知府吳孟祺刊本，中圖微捲），卷四，頁1～2，〈都察院右副都御史馬公平蜀詩序〉。

〔註22〕夏良勝《東州初稿》（明嘉靖間建昌府推官危德校刊本，中圖微捲）卷六，頁38～41，〈議覆程留憲臣奏章〉。

〔註23〕《武宗實錄》卷七，頁4，正德5年12月己亥及卷九三，頁4，正德7年冬10月壬戌。

〔註24〕同註19。

〔註25〕《青崖奏議》，卷三，頁1～9，〈論卻蜀盜〉。

〔註26〕韓邦奇《苑洛集》（《四庫全書珍本》四集，文淵閣本，台北：商務印書館，民國61年）卷五，頁15～19，〈中順大夫四川夔州府知府劉公德徵墓誌銘〉。

〔註27〕前引書，卷五，頁29～31，〈中順大夫夔州府知府韓公墓誌銘〉。

因；所以黃綰希望葉一之到重慶任官時，能推行安民、樂民之政，百姓動亂則止。〔註 28〕這種地方官不知安民樂民，導民以亂之積弊，在四川政壇上，已積重難返，這可從遂寧縣民，因歲飢荒，謀西郭富戶柳氏之糧，爲縣官所逮，遂展開與縣官辯論何者爲強盜中再度印證。遂寧縣飢民認爲有司之盜賦額以詭餘羨，設藏目以竊公貲，濫聽受以私贖金，枉訊刺以納苞苴，餂供饋以饗膏脂，傭市奸以免役，工媚寵以樹強援，持陰事以協蠹愚，假傳送以窮漁獵。以上九種行爲皆國之大盜，飢民以「我爲盜以救匱，彼爲盜以取盈；明王之法而行，孰爲先後」，有司啞口無言，遂杖盜而遣之。〔註 29〕從此段對話中，可看出鎮守四川之官員，撫民之術，皆以貪瀆貨財爲主，盡人皆知，而當時執政者，卻仍然認爲承平不足憂。曾任南京禮部尙書的尹臺則隱憂十足地說：「蜀中動搖興事，多出天下無敗之先，其俛俯屈於力勢之弗校，每居天下既定之後，此非但其處地與民之固然，抑亦處之者未知豫爾。」〔註 30〕他更進一步指出，秦漢以來，蜀事紛亂之因，在於蜀地視四方特險遠，蜀民怖吏奉法，吏以險遠，民情不爲上達，善加狃侮，蜀民往往善怨上疑，積其憤慨不平之氣，猝然驟作。一般人只見蜀事之亂情，莫識其禍難發端於微，以其險遠偏僻爲無患，待其亂洶洶不止，則所憂將及於京師。〔註 31〕所以，他在寫給曾思極赴鎮重、夔序中要曾思極認清：「蜀中無事數十年，重、夔列郡擅富足。人民不知有兵革，士大夫皆不避險惡，指爲宦遊樂地。但是承平久，人心玩，足啓姦雄窺覬之隙，地遠民亦侮，暴官污吏易虐用其下，肆然不知所懲懼，此蜀中之隱患矣。」〔註 32〕而重、夔諸官又以地方富足無事自怠，侈黨好亂；因此尹臺要求曾思極防微杜漸。〔註 33〕果如其所料，不久就暴發蔡伯貫之亂。

　　撫治非人，若能及時更調，或嚴法以懲之，或許於政治有所補救，然朝廷不此之圖。世宗末年，政令之紊亂，更加嚴重。以蔡伯貫之亂爲例，蔡伯貫陷九州縣城，各掌印官有先期懷印而逃者，有被蔡伯貫擁入營中受辱者，事後具未論罪，朝廷明憲，竟作虛文，如此寬縱，地方何賴。〔註 34〕事後趙

〔註 28〕 黃綰《久庵先生文集》（明萬曆刊本，漢學影本）卷六，頁 3～5，〈送葉一之序〉。
〔註 29〕 張時徹《芝園外集》（明嘉靖間原刊本，中圖微捲），卷五，頁 16～17。
〔註 30〕 尹臺《洞麓堂集》（《四庫全書珍本》五集，文淵閣本，台北：商務印書館，民國 61 年）卷三，頁 4～6，〈送僉憲副使曾君思極赴重夔州序〉。
〔註 31〕 同前註。
〔註 32〕 同前註。
〔註 33〕 同前註。
〔註 34〕 張佳胤《張居徠先生集》（明萬曆 22 年序刊本，漢學影本）卷五二，頁 9～10，

貞吉針對此九州縣淪陷之速，資陽縣卻屹立不搖，儼然為四川之屏障，提出檢討。他認為資陽縣令能「聚其民，窮賊勢，孤其黨，此卻敵之道。」其它七縣，則無聚民之道，其民散，其縣令遂為蔡伯貫所擒。〔註 35〕所以「政令行，民眾親其上，不可使為亂；政令不行，民無恃聚，令被擒矣。」可見政令行，非但能聚其民，且能退賊，而政令之不能行，皆在撫治非人。〔註 36〕張居正則認為蔡伯貫之亂，是有司操切過急，及處置失措，遂釀成大患。要求地方官認清蜀民「獷悍易動，綏之則靖，擾之則亂，怠則頓綱詭，御急則鳥驚魚駭」之特性，不能以內地之法治之，需「示休靜以綏眾心」。〔註 37〕趙、張二人之言，皆涉及蜀吏撫治無術，請求改進，然而成果不彰，民亂依然發生。穆宗隆慶三年（1569）正月，巡撫嚴清認為對蜀吏「失在輕罰，人不知警，宜特重其罰，庶弭後患。」〔註 38〕兵部覆其議：「自今有失事者，撫按官查各官駐箚處所，及失事次數，分別奏處。」〔註 39〕然而，這種紙上嚴令，在一個積弊已久的省份，效果有多少，很值得懷疑。

　　萬曆以降，地方有司治術更壞，盜賊更加猖獗。以川北道按察司統治保寧、順慶、潼川三府，其地物產寡少，庫存不卒歲，民務本尚儉，無靡奢之俗，全蜀疆域獨此三郡易治，〔註 40〕然而，自嘉靖十年設按察司以來，到萬曆年間，計三十餘年，駐節持憲長官二十餘人，只有三人為當地士紳百姓所思念，其餘皆深刻喜事之人，「規劃煩於牛毛，禁令密如罘罳，繩民愈急，民心愈離，求治日速，治道日衰。」〔註 41〕蒼溪一縣，因有市場之利，在此為官者，因貪污之故，從嘉隆到萬曆年間，親民官吏，得蒙獎勵升遷者，僅有九人，以循資遷調者，更是寥寥無幾。〔註 42〕當時蜀中大患在「民窮

　　　〈上陳趙二相公論盜賊〉。
〔註 35〕趙貞吉《趙文肅公集》（明隆慶間原刊本，中圖微捲），卷一七，頁 26～28，〈資縣新建正學書社記〉。
〔註 36〕同前註。
〔註 37〕張居正《新刻張太岳先生文集》（明萬曆 40 年繡谷唐國達刊本，中圖微捲）卷三五，頁 27～28，〈答蜀中開府譚二華〉。
〔註 38〕張居正等《明穆宗實錄》（據國立北平圖書館紅格鈔本微捲影印，台北：中研院史語所校勘印行，民國 54 年 11 月），卷二，隆慶 3 年正月丁巳條。
〔註 39〕同前註。
〔註 40〕徐敫詔《徐定庵先生文集》（明萬曆 44 年刊本，中圖微捲）卷十八，頁 1～4，〈明分巡川北道按察僉事張公去思碑〉。
〔註 41〕同前註。
〔註 42〕《徐定庵先生文集》卷一三，序，頁 37～39。

財匱，公私兩匱，稍逢旱荒，僵仆滿眼」，而胅斂之臣，增稅拓用，令如牛毛，不聞台諫官有竭澤之語。〔註43〕所以，時人徐敷詔在〈贈蒼溪縣令余虞庭往京師序〉，希望能將蜀省困頓之情形，告知皇上，以蘇息蜀民。〔註44〕據徐敷詔的敘述，蜀民經過大木之役，已剝膚損命，再經寇亂侵擾，田夫田婦，已「體無完膚，薇蕨不飽，尚苦徵調，多去為逃逋，輾轉溝壑」，昔日之富庶，已不見矣。〔註45〕因民貧，又撫治無術，各地盜賊迭起。東昌軍知府遂提出民之亂源有四：一則賄賂公行；二則重商賤農，民饑饉；三則飲酒賭博；四則訟獄大興。認為解決之道在於本之一身，先杜賄賂，重農事，不使民忿告匱，嚴為禁止賭酒，明教化，不興訟獄之詞，如此則民之亂本息，奸盜自止。〔註46〕若再欲息姦盜，則需禁吏書舞文者、里甲侵漁者、緝訪不嚴者、暮夜不靜者、游手遊食者、異服異言者，如此則姦盜自息。〔註47〕為政者，只要「契其綱目，可得而舉，守其約，則博者可得該。」〔註48〕其推廣區域及其成效，史無記載，然由後來之民亂不斷發生，可見其成效不彰。其後，在長期民亂之下，蜀之州邑，完好者無幾，凡仕者，皆不願趨；所以官吏素質愈差，治術也愈糟，民變更多，在此三者惡性循環下，至明末，川省遂成為盜賊之亂窟。〔註49〕

第三節　吏治之不清

四川遠離京師，官吏饕餮自便，其吏之賢與不肖，不得遽聞於天子宰相，其百姓常苦於貪暴而得不到官方的體恤；因此必得通明樸茂之官吏以往，吏治方能清明，百姓纔能受其利益。但明中葉以降，政治日益腐敗，吏治更加不清，社會普遍存著不安的現象，以至原本素稱「蜀產之饒，古稱陸海」的四川，也由樂園變成廢墟。政治腐敗，貪官污吏的剝削瀆利蠶食，導致民窮

〔註43〕前引書，卷一三，頁 33～34。
〔註44〕同註42。
〔註45〕前引書，卷一二，頁 73～74，〈客對一篇・南隆尹廉宗傳公擢昌平太守〉。
〔註46〕宋諾《宋金齋文集》（明萬曆間開封刊本，中圖微捲）卷四，頁 27～34〈東昌府訓民約〉
〔註47〕同前註。
〔註48〕同前註。
〔註49〕屠應峻《太史屠漸山文集》（明萬曆43年刊屠氏家藏二集本）卷三，頁 7～8，〈送謝鳳儀為重慶推官序〉。

財困；民窮財困，又導致百姓落草為寇，一遇荒災，更不可收拾。以正德年間為例，在天災人禍的推波助瀾下，遂演發藍鄢等流民集團的暴亂。據當時鎮守太監蔣貴所言，盜起皆因賊首數十人，糾合徒眾，馴至萬人，中間多良民，因畏避糧差被其脅從。〔註 50〕在藍鄢之亂時期，屢經寇亂，兼以輸糧運軍餉，已戶口凋殘，民不聊生，再加上知府皇甫錄之公開受贓縱罪，朘削民以自肥，以致民不聊生。順慶一府萬口一辭，盼望賊來殺此貪官，以洩我恨。後賴兵科紀功給事中王萱劾其罪狀，革職，發回原籍為民，方息民怒。〔註 51〕

這種民窮財困，導致落草為寇的現象，可從宋鳳翔所著《秋涇筆乘》一段臨汝侯與羅研對話中得到證實：

> 臨汝侯嘲羅研曰：「卿蜀人奈何樂禍貪亂如是！」研對曰：「蜀中積弊已久，百家為，不過數家有食，窮迫者十有八、九，束縛之，使有一、二，貪亂樂禍，無足多怪！若令家畜五母之雞，一母之豕，床上有百錢布被，甑中有數升麥飯，雖蘇張巧說於前，韓白按劍於後，將不能使一夫為盜，況貪亂乎？」

> 嗚呼！貧民之情狀，羅研數語盡之矣。〔註 52〕

他認為州縣官員要消弭寇亂之道，一則勸民耕墾以盡地利；二則準行常平以備凶荒，如此民復思亂，未之有也。〔註 53〕

嘉隆萬三朝年間，隨著民亂四起，征伐不斷，更加民窮財困。如嘉靖二年（1523）九月，兵部曾奏稱：四川等地，俱飢荒多盜，要求巡撫官，新舊交代。〔註 54〕貧窮導致盜寇事件，更可由地方經濟日益窮困看出。如孫夔卿發佈為四川參政時，面帶憂色，其所擔憂的是「府藏日虛，家家懸罄，上惟不足，下亦貧瘠。上不足，則斂益急；下不足，則征輸艱。上催下逼，清官

〔註 50〕 吳潛修《夔州府志》（據天一閣藏明正德刊本，中圖微捲）卷一二，頁 25～26，費宏，〈送夔守吳君序〉，及游朴《藏山集》（明萬曆 45 年刊本，漢學影本）卷一〇，頁 46～49，〈送廷尉祁先生恤刑四川序〉，及《明神宗實錄》卷四二一，頁 7，萬曆 34 年 5 月癸巳，及陳世松主編，《四川簡史》（成都：四川省社會科學院出版社，1986 年 12 月）頁 175。及《明武宗實錄》卷九三，頁 4，正德 7 年冬 10 月壬戌。

〔註 51〕 《青崖奏議》卷六，頁 1～3，〈劾知府皇甫錄舉員外劾宿進〉。

〔註 52〕 宋鳳翔《秋涇筆記》（《百部叢書集成》之二四，《學海類編》甲，台北：藝文印書館，民國 56 年）不分卷、頁。

〔註 53〕 同前註。

〔註 54〕 張居正等《世宗實錄》（據國立北平圖書館紅格鈔本微捲影印，台北：中研院史語所校勘印行，民國 54 年 1 月刊行）卷三一，頁 3，嘉靖 2 年 9 月甲戌。

難為，故面有憂色。」〔註 55〕會造成民窮財困的現象，是因衙門之胥吏、里
師、黨正三者聯合貪瀆所致。如唐龍所言：

> 凡遇公家之征，胥吏發牒淆亂其則，里師、黨正執梃陳械，抑勒其
> 餘，而獵取之無已，乃糜費之，又無已，乃侵漁之，而其室暴暴然
> 日盈。是故，官懸量以待，而無所入不在官，民竭室以輸通，奴故
> 宣乎在民，是則可憂也。〔註 56〕

此輩胥吏、里師、黨正，壟斷鄉曲，結黨成群，漁肉良民，地方官對他們亦
無可奈何，曠日持久，地方財政皆掌握在他們手中。如果財富集中在官府，
則「發帑散糧，猶有出時」，如在百姓手中，則「輸賦加派，猶有入之」，不
幸地，財富皆集中在縉紳手中，除對國庫無益外，此輩在平時又漁肉鄉民，
置田營宅私利為能事，一旦賊發，則捲款潛逃，走赴他鄉，對朝廷地方，毫
無助益。〔註 57〕

　　官吏貪瀆，導致民窮財困，逼民為盜的情形，朝廷內也略有耳聞，也不
時地處罰貪瀆的地方官員，以釐清地方政治。嘉靖二十二年（1543）五月十
六日，四川監察御史謝瑜論劾該省不肖官吏，方面官有四：兵備副使王萃、
僉事崔廷魏、參議胡中謐、僉事方定等，假支費取州縣紙贓等罪狀，罷黜。
有司官員九名：富順知縣羅坤，因「任前支借太多，括索已極」；遂寧知縣楊
泰，「貪墨有聲，敗官無恥者」；江津知縣郭如磐，「文行威令，不行於吏卒」；
此三者皆罷黜。巴縣知縣龔瑄，「遇事周章多乖」；閬中知縣畢如勤「遲鈍不
堪策」，二人調簡。開縣知縣孫文光「懦怯闊疏」，改教職；漢州知州倪容「迂
愚衰庸」；新津縣知縣舒鳳鳴，「志年俱耗，弊過相尋」；泰昌縣知縣司守約，
「弊壞日見」，此三人強迫退休。〔註 58〕不斷地貶謫貪瀆官吏，但政治並未更
加清明，相對的，送走一批貪官污吏，又來一批聚斂之臣，更加役使百姓，
民窮愈甚，如雲陽縣，嘉靖以前尚稱富庶，嘉靖以降，因「邑當衝繁，民力
疲矣，屢遇亢旱，地利殺矣；水陸交衝，民用繁矣；以有限之財，供無窮之

〔註 55〕唐龍撰《漁石集》（明嘉靖間刊本，中圖微捲）序，頁 33～34，〈送孫夑卿任
　　　　四川參政序〉。
〔註 56〕同前註。
〔註 57〕同前註。
〔註 58〕秦覺《雲陽縣志》（嘉靖刊本）卷上，頁 45～46。及吏部考功司《吏部考功司
　　　　題稿》（台北：偉文圖書出版有限公司，民國 66 年 9 月）頁 1605～1611，〈覆
　　　　巡按四川御史謝瑜劾官疏〉，嘉靖 22 年 5 月 16 日。

用，雖有川源，不實漏厄矣。」〔註59〕民窮財困形成之最大因素，在於：「隆萬以來，無缺不鑽，無官不賣，縉紳之家，高甍大廈，良田美池，並一切金寶珠玉，歌舞宴戲，皆積窮百姓，賣地貼錢爲之，盜安得不起。」〔註60〕穆宗隆慶三年（1569），馬湖府人民所稱疾苦，其大者有五：一則豪胥之肆焚；二則應支之麋重；三則顧募之科擾；四則土貢之苛求；五則驛丞之濫索費用，在此五種酷斂下，導致民不聊生。〔註61〕徐敷詔在萬曆五年（1577）夏，借〈閬中尹蒼阮公被命還朝序〉中，沈痛指出：當時天下大患，在「民窮財匱，公私兩困，稍罹旱荒，殭仆滿眼。」而朘斂之臣，「方括田履畝，增稅變役，法令如牛毛，漁獵盡錙銖，不聞台諫官有竭澤之語、盍徹之請」，希望阮公此行，若取台諫官，盼能言其實。〔註62〕另外在〈送蒼溪尹虞庭余公赴京師〉時，也希望他能將蜀中困頓之事，反應皇上，以蘇息蜀民。〔註63〕〈贈郡伯毅所黃公入覲序〉中，明確指出蜀故富饒，物產甲他方，然今昔殊時，其理由有二：一則在楠梓之供，剝膚殞命；二則鋤擾矜之變，竊尋煽殃，以至田夫田婦，體無完衣，薇蕨不保。〔註64〕嘉靖二十七年進士林大春在《井丹先生集》中論貪酷之害，便指出隆萬以來，天下之財詘乏，無他，此貪酷之害也：

> 祖宗時，征伐頗繁，興作甚大，而水旱疾疫之災，亦往往有之，然民不告困而國用足者，何也？無貪酷之吏也。其所以無貪酷之吏者何也？貪酷之禁嚴而鼓舞之術眾也。今天下之貪酷亦多矣，往者，中外諸臣雖嘗建議禁斥，然未見有著實舉行者，彼蓋徒知貪酷之名，而未知貪酷之害也。臣請言之。今夫十金之家，惟無事也，有事而隸于有司，則十金不保矣。百金之家，惟無事也，有事而隸於有司，則百金不保。朝廷每歲歲獄，必三宥而後制，刑如此，其慎也。今天下之民，無罪而死於敲朴之下者，歲不知其幾也，此貪酷之害也。非徒如此也，臣讀前史，見古之所謂酷吏者，不過以深刻爲能，

〔註59〕同前註。
〔註60〕凌揚藻《蠢勺編》（《百部叢書集成》之九三，《嶺南遺書》第一二函，清道光伍崇曜校刊，台北：藝文印書館，民國57年）卷一七，頁3。
〔註61〕王麟祥等《敘州府志》（光緒21年刊本，史語所善本）卷一一，壇廟，頁80～83，王詠，〈吳公生祠記〉。
〔註62〕《徐定庵先生文集》卷一三，序，頁33～34。
〔註63〕前引書卷一三，序，頁37～39。
〔註64〕《徐定庵先生文集》卷一二，頁83～86。

以搏擊爲賢，欲以取名當世，結知人主。今則不然，墮其名而不碩，攘其主而不恤也，而酷乃所以濟貪也，此固史之不能備書者也。臣嘗見天下撫按等官文移章疏至部，有以百姓逋負逃亡爲言者，臣竊笑之，以爲百姓雖至愚無知，寧不知安土之樂，與夫輸稅之當，然而乃忍於離親戚去墳墓，此蓋必有以驅之者矣。夫以天下而奉一人，其歲之所輸幾何，而貪酷之暴，侵漁萬端，浚求無已，出於常賦之外者，恒什百而千萬也，此民之所以逋而去也。夫逋負逃亡之不已，退無所歸，則將逼而爲盜賊，此其勢不得不然者，然則貪酷之罪可勝誅哉！今撫按諸臣不察其故，徒以逋逃爲解，甚者，貪酷之吏日走於前而不之覺，反以爲能而薦之，彼其心樂於趨承之便，供奉之富，而不知留取之於民者也。此臣愚所謂徒知貪酷之名，而不知貪酷之害者也。伏望陛下奮然獨斷，特功部院大臣議行，今天下司府州縣正佐等官，自今以往，如有復蹈前轍者，許各該撫按官實以赴聞。贓自百金，而止殺一人無辜者，處重典，籍其家；其次編爲邊方卒伍；又其次充吏；一如祖宗故事。其有撫按官不舉而發自民間者，坐之。如此，則人亦何樂以不貲之軀而易錙銖之利乎，而況利固不可得也。利不可得，亦何苦於殺人以求之也。如此而貪酷之風不息，財用之害不去，逋逃不歸，賦稅不完，國計不充者，未之有也。臣又聞之，祖宗時，天下來朝官員，吏部考其政績優異者條爲最，以名聞，賜宴禮部及金繒有差，仍詔吏部查京堂卿佐等缺，以次遷補。當是時，有自布政入預機密者，有自知府入爲尚書者，有自州縣入爲卿佐者，勅其鼓舞激勸之道，可謂至矣；然後知祖宗所以嚴貪酷之禁者有以也。伏乞陛下再轉功部院轉行天下撫按采前項官員，果有治行，不拘資格，許即以狀聞，侯入覲之期，部院特舉舊制奏請稍拔一、二，以風天下，天下聞之必勵於政矣。如是而欲賞之爲貪酷，其可得耶？非徒如此也，今夫編氓細戶也，施粟末事也，祖宗時民有出粟賑饑者，僅千石，有司上其事，特遣行人齎詔旌之，賞其家。彼義民見其如此也，莫不競相勸勉，輕財而好施，故雖然水旱疾癘之災，而野無飢民。今使朝廷馳寸尺之幣，以易生靈百有之命，詎不可耶！且古有虛貌隆名，而使天下盡死者，亦皆類也，此亦鼓舞之術也。今誠稍舉行之，不過三年，天下之蒼生必

實矣。〔註65〕

酷吏之貪瀆，竟然使十金之家不保，百金之家亦不保，可見擾民之虐害。林大春雖然提出改革之道，鼓舞之方，然並不能實行，酷吏貪瀆依然故我，百姓更加困窮。萬曆初年時，在貪酷之害下，川民已貧困到極點；以致七年（1575）五月，四川巡撫王廷瞻上奏朝廷：「所屬府州縣民貧，難以照顧積穀，請求量減。」〔註66〕事實上，非但無量減，隨著神宗的貪求無厭、地方官的迎合巴結，礦吏四出，營建宮殿、採木四川等費用負擔，據李化龍〈川省蠲免疏〉云：

> 查自萬曆二十四年，奉有司採木之令，凡五年於茲，小民之竭蹶而趨、折脛而斃者，言之令人酸楚也。二十五年，天災流行，則死且徒幾矣。至二十七年，礦稅並興，則財與力俱殫，而不謂復有征播之役也。凡軍前一應芻糧、糗糧、衣甲、器杖、丸藥、器具，與夫碾運、空運、派夫、派價、縮夫、縮馬，及諸所取辦，必不容己之費，錙珠孰非民財，涓滴孰非民力，赤子膏血幾何，堪茲無已之役。醫瘡剜肉，反裘負薪，臣有不勝其恫者矣！兵革之後，閭閻消索，物力凋殘，析骸易子之民，骨肉不保，流離板蕩之地，四舍為墟，扶傷捄死之家，啼號未息，儻非破格垂憐，廣施蠲恤，則殘喘遺民不死於賊，不死於兵，又死於賦矣……敬請蠲免。〔註67〕

楊應龍叛亂前後，川省吏治更形混亂，據當時巡撫李化龍所言：「蜀地僻在西南，民俗皆窳，吏治偷怠，所從來久矣。臣受事初，同前任臣趙標，將全省有司斥逐更調，共三十餘人，一時吏治，少覺清肅。」〔註68〕李化龍利用播亂時期，更進一步地整肅吏員三十餘名，犍為知縣劉惟一，「行如狼牧羊之政，孳孳為利，民涓涓胥繯，時日貪喪。」平武知縣陳尚賢，因任用胥吏貪瀆，導致「其事之積如山，其門之沸如市，其民知有吏不知有官，其官知有己不知有民。」劉惟一後雖被貶為民，陳尚賢調為閒職，但其任用胥吏，殘害百姓，已成事實。地方政治稍有起色。〔註69〕播酋平定後，川省有一段承平之

〔註65〕林大春《井丹先生集》（明萬曆19年潮陽林氏家刊本，中圖微捲）卷之一八，頁1～4，〈論貪酷之害狀〉。

〔註66〕《明神宗實錄》卷八七，頁5，萬曆7年5月辛未。

〔註67〕李化龍《平播全書》（《叢書集成新編》第一二〇冊，台北：新文豐出版社，民國74年元月初版）卷六，頁360～366，奏議，〈川省蠲免疏〉。

〔註68〕前引書卷三，頁150～151，〈糾劾有司〉。

〔註69〕同前註。

日，在此日子內，土地兼并，更加嚴重，胥吏們，也乘此機會，貪肆不斷。據時人所云，當時川中最沃野之地的成都平原，自灌縣抵彭縣，共十州縣，萬曆三十四年（1606）五月時，「王府占十分之七，屯軍占十分之二，民間僅什一而已。」溫江大地主汪漢，幾占該縣一半的土地。富順楊氏姑，有田地數千畝。峨眉山大佛寺，利用萬曆慈聖太后賜給的銀兩，一次購買香燈田五百畝。〔註70〕蜀中姦民，衹好將田產投勢家，除避稅外，又可侵佔他人田產，風氣所及，下至監生吏丞無不受其影響，土地兼併，過度集中，川民負擔更加重。〔註71〕其後福王就藩，竟要求皇上賜給四川鹽井茶銀等，御史周忠愍因此上奏：「今日四川，播土徵魂，尚作春閨之夢；建昌戍卒，復染瘴草之煙；水西伏戎，時露跋扈之形；眾豕入笠，每懷走壙之想。蜀固羸國也，天未厭禍焉，又剝利以佐災，無乃不可乎！」神宗似乎未接受建議，其後復有一連串的加派、雜稅、力役，蜀民困頓至極。〔註72〕

　　神宗末年，吏治更壞，貪贓之風更厲，川撫喬璧星因此一連劾奏不職官員，如成都府威茂驗糧通判邵鉊，巧肆貪圖，革任；敘州府推官黃一桂，多贓染指，降閒散；通江知縣李革，短於吏才，議改教職；黃縣知縣虞之訓，徵輸擾民，調簡職。喬璧星認為「吏治之污隆，關民生之休戚，故欲康民瘼，先察吏。」蜀地又經兵戈、旱災、榷稅、採辦之餘，家家懸磬枵腹，岌岌殆矣，若再以卑污閒散之吏當之，民安得不立斃。因此他體訪吏治，糾出酷吏，再劾茂州知縣徐籥剝攘肥己，心術已壞，調閒散；南部縣知縣許步雲，肥己瘠人，恣蠅營之計，重加降調；大竹知縣黃祖昏庸疏懶，衙役欺蔽，政務日乖，但賄賂未彰，改教職。其舉劾眾吏之不治，目的在於一家之哭，而不貽一路之哭。〔註73〕喬璧星在乙酉（萬曆三十七年）大計方面疏中，更劾奏金堂縣知縣管仲律「施為無當，利攘有聲，汲汲營私，孳孳為利」，照貪例革職為民。新繁知縣姜來賓「剛愎自用，刑罰過重，怨詈交騰」；南部知縣許步雲「百方攘利，一意營利，善政未聞，黎庶之怨已著」；梁山知縣林士超「巧足

〔註70〕陳世松《四川簡史》，頁175，〈晚明民變與張獻忠在四川建立大西政權〉。
〔註71〕不書撰者《崇禎長編》（據國立北平圖書館紅格鈔本微捲影印，台北：中研院史語所校勘印行，民國56年3月初版）卷三十七，頁24，崇禎3年8月壬申。
〔註72〕周忠愍《周忠愍奏疏》（《四庫全書》）卷上，頁16～19，題為〈蜀方物力已竭藩國請求宜裁懇乞矜軫民瘼收回明旨事疏〉。
〔註73〕喬璧星《喬中丞奏議》（明萬曆39年序刊本，漢學影本）卷五，頁66～68，〈糾劾府佐縣正疏略〉，及卷六，頁95～98，〈糾劾不職有司疏略〉。

文姦，博虛譽於任前，彰穢跡於去後」；綦江知縣孫紹禹「魯稚疏庸，設施無裨於牧政，品行不檢，有玷於官箴」；蓬溪知縣王咨牧「恣睢利孔，任積猾之盤據鴟張、致無辜之含冤斃死。」以上五臣「均才品不當，應照不謹例，革職閒住也。」〔註74〕大竹知縣黃祖「巨蠹縱橫莫制，任情監禁，小民冤抑難伸」，此臣「孟浪無為，應照罷軟例，革職閒住」。榮經知縣王慎動「暮齡憻志，喪子攖心，末路難前，歸田宜早」，此臣宜照「老疾例致仕者」。前廣安州知州余學文「性偏急而刑罰失宜，易施操切之政」；前溫江知縣馬永嗣「舉動類有乖張，假公諸以市恩，剝民膏而釣譽」，此二臣才有餘量不足，照浮躁例調閒。威遠知縣楊宗周「聽訟寡斷，性耽麴酒，志在孔方」；江油縣知縣張時熙「念念營私，閭閻之騷擾頗甚」，二者任淺堪憐，宜從貶秩之例。綿竹知縣趙瑛及岳池知縣侯信治亦以不職，量加降調。梁山知縣楊羨「英明不足，溷沌有餘」；原富順知縣黃大壯「朴魯孱弱之才，值刁頑繁劇之地，一籌莫展」；彭水縣知縣劉泉「才若實而實疏」，三者俱改教職。安岳知縣李英奇、成都府松潘監通判姚孟景、保寧府通判雷恒、敘州府通判石佩玉等四人皆才幹欠佳，守無全疵，量調簡僻者也。〔註75〕喬壁星，巡撫四川五年，以清吏治、安民生為職，任內彈劾官員，懲治貪吏、庸吏，不勝枚舉，但吏治之腐敗，非一時一人能澄清者，喬壁星整飭吏治，也遭到阻力，南京道御史王萬祚就曾參奏喬壁星「腹心護短」，喬壁星認為自己人品心術遭毀損，心灰意冷，遂萌絕仕途，以疾懇賜放歸，朝廷不允。〔註76〕其後喬壁星又以身有夙疾，入蜀以來，又因公事繁冗，無日不病，此外南北氣候不同，水土不服，眷屬相繼病死者七人，以此為理由，前後八次，向朝廷提出致仕回籍，皆蒙慰留，照舊供職。〔註77〕最後，喬壁星自陳溺職，認為其撫蜀以來，「徵榷苦於誅求，採辦疲於奔命，未能回天停罷，再加上，疊災後，蜀境蕭條，撫恤百姓，徒見智窮力盡」，請特賜罷斥，別選賢才，早充斯任。〔註78〕四十年（1612）五月，朝廷允其致仕回籍。〔註79〕喬壁星入蜀五年，整飭吏治，貶黜貪官污吏，特

〔註74〕前引書，卷之九，頁24～29，〈糾劾己酉大計有司疏略〉。

〔註75〕同前註。

〔註76〕《明神宗實錄》卷四七〇，頁6，萬曆38年4月乙未，及《喬中丞奏議》卷九，頁52～57，〈請告疏〉。

〔註77〕《喬中丞奏議》卷八，頁80～83，〈請告疏〉，及卷十，頁36～41，〈八次請告疏〉，及《明神宗實錄》卷四八三，頁6，萬曆39年5月癸卯。

〔註78〕《喬中丞奏議》卷十，頁53～56，〈自陳溺職〉。

〔註79〕《明神宗實錄》卷四九五，頁7，萬曆40年5月甲辰。

別用心，觀其績效亦不甚彰明，當時禮科給事中方詩敎就曾參奏其「五日京兆，三載滯留，事權旁落，興讟孳生」，可見其雖整頓吏治；但政治並未隨其嚴懲貪官污吏而清明。〔註80〕

　　天啓之時，全國之利，悉集於遼事，國內空虛，奢崇明亦以援遼爲名，據重慶造反。朝廷爲戡定奢崇明，調大軍入川，導致川省社會經濟瀕臨崩潰之地步。當時「蜀之兵饑民困，朝不謀夕」，有司因「轉運艱難，心血並嘔，家難罔頤，累日經年不敢告窮。」〔註81〕據巡按御史張綸疏舉當時社會經濟情形，可約略歸納爲如下三點：一則軍民盡疲：時聚兵十六萬，每日費銀四千兩，米二千四百石，皆四川百姓點點膏血，每縣派夫四、五千名，或二、三千名，霪雨彌月、河水氾濫，人米兩失，以致民不得息，軍不得食，非飢死則疲死，非溺死則毒死；二則吏民瀕斃：百姓逃者未復，復者無地棲泊，攤餉銀米、運夫、器具，以致百姓賣田地無人收買，棄妻子無人收留，產盡人去，州縣官員正佐以缺銀、米、運夫，奔走愁苦死者，近十五、六人；三則邊軍伺亂：松潘等邊軍，缺糧餉三年，朝廷非但不補餉，反加派其屯糧，何待不亂，當時川省已到無米、無銀、無夫、無兵等兵民交絀地步。〔註82〕年年加派，百姓最苦於加派，但加派雖苦，「尤苦於率屬之吏，肆意誨貪，以重困乏。」〔註83〕奢崇明亂平後，川省更加貧困。以內江一地爲例，財力盡殫於「討藺之征兵，三軍之需餉，吐番之索餉」，力役布縷米粟，取給於一時，邑中粟價倍千錢，百姓流離，野無煙火。〔註84〕崇禎四年（1631）四月，南京山東道御史章金鉉就針對此天下民窮已極，提出：「惟有良牧，無以害之」，且更進一步指出蜀中害民最烈者有四：一則收頭；二則行戶；三則積蓋；四則酷刑。請飭地方官嚴禁之，皇帝遂命撫按官通行之。〔註85〕這恐怕也是一紙上行政命令，推行成效不彰，吏治不修如昔。蓋有明一代，州縣各房書吏是一股特殊的政治勢力，他們把持官府，勾結

〔註80〕前引書，卷五〇〇，頁9，萬曆40年10月丙子。

〔註81〕李長春等《明熹宗7年都察院實錄》（據國立北平圖書館紅格鈔本微捲景印，台北：中研院史語所校勘印行，民國55年4月印行），頁277，天啓3年5月初2日。

〔註82〕李長春等《明熹宗實錄》（據國立北平圖書館紅格鈔微捲景印，台北：中研院史語所校勘印行，民國55年4月印行）卷三七，頁9～13。天啓3年8月丁丑。

〔註83〕《明熹宗七年都察院實錄》，頁297，天啓3年7月21日。

〔註84〕徐思溫《內江縣志》，卷十一，藝文，頁16～18，鄭壁，〈署篆本元馬公生祠碑序〉。

〔註85〕《崇禎長篇》卷四十五，頁7，崇禎4年4月庚戌。

盜匪，包攬訟獄，魚肉鄉里，成爲川中一大社會災難。再加上「蜀道險阻，宦者裹足」，明代後期，不少州縣官出缺，無人遞補，祇好暫時委員代理，良莠不齊，狠狠爲奸，而「民生膏脂」，也就大半耗竭於署印之手，此批胥吏，把持鄉曲，已非朝廷明憲所能左右。〔註86〕五年（1632），雲南道監試御史張任鳳等人聯合提出疏陳蜀中士紳、農民、商賈，苦於私稅、催科、訟獄等三大苦。尤其是濫收稅，以致「窟穴甚多，利飽猝點，怒歸朝廷」，要求嚴令停止，勿令貪官猾猝，再行欺害，其後，新任成都知縣賀儒珍在短短一個月內，清出元年至四年之間吏書邱大誠、陳規等隱匿銀二千八百四十餘兩；前任知縣之虛駕銀，亦被清出五千七百五十兩，可見吏員之侵蝕稅基之鉅。〔註87〕由於吏治之不清，導致政治不安定。川撫劉漢儒上奏，蜀地可慮之大者有三：一則民情之變更；二則番夷之洰；三則將士之離心，三者雖異名，實則同病，要求川官早計善後。〔註88〕不久就暴發流民之亂，遂「徵調飛輓，相望於道，閭左擾騷，公私交困。」〔註89〕當時百姓貧困之極，遂在崇禎十四年（1641）爆發「打衙蠹」的民變。此運動最初是彭縣爆發的，彭縣知縣「以民間未納鞭銀爲衙役工食，令自往索之，歲來索甚急，民皆怨。」人民遂「集眾入縣，盡毀役之家」，此次百姓打擊對象，主要是針對吏胥衙門、紳衿子弟、宗府爪牙等痛加懲處而起。〔註90〕於是成都府屬，和上川南各州縣百姓聞風而動，僅雅安一地，「百姓各執槍棒進城，拆毀衙役房舍，打死蠹役數十人。」〔註91〕隨著民亂的擴大，內容也由「打衙蠹」而擴展爲「除五蠹」：一曰衙蠹（指州縣吏胥），二曰府蠹（指投獻王府，武斷鄉曲者），三曰豪蠹（指土豪劣紳），四曰宦蠹（指縉紳家義男，借主子權勢作威作福），五曰學蠹（生員好事生非者），其後因歲飢，轉掠富戶，凡是地方之積厚者皆被其害。此次百姓「除五蠹」，打擊對象非常廣泛，遍及全川，而且聲勢浩大，持之三年之久，徒爲張獻忠入川創造有利的形勢。〔註92〕

〔註86〕《四川古代史稿》頁 348。

〔註87〕《崇禎長編》，卷六十六，頁 21，5 年 12 月丁亥。

〔註88〕《崇禎長編》卷六二，頁 37～39，崇禎 5 年 11 月丁酉。

〔註89〕繆沅，《登陴紀略》（明崇禎間刊本，國立中央圖書館藏本，台北：台灣學生書局景印，民國 75 年 6 月初版）不分卷，〈芻糧一〉，及〈善後一〉。

〔註90〕陳世松《四川簡史》頁 176，〈晚明民變與張獻忠在四川建立大西政權。〉，及《四川古代史稿》頁 350。

〔註91〕《四川古代史稿》頁 350。

〔註92〕同前註，及顧誠《明末農民戰爭史》頁 301，及《新繁縣志》（同治 12 年刊本，史語所藏本）卷十四，頁 22～23。

第四節　四川政治的檢討

　　「文官不愛財、武官不惜死」，是測候國家盛衰的一句歷史名言。明代降及中葉，川省文武官吏，因貪瀆成風，竟然形成「文官愛錢不怕死，武官愛錢又怕死」之競相貪瀆的政局，在群官貪瀆下，受害最深者自然是蒼生百姓。形成貪贓枉法之政治局面，最大的原因，在於官員素質低落，又在於銓選制度出問題。明初因鑑於四川「水陸有峽山棧道之險，羌夷環其四境者，溪洞阻幽易怨變，故朝廷選用方伯，常慎擇其人，非負材猷識治體者，不輕予。」〔註93〕蓋守令者，親民之官，守令得人，則庶民皆安養，天下無不治，反之，則百姓受其殃，庶政無不慘，所以守令挑選，極為嚴格。以知州府任用為例，明初取中進士，俱選縣官，正統以來，知府俱責大臣保舉，知州知縣則專委吏部挑選，以便得人治其地。如英宗正統四年（1439）成都知府懸缺，英宗命諸大臣舉賢任之，大臣們推舉陳毅，陳毅為永樂十九年（1421）進士，擢拜監察御史，任內循禮蹈義，任事得宜，眾論為賢才，遂上其名，詔以為成都知府。可見陳毅品學兼優，歷練豐富，群臣才推舉為知府，其選知府可謂慎重。〔註94〕且為尊重守令職位，知州知府見上司不必跪拜，其久任卓異者，不次超擢。所以士人多樂選此官。因挑選極為嚴格，出仕者皆有政績，如天順、成化年間出任建昌進士謝士元，考滿，百姓請求留任，憲宗增其俸，命再蒞三年，其後川人替其立傳時盛稱謝士元：「成化年間，郡多良守，……建昌尤名，治行皆躋中丞。」〔註95〕孝宗弘治年間，又以知州府備荒積穀多寡，責其殿最，百姓常受其惠。但是弘治年間，進士出身者，開始不喜選守令，蓋當時風氣認為「士登黃甲，輒除外任，有辜父母之望，而恢士子之心」，守令皆由監生除授，據吏部尚書馬文升所言，監生坐監吏部二十餘年，方得聽選，除授時年幾近五十，年老志衰，轉陞無望，惟「務貪贓之計，罔有治民之心，如此而欲其政事之理，人民之安，豈可得乎？」〔註96〕洎自正德之降，又逢藍鄢等流民作亂，宦遊者，更視為惡土，皆不願前往，此是明朝全國普遍現象，祇是四川因地處險遠，加上百姓易亂，官員更不願前往仕宦，問題

〔註93〕何喬新《椒邱文集》（《四庫全書珍本》五集，文淵閣本，台北：商務印書館景印，民國 62 年）卷十一，頁 22～23，〈送方伯韓公赴四川序〉。

〔註94〕王直《抑菴後集》卷二，頁 7～8，〈贈陳太守赴成都序〉。

〔註95〕林俊《見素集》卷二十四，頁 17～20，〈謝都憲約庵傳〉。

〔註96〕馬文升《端肅奏議》卷二，頁 1～4，〈重守令以廣德澤〉。

更加嚴重。〔註97〕世宗初年，禮部尙書黃綰就指出：「盜起四方，蜀先最甚，州邑之能完好猶足理者，無幾，凡仕皆不願趨，以爲大戚。」〔註98〕一般而言，「州縣官懸缺，十常四、五，溺職者十常二、三」，自視清高，如甲科出身者，更不願屈就，此一現象，愈近明中葉愈明顯。〔註99〕蓋因明末民亂迭起，各地經濟蕭條，滿目瘡痍，極待有爲之縣令整治，因此此縣令工作極爲艱辛，更爲一般甲科者，所不願屈就者，據南部縣人王獻策在〈邑侯歐陽公政績紀〉一文中指出縣令工作之苦如下：

> 夫今語吏治者，唯作令爲難，若邑當孔道益難。值國多事，軍興旁午，編方定籍，暨鹽政逋負，俶擾旦暮，益又難之。故竭澤而漁，則下有浚膏剝脂之苦，計緩而圖，則上有期會督過之嚴，因乃罅漏，則駘銜而委蘡，補濟權宜，則捉衿而見肘，嗟乎，時事司堪萬目哉！
> 〔註100〕

國家多事，縣令工作難做，王獻策一文已分析清楚，所以神宗以降，蜀中州縣正官率多貢士，士起甲榜者，視善地爲固有，窮鄉僻壤非科則貢，科貢出身者，又限於資格無法調升，廉潔自好無益，遂營身爲家，競相貪瀆，吏治更壞。〔註101〕以劍州爲例，其地土瘠民貧，事簡訟稀，境內「無冠蓋車騎之煩，無綺麗貨貝之集，無繁華艷冶之俗，無夷獠猺羌之雜，無大奸巨猾之踞。」地方官祇要「正己率屬，其民易化。」〔註102〕劍州地方官，亦僅右丞一員，以督糧儲一事，即使拙於催科者，也能勝任，萬曆十八年（1590）御史萬國欽被貶爲劍州判官，入境，問鄉民對昔日官員政績評比，所得結果爲「善者固有，不善者常多」，萬國欽認爲其鄉官不善原因在於「卑官散職，其人則或貢，或胄子也，或掾吏也，以爲資格止於是耳，營身肥家止矣，廉潔自好無益。」所以劍州鄉官善者常少。〔註103〕川撫喬壁星也針對此一問題，向吏部建議「用甲科以練其投艱肩鉅之軀，令人有遠近勞逸之均」，以便改進川省之

〔註97〕《兼山遺稿》下，頁45～47，〈楚蜀合襟詩引〉。
〔註98〕黃綰《久菴先生文選》卷六，頁3～5，〈送葉一之序〉。
〔註99〕李化龍《平播全書》卷一，頁43～46，奏疏，〈更調府佐縣令疏〉。
〔註100〕《南部縣志》（清道光29年刊本，史語所藏本）卷二十四，頁72～75，王獻策〈邑侯歐陽公政績紀〉。
〔註101〕常明等《嘉慶四川通志》（清嘉慶21年刊本，中研究院史語所善本）卷二十六，輿地，公署，頁16～17，〈劍州右丞題名記〉。
〔註102〕同前註。
〔註103〕萬國欽《愚先生遺集》卷二，頁37～38，〈劍州右丞題名記〉。

政治環境。〔註104〕然吏部並未接受其建議，日後喬氏在〈糾劾不職有司疏略〉，
再提出任用甲科出身者，以澄清吏治之請：

> 再照：蜀中一省，延袤數千餘里，計府則有九，計州則二十而有一，
> 計縣則一百一十。官亦濟濟眾矣，乃甲科宦於此中者，僅僅十餘人，
> 殊非所以壯名藩而課循績也。臣等不敢謂鄉貢兩途，遂無卓然超群
> 之吏。惟是世情重甲科，而州縣之繁鉅難處者，一聞科貢輒玩之以
> 爲易與耳。即本官亦未入境而神先怯矣，所須甲科之彈壓甚亟。邇
> 聞甲科視善地稱仕國者，亦堅不可就。夫蜀地誠險遠凋殘，亦何畏
> 避至此。持衡者爲地擇人，豈爲人擇地哉！故臣等因論劾不職之吏，
> 而併議及之，無非爲地方計耳。伏乞勅吏部，再加查議……以後蜀
> 中遇有繁劇州縣員缺，容臣部酌量人地，遴揀甲科選補以彈壓……
> 〔註105〕

在〈就近陞調有司疏〉中，又再度提出任用甲科之議：

> 再照蜀雖遠在天末，地方俱是神州赤縣，大山連綿，民居寥寂，悍而
> 好鬥，貧而易劫，非廉明之吏，公忠之長，不足以息囂凌而勤安輯。
> 而地理阻山阻水，難於青天，人有憚心，裹足不入，除科甲外，其餘
> 俱日暮途窮者、蹶而復起者，銓除起補，較他省獨多，此在衡人者，
> 初何成心，而來官者，多不自愛。迨至論列，而地方已爲官苦矣，經
> 年而後得補，則又曠廢多矣！恐亦非平明之治也。相應具題，伏乞勅
> 下吏部，再加查議，……乞軫念蜀中地方遼闊，事務繁難，以後州縣
> 正官，多選科甲，次及貢行，酌量衝辟，速賜除補……〔註106〕

喬壁星認爲吏治之污隆，關民生之休戚。欲安民生，必先肅清吏治；肅清吏
治，最佳方法，就是重用甲科出身者。因此頻頻提出疏請，然始終未見吏部
有實際回應。三十七年（1609）七月，巡撫錢恒再度提出「用正途，以重提
舉」〔註107〕四十五年（1617）九月，川撫饒景暉再度以川省險遠，州縣令不
下一百三十餘人，甲科僅四、五人，呼籲吏部應考慮川省，「或疏遠積贏，夷
漢雜錯，或孔道衝煩，夷情刁悍，均應選授甲科，以振吏治」，〔註108〕然吏部

〔註104〕《明神宗實錄》卷四二三，頁6，萬曆34年7月辛卯。
〔註105〕喬壁星《喬中丞奏議》卷六，頁95～96，〈糾劾不職有司疏略〉。
〔註106〕前引書，卷九，頁75～80，〈就近陞調有司疏〉。
〔註107〕《明神宗實錄》卷四六○～頁5，萬曆37年7月辛卯。
〔註108〕前引書，卷五六一，頁1，萬曆45年9月乙丑。

亦不作回應。至四十六年（1618）七月，巡按吳之臯再提出敍州知州等官，以後應選甲科，皇上批示，下部議之，然吏部亦無回應。〔註109〕

奢崇明之亂，四川遭兵災蹂躪後，吏治問題再度引起朝臣重視。天啓二年（1622）正月，福建道御史周宗建提出邊地儲用甲科爲天下第一要務。他認爲非甲科出身者，志氣極短，百事支吾，盡成廢弛，一遇驚奇，不爲棄城之逃客，即爲泉下之死人。縱有千餘，不當一用，以奢崇明之亂爲例，逃官極多，竟至聯邑成虛，皆無甲科仕者所致。〔註110〕他建議朝廷擇甲科年輕力壯、才氣超邁者，任於沿邊府州縣，令其聚糧練兵，使城可守，足勝幾萬兵。如此可使地方安輯，群盜潛消，內地鞏固。皇帝接納其建議，著吏部議行。〔註111〕三年（1623）正月，巡按御史溫臯謨亦提出宜多選甲科，以改良蜀地吏治。他說：「近日有司視蜀爲畏途，儒者憚以身殉官，焚者以身殉賄，銓司如爲地方計，必應多選甲科于蜀，即科貢，亦須擇年力壯勁，克堪軍旅者，方行陞選。」〔註112〕四年（1624）四月，刑部給事中顧其仁又提出：「蜀地重困，乞擇守令，假以贄郎署篆。」〔註113〕五年（1625）五月，翰林院修撰王應熊因見奢亂以來，蜀民困苦離散，靡有孑遺，感慨地奏請恢復成都、華陽、內江、宜賓、江津、巴縣等地甲科人選，以便得良牧，治理其地，以便安民。〔註114〕崇禎二年（1629）四月，川撫田仰又再度要求川省缺官之處，「務將新榜進士銓選，不得濫用庸疏，以誤地方。」〔註115〕這種相信任用甲科爲肅清吏治的萬靈丹，一直爲川省官員所寄望的，但或礙於朝廷銓選制度，或因礙於仕者之願望，或因其他因素，始終未能滿足川省官員的要求，以致川省官員素質未獲改善，吏治未獲澄清，民生更苦。

官不一定非出身甲科，若能從整飭官吏著手，雖非甲科亦可使地方政治有治。如明初銓選官吏之嚴格，凡老弱不堪任職者皆罷降。仁宗洪熙元年（1425）七月，就強迫耳聵目昏，不能任職如永寧宣撫司經歷張守規等二十四人致仕〔註116〕宣宗宣德十年（1435）二月，黜退昏懦老疾不能任事如順慶

〔註109〕前引書，卷五七二，頁12，萬曆46年7月辛亥。
〔註110〕《明熹宗七年都察院實錄》，頁135～136，天啓2年正月30日。
〔註111〕同前註。
〔註112〕《明熹宗實錄》卷三十，頁12，天啓3年正月丙午。
〔註113〕前引書，卷四十一，頁1，天啓4年4月乙酉。
〔註114〕前引書，卷五九，頁25～26，天啓5年5月乙亥條。
〔註115〕《崇禎長編》卷十七，頁35，崇禎2年正月壬午。
〔註116〕《明宣宗實錄》卷三，頁10，洪熙元年7月。

府同知張恩智等十一人。〔註117〕英宗天順八年（1464）十一月，同時黜退敘州、夔州、重慶等三府老疾庸懦不職官六十八員。〔註118〕憲宗成化七年（1471）四月，又罷黜貪酷老疾及罷軟官一百八十一員。〔註119〕孝宗弘治十年（1497）十二月，年例考察，黜退樂至縣王道等三十員老疾等官。〔註120〕十七年（1504），給事中戴銑等劾奏左布政熊祐等官不謹、貪酷、老疾等罪，如例罷黜。〔註121〕對於有政績之官員，則破格錄用，甚至予以久任，以便繼續為百姓服務。如宣德二年（1427）六月，成都府推官九年考滿，有政績，其民奏乞。留之。〔註122〕憲宗成化九年（1473）四月，威州知府何淵，在任九年，眾皆畏服，將去，州人留之，復任三年。〔註123〕總之，在銓選及嚴格淘汰，和久任等層層考核控制下，明初吏治至少維持在一般水準以上，百姓生活還算安定不擾。

　　武宗以降，除貪贓枉法官吏遭貶黜外，罕見罷斥老疾不能任事之官吏。官吏皆循資調升以退，對於有政績之官吏，也因銓選考核制度之健全運作，遇滿則調，少有久任之舉。世宗初年，兵部侍郎胡世寧就曾指出，今天下生民困窮，在於善政不行，善政不行，又在於官不得人，官不得人，在於銓選有問題，蓋「銓者路遠，卒難到任，地方當然缺官，或雖到任，而久未遷改，人無固志，皆無肯實心為民。」〔註124〕他不諱言指出近日四川芒部釀成邊患，皆因用衰老貧弱之人所致，要求今後四川司府官員，要越資選用人力精壯之人，「其後陞擢，比腹裡官量加優厚」，以資獎勵。〔註125〕此外，張孚敬更認為官之切於民者，莫如巡撫守令，此等官「最要得人，最宜久任。」「若不久任，則居此官者，日望陞遷，如同傳舍，吏不知畏，民不知愧，則何益哉！」〔註126〕如川撫王軌，嘉靖三年六月內，由順天府尹陞副都御史巡撫四川，到任未及數月，四年八月又陞工部侍郎。連續陞遷，數處更易，責其「能完固邊防，撫按百姓，未之有

〔註117〕《明英宗實錄》卷二，頁12，宣德10年2月丙寅。
〔註118〕《明憲宗實錄》卷十一，頁5，天順8年11月丁巳。
〔註119〕前引書，卷九十，頁3，成化7年4月戊申。
〔註120〕《明孝宗實錄》卷一三二，頁3，弘治10年12月戊寅。
〔註121〕前引書，卷二一九，頁8～9，弘治17年12月己卯。
〔註122〕《明宣宗實錄》卷二八，頁7，宣德2年6月乙卯。
〔註123〕《明憲宗實錄》卷一一五，頁1，成化9年4月壬戌。
〔註124〕《胡端敏奏議》卷八，頁15～22，〈災異陳言自求罷黜疏〉。
〔註125〕同前註。
〔註126〕《皇明經世文編》〈張文忠集〉卷之二，頁11～18，〈論館選巡撫兵備守令〉。

也。」〔註127〕此外一些地方官也因朝廷言官權重，動輒得咎，在諸上所述因素下，官員流動率逐漸趨高，對地方政治漠不關心，吏治日墮，政治日壞。如穆宗隆慶四年（1570），川撫嚴清去職一案爲例，蜀人趙貞吉就以嚴清爲言官所劾啓釁都蠻及縱賊滋漫去職，大爲不滿，具疏上奏，力辯其冤。他認爲嚴清在四川，省費愛民，約己任怨，其忠可取，況正值旱荒之時，生民流離，正賴嚴清以安輯招撫，遽欲去，是奪蜀人之父母也。〔註128〕他更進一層指出朝廷用人缺失，認爲任事之臣甚難，蓋其「難齊異同之見，難調毀譽之口，惟知畏譏憂讒，故常苦其行之難。」〔註129〕論事之臣甚易，蓋其「不設身以處其地，不原情以待其成，惟知深文求責，故不覺其言之易也。」〔註130〕所以任事之臣皆不能倖免於去職，則天下建功立業之士，自此解體喪志。〔註131〕趙貞吉此番辯解道出言官之囂張，足以動搖方面大臣之職位，導致地方官之未能久任，是地方之損失，眞是一針見血之論。嘉靖四二年，胡直爲蜀藩右參議，至雅州，雅民僅四里，問昔有司茲土爲誰氏，因遷去無常，竟不能舉二、三，胡直不覺嘆曰：「嗟乎此久任法不行，則民士且不能道官司名氏，況能洽而治乎。」胡直遂把歷年來有司，具石書名氏籍里及到任日，最後又感慨地說：「夫語治多矣，而莫益於久任簡官爲之大。」〔註132〕神宗萬曆年間，布政使程正誼就曾針對久任問題危害地方治績提出質疑，他指出：「近十年來，父母官在任皆不久，兼之朝覲往回，奔走道路，不能行其所志。又署符，更換夫馬勞，民亦苦之。」〔註133〕地方官久任無望，甚至官缺亦不補，銜接空檔時，吏書正可上下其手，競相貪瀆，這也是四川政治未能清明之因。如李化龍《平播全書》記載：馬湖府通判、東川畢民府通判、帛竹、太平、夾江、射洪、高縣、大邑、岳池、營山、建始、丹稜、梓潼各縣知縣，及達州同知、瀘州通判、岳池縣主簿、眉州學正、射洪大邑縣教諭、梁山縣訓導，皆懸缺，請吏部速爲銓補。〔註134〕李化龍認爲補官湖

〔註127〕同前註。
〔註128〕趙貞君《趙文肅公文集》（明隆慶間原刊本，中圖微捲）卷八，頁31～35，〈乞留撫臣疏〉。
〔註129〕同前註。
〔註130〕同前註。
〔註131〕同前註。
〔註132〕胡直《衡虞精舍藏稿》卷十一，頁8～10，〈雅安分司題名記〉。
〔註133〕程正誼《宸華堂集》（明萬曆27年華陽知縣張氏刊本，中圖微捲）卷十六，頁15～18，〈與熊永康書〉。
〔註134〕李化龍《平播全書》卷一，頁43～46，〈更調府佐縣令疏〉。

廣、雲貴、陝西、河南等近四川地方爲主，取其容易抵任，不要補兩廣、福建、浙江等處，去江絕遠，到任亦需二、三月，致人地兩不便。〔註135〕但吏部對李化龍之議，並未作回應。萬曆年間，官缺不補，是全國普遍現象，祇是四川因巧逢播亂之後，急需官吏蒞地治民，以便安撫百姓，但朝廷仍置之不理，川撫一再要求銓補官員，始終未獲回應。喬壁星再度向吏部報怨：「今藩臬各道，見任者，僅僅六人，其他員缺甚多，東借西挪，顧此失彼，每盼補一官，不啻農之望歲。」〔註136〕其後喬壁星又再度提出要求速補官員：「藩臬守巡兵備等道，見任地方者，落落晨星，一人常兼數篆，一道遙制千里，顧此失彼，以致吏治不清，百務廢弛，人情玩愒，民生嗟怨」，請求皇上軫念遐方需官甚急，就近補缺，然疏入未見回答。〔註137〕萬曆四十年五月，喬壁星致仕，朝廷並無速補川撫之意思，巴蜀父老「望撫臣如望歲焉，杳乎其未有期，請酌量另行推舉，速請點用，不誤事。」〔註138〕十二月遂派吳用先爲川撫，中間懸空數月。方面大臣任用選派已有延誤，何況其他小官。如天啓五年，王應熊所提重慶至巫夔之間的監司，遇缺皆不補，補不赴任，萬一倉悴事起，無人懾壓。〔註139〕崇禎二年正月，川撫田仰亦指出奢亂後，人人視蜀地爲畏途，缺多不補，補多不來，方面官八員，府佐十一員，州縣二十八員，皆陞除日久，縱跡茫然。遂疏求皇上，乞求吏部，嚴限赴任。〔註140〕官缺不補，補而不赴任，形成政治真空期，胥吏、黨正、里師等，交相貪瀆苛索，受災害最深者自是蒼生百姓。

　　吏員非出身甲科，且多卑官散職，以爲資格止於是，競相貪瀆，或有其道理在，而明中葉以降，川省一地，竟然連方面大臣、文武大官多恬不知恥，競相貪瀆。如以方面領兵大臣和武官爲例，武宗正德年間，總制尚書洪鐘乘提督三省軍事之便，大開賄賂之門，枉索錢餉，遍受金銀之器，「去蜀之日，數舸相連，滿載群挽，如巨賈然。」〔註141〕十六年（1521），松潘副總兵張傑，以江彬宦黨爲內援，「大肆殘墨，贓累巨萬」。〔註142〕熹宗天啓年間，奢崇明之亂時，官拜川、湖廣、貴三省總督，負責圍勦奢崇明的張我續，因貪贓枉

〔註135〕同前註。
〔註136〕喬壁星《喬中丞奏議》卷五，頁 39～40，〈府正給由疏〉。
〔註137〕前引書，卷五，頁 94～96，〈請補足諸道臣員缺疏〉。
〔註138〕《明神宗實錄》，卷五〇〇，頁 9，萬曆 40 年 10 月丙子。
〔註139〕《明熹宗實錄》，卷五九，頁 25～26，天啓 5 年 5 月乙亥條。
〔註140〕《崇禎長編》卷十七，頁 35，崇禎 2 年正月壬午。
〔註141〕王萱《青崖奏議》卷二，頁 13～14，〈劾總制尚書洪鐘〉。
〔註142〕《明世宗實錄》卷八，頁 7，正德 16 年 11 月丙寅條。

法，爲南京浙江道御史李時繁參劾：「理餉反侵餉，至十萬計，勦夷反以通夷，飼其重賄，宜速勘結，無令脫解。」〔註143〕河南巡按御史楊維垣稱查出張我續名下銀十萬四千餘兩。〔註144〕其後戶部集議，勘得實際侵剋僅七千四百七十兩，皇帝下令，再行查覆。〔註145〕張我續侵剋屬實，有司不敢治其罪，因他和大璫有姻親關係，非但無罪，半年內登九卿之位。〔註146〕思宗崇禎三年（1630）十二月，查出建昌副使段師文侵餉課贓賍計銀十四萬四千五十兩、黃金七百五十兩。〔註147〕一個小小副使，累年貪贓，竟然如此巨大，遑論其他大官。當時蜀中武官普遍存著侵欺糧食，占用役軍之情形。一般而言，「城操者止什一，隱逃者數有什九」。以成都五衛食糧軍夫爲例，共計一萬三千五百餘名，城操不及八千，各衙役用計二千八百名，其它影射支吾，莫可窮記，成都一地，尚且如此，其餘衛所，不究可知。可見川省糧儲，武官坐耗之弊，不算少數。〔註148〕

在文職官員貪瀆方面，以巡撫爲例，王繼光在萬曆二十一年（1593）四月抵任，至五月初，纔十天，就送交際銀至京，因路途與差役發生衝突，爲禮科給事中徐成楚所參劾。其交際物共四包，拆開二包，一包約有四十餘種，多四川土產；一包裝金銀絲川扇約八百餘柄。內有三禮單，一送察院徐彥登，共銀一百一十五兩；一送原巡按四川王象蒙，共銀一百八十兩；一送萊州知府銀二十兩。徐成楚認爲王繼光到任未及旬日，交際僅三人，費金如此繁鉅，「異日席捲全蜀之膏脂，勢所必至。」皇帝遂下令部院參究。〔註149〕其後以「巡撫一方，爲庶官表率，如何濫行交際」，革王繼光任，回籍聽勘。〔註150〕天啓五年四月至崇禎元年六月之任職川撫的尹同皋，亦曾被浙江道御史汪應元疏劾：「借宗糧換赤金，勒程儀詐貪弁，取毯條徵布疋，索道將扣軍糧，用軍鼓剋工食」等諸罪名，其後雖查無實證，然可看出方面大臣，動輒受疑貪瀆之普象。〔註151〕其後接任尹同皋之田仰，以二千金賄得巡撫官位。

〔註143〕《明熹宗實錄》卷七十四，頁10，天啓6年7月甲申。
〔註144〕前引書，卷七一，頁15，天啓6年5月丁巳。
〔註145〕前引書，卷七四，頁9～10，天啓6年7月癸未。
〔註146〕《崇禎長編》卷四，頁9，天啓7年12月庚子。
〔註147〕前引書，卷四十一，頁1～2，崇禎3年12月庚午。
〔註148〕《絳太山人集》卷一，頁20～21，一〈食糧軍餘〉。
〔註149〕《萬曆邸鈔》，頁805，萬曆21年癸巳卷。
〔註150〕前引書，頁855～856，萬曆22年甲午卷。
〔註151〕《崇禎長編》卷四十四，頁3，崇禎3年3月辛未。

〔註 152〕在川省亦「貪以濟暴」，後亦被劾罷職。〔註 153〕操守好的巡撫，也會因不苟同屬下之行為，慘遇暗算。如崇禎二年八月，張倫以部下奸戎求軍功不得，奸戎結死黨偷其官防以去，遂以失印被劾罷官。〔註 154〕繼任者，劉漢儒，以縱寇逸奏，被免職。〔註 155〕七年八月，至十一年正月（1634～1638），川撫王維章，亦被中官張鳳嗣劾貪劣罷官。〔註 156〕末代巡撫陳士奇，在張獻忠攻下重慶時，查出帑金，存吏胥家有四十二萬，還有不下十萬據為己有。〔註 157〕川撫非貪瀆即逸寇罷職，官政之紊亂，可想而知，其它小官見官政紊亂，乘機而起，競相貪瀆。喬璧星就曾指出：「邇來久弊生，狐鼠為政，官無覺察之明，吏有彙緣之竇，腳戶包冒，衙役恣其需求，宿負積逋，追償無措」，如通判邵細竟貪濫積至二十萬石。〔註 158〕布政司陳世相，天啓年間為吏時，侵蝕廣濟庫銀達二萬二千一百兩，巡撫尹同皋劾之，遂逃往京師，買通關節，任吏部吏，直到崇禎元年八月，才以隱匿罪發，下法司究問。凡此貪官污吏事蹟，不勝枚舉，不再贅述。〔註 159〕

　　隆慶年間吏部尚書楊博在〈議天下郡縣繁簡疏〉一文中，曾針對治理四川郡縣有司提出施政方針，勸四川有司「持廉省費，愛養撫綏」，為治道之根本：

　　　大抵蜀地，夷漢雜處，氣習靡淳，地理遼邈，巡歷難遍，加以大木
　　　之困，大兵之殘，民貧多盜，勢使然也。事任撫按，廣於咨詢，司
　　　道勤於躬歷，督率有司，持廉省費，愛養撫綏，數年之後，或者蜀
　　　其有瘳乎？〔註 160〕

但是，明中葉以降的四川有司官員，並不能體會到「持廉省費，愛養撫綏」之治道真理，卻背道而行，上至方面官，下至胥吏等文武大臣，大將走卒，皆競相貪瀆。再富庶的地方，也會被剝削至貧。當百姓已被壓榨殆盡，家家懸磬，食無米穀時，弱者流移他鄉，強者揭竿而起，殺貪官洩己恨。因此整

〔註 152〕前引書，卷十六，頁 16，崇禎元年 12 月戊戍。

〔註 153〕前引書，卷十八，頁 37～38，崇禎 2 年 2 月乙卯。

〔註 154〕談遷，《國榷》（北京：中華書局，1988 年 6 月第二次出版）卷九十，頁 5494，崇禎 3 年 8 月戊午。

〔註 155〕前引書，卷九三，頁 5659，崇禎 7 年閏 8 月乙酉。

〔註 156〕《明史》卷二九四，頁 7547，〈忠義六〉。

〔註 157〕《國榷》卷一百二，頁 6122，崇禎 17 年 6 月丁丑。

〔註 158〕《喬中丞奏議》，卷七，頁 11～16，〈保留給由府佐疏略〉。

〔註 159〕《崇禎長編》卷十五，頁 16，元年 11 月壬申。

〔註 160〕《皇明疏鈔》卷四四，頁 1～8，輿圖，楊博〈議天下郡縣繁簡疏〉。

個四川社會充滿著動蕩不安的氣氛，民亂四處迭起，更加速社會治安及經濟惡化。朝廷始終無整治對策，馴至最後，以民亂來動搖明朝四川之政權，那批貪官污吏，也在民變動亂中，一波又一波的被廣大的民亂消滅。

第二章 明代四川的軍事

第一節 軍制的解體與敗壞

　　軍制的敗壞，首見於衛所軍制的崩潰。明朝國家軍事的組織，主要分為衛與所兩級，衛所的分布係根據地理的險要，小據點設所，關係幾個據點設衛，以五千六百人為衛，設指揮使；一千一百二十人為千戶所，設千戶；一百二十人為百戶所，設百戶，每個百戶包括兩個總旗，每個總旗，包括五個小旗，每個小旗包括十個軍人，各地衛所軍隊分屬各省都司，都司又上統於五軍都督府，遇有事征調，則分統於諸將，無事，則遣散各衛。四川都司，前後曾設成都左、右、中三護衛，成都左、右、前、後、中三衛，寧川、茂州、建昌、重慶、敘南、威州、雅州、大渡河、廣安、渠縣、黔江、疊溪、建武、小河、禮州後、禮州中、建昌、打沖河、德昌、迷易、鹽井打沖河、冕山、橋後、鎮西等所，及蜀府儀司、壽府儀司、壽府群牧所等。〔註 1〕明初四川衛所軍最大來源，主要是招輯番漢人民、明氏潰亡將校士卒來歸者及囚徒等。〔註 2〕收編士卒總數共有五十二萬四千餘人。〔註 3〕洪武二十三年（1390）四月，因軍事戡定，裁

〔註 1〕 《明史》卷九十，志第六十六，兵二，頁 2193～2199，及頁 2209～2210，及
　　　　 《明太祖實錄》卷九二，頁 4，洪武 7 年 8 月丁酉條。
〔註 2〕 《明太祖實錄》卷六八，頁 5，洪武 4 年 9 月丙子，及卷一一七，頁 4，洪武
　　　　 11 年春正月甲子，及《明英宗實錄》卷八一，頁 6，宣德 6 年 7 月己卯，及
　　　　 鄭紀《東園文集》（《四庫全書珍本》三集，文淵閣本，台北：台灣商務印書
　　　　 館，民國 60 年）卷八，頁 3～5，〈送俞良佐清戎西蜀序〉。
〔註 3〕 《明太祖實錄》卷一五六，頁 3，洪武 16 年 8 月丙午條。

減軍額，當時四川都司所轄軍士共有三萬八千三百人，九月增至七萬八千三百六十人。〔註4〕宣宗宣德八年（1433）四月，因無戎事，減至一萬七千六百人，〔註5〕景帝景泰元年（1450），因調撥往貴州勦賊，官軍又增至二萬四千二百人，〔註6〕憲宗成化元年（1465）二月，因勦賊所需，又恢復明初水準，共三萬七千餘人，〔註7〕武宗正德六年（1511）二月，因受藍鄢之亂影響，軍士降至二萬人，〔註8〕神宗萬曆七年（1579）九月，驟增至五萬三百三十八名。〔註9〕其增減情形如表三。

表三　明代四川都司所轄軍士增減統計表

皇帝	年號	年代	月	西元	軍數	增減數	資 料 來 源
太祖	洪武	二三	四	1390	38300		《明太祖實錄》，卷二○一，頁3，戊辰
	洪武	二三	九	1390	78360	加 40060	《明太祖實錄》，卷二○四，頁1，庚寅
宣宗	宣德	八	四	1433	17600	減 20700	《明宣宗實錄》卷一○一，頁4，丙申
景帝	景泰	一	二	1450	24200	減 14100	《明英宗實錄》，卷一○九，頁6，癸未
憲宗	成化	一	二	1465	37000	減 1300	《明憲宗實錄》，卷一四，頁11，辛丑
武宗	正德	六	二	1511	20000	減 18300	《明武宗實錄》，卷七二，頁9，壬寅
神宗	萬曆	七	九	1579	50338	加 12038	《明神宗實錄》卷一一六，頁5，癸未
備註	增減是以洪武二十三年四月的三八三○○人爲基數。						

推其軍士突減之原因，或因版籍不清，丁多之家，違棄軍伍，投入民籍，〔註10〕或因空缺軍伍，弟子未能補齊，〔註11〕或因軍官佔役，軍士已失，〔註12〕

〔註4〕　《明太祖實錄》卷二○一，頁3，洪武23年4月戊辰，及卷二○四，頁1，洪武23年9月庚寅。
〔註5〕　《明宣宗實錄》卷一○一，頁4，宣德8年4月丙申。
〔註6〕　《明英宗實錄》卷一八九，頁6，景帝景泰元年2月癸未。
〔註7〕　《明憲宗實錄》卷十四，頁11，成化元年1月辛丑。
〔註8〕　《明武宗實錄》卷七二，頁9，正德6年2月壬寅。
〔註9〕　《明神宗實錄》卷一一六，頁5，萬曆7年9月癸未。
〔註10〕　《明英宗實錄》卷一七五，頁8，正統14年2月己巳。
〔註11〕　《明宣宗實錄》卷一○八，頁11，宣德9年2月辛未。
〔註12〕　《明英宗實錄》卷十四，頁3，正統元年2月壬寅及卷一九一，頁10，景泰元年4月壬午，及《明憲宗實錄》卷一二八，頁3，成化10年5月戊子。

或因流移逃亡，趁食它所，或因離鄉背景，水土不服等諸因素推演下，導致衛所軍士不斷地減少，演變至衛所制的崩潰。〔註13〕

衛所制的崩潰，可由建昌、會、鹽、寧、越等五衛，及禮州、德昌、打沖、晃山、鎮西、迷易等八所演變中窺出。明太祖時五衛八所，官額指揮八十五名，千戶鎮撫七百六十八名，額軍、衛所城操、並撥守屯堡兵共官軍五萬八十餘名，因二百年來，邊備日弛，蠻害日慘，官軍日耗，屯堡日虛，再加上瘴癘之苦，各營堡逃亡之事，無日無之，當事者又不設法勾捕。至神宗萬曆四十年（1612），五衛八所官軍指揮千戶、鎮撫僅存一百四十三名，衛所軍僅存城操官軍五千二百四十九名，屯兵及防兵八千八百八十四名，總兵僅存軍兵一萬四千一百三十三名，比之明初額軍，尚不及十分之三。〔註14〕再以建昌衛爲例，洪武二十八年（1395）五月，額軍尚有一萬三、四千餘人，至萬曆三十八年（1610），僅剩一千二百餘名，會、鹽、寧、越等所，大類如此，當時「支世祿之裔，十不存二；尺籍之卒，十不存一。」〔註15〕衛所軍士逃亡，徒存尺籍，並不僅於建昌等五衛八所，事實上是明中葉以後，全國普遍性的現象，祇是四川情況較爲嚴重。〔註16〕

衛所軍逃亡過半，每逢有戰事，祇有訴諸招募營兵一途。以建昌五衛八所爲例，嘉靖四年（1525），寧越衛曾招募營兵二千二百，萬曆十四年（1586），又增募四千七百餘名，其後因戰事日少，遂汰減爲二千三百餘名。〔註17〕萬曆十七年（1589），建昌增置兵一千四百名，越嶲增置兵一千九百名，寧番衛又增置軍兵八百名，會川、鹽井二處增置六百名，共增募四千七百名。〔註18〕可見衛所逃亡軍士，一切額缺，惟有依賴招募一途來彌補。熹宗天啓年間，建昌、會川之間，官軍營戍，名存實亡，夫馬廩糧，多所缺略；蓋五衛八所

〔註13〕前引書，卷二○一，頁20，景泰2年2月乙未，及《東園文集》卷八，頁3～5，〈送俞良佐清戎西蜀序〉。

〔註14〕《古今圖書集成》〈職方典〉第一一二冊之三五葉，鄧思啓〈乞查邊額以壯藩籬〉及〈瘴癘宜加體恤以造邊福〉及〈邊儲吃緊宜籌以實軍需〉。

〔註15〕《明太祖實錄》卷二三八，頁4，洪武28年5月戊午，及張時徹《芝園別集》（明刊本，中央圖書館漢學影本）奏議三，頁26～27，〈選募鄉勇以責實效〉，及喬壁星《喬中丞奏議》卷十，頁89～92。

〔註16〕譚綸《譚襄敏公奏議》（《四庫全書珍本》六集，文淵閣本，台北：商務印書館影本，民國64年），卷三，頁2～7，〈究盜參官以議善後疏〉。

〔註17〕閭洪學《撫滇疏草》卷一，頁5～6，〈滇路粵蜀并關疏〉。

〔註18〕《明神宗實錄》卷二○九，頁3，萬曆17年3月丙辰。

額設官兵，十減六、七，因糧田乾沒於豪強，以致官兵日見消索。〔註19〕貴州巡撫閩洪學奏請設兵置防，以制賊死命，但此時明廷因國內流寇四起，窮於應付，已無實力再募兵布置軍力。〔註20〕再以廣安州兵制演變論之；太祖初年，廣安州有守禦千戶所領軍一千一百二十人，立百戶，各領一百一十二人，此為衛所「兵制」，又曰「屯兵」；英宗正統二年（1437），始募民壯士兵，專捕盜賊；憲宗成化三年（1467），選土兵，孝宗始僉民壯，平日有司訓練，有調發給以行糧；正德年間，藍鄢民亂起，又募民兵；世宗嘉靖三十三年（1554）增民兵五百；神宗萬曆中，設練兵七百，捍鄉土，不他調，設練總、秩序把總，受轄於正官，加練餉銀給之；崇禎末年，鄉紳捐金，募勇百餘，晝夜巡街，是謂「街卒」。〔註21〕可見從英宗正統年間開始，衛所屯兵制已日漸崩潰，地方防衛系統，已由民壯、士兵、民兵、街卒取代，一應招募費用，由地方財政支付。衛所軍官對軍中缺額的事，毋寧不管，因他們即可中飽逃亡者的月糧，逃軍愈多，每逢戰爭暴發，軍士不足用，只有行招募之法，招來之兵，素質不好，又需訓練，且政府又需加徵租賦，維持軍費，民愈困，招募之兵，又不可用，愈募愈多，財政更困窘，如同葉向高所云：「多調多募，多逃多虛」，祇是浪費公帑，未坐收募兵之利。〔註22〕

衛所軍制推行之初，軍士的糧食兵械多靠自己的屯田收入支付，國家縱有些補助，數量不大，不致造成財政上的沈重負擔，所以明太祖曾得意地說：「吾京師養兵百萬，要令不費百姓一粒米。」一般而言，衛所軍由朝廷授給田地屯種，每名軍士給田五十畝，和耕牛農具，設有風憲官一員以提督之，牛具總於屯漕，佃糧子粒，司於戶部，各有專司。沿邊衛所軍，三分城守，七分屯種，內地二分守城，八分屯種，這種守城和屯田之比例，亦可隨地方軍事之警急與否，作適度調整，如洪武時，成都六衛為西蜀重鎮，遂以十分之六屯田，餘皆守城；漢州地廣民稀，二衛軍士，全部屯田自食；蜀王府守衛，則以三分之二屯田，三分之一扈從。〔註23〕屯田戍守軍士比例，雖因地

〔註19〕《明熹宗實錄》卷七，頁3，天啓元年潤2月己卯。
〔註20〕同註17。
〔註21〕周克《廣安州新志》（清光緒33年刊本，民國2年鉛印本，中研院史語所善本）卷二二，武備四，頁4，〈屯兵義勇〉。
〔註22〕葉向高《葉臺全集》（明萬曆至崇禎年間遞刊本，中圖微捲）卷九，頁10，〈答蔡元履撫臺〉。
〔註23〕《明太祖實錄》卷二一六，頁1，洪武25年2月壬子條。

因時而不同，其目的則在屯田戍守兩相得宜，軍士「居常自力於農，無坐食之費，一方有警，亦可以調以從征，軍戍不廢，國家坐收大利。」〔註24〕軍屯推行到明中葉後，法久弊生，武宗正德二年（1507）元月，工科給事中馬驂清理四川屯田，舉出屯田之弊：一則管屯官員稽考屯田不力，以致有侵欺之弊；二則軍官常典買屯田，詭寄影射，屯數不足；三則官吏循憻，私相更換，且役佔餘丁，以致屯田丁不足。〔註25〕

　　近人王毓銓在《明代的軍屯》一書中指出軍屯諸弊中，又以官軍私役軍丁，和軍官、豪右、鎮守總兵等官侵占奪取影響最大。先以官軍私役屯軍而論，明中葉以降，官軍私役屯軍，動輒千人，直接剝奪了屯軍的勞動力，破壞屯政。這種私自役軍的情形，非但影響屯政運作，且影響軍士城操，神宗以降，愈來愈嚴重。〔註26〕這是全國普遍的現象，四川也不例外，如萬曆二十年（1592），川撫艾穆云：入蜀以來軍兵「城操者，僅止什一，隱占者數有什九」，是以朝廷有限之糧儲，豢養各官之僕從，行伍不振，操練乏人，又令小民重割脂膏，招練民壯，以充實之，均非法之所宜有者。〔註27〕他曾對成都五衛私役軍士情形進行調查，當時成都五衛軍士共有一萬三千五百餘名，城操發班不及八千餘名，各衙門占用數計二千八餘名，省會重地，尚且如此，其餘衛所，不究可知。因此艾穆主張清食糧軍餘，以寬民力，使軍民各盡其分，國家糧儲，可免坐耗之弊，然其成效如何，史無記載。〔註28〕再以官軍豪右侵占屯政而論，蓋守邊將吏常借管屯務之便，將屯地中膏腴之田，占爲己有，瘠薄歸軍，以致官享其利，軍受其賦，頗爲不公，屯軍遂競相逃竄。〔註29〕豪右巨族們也常「侵占影射，丁苦逃竄，致屯畝拋荒。」〔註30〕這種官軍豪右，不恤屯卒之弊，王世貞在〈送按察王君督四川屯政序〉中，就指出明初四川屯田無被兵災，卻不聞川省屯糧，助縣官費用，庫藏少有溢羨陳陳之積。他認爲是屯卒平日無恤，逃亡銖累，將

〔註24〕 梁儲《鬱州遺稿》（《四庫全書珍本》四集，文淵閣本，台北：商務印書館印行，民國 61 年）卷四，頁 24～26，〈送四川僉憲張彥充序〉，及李在文《續修綿州直隸州志》（清嘉慶 17 年刊本，中研院史語所善本）卷二十，屯田，頁 3～4。

〔註25〕 《明武宗實錄》卷二二，頁 12，正德 2 年元月甲戌。

〔註26〕 王毓銓《明代的軍屯》（中華書局出版，北京，1965 年 6 月第一版）下編〈明代軍屯上的生產關係及軍屯的破壞〉，頁 310。

〔註27〕 艾穆《艾熙亭文集》（明平江艾日編列本，中圖微捲）卷十，頁 30～31。

〔註28〕 同前註。

〔註29〕 同註 24。

〔註30〕 《明神宗實錄》卷二三七，頁 2，萬曆 19 年 6 月己亥。

官又蠶食，「藩國之彊有力，與桌鎮之徒把持侵漁其間，可恨也」，再加上督屯政之大臣，又不久任，因故襲陋，視而不為，屯政更壞。〔註31〕葉向高也對豪右侵占之弊，頗有微詞：「昔屯政多出於大亂之世，民逃土曠，故可聚兵以耕之，今日似亂未亂，土之可耕者，皆為豪民所占，雖朝廷之威令，亦無如之何。」〔註32〕迨明末，屯政愈難推展，弊端也愈多，思宗崇禎二年（1629）四月，雲南道御史毛羽健指出舉國屯政之弊有三，一則軍士屯田去籍，可免著伍，私相賣；二則豪右利屯無賦免徵，私相買；三則軍官因軍士逃亡，可收屯利，不追逮，三者相循環下，私相買賣，屯田之存者，十無一、二。〔註33〕

　　總之，明中葉以後，衛所軍逃移，軍額大減，軍額不足，每遇戰事或地方駐軍，只靠招募營兵補足，衛所軍愈逃愈多，地方募兵，則愈募愈多，再加上衛所軍賴以生存之軍屯又敗壞，有名無實，軍士俸祿無出，招募愈多，財政負擔愈重，待中央無法負擔募兵費用時，朝廷祇好由地方財政收入中撥給餉銀，募兵支出，已使地方財政困竭，而招募而來之兵，若能打戰，則可取代衛所軍，事實上，此輩純屬無賴，毫無戰鬥力可言，世宗嘉靖年間，巡撫張時徹就提出：「川中之兵，軍士不如土兵，土兵不如鄉勇」；蓋守備民兵，俱係無賴之徒，任意科索工食花費，不在邊操備，往往逃脫，徒致糜費民財，武備日見空虛。因此他主張招募鄉勇，非但熟習民情地宜，且膽氣較粗，往往能衝鋒破敵。他舉例說，壩底一役，官軍一千，不能敵百餘白草蕃，鄉勇五十，卻可衝鋒破敵，斬首數級，擊退番眾，其強弱涇然分明。〔註34〕奢崇明之亂時，兵部侍郎倪斯蕙見土兵不能盡信，又見募來的兵常「挾驕蹇以邀重餉，恣咆哮以噬道路」，又重提出要地方官處處團練鄉兵，要求在瀘州、敘州、合江、遵義、綦江等處整飭鄉兵，非但守防嚴謹，且可折驕兵之氣，壯地方之膽力，此時無論中央官員或地方有司，皆把兵力委託於鄉兵。〔註35〕其後鄉勇因招募日濫，乏於訓練，戰鬥力也日漸疲乏，徒糜耗民財，雲南道御史毛羽健就指出置衛所兵不用，別議召募，衛所軍餉來自軍屯，召募來自轉餉，轉餉來自民田，募兵愈多，民愈困，今日只有去客兵，用衛兵，恢復

〔註31〕 王世貞《弇州四部稿》卷五六，頁3～5〈送按察王君督四川屯政〉。
〔註32〕 《葉臺全集》卷六，頁13，〈答董見龍〉。
〔註33〕 《崇禎長篇》卷二○，頁13～15，崇禎2年4月戊成。
〔註34〕 《芝園別集》奏議三，頁36～37〈選募鄉勇以責實效〉。
〔註35〕 王爾鑑《巴縣志》（清乾隆25年刊本，故宮善本），卷十一，頁23～29，倪斯蕙〈保蜀援黔疏〉。

軍屯，實爲一針見血之論。〔註36〕然啓禎之間，政經環境已敗壞，要恢復衛所制實不可能，而募來的兵，不但不能保鄉衛國，且成爲地方財政的負擔，如崇禎七年（1634），巫縣令沈向募金訓練土著、義兵，如鄉兵、黨兵、糧兵、壯兵等名目；大昌令陳靖之同時也募金訓練民兵，設法防禦地方，崇禎十七年（1644），張獻忠沿江而入，水陸各隘，全被攻破，兵民亂奔，城遂陷。可見自衛所軍瓦解後，地方防務，徒靠募兵，其後募兵又不能防衛地方，待亂民一起，兵愈募愈多，財政支出愈多，地方財政困窘，更加速地方政權惡化，更加困窘，所以自明中葉四川衛所軍崩潰後，明廷在四川軍事防守力量的瓦解，是不容置疑的。〔註37〕

第二節　良將良兵的闕如

　　軍制敗壞之影響，首見於無良將良兵可用。武宗時，楊廷和曾明確指出：「蜀自近年以來，邊圍多警，盡一省之財力，於區區股掌之地，戰不足威，守不足固，皆將領之責也。」〔註38〕范嵩也認爲四川「武備久廢，盜賊竊發無時，至州邑崩潰，煩天兵始撲滅，實無良將也。」〔註39〕無良將，若有良兵，則地方軍事，尚有可爲。但川省各衛所軍，最爲怯弱，居半率多脆弱無用，平當握刀不知手尾，一聞賊至，即爭先以逃；鄉夫等項，皆四野白徒，未經戰鬥。如此之兵，雖有百萬，果何所施。〔註40〕軍中紀功給事中王萱更明確的指出川軍四大缺點：一則文臣多弱，衝鋒陷陣非所能，蓋自鄢本恕之亂，用兵以來，文職領兵者居半，擁衛防護，東避西趨，終歲不與賊遇，蜀諺傳爲劇笑；二則文武交爭，漢土官軍交惡，文臣有急，武將坐視，反之，文臣不援，謀議俱廢，而川湖土兵，忘勝爭功，各立門戶，絕無救援；三則分領裨將，無一可取；四則湖廣調來士兵，桀驁不馴，難以統馭，蓋此輩雖悍猛，然因留蜀日久，愈加驕驁，不肯向前決戰，與賊相持日久，勇者

〔註36〕同註 33。
〔註37〕《直隸綿州志》（清嘉慶 17 年刊本，中研院史語所善本）卷二六，頁 1，屯練，及《巫山縣志》（清康熙 54 年刊本，故宮善本）不分卷頁。
〔註38〕楊昶原修鄧安垣重修，《會理州志》（清同治 9 年刊本，台北：成文出版）卷十一，藝文，頁 3～4，楊廷和〈李指揮孝思詩序〉。
〔註39〕范嵩《衢村集》（明刊本，漢學影本）卷四，頁 48～53，〈題爲建武學儲人材以弭邊患事〉。
〔註40〕同前註，及《青崖奏議》卷五，頁 1～4，〈請設大將〉。

日衰，怯者日困，列營坐食，徒費供億，養此不戰之軍，非惟不能滅賊，徒以自困耳。〔註41〕此外造成將兵不能戰另一因素，據谷應泰在《明史紀事本末》針對〈平蜀盜〉作評語，認為「中人邀爵，必使弟子監事，鄙夫秉均，喜言賊平受賞。」〔註42〕尤其是劉瑾當政，這種現象特別嚴重，各邊征勦，必以其弟姪私人寄名兵籍，冒功領賞，以致雖調王師勁旅出征，六年用兵屢戰屢敗。〔註43〕這種將不能帶兵，兵不能戰的缺點，川撫彭澤提出「簡練官兵，以肅武備」，彭澤希望川省守備官軍，及僉選民壯，相兼會操，以備調用。〔註44〕王廷相則提出「訓兵」，當於腹裏及各邊衛所，挑出年青力壯，有精神膽氣者，備造年貌手冊，不時操練，務求「志體一，耳目定，武藝精」而後已，若藝精則氣壯，以守則固，以戰則克，蠻夷入侵則必敗。〔註45〕世宗嘉靖十三年，左布政使潘鑑等人，因鑑於四川邊備久廢，蠻夷盜賊竊發無時，至煩天兵始撲滅，推其原因，實無良將之故，遂建議立武學儲將才，以弭邊事。〔註46〕然而諸上所議成果皆不彰，蜀將兵怯弱如昔。演至世宗末年，川撫譚綸簡閱衛所軍伍，尺籍徒存，逃亡過半，更加無兵可用。譚綸對武備廢弛情形，即嚴行督責，但「文武之屬，率視為故事，而莫睹其成」，此後川省更加無兵可用。〔註47〕一遇有事，祇能借土司官兵平定，土官兵也以能戰得名，他省有兵患，往往也調川土官兵，前往征勦，如嘉靖年間，酉陽土兵，應調往浙直等地勦倭。〔註48〕隆慶、萬曆間，川兵弱，每逢徵調川兵往往祇調土兵。〔註49〕又如神宗萬曆十五年（1587）八月，戶科給事中李廷謨所奏：

> 往者松潘大舉選將練兵，如林之士，非不足用，第募兵所習者，
> 行伍成列，而不聞於升阪走峻。惟土兵生長箐峒，阻險如夷。蜀

〔註41〕《青崖奏議》卷五，頁4～7，〈論軍中四害〉。

〔註42〕谷應泰，《明史紀事本末》（台北：三民書局，民國58年7月出版）卷四十六，頁475～479〈平蜀盜〉。

〔註43〕同前註。

〔註44〕《明武宗實錄》卷一一九，頁6，正德9年12月丁巳。

〔註45〕《王廷相集》（王氏家藏集）卷二十六，頁462～464。〈訓兵〉。

〔註46〕《衛村集》卷四，頁48～53，〈題為建武學儲人材以弭邊患事〉。

〔註47〕譚綸《譚襄敏公奏議》（《四庫全書珍本》六集，文淵閣本，台北：商務印書館影印，民國64年）卷四，頁2～6，〈究盜參官以議善後疏〉。

〔註48〕《明世宗實錄》卷四三〇，頁5，嘉靖34年12月己酉。

〔註49〕吳永章《中國土司制度淵源與發展史》（成都，1988年5月，四川民族出版社）頁191，〈土兵的地位規模與作用〉。

之制夷，兼用漢土，勢則然也。全蜀土司錯置森列，若播州、酉
陽、天全諸夷種號忠勇，松潘蕩平不曾用其力，今當失事，仍宜
調而用之。〔註50〕

十七年（1589）三月，又調播州之卒，克靳黃、安慶之間劉汝國等逋賊。〔註51〕
二十年（1592）八月，山西邊境不寧，兵部請四川選兵三千赴陝西，聽總督撫
鎮節制調遣。〔註52〕二十年二月，巡撫艾穆議調疊茂建武營兵三千，付劉綎統
率禦倭，後因建武營譁，不願出征，議汰革歸農，又擁眾謀亂。可見川兵非但
不能戰，且紀律差。〔註53〕其後艾穆又請發播州苗兵，石砫健卒，前往征勦，
他認為兩家兵卒，專事征戰，膽氣雄壯，紀律嚴明，秋毫無犯，且二司酋長，
罹罪在身，各有殺敵立功之志，遂調川兵三千，至寧夏禦虜，募苗兵三千，由
京營參將劉綎統率，刻日赴彼應援。〔註54〕在多次征調川兵征勦他省中，苗兵
領袖播州楊應龍，向來隨軍征勦，屢見蜀兵脆弱不敢殺虜，欲向其屬下買首級
獻功，遂藐視川軍如乳羊。〔註55〕曾言：「陝兒來，我還讓他，若川兵來，我持
一竿，可驅幾萬也。」〔註56〕因此，在播酋積威勢劫下，川人視播酋如虎，諸
所要求，無不如意。〔註57〕播酋楊應龍，也因常替朝廷征戰，熟知內地虛實，
川軍脆弱，陰有據蜀志，遂肆然驕蹇，不奉漢法，與官兵相抗。〔註58〕川兵在
楊應龍積威壓迫下，早已心膽皆破碎，待川撫發令戍守，將領面無人色，軍士
欲投河而死。〔註59〕川撫李化龍抱怨川省「非但無兵，亦無知兵之人，大敵在
前所恃者，獨土司耳。」〔註60〕此時正逢劉綎率土兵一萬一千名赴援遼東，遂
有將劉綎之兵調回勦播之議，但布政使程正誼認為以土兵禦倭則可，禦播則不
可。蓋其有「狐兔相悲之情，恐其陽順陰逆，陣前倒戈之虞」，此外他又指出：
「蜀將悉多常才，遣當賊鋒，恐無益有損耳。」可見蜀地已到無兵無將可用之

〔註50〕《明神宗實錄》，卷一八九，頁5，萬曆15年8月癸亥。
〔註51〕前引書，卷二一○，頁4，萬曆17年4月丙戌。
〔註52〕前引書，卷二五一，頁5，萬曆20年8月乙未。
〔註53〕前引書，卷二五七，頁5，萬曆21年1月丙申。
〔註54〕艾穆《艾熙亭先生文集》（明平江艾日華編刊本，中圖微捲）卷一，頁19,22，
〈請發苗兵〉。
〔註55〕諸葛元《兩朝平攘錄》卷五，頁419～420，〈播州〉。
〔註56〕《平播全書》，頁637，〈田東翁大司馬〉。
〔註57〕李化龍《平播全書》，卷十二，書札，頁651，〈吏兵二科〉。
〔註58〕前引書，卷一，〈奏議〉，頁30，〈請設軍中疏〉。
〔註59〕李化龍《平播全書》，卷十二，頁654，〈小司空趙寧于公〉。
〔註60〕前引書，卷十二，頁637，〈郭青螺中丞〉。

地步。〔註61〕事實上，川省土兵，也陰持兩端，御史徐宗濬就建議調廣西西南等地土司土兵，選其精壯者進兵，以坐收以夷攻夷之效。〔註62〕蓋當時朝廷所練新兵，皆未習地利，而「山嵐溪澗步騎之所不可馳騁者，非藉土兵未易得志」。〔註63〕川將領亦皆龜縮不出，如總兵童元鎮「畏敵如虎，逗留不進」，原任總兵沈尚文「托病杜門」，游擊曾希彬等皆退縮觀望。〔註64〕李化龍有感於川將兵士之不能用，遂征調善戰之秦、浙兩兵，及和播州不相關連的廣、滇、湖廣等省軍兵，分道而進，一舉而平楊應龍之亂。〔註65〕自是而後，有兵事，往往以土兵爲用，川軍地位更加低落。〔註66〕川貴總督李化龍曾對當時川將功過參奏朝廷，劉綎之安挾逗留，王鳴鶴之臨敵退縮，陳臨之且行且止，俱應從重分別議處，然未見朝廷之處置。〔註67〕

楊應龍之亂平定後，隨著援助平播大軍撤離後，蜀中無大動亂發生，朝廷亦厭兵，地方有司軍備遂漸廢弛，萬曆四十三年（1615）閏八月，陝西狇賊二十餘人入寇四川，川撫吳用先以郡縣之全力，竟不能擋賊寇，可見平日官兵鄉勇之不練，以致賊發無用武之地。〔註68〕其後遼左事起，朝臣雖知川兵不能戰，但對川土兵卻別具信心，競相徵調前往遼左征戰，當時約有一萬五百三十二名川土兵，在遼東作戰。〔註69〕兵科給事中周希令就以「敢戰無若土兵」，準備征調播川土兵二萬，酉陽石砫一萬，永寧一萬，前往遼東助戰。〔註70〕日後，科臣明時舉、道臣李達宜，又以川省土兵能戰爲名，欲募調全蜀土兵，盡戍遼陽。〔註71〕土兵本性桀驁驕橫，素無節制，輕生嗜殺，駕馭爲難，遼東事起，川兵徵調無已時，給餉不足，遂予永寧土司奢崇明借兵二萬援遼爲名，因餉不繼，殺巡撫徐可求等官，據重慶叛變，播州遺孽及諸亡

〔註61〕程正誼《宸華堂集》卷六，頁 8，〈與準臺趙使君書〉，及卷七，頁 4，〈復來希庵書〉。

〔註62〕《明神宗實錄》，卷三三九，頁 1，萬曆 27 年 9 月己酉。

〔註63〕同前註。

〔註64〕前引書，卷三四一，頁 5，萬曆 27 年 11 月己巳。

〔註65〕同註 59。

〔註66〕《欽定續文獻通考》卷一百二十八，頁 54。

〔註67〕《明神宗實錄》卷三四三，頁 3，萬曆 28 年正月庚戌。

〔註68〕前引書，卷五三六，頁 10，萬曆 43 年 8 月癸酉。

〔註69〕前引書，卷五八四，頁 8，萬曆 47 年 7 月戊子。

〔註70〕前引書，卷五八四，頁 16，萬曆 47 年 7 月乙未。

〔註71〕《明熹宗實錄》卷六九，頁 19，天啓 6 年 3 月辛酉，及《皇明經世文編》，《朱司馬疏草》，卷之一，頁 1～13，〈會勘催兵科道疏〉。

命奸人，群起附合，全川震動。〔註 72〕事實上，奢崇明之亂，不過千人，餘
皆市井無賴，烏合之眾附之，其氣焰雖熾，其黨易散，然因承平日久，人不
知兵戈，一望戈矛遂爲落膽。守土官員，又見遼東棄城，三尺之法，廢墜不
飭，遂競相棄城逃亡。〔註 73〕當時嬰城固守鼓義殺賊者，四十州縣內，止有
四人，其餘州縣，未有不逃者。〔註 74〕可說是「問兵無兵，問餉無餉，問同
事則寥寥無人。」〔註 75〕所以崇明得以橫行川土，時人認爲，倘上有號召將
帥之人，激以忠義，振以法紀，則官不棄城，人不棄家，何至狼狽至極。〔註
76〕迨崇禎初年，朱燮元總督貴，湖、雲、川、廣諸軍務，大會師，纔斬崇明
首級，蕩平蜀、黔數十年巨憝。〔註 77〕

　　戡定奢崇明之亂，雖漢土軍並用，漢將輕戰無謀，心異力分，漢兵脆弱
難戰，且忌土兵能戰有功，據石砫司總兵官署都督僉事秦良玉云：

> 援川諸將，未睹賊是何面，攘臂誇張，及至對壘，聞風先遁。略於
> 賊者，惟恐人之勝；怯於戰者，惟恐人之勇。如李總兵渡河一戰，
> 敗衄歸營，反閉門拒臣，不容一面，以六尺軀鬚眉男子，忌一巾幗
> 婦人，靜夜思之，當愧死矣。〔註 78〕

土兵遂更加鄙視漢軍，也更加驕悍難控，在征討叛賊過程中，往往沿路搶掠，
搶掠不得以飢饉逃，搶掠得以轉送逃，且以缺餉做要挾，坐失平敵之機。蓋
他們以爲賊擒事完，彼皆無用，日餉停支，搶掠不可行，故不願盡全力勦賊，
至此，唯一能用的土兵，皆陰持兩端，不願盡全力替朝廷作戰。〔註 79〕太常
寺少卿倪斯蕙因見蜀兵不可用，完全仰於土司，奏請訓練鄉兵，以折土兵之
驕氣。〔註 80〕巡撫尹同皐亦提出「用兵必先練兵，練兵必先養兵，養兵必先
清兵。」「御軍之道，非嚴不可」等強兵理論。〔註 81〕然付之實行有限，川兵

〔註 72〕《永川縣志》（清光緒 22 年刊本）卷十，雜異，盜寇，頁 8～9。
〔註 73〕葉體仁等纂修，《合江縣志》（清乾隆 27 年刊本，故宮善本）卷一八，藝文，
　　　　頁 41～43，董翼，〈救援全蜀疏〉。
〔註 74〕《明熹宗實錄》卷二十四，頁 19，天啓 3 年 7 月丙戌條。
〔註 75〕《攻渝諸將小傳》，頁 25～32，〈上川東道徐憲副攻渝小傳〉。
〔註 76〕《合江縣志》（清乾隆 27 年刊本，故宮善本）卷一八，藝文，頁 41～43，董
　　　　翼，〈救援全蜀疏〉。
〔註 77〕《欽定續文獻通考》卷二四一，頁 46～63，播州，永寧。
〔註 78〕《明熹宗實錄》卷三五，頁 1，天啓 3 年 6 月庚中。
〔註 79〕前引書，卷三七，頁 9～12，天啓 3 年 8 月丁丑。
〔註 80〕《明熹宗實錄》卷五九，頁 9～10，天啓 5 年 5 月甲寅。
〔註 81〕前引書，卷六五，頁 2，天啓 5 年 11 月戊申。

怯弱如昔，土兵又因驕悍不可恃，待民變一起，川軍更加喪膽。時人李介在
《天香閣隨筆》一書中指出：當時勦張獻忠之四川士兵「素有名浸假濫觴，
極脆不可恃，又多子虛，見敵即卻。」〔註82〕果如其所言崇禎十三年（1657）
七月，張獻忠率所部，自湖廣流竄入四川，大昌淨堡守將張奏凱，聽說張獻
忠來，嚇得魂不附體，率五千大軍，避居高山，張獻忠如履坦途入川。其後
在劍州、梓潼大勝官軍，督師楊嗣昌把軍事失利的原因，歸諸於「蜀兵之脆，
將領之愚，至不堪信」，「皆行無哨探，止無營參，麓麓焉如尋常走路，掉臂
邀遊，脩然遇賊，穩步入其伏中。」〔註83〕事後，並將川撫邵捷春革職逮問，
論罪棄市，但於事無補，當時張獻忠營中有支歌謠：「前有邵巡撫，常來團轉
舞，後有廖參軍，不戰隨我行。好個楊閣部，離我三天路。」〔註84〕在「將
愚兵弱」下，張獻忠遂據有蜀地，明臣鄭大郁在〈恢復四川末議〉一文中，
提出「知兵精兵」之理論：

> 國之大愚，在於兵，國之精神，在於士。今之士，居恒習帖括，科
> 第獵肥腯，於兵毫未有涉也，朝廷安得知兵之士而用之。東西用兵
> 十餘年，朝野之精神全未出也。今闖獻以烏合糾紛之全力，遇吾天
> 下群不經意之書生，彼安得不勝？我安得不敗？非盡去其宿弊，簡
> 得乎全材，三令五申，爲之更始，又萬萬不可矣。〔註85〕

他認爲若有賢君子出現，再加「精兵借餉，審機待動，因時制宜」，則四川
可復。然而他的願望始終未實現，明朝也未曾恢復蜀地。〔註86〕明亡後，清
人陳大章在〈禮部主客司郎中李公墓表〉一文中，更明確指出，明亡於不知
兵：

> 余觀明代自萬曆以來，承平豢養，恬不知兵。流寇之起也，士大夫
> 門戶水火，上下相蒙，以苟延歲月，無有國家捍禦者。一夫梟張，
> 萬眾睊睊，攻城掠堡，靽首就戮，未出一矢，以相加遺，遂成燎原
> 滔天之勢。〔註87〕

〔註82〕李介《天香閣隨筆》（《百部叢書集成》之六十四，《粵雅堂叢書》第二函，清
　　　　咸豐伍崇曜校對，台北：藝文印書館，民國54年）卷一，27～34。

〔註83〕顧誠《明末農民戰爭史》頁120～122，張獻忠、羅汝才部的出川和攻克襄陽。

〔註84〕同前註，及蒙默等著《四川古代史稿》（四川人民出版社。1988年10月第一
　　　　版）頁359～373，〈明末農民起義軍在四川的活動〉。

〔註85〕鄭大郁《經國雄略》〈省藩考〉二卷，頁30～32，鄭大郁〈恢復四川末議〉。

〔註86〕同前註。

〔註87〕何慶思《渠縣志》（清同治3年刊本，中研院史語所善本）卷四四，〈陵墓〉，

第三節　城池的不修

　　城池的作用，在於「禦患、保安元、靖定萬方者」，城池完固，則「內奸不生，外患可禦，夜戶不閉，犬吠不驚，合境宴然」。〔註88〕有司政廢，寇盜端起，城池備弛，寇盜患長，郡縣有城，寇災所至，不致淪陷也。〔註89〕所以州縣官員，莫不以修城防賊為地方急務。漢州，在英宗天順七年（1463），蒙寇亂，八年（1464），民亂更猖獗，知州遂重修城池，以護居民，工程起於二月十二日，止於四月十五日，城高二十尺，長二十餘丈，建四門四樓，勢嚴城威，為一郡之保障，時人認為此後，士農工商，各得其業，「不惟一時蒙其利，雖千萬年之久，亦尚蒙其利也。」〔註90〕又如長寧縣，土城卑隘，地連蠻獠，自明初以來，累被攻毀縣治，殺掠官民，憲宗時，翰林院編修李永通上奏「展築舊城，甃之以石，以備後患」，工部覆實，從其請。〔註91〕然而明朝有明文規定，郡縣有衛所屯兵要害，纔能築城防守，境內若無衛所屯兵，雖大郡亦無城，再加上，四川僻在西南，自三國五季以來，官於此者，往往避嫌，不敢修城堞，所以川省境內，有城可守者寥寥無幾。其中有城可守者，率皆土城數尺可內外望者，累被強賊攻破，殺掠官民，以致於州縣等地方官，常有奏請修城防賊之議，以壓民驚，但這只限於少數偏遠多盜之區域，一般而言，有城可守者之州縣，仍然有限。〔註92〕

　　無城可守的憂患　自明初以來，因承平日久，少有民亂，若有民亂，不過剿劫鄉村，旋即誅滅，未嚐攻城圍邑，地方父老，安習相傳，鮮有知城守之備者，〔註93〕直到正德年間，藍鄢之亂時，纔暴露無遺，當時「州縣無城池者，多被殘破，有城者，或攻不下，即將郭外房舍等項，肆行燒燬。」〔註94〕也因所在州縣多無城池可守，雖間有土築小垣，皆薄不盈數尺，低不及丈餘，與山

頁14～16。
〔註88〕《資陽縣》（咸豐10年刊本）卷四〈建置考〉〈城池〉，頁2～3。
〔註89〕張可述《洪雅縣志》，卷五，志二十～二十一，〈修城記〉。
〔註90〕同前註。
〔註91〕《明憲宗實錄》卷七八，頁4，成化6年5月甲申。
〔註92〕《明英宗實錄》卷一九三，頁5，景泰元年6月癸巳。《明憲宗實錄》卷七九，頁4，成化6年5月甲申及《趙文肅公文集》，卷十七，頁12～13，〈井研縣修城記〉，及林文俊《文摘存稿》（舊鈔本，中圖微捲）無卷頁，〈送張彥卿任成都別駕序〉。
〔註93〕《青崖奏議》，卷四，頁10～18，〈勘參川陝廣地方屢年用兵失事官員〉。
〔註94〕前引書，卷五，頁1～4，〈請設大將〉。

東，河南地方石砌堅固者，實難比並，加上地方壯丁又多調隨征賊，祇好強驅老弱婦女登土城防賊，其城怎有不破之理，燒燬搶掠，所過一空。〔註95〕以劍州為例，其地「外捍松維，內翼保順，北藩羌漢，南蔽潼綿，蜀之要害也」，〔註96〕然城不及百雉，又城外高而中窪，以攻則易，守則難，天順末年趙鐸，正德年間鄢本恕皆攻陷之，則為城小難以防守之罪也。〔註97〕其後因礙於經費，依知州李壁的建議，在城內築鼓樓一座，以擊鼓聲作為寇盜入侵之警告，並以之為百姓作勞息偃之準則，然此非為治本之方法，劍州仍然常為賊寇所攻陷。〔註98〕在藍鄢亂中，也有趕修城池，以防賊攻城之舉者，如邛州地接蠻夷，成化中修有土城，因承平日久，城戶不修，陵夷敗壞，雞豚牛羊可越而過，鄢藍弄兵，兩川震動，有司規劃扞禦，邛城始有石城，新城長一千四百二十三丈，高二丈，有四門，民恃無恐。〔註99〕如開縣，原城僅高一丈二，周二里，正德六年知縣楊文重修，建樓濬池，深廣一丈四，門增砌益高，七年藍鄢集團，圍城四晝夜，莫能攻下，卒保全城，楊文之功也。〔註100〕如夔州知府吳潛，因見地方弗靖，城為民守，正德六年，令奉節知縣尚繼督工修夔州府城，二年完工，費金五百兩，工役匠將近萬數，城成，威然不可冒犯之勢，吳潛認為：此後「凡諸奸細孰敢睨視？孰敢近？我明聖神迺眷西顧而及此邦，亦可無憂矣！」〔註101〕又如江安縣，舊城高一丈五，周一千八十八丈，正德六年，知縣王郊因見寇逆滋漫，兵符絡繹，民無保障，遂擴建石城，高二丈、厚一丈二、增長七百二十丈，以巨石為門五，樓五，城遂鞏固。〔註102〕江津縣城，正德五年亦陷於盜，迨八年，知縣楊威因見城池崩壞，無可防守，重新修城，城成，則「城外為壕，城內為馳道，防禦巡警，各得其宜。」〔註103〕藍鄢亂後，因見當時有城者，皆不陷，

〔註95〕同註93。
〔註96〕《四川通志》(欽定四庫全書本) 卷四十二，頁 28～29 楊慎〈劍州鐘鼓樓記〉。
〔註97〕同前註。
〔註98〕同前註。
〔註99〕吳鞏《邛州直隸州志》(清嘉慶 33 年刊本，中研院史語所善本) 卷四三，頁
　　　　37～38，安磐〈邛州新城記〉。
〔註100〕李肇奎《開縣志》(清咸豐 3 年刊本，中研院史語所善本) 卷五，頁 1，〈城
　　　　池〉。
〔註101〕吳潛《夔州府志》(明正德間刊本，天一閣藏本) 卷十二，頁 37～40，〈夔城
　　　　改觀記〉。
〔註102〕高學廉《江安縣志》(清道光 9 年刊本，中研院史語所善本) 卷一，頁 33，〈城
　　　　池〉。
〔註103〕曾受一《江津縣志》(清乾隆 33 年刊本，北京故宮善本) 卷十三，頁 18～19

遂下令，有司州縣雖無屯兵，皆城焉，地方官員遂開始修城防盜，如遂寧僅有土城，每淫潦，則頃圮無完，正德十二年，知縣因見往者劇盜之肆虐，有患無可避，欲保障人民，遂築石城，高一丈二尺三分，有四門，城外有池，形勢突兀，民賴以安。〔註104〕雲陽縣就曾修築新城，其城規模如下：

> 自東迤南，廣六千五百尺有奇，高一百三十尺，闊二十有四尺，而量其上，得闊三分之二，中則實以柔土，外則壘以方石，腰墻、女墻，各高三尺許，自西迤北，廣九千六百尺有奇，重岡疊阜，崎嶇險阻，隨其勢而剗削之，若朔方墻，然突兀嶄絕，復甃之以瓦龍石密，鞏固腰墻，女墻亦如之。〔註105〕

修城之舉，並非全盤性，大多數地區，仍然無城可守，且修好之城，往往不知整修，而有倒塌之事。如漳明縣，素無完城，民屢遭寇患，成化元年，始築土城以禦寇，正德五年，流寇肆虐，焚毀搶掠甚慘，六年知縣姚文道取石於江，修築土城，然非長久之計，城堞速圮。〔註106〕凡此修而復圮之城，遍布川境，不勝枚舉，這可從世宗嘉靖四十四年（1616），巡撫四川的譚綸奏摺中看出，他說自入境以來，「視各郡縣城垣，皆單薄，無益防禦，如雲陽縣等，倒塌殆盡，僅存遺址，推之通省，大略類是。」〔註107〕

嘉靖以降，地方更無經費修城，甚至有為減少財政負擔，將守城快手、機兵減少者，以珙雅縣為例，機兵原七十名，減三十名，快手二百三十一名，減四十一名，城小，防守機快又刪減，再遇饑荒，竊伏鄰近群盜攻城，則有陷城之虞。〔註108〕再以潼川州城池論之，嘉靖八年，有司大肆修城，城高四丈，廣尺尋，城池鞏固，此後至崇禎十三年共百餘年，未曾補修城池，當時皇帝雖下令修練諸備四事，以考課守令，天下郡邑紛紛修城以圖完整，但潼川因流寇肆虐，兵馬倥傯，遑不及顧，迨張獻忠攻蜀，潼川因城小，居民雖做抵抗，隨即淪陷，遂遭屠戮。〔註109〕熹宗天啟二年（1622）一月三十日，

〈築城記〉。
〔註104〕同註89及劉春《東川劉文簡公集》（明嘉靖33年，寧國刊本，中圖微捲）卷十五，頁14～16，〈遂寧縣修城記〉。
〔註105〕《夔州府志》（明正德年間刊本）卷十二，頁30～32，王邦奇，〈雲陽縣新城記〉。
〔註106〕《綿州志》（清嘉慶17年刊本，中研院史語所善本）卷四，頁49～51，胡汝霖，〈彰明縣城記〉。
〔註107〕同註47。
〔註108〕張可述《珙雅縣志》卷三，頁6，兵防。
〔註109〕《潼川州志》（清乾隆51年刊本，中研院史語所善本）卷二，〈城池〉，頁24

福建道御史周宗建針對奢崇明之亂，川省聯邑成墟，認為皆地方未能修繕城池，團練鄉兵與團結民力所致，若一城可守，足勝幾萬之兵，如此則地方安戢，群盜潛消，猝遇大驚，可徐待策應，成內地鞏固之形；所以他提出「繕城整器」，「令城社實」，則地方可如「金湯之固」。〔註110〕如果城池修備完固，非但賊不敢窺視，就是強攻，也不能下。如崇禎七年（1634）時，成都城傾圮，守令韓八水乃修城垣，練兵治戰守，三月大備，十三年（1640）冬，獻忠犯成都，因八水疏通護城河，遂不能入，望水而退。〔註111〕又如營山縣，天順年間無城，為防趙鐸之亂，編木為柵以禦之。成化三十一年（1486）正式築土城，正德五年，城為藍廷瑞等攻陷，生民荼毒，都禦史林俊移檄修繕，至九年完工，城上瓦屋四百餘間已具規模。嘉靖八年（1529）蔡伯貫之亂，屠陷川東，都御史劉自強又命增築，遂砌以石，增三百一十六丈六尺，瓦屋樓堞，視昔倍之，規模更宏。崇禎末年，姚黃亂，盤據川北，鄰邑皆陷，營山縣城獨相持十餘載，竟未失守，後因城中乏糧，易子相食，各自逃散，城遂頹傾。〔註112〕但諸如此類防守鞏固之城池，在川省寥寥無幾，就是有城鞏固者，也因承平日久，不知修繕防備，如同無城。因此，民亂能迅速流竄川境，或許和各地城池欠修，不知防備有密切關連。〔註113〕

第四節　勦撫政策的失當

軍事措施之不當，表現在戰事上，就是對民亂之勦撫不定。憲宗初年，四川民亂事發，朝廷命令兵科給事中童軒前往四川訪賊所在，進行招撫，如果賊有革新悔過，可待以不死，免其徭役，不許有司欺擾，且命會同鎮守巡撫等官，計議從事。〔註114〕童軒至川省，大行招撫，民亂仍不斷發生，遂對招撫政策做一檢討，他說：「盜賊雖蒙招撫，然面從心異，乍服乍叛」，且以「給領撫按榜

〔註110〕　〜28，王完〈潼川州修城記〉。
〔註110〕　《明熹宗七年都察院實錄》頁35，天啟2年1月30日。
〔註111〕　陳肅《留溪外傳》《百部叢書集成》三編之十七，《常州先啟遺書》第九函，台北：藝文印書館，民國60年）卷七，頁6，〈韓八水傳〉。
〔註112〕　《營山縣志》（清乾隆8年刊本，故宮博物院藏善本），頁14〜15，及《營山縣志》（清同治9年刊本，中研院史語所善本）卷二七，頁3〜6。
〔註113〕　繆沅《登陣紀略》頁603〜607，及《大寧縣志》（清道光11年刊本，中研院史語所善本）卷八，藝文，碑，頁3〜4，李春妍，〈朱賢侯碑〉。
〔註114〕　《明憲宗實錄》卷四，頁11，天順8年4月辛亥。

文免帖，背負在身」，每下鄉任意攻劫，軍民人等皆爲所制，不肖者看事勢如此，倣效爲惡，賊數愈衆，要求朝廷改撫爲勦，朝廷遂決策用兵，一舉將強賊裁平。〔註115〕然而這種勦撫不定政策，賊往往用「求撫挾詐」，擴大勢力，影響朝廷裁亂時間的作風。至武宗朝，藍、鄢等流寇集團叛亂時，又再度發生，據當時待罪在鄉里的康海指出，當時因國家承平日久，「兵戎弛玩，每要求招徠，縉神大夫，不窺其眞僞，輒亦信之，故愈無所忌憚。」〔註116〕朝廷爲獎勵招撫有功人員，規定無論是從官、旗軍、舍、里老、吏胥之屬，皆有獎勵如下：「凡招撫二百名以上者，陞實授一級，百名以上，陞署一級，不及數者，賞其爲首。」〔註117〕當時川撫高崇熙極力主撫，中江遇廖惠，呼爲掌營，沈笠於江誓之。將廖麻子等，安插於開縣臨江市，俱撤官軍，並不設防。〔註118〕各州縣民、因見廖麻子等賊，殘破地方，殺戮方面官員，猶得招撫，且受朝廷紅花牛酒之賞賜。遂競相傳告，我等何不效彼，即快樂如意，日後不過招撫，還授牛酒紅花之賜，以致各州縣新起之賊，大多是川撫所招之人。〔註119〕朝廷也知道，流寇「陽爲聽撫，陰緩我師，經今數月，勢愈猖獗」，〔註120〕但亦無可奈何，其後，高崇熙派副史張敏往廖營觀察，廖惠疑而執敏，殺官兵數百人，復叛，橫行莫禦，殺人數多，遺患數年，朝廷遂解高崇熙至京，送法司究問，再度調兵勦賊。〔註121〕幸好當時川東道按察副使馬（鄥）昊；因見臨江市「上達重敘，下連湖湘，其地富饒沃衍，豈可餒賊自困」，不管朝廷議撫，獨益飭兵，召募豪傑，不久廖惠反，集衆至二十萬，前後官兵俱敗績，圍困中江，馬昊遂以五千人敗廖惠於中江，驅散廖黨。可見朝廷「勦撫不定」策略，徒延誤平亂時機。〔註122〕

　　明廷對西南土司，向來持兩種政策，若其聽撫，則置官羈縻；不聽撫，則派兵勦之。如成化年間，余子俊上疏，說明撫勦之道，謂「擇其豪酋，授以安撫長官，俾各管束所屬」，是爲撫策；而「各立關堡，積蓄糧儲，屯駐軍馬，有

〔註115〕前引書，卷十一，頁10，天順8年11月庚午。

〔註116〕康海《對山集》，卷四，頁1～2，〈都察院右副都御史馬公平蜀詩序〉。

〔註117〕《明武宗實錄》卷九一，頁4，正德7年8月壬子。

〔註118〕《國榷》卷五十一，頁3188，武宗正德14年8月壬戌。

〔註119〕《青崖奏議》卷四，頁8～10，〈參究四川成都等府牧民不職官員〉。

〔註120〕《明武宗實錄》卷八九，頁2，正德7年6月庚戌。

〔註121〕《國榷》卷四十九，頁3043，武宗正德8年3月癸巳及《青崖奏議》卷三，頁11～14，〈參究巡撫高崇熙等失策招撫〉。

〔註122〕同註54及《國榷》，卷五十六，嘉靖14年5月辛酉，及王世貞《名卿續記》頁8～9，馬昊。

總兵參將之官，以揭其官，有提督巡守之職，以張其目」，是爲勦策。余子俊認爲：「服而不叛，不可不撫；叛而不服，不可不勦；必撫勦兼行，恩威並著，制夷之策盡矣。」〔註123〕勦撫區分相當清楚。這種順者撫之，目的使土司「懷恩不叛」，逆者誅之，使土司「畏威不犯」。〔註124〕但主政者，對土司之民，撫之過寬，勦之過嚴，常造成土司有叛亂事件發生。當時直接管轄土夷土司者，爲各省之巡撫、指揮使，但這等官員，常因循誤事，盡失撫諭之道。〔註125〕以都蠻而言，自嘉隆以來，屢次擁眾剽掠敘、瀘等六州縣，屠戮百姓不下數十萬，當事者畏難，皆以撫爲主，蠻人亦以詭撫就利，然而往往「撫令未撤於夷界，蠻烽已警於蜀郊」。〔註126〕萬曆元年（1573），曾省吾巡撫四川，他認爲都掌蠻數撫數叛，若再招撫，猶如「委肉餌虎，抱薪撲焚、祇資其獠而助其噬。」若不派兵出征，不祇朝廷威信全失，而且「六縣不靖，全蜀不安」，朝廷遂令其出征，調土漢官兵十四萬，五路並進，一舉殲滅都掌蠻，拓地五百里，立城建塞，改戎縣爲興文縣，平息了數十年的困擾。〔註127〕

楊應龍之亂狀萌於萬曆十九年（1591），當時楊應龍妻敘告應龍反，貴州巡撫葉夢熊請發兵勦之，蓋因楊應龍所居之地內，五長官司錢糧兵馬，供貴州征輸，而楊應龍常肆虐五長官司部民，部民日號泣於貴州，貴州撫臣主勦，以息民怨。蜀中士大夫悉謂：蜀三面鄰播，且播兵驍勇，數征調有功，翦除未爲長策。川撫李尚思議防禦松潘，宜調播兵協守，按臣李化龍亦請暫免勘問，俟徵兵禦虜之後，再爲議處，川省認爲應龍無可勦之罪，在貴州則認爲四川有私昵應龍之心。〔註128〕因貴州和四川兩地官員看法不同，朝廷令兩省有司會勘，楊應龍不願赴貴州，二十年（1592）逮詣重慶對薄，繫獄論罪當斬，時朝鮮局勢緊張，日本進兵朝鮮，朝廷征南北兵應援，楊應龍遂請兵五千征倭，且出二萬

〔註123〕余貽澤〈明代之土司制度〉，《禹貢半月刊》第四卷，第十一期，頁1～8，及《皇明疏鈔》卷六十，頁5～8，余子俊〈議處四川土官事宜疏〉。

〔註124〕《艾熙亭文集》卷十，頁22～30。

〔註125〕同註123。

〔註126〕江亦顯《興文縣志》（清光緒13年修，民國25年重印本，台北：成文出版社）卷六、頁4～7，〈明萬曆潼關兵備道爻平蠻頌〉。

〔註127〕董份《董學士泌園集》（明萬曆34年烏程董氏家刊本，中圖微捲）卷二十七，頁5～12，〈平都蠻傳〉。

〔註128〕《明神宗實錄》卷二三○，頁5，萬曆18年12月癸未，及《萬曆疏鈔》哱播，頁9～12，張棟，〈土酋情罪未確兩省意見不同疏〉，及頁21～23，譚希思〈協力處分楊酋疏〉。

金贖罪，詔釋之，此後，應龍屢傳訊皆不到。〔註129〕川撫王繼光初任，復逮楊
應龍勘結，應龍抗不復出。〔註130〕在此以前，楊應龍聽命四川，兩次派兵禦虜，
也聽命入勘，可謂恭順，然羈留重慶一年，釋放回巢，再召，抗拒不來，川省
有司，遂以其不聽命，改變以往招撫政策，題請用兵，驟加勦滅。〔註131〕貴州
撫臣亦奏其「招集惡苗，殺虜人畜，前惡既盈，後惡復熾」，朝廷遂以「難再姑
息，該撫按便宜擒治正法。」〔註132〕王繼光率兵討之，兵敗被罷。〔註133〕其
後川撫譚希思，與貴州鎮撫再議勦，時川兵既挫，貴兵協勦者亦無功，御史薛
繼茂以貴州之民饑寒，欲先行撤兵，旋即主撫。〔註134〕後以倭氛未靖，兵部欲
緩應龍事東方，遂貢應龍。〔註135〕朝臣撫勦之爭反覆不定，處置失宜，致生其
疑；蓋朝廷欲假勦堅撫，假撫圖勦，兩相並用，而楊應龍一概不理，朝廷勦撫
皆不當，楊應龍更加驕驁不馴。勦撫不定，且延宕歲月，徒予應龍之喘息機會，
楊應龍敢倚兔穴甘格朝命者有五大因素：一則其所據天險，窮谷深菁，明軍難
於馳驅；二則漢人助逆，亡命之徒，競相投靠，助長叛勢；三則懼不死於法，
必死於仇人；四則五部土司之兵，會絕其後路；五則明軍黔蜀夾攻，地隔人遠
難以應對，以此五因素，楊應龍「益輕官府如兒戲，說撫說勦，皆不當爲意。」
〔註136〕至二十四年（1596），楊可棟死於重慶獄中，形勢驟然變化，楊應龍遂
公然舉目反明。二十七年（1599），一舉攻破綦江，當時因勦撫不定，地方疏於
防備，綦江明兵不滿三千，應龍率兵八萬掩至，以眾擊寡，明軍焉有不敗之理。
〔註137〕楊應龍叛後，戶科都給事中李應策針對此十年以來，地方官意見矛盾，

〔註129〕《明史》卷三百十二，列傳第二百，四川土司二，頁8045～8049，及諸葛元
　　　　聲，《兩朝平攘錄》（明萬曆原刊本，台北：台灣學生書局，民國58年12月
　　　　初版）卷五，頁411～413。
〔註130〕《明神宗實錄》卷二六六，頁3，萬曆21年11月丙寅，及《兩朝平攘錄》
　　　　卷之五，播上，頁411～412。
〔註131〕《萬曆疏鈔》哱播，頁18～20，楊東明〈議處播事以服罪人以安地方疏〉。
〔註132〕《明神宗實錄》，卷二六六，頁3，萬曆21年11月丙寅。
〔註133〕前引書，卷二七一，頁4，萬曆22年戊子。
〔註134〕同註129，及註128。
〔註135〕同註129。
〔註136〕《明神宗實錄》卷二七八，頁2，萬曆22年11月辛亥，及吳亮《萬曆疏鈔》
　　　　（明萬曆37年萬全刊本，中圖微捲）哱播，頁24～26，譚希思〈削爵徐計
　　　　處勦以固生靈以安邊檄疏〉，及《兩朝平攘錄》卷五，播上，頁419～420，
　　　　及《平播全書》頁1～3，序。
〔註137〕《明神宗實錄》卷三三六，頁8，萬曆27年6月己亥。

經紀處置錯誤提出彈劾，他認為貴、川兩地官員，立場矛盾，初奉旨會勘應龍之罪，則四川主撫，貴州主勦；其後奉命討逆，四川進兵，貴州不進兵；其後有司執楊應龍，又縱之，既縱又勦之，彼此參差，首尾相乖；既縱楊應龍，又棄守備不設，適啓其狡心；所以他彈劾此一期間之涉事官員；於是川撫艾穆等革職為民。朝廷遂專務剿戮，以李化龍為總督湖廣、川貴軍務兼巡撫四川，賜尚方劍，假便宜討之。〔註138〕亂平後，時人吳應箕在所著《樓山堂集》指出，楊應龍之亂，因勦撫相循，為敵所窺，致楊應龍猖狂不量。他認為當其始，一太守諭之，可使無動，至其後，征天下之兵，僅克之，計稍紬矣。所以他強調勦撫之議，非獨參差，且相蒙覆，不為敵人所識，才能坐收戰果。〔註139〕

奢崇明舉兵失敗，逃入水西，與安邦彥合作，水西一地，介於川、黔之間，茂密巖洞，僅一線通雲貴，官兵難以進攻，遂再度引起朝臣「勦撫之爭」。〔註140〕主撫者認為以「勦」則勞師匱財，損威傷重，肝腦塗地，數十年間，無毫髮益於國家；〔註141〕撫之不行，在於數年來殺其求撫之頭目，以致土司疑畏不決，復肆跳梁，要求曉諭各頭目，許其輸誠，勉以忠義，庶黔事便可結局。〔註142〕蓋當時「川黔諸省，苦於征播，再苦於援遼，物力已竭，不堪兵擾，議者謂當以撫為勦。」〔註143〕主勦者則認為須急勦此賊，纔可「安中原，定亂心」；蓋西事雖一酋，諸酋無不乘機待反，且蜀一去，滇黔絕，秦楚俱震；荊襄之盜，上可應秦中之姦，犯中州之心腹，下可順流抵南京，合江海之大盜，蹂江浙之區。除此心腹之痛，非但西蜀安定，則可移川蜀之兵，北討奴酋（奴爾哈赤），蓋奴酋所忌，惟川蜀之兵，平此賊可奪奴之膽，庶其聲力，足以滅此醜。〔註144〕當時蜀中苦兵災、水患，對水西之役，皆主撫，黔人因事關己，皆主勦，勦撫爭議不定，徒予安、奢二酋，苟延殘喘之機會。

〔註138〕蒙默等著《四川古代史稿》，頁 398～404，楊應龍之亂與奢崇明之亂，及馮琦《北海集》（萬曆末年雲間林氏刊本，中圖微捲）卷三十三，頁 10～11。

〔註139〕吳應箕《樓山堂集》（《百部叢書集成》之六十四，《粵雅堂叢書》第十六函，台北：藝文印書館，民國 54 年）卷七，頁 13。

〔註140〕陳繼儒《陳眉公先生集》（明崇禎間華亭陳氏家刊本）卷六十，頁 31，〈安奢二酋議〉。

〔註141〕同前註。

〔註142〕《明熹宗實錄》卷六九，頁 22，天啓 6 年 3 月戊辰。

〔註143〕《四川通志》（清嘉慶 21 年刊本）卷二十六，輿地，公署，頁 16～17，萬欽〈劍州右丞題名記〉。

〔註144〕茅元儀《石民未出集》（明天啓間東海茅氏石刊本，中圖善本）藿謀卷十，頁 1～3，〈上李嵩毓中丞書〉。

〔註145〕李自成、張獻忠之亂坐大原因，也在於勦撫不定，如崇禎四年（1631）張獻忠曾就撫於洪承疇，尋叛亡楚。崇禎十年至十一年（1637～1638）間，「自成困川西，群盜失勢，獻忠連敗，精銳盡失，始乞撫以緩誅」，不意朝廷竟然答應招撫，給予喘息機會，待時機一熟，再度叛變，朝廷已無法防患。〔註146〕

　　總之，勦撫策略，並未施用妥當，徒予亂民延長叛亂時間；蓋勦需厚集重兵撲滅之，使無滋蔓；撫者，勝算已操之在我，以招撫以苟全賊身。易言之，當民亂方殷，必先勦後撫，蓋不勦而撫，賊不懼，焉能受撫，所以撫必敗；反之，當賊兵勢窮，則以撫成功，如成化年間石和尚之亂，尚書白圭、總兵李震等追勦力戰，斬獲殆盡，餘黨勢窮，然後再招撫，置縣安插，勦撫兼施，其亂遂平。〔註147〕武宗時，鄢本恕、藍廷瑞之亂，尚書洪鍾與都御史林俊勦撫議不合，賊勢殷熾，其後戮力合勦，設計誘降，然後殺斬無遺，可見勦而後撫之利，展露無遺。〔註148〕但神宗以降，朝廷憚於用兵，不明先勦後撫之策略，一味以撫止亂，其亂不止。所以，主張必須假勦用撫，受撫之賊，心帖服無患，此長策；撫之後，不息事寧人，姑息養奸，「量加分別，罪重者誅，情輕者原，強者籍以為兵，弱者復之使為民，散遣之所得。」此勦撫之策，講之精者，然始終未為明末諸帝所接受，以致在勦撫失策下川省軍事不可問矣。〔註149〕

第五節　軍紀的敗壞

　　景帝時，耿九疇奉詔出巡川、陝，回京後，向皇帝陳述十二弊端，當中有關軍事者有三，一則糾武職以足兵食，武職們常私役軍丁，盜用軍糧，希望巡按御史糾察降黜，以抑制此惡風；二則書軍令以止劫奪，各處征軍，及戍守軍，有沿途劫財害民者，格殺毋論；三則謹巡防以禦盜賊，各地官軍，縱放士卒，為非作歹，致有盜賊發生，嚴禁縱放，以止盜賊。此是耿九疇巡視川陝所看到

〔註145〕葉向高《葉臺全書》（明萬曆至崇禎間遞刊本，中圖微捲）卷八，頁 10，及卷九，頁 12，及卷十，頁 10，〈答朱桓岳〉，〈答張家風撫台〉，〈答朱桓岳〉。

〔註146〕《國榷》卷九十七，頁 5840，崇禎 12 年 5 月乙丑條，及《永川縣志》（清光緒 20 年刊本）卷十，〈離異〉，〈寇盜〉，頁 8～9。

〔註147〕《樓山堂集》第十一卷，頁 19～22。

〔註148〕同前註。

〔註149〕同註147。

的衛所官兵因軍紀敗壞，導致官兵扮強盜搶劫百姓財物的最佳寫實。〔註150〕明中葉以降，尤其是衛所制瓦解後，官兵紀律日漸廢弛，軍紀日漸敗壞，達到令人難以相信地步，當時有以敵人首級論軍功者，官兵往往殺良民、已降之人與被虜逃出之人的首級以冒功，甚至有爭首級自相踐踏爲敵所敗者。〔註151〕在尚「首功」鼓勵下，官兵妄殺百姓，難以評估。〔註152〕將領也不例外，如戡定藍鄢之亂的尚書彭澤，晚年落職居家宅時，曾夢見在川省督軍殺賊，勢如破竹，大呼殺得好，其夫人聞之而歎息曰：「公往年勦賊，多有枉死鋒鏑者，公乏子媳，或者天譴之！」兩人蹙然，相對泣下。〔註153〕直到藍、鄢之亂平定後，兵部尚書王瓊奏請革首功，惟以蕩平亂爲功，其風稍止，但仍持續發生。〔註154〕殺降冒功外，官兵往往沿路搶劫民家金帛財物，如藍、鄢等流賊過境，燒虜於前，官軍來又搜搶於後，馘良民以爲功，尺布顆粟，蕩無子遺，〔註155〕湖廣調來的施州永順、保靖等地土兵，所過搶虜姦淫，又甚於賊，賊遂謂百姓曰「我來梳汝，兵來篦汝，土兵如剃。」〔註156〕時有謠曰：「賊是梳，土軍篦，官軍鄉夫用刀剃。」言三害之慘也。〔註157〕世宗末年，平定黃中之亂時，民間亦有歌謠傳云：「打得支羅砦，金珠滿船載，打得牛攔坪，換個成都城。」可見漢土軍沿路搶掠民眾財物之風氣甚盛。〔註158〕

　　萬曆以降，軍紀更壞，當時爲了維持軍紀，特別在軍中設有監紀官（監軍紀功官），其職掌爲：「監督將官，運籌決勝，有進無退」，及「稽覈將官，報驗功級，有無應紀應削之謂。」〔註159〕但是監紀等官並未盡忠職守，在征播戰役中，對於「營中官軍，擄掠子女，竟不一言；逃亡軍士極多，竟不一報；將官冒功冒糧，奸弊蝟集，竟不一發。」〔註160〕在播州未攻下前，李化龍三令五申，要求官兵勿取賊之家財，但是「囤破之日，賊之家財，盡被亂兵搶掠。」〔註161〕

〔註150〕《皇明經世文編》《胡公奏議》，卷二，頁7～8，〈撫治番夷〉。
〔註151〕《皇明經世文編》〈周耿二公集〉卷一，頁5～8，〈條陳十二事〉。
〔註152〕《明史》，卷一百九十八，〈王瓊〉，頁5232。
〔註153〕《花當閣叢談》卷三，頁38～39，〈彭尚書〉。
〔註154〕《明武宗實錄》卷一三〇，頁3，正德10年冬10月庚申條。
〔註155〕《青崖奏議》卷六，頁11～15，〈請賑恤窮困〉。
〔註156〕《青崖奏議》卷三，頁1～3，〈劾副總兵王憲〉。
〔註157〕同前註。
〔註158〕朱彝尊，《明詩綜》，卷一百，頁22，〈蜀謠〉。
〔註159〕李化龍，《平播全集》卷十一，頁627，〈申飭監紀職掌〉。
〔註160〕同前註。
〔註161〕前引書，卷十一，牌票，頁61～2〈禁取破屯財物〉。

奢崇明之亂時，漢土軍攻入重慶時，放火燒城，四處搶掠，廬舍盡成焦土，逢人皆殺，所殺皆沿街傍跪迎之人，搜檢搶掠，寸土皆翻，官府原藏及奢軍搶掠財物，皆累晝連夜，盡運入土漢客兵之營，時人對官兵此舉動譏爲「勦重慶也，非復重慶也」。〔註162〕諸將官們，更沿路乘機搶掠民家之金帛子女，以致填門塞戶，盡是他人骨肉，甚至以他人子女相贈送者。〔註163〕至此，已分不清官兵與強盜之差別，有司對此軍紀敗壞至極點，亦無可奈何。

　　啓禎之時，軍紀更加惡劣，又表現在將官之「包兵冒餉」方面，山東道御史宋禎漢云：「自逆酋甲兵以來，民疲盡不休，兵仍柧腹如故，累年來冒餉乾沒，靡有底止。」〔註164〕督撫諸臣，每逢朝廷索兵額時，常云不滿六萬，索餉時，復云十萬，相委相蒙，恬不知怪！。〔註165〕土司官軍，亦競相包兵冒餉。如奢崇明兵變之時，時人劉時俊，就指出，某營土司因征勦日久，土兵皆回，土官借鄉兵日冒餉，不宜遣之攻戰。〔註166〕又如以忠心朝廷，勇猛善戰的石砫土司女官秦良玉的「白桿子」兵，亦昨逃今招，再逃又招，往回道路，希冒糧餉，甚至有不能挽弓之無賴，虛冒兵數，或有臨時招募，應點隨散。〔註167〕冒餉愈盛，索餉愈多，朝廷發不出軍餉，官兵以缺軍餉離心，非但不勦賊，且因賊以爲利。〔註168〕甚至有公開搶掠百姓財物以充餉者，如川撫張我續，師無節制，搶掠較賊更慘。〔註169〕至崇禎五年（1632）十一月，川撫劉漢儒上奏地方軍情，指明川省將士離心，但朝廷也無對策收回軍心。〔註170〕後金人張文衡在天聰九年（1635）正月有一奏本揭明季兵將離心之大旨：如「彼文武官員俱是錢買的，文的無謀，武的無勇。」如「達子流賊是梳子，自家兵馬是篦子」，如「兵馬如此，雖多何益？」如「川湖，爲流賊騷亂，今起五省之兵，逐日征勦，是賊半天下，兵亦半天下。」

〔註162〕《巴縣志》（乾隆25年刊本，故宮善本）卷十二，頁42～61，劉時俊，〈渝城功過紀略〉，及徐如珂《攻渝諸將小傳》，頁30，40，57。
〔註163〕《明熹宗七年都察院實錄》，頁351～352。
〔註164〕《明熹宗實錄》卷七十二，頁2，天啓6年6月壬申條。
〔註165〕同前註。
〔註166〕《富順縣志》（乾隆42年刊本，故宮善本）卷四，鄉賢士，頁70～79，附〈渝城功過紀略〉。
〔註167〕《巴縣志》（清乾隆25年刊本），卷十一，頁23～29，倪斯蕙〈保蜀援黔疏〉。
〔註168〕《明熹宗實錄》卷七十六，頁18，天啓6年9月己亥條。
〔註169〕《崇禎長編》卷三，頁24～25，天啓7年11月。
〔註170〕前引書，卷六五，頁2，崇禎5年11月丁酉。

〔註171〕張文衡所言，可謂切中時弊，川省情形大略如此。十三年（1640）七月，張獻忠自湖廣入川，楊嗣昌要川軍方國安「迎頭截擊」，但因前任總督劉尙文「虛冒剝削」，以致士兵「衣甲器械藍縷朽腐，全不堪戰」，方國安遂違令避張獻忠大軍而去，未能完成截擊任務，張獻忠遂縱掠什邡、綿竹、安、德陽、金堂等地。〔註172〕其後在川將之剝削糧餉及沿途搶掠下，川軍軍紀已敗壞到極點。十七年（1644）六月，舊撫陳士奇，奉端王命令守重慶，駐兵銅羅峽，陳士奇個性自大無遠略，秦良玉曾向陳士奇建議，增兵十三隘口，以力防守，不爲所用，也向巡按劉之漱建議，劉之漱同意，但無兵可遣，此時軍事緊急，處處缺兵，陳士奇反而劾免夔門十三隘口，皆不設守兵，獻忠得長驅直入，破重慶，八月擁眾二十餘萬，水陸並進，攻陷成都。〔註173〕成都城一破，時天下無主，援兵四潰，所過之地，城市爲之一空。〔註174〕賊兵方過，官兵又來，指民爲賊，吊烤索金，虐民甚於賊。〔註175〕里巷恣睢，雄傑之徒，借起義爲名，驅民爲兵，眾至數萬，民盡爲兵。〔註176〕文士又依豪傑，僭爵稱尊，侯伯成群，朝廷惟惟而已。〔註177〕以致「武皆都督，文盡撫台，權柄不一，攻殺相尋」，導致廢耕無食，蜀事大壞。〔註178〕明軍自此佔據山頭，焚掠搶劫，不下於流賊。〔註179〕

〔註171〕李光濤〈明季流賊之研究（一）〉（《學術季刊》1957年3月）五卷三期。

〔註172〕顧城《明末農民戰爭史》頁116～119，第四節〈瑪瑙山之役〉，及《羅江縣志》（同治4年刊本）卷二十二，頁184～185，〈雜識〉。

〔註173〕李光濤，〈明季流賊之研究（二）〉（《學術季刊》，第五卷第四期）頁93～99，〈張獻忠犯蜀事〉，及《江津縣志》（乾隆33年刊本，北京故宮善本）卷五，頁8，〈寇逆〉，及《石砫廳志》（道光23年，史語所善本）土司第七，頁2～10。

〔註174〕徐思溫等續纂修，《內江縣志》（清光緒9年刊本，中研院史語所善本）卷十五〈外紀〉，頁2～3。

〔註175〕同前註。

〔註176〕福珠朗阿等《江北廳志》（清道光24年刊本，中研院史語所善本）卷十，〈藝文·傳〉，頁20～23。王煌等重纂修，《江津縣志》（清光緒元年刊本），龔懋熙〈敘略〉。

〔註177〕同前註。

〔註178〕同前註。

〔註179〕戚延裔《邛州志》（康熙33年，故宮善本）卷十。張松孫等纂修，《遂寧縣志》（清乾隆53年刊本，故宮善本）〈雜記上〉，頁20～22，張懋文，〈蜀難記略後評〉。及《直隸瀘州志》（光緒8年，史語所刊本）卷十三，頁87～88，人物。

第六節 四川軍事的檢討

四川因遠離京師，民亂爆發，亂事不會波及畿輔，朝廷常忽略平定之時機，再加上地方有司常因循隱匿，紛飾太平，待亂事擴及全川時，朝廷纔派大軍征勦。大凡重要民亂事發，均靠朝廷征調鄰省諸土漢官軍征勦，纔將亂事平定，若要靠四川衛所軍勘亂，則遙遙無期，揆其原因，除了中葉以後衛所制崩潰瓦解，地方無城池可守，及對土司勦撫應用不當等缺失外，影響四川軍制最深者莫過於「無良將良兵」，值得再三檢討者。

先論「無良將」。語云：「兵不在多，將強者勝」，奈何明代四川始終未見勇猛善戰、遇敵不懼的大將軍，領兵大將，遇賊萎縮逗留，不敢出陣迎戰，藍鄢亂起，兵科給事中王萱就針對蜀中無良將而感歎地說，發三省土漢數萬兵，總兵、把總及三省領兵官不下數十員，五年民亂如故，實因將「無忠義之氣，有顧望之奸，貪生畏死，避賊而行，坐耗國財，全無鬥志。」〔註180〕王萱此語道破蜀將懦弱無謀，不敢出陣迎敵，縱賊自養，徒延誤平亂之時機。他也曾彈劾當時四川總兵官都督僉事陳珣身為主將，手握重兵，逗留偷安，每離賊百里，怯弱退避，如何勦匪，及副總兵王憲假病臥達縣，玩兵養寇，擁兵不戰。朝廷因亂事緊急，地方需要將領，往往給予戴罪殺敵立功，待亂事平定後，再行定奪。但藍鄢亂後，朝廷並未針對王萱所提的諫言，提出「選將訓將」之良策，仍因循苟且，待亂事一爆發，又無將可用。〔註181〕如神宗萬曆年間，楊應龍亂事一爆發，朝廷又四處選將，布政使程正誼最擔心蜀中無良將，他在復來希庵一信中提及：「蜀將悉多常才，遣當賊鋒，恐無益有損。」此又再度暴露蜀中無良將之缺陷，每逢亂事，地方官一提再提。〔註182〕奢崇明之亂起，僅有眾千餘人，其他皆是市井無賴附合之徒，但因當時兵備廢弛，守土之官，一望戈矛，皆為之落膽，不敢迎擊，遂不斷地要求增兵，事實上當時以四川之戍兵，足以痛擊奢崇明，祇是無良將領兵出擊，所以時人沈守正在《雪堂集》中指出民亂事起，不斷地要求增兵，事實上，並非無兵，而是無良將，如果有良將「用寡亦勝，用敗亦勝，用險亦勝，而必須待百萬、六十萬而收勝者，亦略將。」〔註183〕降及明季，無良將之缺憾，更暴

〔註180〕王萱《青崖奏議》卷七，頁4～5〈宣催督領兵文武大小官員併力勦賊〉。
〔註181〕前引書，卷二，頁1～10，〈怯蜀盜〉，及卷四，頁7～18，〈勘參川陝湖廣地方屢年用兵失事官員〉。
〔註182〕《宸華堂集》，卷七，頁4，〈復來希庵書〉。
〔註183〕沈守正《雪堂集》（明崇禎庚午年武林沈氏家刊本，中圖微捲）卷九，頁35～37，〈東西邊事〉。

露無遺，當時將不臨陣，不力戰，不敢殺敵，常尾隨流賊追逐，不敢迎面痛擊，以致流賊在四川，如入無人之境。〔註 184〕無良將之積弊，明人也知其缺點，屢有人向朝廷建議汰老弱、嚴比試，激懦靡之風，振勇敢之氣，然或因礙於積習、經費，或因其他因素，川省有司始終未曾培訓出一位足以痛擊民亂的良將，以致將四川拱手讓於張獻忠之手，此是朝廷始料未及的事。〔註 185〕

次論「無良兵」。四川自明中葉衛所制瓦解後，每逢亂事爆發，除了徵調鄰省土漢軍支援外，又靠招募士卒一途，來勦匪或戍守地方之用，招募而來之兵如民壯、鄉兵、街兵、僧兵等，其目的在於團練保衛家鄉，但是隨著戰事急迫，此一臨時招募又未詳加訓練之兵，亦需出征，每戰必敗，遂競相逃亡，地方有司又以無兵征戰，請求再行招募，戰事愈急，招募愈多，愈知兵之可貴。地方有司不斷地提出「缺兵增兵」之說，如楊應龍亂事起，重慶推官高攀龍就說：「播酋縱惡，屢起邊疆，皆緣內地無兵，故逛呈如此。」他認為為地方計，不在議論繁多，但須付諸增兵。〔註 186〕布政使程正誼也指出四川西、南、北三面土司，目中無官兵，故敢抗拒官兵，所以四川常遭兵亂之殃，解決之道在於「以兵威之」，揆之全國，四川武備最單虛，造成此一情勢，是四川缺兵，要解決武備單虛，就要「增兵」，〔註 187〕不斷地要求增兵，提練鄉勇。但是明末鄉勇者，盡是市井無賴之流，編入軍伍，未加訓練，以致手不能挽弓，身不能環甲，祇是希冒糧餉。鄉兵日耗糧餉，糧餉悉出民間，民間負擔愈重，迎敵接戰，非其所長，地方有司，又未能教戰守之策，使其防守得宜，使亂民進退狼狽，徒煩民間供億。〔註 188〕此輩又「多調多募，多逃多虛」，徒增加地方財政負擔，對戍守地方，追擊亂民，毫無助益。〔註 189〕所以張獻忠從夔州入蜀時，「無一騎一卒，扼雲棧，控瞿塘」，張獻忠軍隊所至，「莫不爍凍掃塵摧枯折腐」，一舉攻克

〔註 184〕吳應箕《樓山堂集》(《百部叢書集成》之六十四，《粵雅堂叢書》十六函，台北：藝文印書館，民國 54 年) 卷十一，頁 22～25，〈問流賊之起也有司各練鄉勇不知果有資於守禦否抑無病於民否〉。

〔註 185〕周如磐《澹志齋集》(明萬曆 47 年序刊本，漢學影印本) 卷十，頁 32～34，〈館課〉〈川貴用兵議〉。

〔註 186〕《宸華堂集》卷十，頁 10～18，〈播州用兵大略〉。

〔註 187〕前引書，卷九，頁 1～4，說彙〈四川土司總圖說〉。

〔註 188〕《樓山堂集》卷十一，頁 22～25，〈問流賊之起也有司各練鄉勇不知果有資於守禦否抑無病於民否〉。

〔註 189〕葉向高《葉臺全集》(明萬曆至崇禎間遞刊本，中圖微捲) 卷九，頁 79，〈答蔡元履撫臺疏〉。

重慶。養兵千日，用在一時，張獻忠入蜀之順，可見明季四川有司一再增兵，招募鄉兵但未訓練，並無法遏止張獻忠之入侵四川。〔註190〕

　　如果當時地方有司除了增兵募兵外，並對所募來之兵嚴加訓練，或許鄉兵亦可抵抗亂民之入侵。布政使程正誼亦曾針對「訓練良兵」提出解決之道，他認為先淘汰鎮遠營脆弱士兵，另再募健卒五、六千人，然後選良將、結恩義、時訓練、嚴紀律、信賞罰、激士氣，使其千人同心，赴湯蹈火，在所不惜，如此則兵氣揚，兵威自振，近可殲滅門廷之寇，遠可應付他方之變。然而程正誼「訓練良兵」之議，或因礙於經費缺乏，或因時局混亂，始終未見推行，蜀兵儒弱如昔。〔註191〕每逢戰役，兵又不能戰，祇有再行招募一途，或招募土司，或招募鄉勇，愈近明末，招募愈多，軍餉支出愈多，迨至奢崇明之亂爆發時，據葉向高所言，當時四川除無兵外，又苦無食、無人可用，更苦者，在軍餉無出，以未加訓練又乏餉之士兵勘亂，難怪士兵會沿路搶掠百姓財物，軍紀敗壞至極。〔註192〕

　　崇禎以後，招募而來之兵，軍紀更加敗壞，沿路搶掠民財，是司空見慣的事，而且常不聽調度，此時地方鄉紳為圖自保，亦私自招募鄉勇，以保家衛族，不肖者，更暗集流亡，竊納叛徒，冒作官兵、戎裝旗號，馳騁道途，大干法紀，招搖騷擾，時稱「流混」，官兵對其行為也束手無策。〔註193〕此時因地方財政已困竭，無力再支付軍餉，鄉紳們競相招募鄉兵義勇以保鄉衛族，所招募之鄉曲，既未加訓練，軍紀更差，公然搶掠民財，佔據山頭，樹立私人黨羽，已和流寇行為一樣。〔註194〕當時明朝軍隊共同敵人張獻忠，其所率領的軍隊紀律如何？據明人陳計長〈上馬撫臺書〉所言，張獻忠不蓄老弱，不攜婦女，不私索金，平日兵不解甲，馬不弛鞍，密令廣布，晝夜可行三百餘里。入川二年，黨羽既眾，習險尤熟，旌旗所至，蔽天障日。〔註195〕如果陳計長所言張獻忠所部

〔註190〕《遂寧縣志》（乾隆11年刊本，故宮善本）卷七，雜作，張懋文〈蜀難紀略後評〉。

〔註191〕同註186。

〔註192〕《葉臺全集》卷七，頁15～18，〈辨徐御史裁總督疏〉。

〔註193〕同註190，及《鄧郫紀略》頁720，善後三。

〔註194〕同註190，及《巴縣志》（乾隆25年刊本，故宮善本）卷十一，頁23～29，倪斯蕙〈保蜀援黔疏〉，及卷九，頁20，忠義，〈董盡倫〉，及《墊江縣志》（道光8年刊本，史語所善本）卷十五，頁3～4，及《營川縣志》（同治9年刊本，史語所善本）卷二八，頁17～20。

〔註195〕《重修涪州志》（同治9年刊本，史語所善本）卷十四，藝文志‧散體文，頁

紀律嚴謹是事實，那麼軍紀不嚴的明朝軍隊、土兵、鄉兵如何能打敗張獻忠軍隊。所以當時膽敢與張獻忠抗衡之明兵廖廖無幾，明朝在四川政權不保是可以理解的。明季渠縣人陳大章在〈在禮部主客司郎中李公墓表〉一文中，記載明季渠縣人李含乙，在大學士王應熊的號召下，散家財，募鄉兵萬餘人，與流寇大小二十餘戰，收復大足、達縣、通江、太平等處，後為張獻忠軍所獲，不降遇害，一門殉難者三十餘人。陳大章不勝感慨地說：「一夫梟張，萬眾睊眙，攻城掠堡，駢首就刃，未出一矢，以相加遺，遂成燎源滔天之勢，向使當時能盡如李公之所為，豈遂棋潰至此。」〔註196〕陳大章此文更將明朝四川將士不能用命，保家衛國，徒將大好江山送予張獻忠，作一最好詮釋。

39～40，陳計長，〈上馬撫臺書〉。

〔註196〕《渠縣志》（同治 3 年刊本，史語所善本）卷四四，頁 13～15，陵墓。

第三章 明代四川的經濟

第一節 明代四川的農業

　　明朝初年，朝廷實行一系列恢復經濟的措施，諸如移民墾荒，開展屯田，興修水利，蠲免賦稅等，從而使明初社會生產力迅速提高。在此期間，明廷為了鞏固四川統治權，也同時實行一系列發展四川經濟的措施。

一、移民墾荒

　　元明之際，四川人口顯著下降，除了元末明初動亂有關外，另一個重要原因，據明人王維賢《九賢祠記》記載：「元法，軍所至，但有發一矢相格者，必盡屠之。蜀人如余玠、楊立諸公堅守不下，故川中受禍獨慘。」〔註1〕所以在元軍平定四川三年後，四川農民僅十二萬戶，按照當時全國戶和口比例為一比四點五，推算四川當時約有五十四萬人，這個數字，和南宋嘉定十六年（1222），二百五十九萬戶，一千二百九十五萬餘口，相比較下，六十年間戶口減少約百分九十五以上，這是蜀境有記載以來，戶數、口數下降到最低的數量。〔註2〕戰後元朝的殘酷統治，四川人口的恢復是更加有限的，以瀘州一地為例，宋時有戶四萬六千八百三十六，入元後，元朝中葉瀘州還是「地廣人稀」，可供四方流寓之民大量屯墾，到元末明初，人口更少，以致明初《圖經》上記載：「昔元

〔註1〕 蒙默等《四川古代史稿》頁374，第三節〈明代四川地區的經濟〉，一〈人口狀況〉）。

〔註2〕 李世平《四川人口史》（成都：四川大學出版社，1987年10月第一版）頁123～132，〈元代四川戶口大幅下降〉，及賈大泉《宋代四川經濟述論》，頁17～18，〈四川的實際人口〉。

-71-

時，地廣人稀，四方之民流寓於瀘者，倍於版籍所載。」這種「地廣人稀」的情況，給元末明初，移民四川的外省人，創造墾荒機會。﹝註3﹞

事實上，從十三世紀開始，四川人口就在不斷地減少中，直到洪武五年（1372），降到最低點，當時戶部奏：「四川民總八萬四千餘戶」，以此和《元史，世祖紀》所記至元十九年（1282）的十二萬戶相比較，九十年間減少了三萬六千戶，即下降了百分之三十。﹝註4﹞但是洪武十四年（1381）四川布政司上報戶部戶數猛增為二十一萬四千九百戶，口數一百四十六萬四千五百一十五，短短十年間，民戶增加將近二倍，這個數目字顯然不是人口自然增殖能夠辦得到的，推究其原因，都來自外省移民的移入，正好說明他是一次較大規模的移民運動結果。﹝註5﹞當時外省移民移入約可分為幾類，一則元末有大批江淮百姓，因「避兵避亂」入蜀；一則明玉珍建立大夏政權時，招撫湖北百姓繼續入蜀開墾；一則洪武四年後，明軍攻下四川，隨著攻蜀將領傅友德、廖永忠、藍玉等人率領的入蜀的明軍將士，在戰爭結束後，有一大批留駐在四川盆地西緣和川西南地區，從事戍守屯墾；一則是明政府號令入蜀的百姓。總之，成千上萬的外省人口移徙四川，對四川戶口的增長和農業經濟發展，都是起了很大的促進作用。﹝註6﹞

洪武十四年戶口數雖比五年增加了將近兩倍，但仍是全國戶口最少的一省。所以洪武二十年（1387），德陽縣知縣郭叔文說：「四川所轄州縣，居民鮮少。」建議以謫遷之人，開墾成都故田數萬畝，以供邊食。﹝註7﹞洪武二十四年（1391）全口第二次造黃冊，進行人口普查時，四川戶口稍有增加，戶為二十三萬二千八百五十，口為一百五十六萬七千六百五十。當時正值全國編修黃冊，各地對人口清查也比較認真，四川布政司所得此一人口數，正可

﹝註3﹞陳世松《宋元之際的瀘州》（重慶：重慶出版社，1985 年 9 月第一版），頁 110～112，〈戶口凋零〉。

﹝註4﹞陳世松主編《四川簡史》（成都：四川省社會科學出版社，1986 年 12 月），頁 172～174，〈明代四川的經濟〉。

﹝註5﹞同註1。

﹝註6﹞郭聲波《四川歷史農業地理》（四川人民出版社，1993 年 9 月第一版），頁 83～100，〈第二節湖廣填四川與明代農業的緩慢恢復〉，及《欽定續文獻通考》卷五，頁 51，洪武六年曾下詔招集流民屯四川等境，其後又令建昌軍衛屯田，及《中江縣志》（道光 19 年，中研院史語所善本）卷二，頁 162～16。

﹝註7﹞《明太祖實錄》卷一八一，頁 2，洪武 20 年 3 月丙子。

驗證外來移民之急速增加。〔註8〕二十六年（1393）普查四川田地面積共十一萬點二零三三萬頃，據近人郭聲波在《四川歷史農業地理》一書中指出這數字僅是民田，還要加上官田數十二點九二五六萬頃，官民田共二十四點一二八九萬頃，比元朝四川耕地總面積二十萬（今頃），多出四萬（今頃），這是洪武初年以來移民墾荒四川，對四川農業發展最直接的貢獻。〔註9〕此外在盆地沿邊及川西南地區，明政府設立軍隊屯田，至永樂初年，四川軍隊屯田數，據郭聲波所研究，已達六點五九五五萬頃，折合六點三四四萬（今頃），也高出元代二倍，可見明初移民及軍衛墾屯恢復農業生產步驟已經實現。〔註10〕

二、水利的興修

除移民墾荒外，明廷又在川省整治和興修水利措施，以利農業生產；首先是整治修復元季荒廢的都江堰水利工程，都江堰，鑿自秦太守李冰，所灌溉農田包括「郫、灌、溫江、崇寧、新津、雙流、崇慶、新都、眉州、彭山等沃野數千萬頃。」〔註11〕其水「順流而東，水之利，旱則藉以灌溉，雨則不遏其流，水旱從人，不知饉饑。」〔註12〕洪武初，明廷命灌縣知縣胡壽昌整治元末以來久未修治的都江堰，胡以竹木伐工，「疏決淤塞，化竹為籠，實以沙土，又伐木貫籠，並緣窒堰岸。」節省大筆經費，使堤堰得到整治，江水復溉田，民大利之。〔註13〕當時凡用水州縣，與軍事衛所「共役人夫五千，竹木工料計田均輸修茸，堰得不壞。」〔註14〕宣德三年（1428）四月，因江水衝決，乘農隙時，又發民工修築。〔註15〕直到成化九年（1473），巡撫都御史以遠人赴役不便，將「郫、灌二縣雜派科差均攤，得水州縣以備堰務工料」，整治經費，較為劃一。〔註16〕孝宗弘治初年，「豪家稍規小利，堰流堤防，水

〔註8〕 前引書，卷二一四，頁6，洪武24年12月壬午。
〔註9〕 郭聲波《四川歷史農業地理》，頁93～100，〈明代四川耕地數推算〉。
〔註10〕 同前註。
〔註11〕 《皇明經世文編》〈王文恪集〉卷之一，頁22～23，〈送劉世熙任四川僉憲序〉。
〔註12〕 章潢《圖書編》（據明萬曆41年刊本影印，台北：成文出版社有限公司，民國60年元月台一版）卷四十，頁15～16，蠶桑。
〔註13〕 《元明事類鈔》卷十一，頁21。
〔註14〕 杜應芳《萬曆四川總志》（明萬曆47年刊本，中圖善本）卷二十二，〈經略志二〉，頁10～13，水利，及彭洵《灌紀初稿》（清光緒22年刊本，中研院史語所善本）第一卷，水利記，頁1～31。
〔註15〕 《灌紀初稿》第四卷，雜記，頁12。
〔註16〕 同註14。

失故道，蜀人始病旱。」〔註17〕九年（1496）特設按察司水利僉事一員，提督都江堰，併各府州水利，尤其是提督都江堰工程，「計畝派夫，分班更役」，至此人事及經費管理，更趨於統一。〔註18〕

弘治年間灌縣知縣胡光，伐石治金，鞏固都江堰舊址，「用油灰麻絲，補其罅漏，工費二十五萬三千五百金，夫役二十五萬三千二百」。〔註19〕胡光築之以石，貫以鐵錠鐵柱，整治不久，堤又壞，在正德年間都江堰最大弊端在於「沙石填委成灘磧，水減不足用。」明人又喜作堰以擋水，所費鉅萬，而且「遇江漲湍悍堰輒壞，歲役民不得休息，吏緣為姦。」〔註20〕正德以降，逢大旱，民不得耕種，僉事盧翊，仍查訪典籍遺老，得李冰治堰名法「深底作堰」，專疏濬之功以分江流，嚴堤堰之修，以防江，二月完工，蜀農樂於引水灌溉，又恐後代再議「鐵柱鐵龜法」，廢李冰之「深淘灘淺作堰」之法，遂樹碑文以為後代警戒。〔註21〕因每年修濬，工役不均，盧翊下令「以糧三石，派一夫，分八班，凡八年一周」，工役始均。〔註22〕蜀王亦每歲贊助青竹四萬竿，委官督織竹籠，裝石資築，作為堰基。〔註23〕其後僉事施千祥，一反「深淘底作之法」，創為「鐵牛鐵板，以擋堰口」，仍用鉤魚竹籠，以固堤根之防堵方法，當時頗以為功，然而「其堰雖較稍穩固，究難期其永久」，因採用「鐵牛」堵水方法高為堤堰，與水抗，每逢水災，鐵牛常被衝走，又要重新鑄鐵牛鐵板，費時費力費財，以至嘉靖、萬曆年間，都江堰常泛濫成災，但持續的整治工作仍然進行。都江堰的整治，保證了成都平原的水利灌溉，也保證農業的收成。〔註24〕

除都江堰外，四川各州縣也進行水利建設。興修水利，促成農業生產迅速之有效措施，也是增進農民收入最大保障，尤其是小農，更無實力自行修築，民間用水，常有爭吵以至死者，所以關心民瘼的地方官，常把興修水利，看成自己責無旁貸的事，興修之方式，大都以官督民辦為主，經費則取自民間，管

〔註17〕同註11。
〔註18〕同註14。
〔註19〕同註14。
〔註20〕王崇文《兼山遺稿》（明嘉靖32年曹縣刊本，中圖微捲），頁28～30，〈賀臬僉盧君水利功成序〉。
〔註21〕同註14，及《全蜀藝文志》卷三三，頁39～40，明盧翊〈灌縣治山記〉。
〔註22〕同註14。
〔註23〕同註14。
〔註24〕同註14。

理方式以官督民治爲主。〔註25〕如宣德七年（1422），眉州、新津的通濟堰復修，中江縣的陂塘堰等，皆採取此方式進行整治。〔註26〕綿竹縣的官渠堰，在明初綿江漑田不下數千畝，然無「公攝，往往人力強弱逐事，早晚相競相凌，有致死者，此政理之湮，非民之罪也。」〔註27〕直到嘉靖十年（1531），莫廷瑞署縣事，「量漑田多寡，差其役事，其各具畚鍤以從事」，越三月渠成，自此「水分積就輸，地無旱，民無爭。」〔註28〕修堰費用工食盡出用水家者，眞可謂「帑不捐金，役不動遠。」〔註29〕又峨眉縣農地，因高亢者多，雷雨愆期，農事輒病，隆慶元年（1567），知縣熊公修熊公堰，漑田數千畝，秋收有成，以致「閭閻交慶，道路懽呼。」〔註30〕凡此渠堰皆陸續修建於宣德至隆慶（1567～1572）年間，反映出盆西水田已於明中葉恢復，武宗時，首輔楊廷和〈隆山（今彭山）道中〉詩：「高樹小如拳，溪田望如井」，即其寫照。〔註31〕盆地破碎地區的水利，則以山間塘堰興建爲主，正德載盆地內各州縣堰、塘、池、井、山溝、平溪、平地水泉等水利設施，今依府、州匯表如下：

表四 正德年間四川盆地水利數統計表

府州名	水利數目	府州名	水利數目	府州名	水利數目
成都府	三〇二三			眉州	二七九
重慶府	六六四九	夔州府	一一三〇	瀘州	一〇一一
保寧府	三四一	馬湖府		雅州	五九
順慶府	二一八七	潼川州	一七三五	邛州	一二二
敘州府	八七二	嘉定州	二〇五八	合計	二〇〇六六
備註：本表資料轉引自郭聲波《四川歷史農業地理》，頁89～90。					

　　凡此興修水利，對發展各州縣的農業起了積極作用，同時也十足表現地方官興修水利，以保證農民的收入。

〔註25〕 高承瀛等《光緒井研志》（清光緒26年刊本，中研院史語所善本）志四，建置，頁36。

〔註26〕 陳世松《四川簡史》，頁172～175，二〈明代四川的經濟〉。

〔註27〕 常明《嘉慶四川通志》（嘉慶21年刊本，中央研究院史語所善本）卷二十三，輿地，提堰，頁51～52。

〔註28〕 同前註。

〔註29〕 同註27。

〔註30〕 《嘉慶四川通志》卷二十三，輿地，堤堰，頁24。

〔註31〕 同註6。

伴隨著移民墾荒，及水利興修等經濟復原步驟，洪武時期，四川經濟從衰落走向快速恢復，戶口增加，土地開墾，生產水平也不斷地提升，宣德、景泰年間，涪江流域遂寧一帶也出現：「民樸殷富，牛馬成群，寄宿於野，民勤耕種，不淆於五方之习……」之百姓殷富。涪州、長壽二地倉儲所貯之米可支百年，至英宗年間，川省見糧，可足五年，整個四川已呈現一幅太平盛世景像。〔註32〕其後，在約二個世紀裡，除了武宗年間，藍鄢等流民動亂外，其他時間內，四川社會環境較為安定，農業也在穩定中成長。以成都平原而論，萬曆初年已是「飛渠走溝，無尺土無不水至者，民不知有荒旱，故稱沃野千里。」〔註33〕就連昔向稱貧瘠的川南榮縣，明後期也出現了「井田阡陌，連封數十里」的大戶。〔註34〕整個四川農業面貌已非明初可比，就以耕地實際面積而言，萬曆六年（1578），據近人郭聲波《四川歷史農業地理》研究所得已增至四十六萬公頃，比洪武二十六年的二十三萬公頃，多出二倍，略勝於唐代三十八萬公頃，不及於北宋六十七萬公頃。〔註35〕

三、人口的消長

除了耕地面積增加外，明代四川經濟獲得較快發展者，是戶口明顯增加，洪武五年四川民戶八萬四千餘戶，到洪武十四年，四川有二十一萬四千九百戶，一百四十六萬四千五百一十五口，十四年間民戶增加將近了二倍；到弘治四年（1491），四川人口數量又增至二十五萬三千八百零三戶，口數二百五十九萬八千四百六十口；萬曆六年（1578），四川人口又增至二十六萬二千六百九十四戶，口數三百一十萬二千七十三口，比弘治四年增加五十餘萬口，當時四川人口總數占明代全國人口總量百分之五，但比歷代承平時期，四川人口常居全國百分之十左右，降了一半，其口數還是偏低。〔註36〕萬曆以降，四川境內，不斷地發生不同性質的民亂征伐，造成戶口大幅的下降，至順治初年，四川人口僅剩百十萬人左右，至康熙二十四年（1685），降至九萬名，直到乾隆三十六年（1771）才恢復明萬曆六年人口數。〔註37〕現將明代四川

〔註32〕郭聲波《四川歷史農業地理》頁305～308，〈黃牛牧養的相對衰落〉。
〔註33〕同註6。
〔註34〕同前註。
〔註35〕同前註。
〔註36〕李世平《四川人口史》頁137～146，〈明代四川人口的恢復〉。
〔註37〕前引書，頁146～155，〈清初四川戶口再一次大幅度下降〉。

戶口數字列表如下。

表五：明代四川歷朝戶口統計表

年　　代	戶　數	口　　數	年增長率
洪武十四年（1381）	214900	1464515	
弘治四年（1491）	253083	2598460	5.23%
萬曆六年（1578）	262694	3102073	2%
備註：若以洪武到弘治一百一十年間的人口增殖率推算則得此數字。		4092472	
資料來源： （1）《明太祖實錄》卷 140 頁 （2）《明史‧地理志》。 （3）郭聲波《四川歷史農業地理》，頁 941，〈明代四川耕地數的推算〉 （4）陳世松《四川人口史》頁 133～179，〈明清四川人口〉。			

　　可見從明代初年至神宗六年，川省戶口數雖不斷地增加，但和宋代戶口數相比，仍然偏低，正如正德時四川人楊慎所說：「經元師之慘，民靡孑遺，積以一百八十年，猶未能復如宋世之半。」〔註38〕再以保寧府爲例，明人楊思震在嘉靖年間修府志時，就拿宋代利州路戶四十萬，口一百一十九萬，兩相比較，感慨地說：「今也，爲戶不及九千，爲口不滿十二萬，何登耗之懸絕若是耶，大抵民之生生同乎元氣，其所以生養而休息之者，固亦有道也哉！」〔註39〕除了楊慎所言元末戰禍及楊思震養民治道缺乏等解釋人口流失外，更重要者，莫過於自宋末以來盆北、東、南存在大片荒林，便於流民潛逃隱匿，躲避徭役，自營生計有關。這種隱匿流亡人口，據郭聲波先生研究指出，以弘治四年，距洪武十四年共一百一十年，推算出年均人口增長率爲百分之五點二三；下距萬曆六年，共有八十七年，年均人口增長卻減至百分之二，他認爲當時除中期四川稍有動亂外，其他生活環境和弘治年間一樣，所以以年均增長率百分之五點二三推算，萬曆六年四川布政司的實際人口應是四百零九萬二千四百七十二口，而非三百一十萬餘口，其間差額約一百餘萬，大約就是當時的隱匿人口。〔註40〕這種隱匿人口，除托庇豪門外，多半屬於流民，從洪武平定四川起，即有不少

〔註38〕郭聲波《四川歷史農業地理》頁 488。
〔註39〕楊思震《保寧府志》（明嘉靖 23 年刊本，中圖善本）卷五，頁 1～3，戶數。
〔註40〕同註 6。

百姓潛逃入山谷，不供徭役，不懼法度。弘治時期，成群流民流向盆東、北深山老林，兵部尚書馬文升就指出這批四川流民皆為逃避糧差，畏當軍匠，及天荒地旱，競相逃移，就食荊襄。〔註41〕逃移到外地流民，可不納糧，不當差等好處，以至人人樂居，不肯還鄉。正德年間，僅夔州之東鄉，保寧之通江，立營置寨的流民「多者二千餘人，少者不下數百。」〔註42〕嘉靖二十五年（1546），川撫張時徹將川中流民分成三類，一則逃差就食者；二則商販虧本者；三則逃脫軍匠亡命藏奸者。此三者對當時社會造成弊害有七，一則假托醫卜教唆害人；二則投托土官撥置生事；三則哄誘番夷引惹邊釁；四則積財置產匿稅避差；五則投附大戶糾合為盜；六則巧取貧民之田產；七則姦占良人之妻女。張時徹認為流民姦詐百端，無所不至，實為地方大患，要求地方官善為計處，勒限回籍，然因涉及全川，且是累年積弊，並無成效可言。〔註43〕流民之害，除了如上七弊外，最重要者，莫過於遭遇天災饑饉，群起動亂，朝廷招撫流民，束手無策，這種情形愈至明末愈嚴，最後演成流民動亂，推翻地方政府，蹂躪殺害地方人口，導致順治年間，川省人口僅一百多萬。今以廣安州為例印證之。廣安州，其地膏沃，明昇亂平後，洪武初招集流民，多係楚黃麻人來占籍。至成化時共編戶二十一里，有丁一萬二千六百一十二，經明季流民動亂，兵燹既久，戶口凋零，至順治十七年（1660）僅剩十七丁，三藩之亂後，復招集楚人來州占籍，直到乾隆末年，才恢復成化間的人口。可見從明、清廣安州戶口數的演變，可大略看出明代四川人口演化，洪武時期招撫移民，成化弘治略有上升，正德嘉靖以後，復又下降，至明末凋零殆盡。這就是明代四川人口歷史趨勢的主要特點。〔註44〕

四、萬曆以降的農業

明代四川農業發展到萬曆六年達到最高點，耕地總面積增至四十六萬公頃，比洪武二十六年的二十三萬公頃，高出一倍，人口亦增至四百餘萬，比洪武二十六年的一百四十六萬，高出二倍多。重慶、夔州、瀘州、敘州、馬

〔註41〕 馬文升《馬端肅公奏議》（《四庫全書珍本》五集，文淵閣本，台北：商務印書館，民國62年）卷二，頁4～5，〈添風憲以撫流民〉。

〔註42〕 同前註，及同註6。

〔註43〕 張時徹《芝園別集》公移卷之二，頁30～32，〈興革利弊各項事宜〉。

〔註44〕 《廣安州新志》（民國2年鉛印本，中研院史語所善本）卷五，頁3～4，〈戶口志〉。

湖、崇慶諸府耕地數皆較元代較有增長，除五穀外，經濟作物，也積極栽種，如涪江、沱江等沿岸種植棉花，當時全川棉花種植面積達到二十九萬多畝，僅次江蘇省，居全國第二位，可說是棉花之鄉。〔註45〕農業發展，從洪武初期的移民墾荒，歷朝皇帝的持續經營發展，到萬曆初年到達鼎盛。洵自萬曆中期以降，四川農業非但無法再度躍進，突破往年生產，反而急轉下降，農業大大破壞凋零，揆諸其因，除了社會動亂，民變迭起，直接對農業破壞外，還如下兩個因素值得探討注意；水利失修，以都江堰整治而言，工程龐大，如「壘石以築堰，範鍤以淘灘，利水州縣知郫、繁、崇、漢所出夫匠，不下千人。」〔註46〕整治時「力役計田疇日以為多，雇役則度速邇以為重輕」，濱堰州縣人力夫役，全部調用，〔註47〕如此繁鉅工程，必須強有力的地方政府做為後盾，才能維繫整治工作，尤其是弘治、嘉靖年間的二次大修，都以鐵、石結構為主，頗費人力財力，地方已不能應付水利整治之經費。神宗萬曆三年（1575），天災，連月大雨，長江氾濫，都江堰堤被洪水沖壞，成都知府徐元氣，和灌縣知縣蕭奇能，列狀復修，十一月開工，次年三月完工。〔註48〕用鐵三萬斤，在下植三十鐵柱，長丈餘，「樹柱以石護岸，以堤水遇重，則力分，安流則堰固。」〔註49〕堤修好後，灌溉千里，民咸歌頌，蜀人陳文燭遂作〈都江堰記〉以誌之：

> ……燭聞而嘆曰：「蜀稱天府號陸海，豈謂沃野不在人耶！……中原變遷，閱殫為河法多湮滅，惟李公之堰，幸存于蜀，及二、三公修之，俾古人遺意一千載如斯，尚永賴哉！今天下事，鑿者創新論，怠者失故道，及其不支，張日天也。況壁頁薪，何益焉，假令人皆師古，則刊山表木之勳，至今存耳，豈獨一堰哉！予益嘆二、三公經世之智。」〔註50〕

萬曆三年後，整治都江堰，分成二派；一派主張「鐵籠之議」，採取嘉靖間防

〔註45〕郭聲波《四川歷史農業地理》，頁232～233，〈草棉種植在四川盆地的數度起落〉。

〔註46〕章潢《圖書編》卷四十，頁17～20，〈時務四條〉。

〔註47〕同前註。

〔註48〕李調元《井蛙雜記》（《筆記小說大觀》十九編第九冊，台北：新興書局）卷十，頁5。

〔註49〕同前註。

〔註50〕陳祥商《蜀都碎事》（《筆記小說大觀》續編第八冊，台北：新興書局）卷二，頁3～4。

堵方式，用鐵、石爲結構築堰方法，高爲堤堰，費時費財，但堰堤鞏固，當時因地方無財力支付龐大工程費用，遂不爲當局所接受；另一派主張「深淘灘淺築底」之疏濬方式，堰堤改爲「築籠卵石」，經費省，工程易成，然而要時常疏濬，才能保持灌溉系統流暢。〔註51〕可惜是神宗以降，因地方財政枯竭，再加上盜寇四出，兵荒馬亂，無心整治都江堰，整治時，「鐵石結構」和「竹籠卵石」二派又交相倡議，疏濬或防堵，反覆無常，徒勞民傷財，成效不彰。其後歷經播州楊應龍之亂，及永寧奢崇明之亂，更加無力整治都江堰，不足以保持灌溉系統的暢通，尤其奢崇明圍成都時，灌縣城濠乾涸，巡撫朱燮元恐奢崇明軍攻城，遂決都江堰水以護城，都江堰決後，雖阻止奢崇明所部攻城，但其灌溉系統功能，破壞至極。〔註52〕演至崇禎年間，都江堰堤湮沒久矣，灌、郫等七州縣之民，「每春初具畚舌耞菱淪排，無何即漲決矣，未享其澤，旋受其齧，嗷嗷兼苦旱潦焉。」〔註53〕十六年至十七間（1588～1589），巡按劉之激曾稍事疏濬，其功未顯，張獻忠入蜀，亂事四起，巡撫龍文光派人決都江堰水注錦江以益成都城濠，以便防守張獻忠攻城，堰潰水至，城已破，「都江堰衝決數百，沙石填淤。」整個都江堰灌溉系統完全破壞，直到清朝初年，才再重新疏濬，以利環堰州縣灌溉。〔註54〕

民間修堰方式，採取官督民辦爲主，管理也採取官督民治，例如嘉靖時，井研築塘四五〇座，堰十一道，經費由民眾分擔，報官立案，制定管理章程，同時也設置塘戶，負責經常性的維修工作，以保持塘堰之供水正常。〔註55〕神宗以降，或許是有司督察不周，塘堰破壞愈多，喪失其灌溉功能。在明初本設有老人專管塘堰，職官歲必治御查詰，其後有司怠惰不察，民遂闖占爲用，水利大壞矣，據《萬曆潼川州志・水利志》記載：

> 按國初定民授田，必置塘堰，如井田之有溝澮，法甚善也。但歷也既久，民皆闖占爲田，遞相轉質，莫知歷幾姓矣！然而設有老人專管，有職官，歲必沿鄉查詰，常例之所需，造冊之所費，因拘箕斂，

〔註51〕同註46。
〔註52〕《灌縣鄉土志》（光緒32年刊本，中研院史語所善本）卷七，頁11，兵事。
〔註53〕莊思恒《增修灌縣志》（清光緒12年刊本，中研院史語所善本）卷四，〈水利志〉，頁17～18，〈御史劉公大修都江堰碑記〉。
〔註54〕《雍正四川通志》卷十三上，頁49，及《成都縣志》（嘉慶20年刊本，中研院史語所善本）卷六，頁30，〈歷代紀事〉。
〔註55〕蒙默《四川古代史稿》頁382～390，三〈農業、手工業、商業〉。

莫騰騷苦，而所謂塘堰者，安在哉！此百十年虛名實禍，有無敢聲
其故者，非以其舊制不敢言廢乎，竊緣各鄉有深溪巨流不可田者，
居民不待督責，自築堤防，以資水利者，所在有之。若有司藉查在
官，歲與舊志所載有名官堰一同造報，已可塞責矣。所費不過數紙，
何緣復擾民哉！若然老人不必遍設，管理不必專官，民歲享安靖之
福矣！當道者，照知其弊，著令嚴禁，豈非生民之大惠哉！〔註56〕

可見農業生產的好壞，取決於水利工程善否，水利工程之善否，又取決於政
治的好壞，因此地方官之盡職與否，對農業生產更有直接的影響。以潼川州
為例，明初有堰一千餘座，計潼川一七二；安岳一六五；遂寧二五三；蓬溪
一一九；中江五四九；射洪十一；鹽亭三十；樂至七。〔註57〕至神宗萬曆四
十七年（1619），因有司荒於整治，竟成「曠然無一存者」。〔註58〕因無堰水
灌田，導致「潼千金之家，無二年之儲，年來荒歉，百口咸給於市。」〔註59〕
又如明季井研縣：「井研田非沃野，強半山谷，水泉之利全無，故十日不雨，
禾稼枯焦。」〔註60〕又如瀘州轄地，高阜山麓者佔十分之八，平原者僅十分
之二，至明末竟至「池沼蓄水，桔槹引灌之制，未曾見過，所以荒草蕃蕪，
惟赤松是賴，或不時，坐視其槁，農人苦之。」〔註61〕當時川東、川北一帶
水利不修，農田灌溉，惟待天命，時或甘霖足，則歲豐，豐則民無饑；若雨
暘愆期，則歲荒，荒則民胥啼饑。地方官已無力行開溝渠引水灌田的惠政，
農田收成完全靠老天的臉色決定。〔註62〕萬曆四十七年，杜應芳修《萬曆四
川總志》〈田賦志〉時，就曾對俗稱沃野的四川農業生產退滯的情形感慨地說：
「成、重、敘、瀘，漸不如昔」，「保寧、夔府類多旱田瘠土，民苦於耕鑿，
又無水泉灌溉之利。」〔註63〕總之，萬曆中葉以降，農田生產不力，農業生

〔註56〕　張世雍《萬曆潼川州志》（明萬曆47年刊本，漢學影照本）卷七，頁10～12，
　　　　〈水利志〉。
〔註57〕　同前註。
〔註58〕　同註56。
〔註59〕　同註56。
〔註60〕　《資州直隸州志》（嘉慶刊本，史語所善本）卷二八，王配京〈井研縣志略碑
　　　　記〉。
〔註61〕　《直隸瀘州志》（光緒8年，中研院史語所善本）卷四，頁56～58，薛益龍〈馬
　　　　潭神應碑記〉。
〔註62〕　《廣安州志》（雍正11年刊本，故宮善本）卷十七，頁4～6，王德完〈議賑
　　　　四川災害疏〉。
〔註63〕　杜應芳《萬曆四川總志》（明萬曆47年刊本，中圖善本）卷一，頁7，田賦。

產陷入困頓，必定和地方官督民修水利之功廢弛，導致「塘堰日壞」「無水泉灌溉之利」有相當密切關係。

招流屯田措施的失敗　四川流民問題，從宋以來即已存在，並與元、明兩朝相始終，一直困擾官府的難題。從明末四川有司所屬包括屯田在內的官田數僅及三千頃，占總數百分之二來看，招流屯田的措施基本上是失敗的。明朝政府招流措施在其他地區每能奏效，唯獨在四川收效甚微，這除了和前面所述自宋以來，盆地東、南、北存在大片深山老林，便於流民潛逃隱匿，自營生計等地理因素外；明政府本身招撫政策及賦稅制度也需檢討。〔註 64〕明代一開始對土地進行登記，嚴加管理，田賦皆從畝出；對墾荒者，一般只免租三年，而且規定流民復業祇許盡力而耕，不許圈占舊田（熟田）；更有甚者，至宣德年間（1426～1435），卻把洪武、永樂年間「墾荒田永不起科及污下鹵無糧者，皆黢入賦額，數溢於舊。」〔註 65〕增加人民的負擔，宣帝雖數下詔書蠲免租賦，然皆有名無實，難以下達，這樣條件，盡管明朝政府仍繼續發佈鼓勵墾荒的號召，但四川地區卻未收到預期的效果。〔註 66〕如以戶口驗證，明初戶口以洪、永時期為極盛，仁宣時期的戶口反減於洪、永時期，流民問題已逐漸形成，正統、成化、弘治時期，流民如潮勢洶湧，不可逆止，當時湖廣、湖南、陝西、四川四省交界的荊襄隕陽山區，聚集將近一百餘萬流民，因明朝招撫策略失當，終導致正德年間劉通、藍廷瑞、廖麻子等流民動亂事件。〔註 67〕

正德年間的流民動亂，武宗除被迫下詔大赦天下外，其後一再重申流民復業，免賦三年策略，並降斥貪庸官員，特別是停辦川扇和川木，在一定程度上，雖減輕川民的負擔，但並未阻止流民離鄉背井，逃避差徭賦役的趨勢。〔註 68〕揆其首因，在於嘉靖、隆慶、萬曆年間，四川土地兼併日熾，貧富懸殊愈來愈大，以成都平原附近州縣膏腴地區而言，「為王府者十七，軍屯十二，民田僅十一而已。」〔註 69〕此批藩王宗室，鄉宦土豪，不僅占民田，而且胡作非為，交

〔註 64〕同註 6。

〔註 65〕《明史》卷七七，頁 1882，〈食貨一〉。

〔註 66〕傅衣凌主編《明史新編》（北京，人民出版社，1993 年 1 月出版），頁 138，〈社會危機的潛伏〉。

〔註 67〕前引書，頁 181，〈成化間的流民暴動〉。

〔註 68〕《明武宗實錄》卷七二，頁 2，正德 6 年 2 月乙酉，及卷七三，頁 10，3 月丙子。

〔註 69〕《明神宗實錄》卷四二一，頁 7，萬曆 34 年，5 月丁酉。

通官府，逃避賦稅，導致官府逋賦又加諸於貧民身上，一旦遇上天災人禍，窮民無法完賦，遂競相逃亡，明廷又無招撫流民墾荒之實策，更加速流民的數量，據郭聲波《四川歷史農業地理》一書中研究出萬曆六年時，全川逃匿流戶人口已近百萬（九十九萬三百九十九人）。〔註70〕但未見神宗朝有任何招撫流民開墾荒地措施，其後楊應龍，奢崇明等少數民族作亂，社會經濟更加動亂，人民生活更加塗炭，流民四出，演至明末，竟然以流民暴動推翻明朝四川地方政權，重演宋元之際浩劫悲劇，人民大批死亡，到處是灌莽丘墟，直到康熙六年（1667），四川農業並未轉機，時人道蜀土：「類皆一目荒涼，蕭條百里，惟見萬嶺雲連，不聞雞鳴犬吠，傷心蒿目，無過此者。」〔註71〕總之，明初四川農業經濟之復甦，是靠歷朝諸帝的招撫流民屯墾土地累積的成果，明季四川農業經濟之殘破，卻失之於「招撫屯墾」之無策，所以清代整治四川農業經濟時，吸取了明代開國以來招墾失敗的教訓，實施一系列更有利「招撫屯墾」的措施。〔註72〕

第二節 明代四川的商業、手工業

一、商業、手工業

明代四川人口至萬曆初年猶未能恢復到宋的一半，人口稀少，使農業恢復緩慢，盆地內的深山老林久未能盡闢，明政府之招撫墾荒策略又不見成效，流民皆匿山不出，當然就不可能像唐宋時代那麼多人從事商業、手工業，和廣大的消費市場；再加上宋末元初，蒙古人之屠殺，蜀中百工技巧被蒙人擄掠一空，手工技術更加退步；此外又因明代賦稅內容以征生絲為主，手工製品絹帛為輔，改變唐宋以來以征絲織品為主的賦稅原則，以至原產絹地區，如夔州府也樂於交納生絲，以圖了事，因此就無原動力刺激川省絲織手工業發展。〔註73〕以上三個因素，導致明代川省之商業、手工業始終無法超越兩宋，而停滯鈍化，僅以輸出原料為導向，而言及手工技術，則遠較江南落後，今略約敘述其商業，手工業發展。

〔註70〕 同註 6。
〔註71〕 郭聲波《四川歷史農業地理》頁 102～108，〈康雍復墾與盆西水利的恢復〉。
〔註72〕 同前註。
〔註73〕 郭聲波《四川歷史農業地圖》頁 349～353，〈四川蠶桑事業盛衰的原因〉。

　　明代川省商品經濟的發展，與農林產品和手工業，有密切關連，農林產品，提供手工業原料，手工業一直以副業形式和農業結合在一起，然後再慢慢發展成獨立的手工業，接著也促成商業的興盛。以絲織貿易為例，保寧府所屬州縣皆「家植桑，人飼蠶」，產布、帛、麻、苧、葛等手工原料，織成絲、紬、綾、絹，「即用以製衣服，其餘以貨儲他郡，利云厚。」〔註74〕當時各州縣皆多乾絲，祇有閬中、劍州、蒼溪所產多水絲，其中巴、通、南江水絲之精細，「光滑不減胡絲」，往往以絲作成菱、絹、帕，每逢夏天，「巴、劍、通等地人，聚之於蒼溪，商賈貿之，連艘載之南去，工人以是維生，牙行以此射利。」〔註75〕閬中郡，雖然土地狹隘磽瘠，罔任稼穡，獨其土「宜桑可蚕，每歲有毫忽利」，〔註76〕故家家事機杼，男緯女絡，化治絲縷，織縑帛，輾轉貿易，以充糧粒，為數口計。〔註77〕閬中人織帕綾最精緻，其中綾有「串三、串四、串五、串六、串七之號」，其中以串六、串七最精，帕則有「官機、青絲、當子、汗巾、絹帕」等名號，因此閬中郡儼然成為明代川省絲織品的中心，素有「絲綾文錦之饒」的美稱。〔註78〕閬中郡也因負此盛名，絲織貿易特別熱絡，從事絲織買賣者大都是來自秦、晉、吳、粵等地戎伍之家的後裔，移民閬中郡已三百多年，行商路線「北走關陝澤路，東走吳楚，南極滇廣，販賣貨物，操其贏餘，以佐不足，至為辛苦。」〔註79〕蒼溪一地，雖地薄民貧，但「方圓三五百里內，士女植桑化絲」，其治又當葭萌巴劍之中，且據江口，為諸方會通，蔚為市場，尤其是羅方一地，更是「保寧絲綾貿易之所聚。」〔註80〕四方商賈「率走此貿布縷器械雜物，每年夏季，舳艫銜尾艤，江岸南北，商賈駢踵接，文綺珍錯玩好種種，充盈衢路，人謂此邦富麗伯仲東南。」〔註81〕一般而言，四川絲織業雖發達，但技術仍遜於江南，如四川布政司染織局所產生絹，皆織造粗惡。〔註82〕在嘉定州洪雅縣，

〔註74〕章潢《圖書編》卷四十，頁15～16，〈水利蚕桑〉。
〔註75〕楊思震《保寧府志》(明嘉靖22年刊本，中圖善本) 卷六，頁5～6，〈物產〉。
〔註76〕《徐定庵先生文集》卷十三，頁5～7，〈市談贈郡丞草寬胡公擢南安太守〉。
〔註77〕同前註。
〔註78〕同註75。
〔註79〕《徐定庵先生文集》卷十二，頁5～7。
〔註80〕張瀚《松窗夢語》(《四部分類叢書集成》二編之一八，《武林往哲遺著》第五函，台北：藝文印書館，民國60年10月) 卷二，頁15～19，〈西遊記〉。
〔註81〕《徐定庵先生文集》卷十二，序，頁37～39。
〔註82〕范嵩《衢村集》(明刊本，漢學影印本) 卷四，頁60～64，〈便貢賦以省勞費〉。

正德以後雖以機匠代替女工自織布、絹，亦只提高產量而已，並未改變「粗惡」的質量，更沒有創造什麼名品。〔註 83〕至於唐宋聞名遐方的蜀錦，到明代時日漸沒落，當時民間並無成造寸尺，祗有蜀王府每年成造數疋，以備上供。〔註 84〕因此本地和外地商人皆以貿易生絲爲主，當時西北綠絲業之絲，幾乎全靠閬中郡所產的。那種唐宋以來盛行於蜀地的蠶絲蜀地織造成成品，再交貿天下的局面已經結束，蠶桑業與絲織業，已不那麼緊的結合，川絲大量外銷，本地絲織業更加沒落，再加上，神宗萬曆以降，保寧、潼川、順慶等三地也因「土產綾縉，染指其間者，多所騷擾，杼軸且空。」〔註 85〕蒼溪一地，則貪官污吏特別多，「彊戾者，虎視鶚攫之，陰竊者，蟻攢蚊嘬之，而蒼溪日就困瘁。」〔註 86〕閬中一地，據徐敷詔在〈市談贈郡丞草寬胡公擢南安太守〉一書中所記載，閬中一地，更因「風土繁華，閭閻殷富」盛名之累下，累遭官府剝削，竟致「杼軸盡空，市肆蕭然」：

> 每公府有所需，則悍卒臨門，鶚攫狼捕，取辦傾劇，至如遠方珍異，素所未識，亦必匍匐叩宦族高門，百倍其估以應，比至庭，則豪吏咄啐而疵駁，其旁奸衡詭，度以輕重短長之，莫敢吐息仰視，少乖意旨，則震詈箠筏，慘虐百端，吾儕故性柔良，體復脆薄，寧傾囊倒橐，不願罹此毒苦，比賞所值，則又踰一歲，得者十不二、三，今杼軸盡空，市肆蕭然矣。〔註 87〕

紡織技術已不如江南，轉而以輸出蠶絲爲營利目標，卻又遭到官方之剝削，明代四川絲織貿易日漸困頓，是有理可循的。其他手工業也有日漸式微的趨勢，如蜀箋，古已有名，至唐大盛，至薛濤而後精，至明朝時，此廣爲文人所喜愛的蜀箋，僅蜀王府製之，長五、六尺，寬二、三尺，皆白，無花色，技術大遜於前代。〔註 88〕此外王士禎在《隴蜀餘聞》一書中記載，明季時，第二次入成都，居街人士雖較昔日多，但都是秦楚商人，本地人什不得一，問當地人如何製造錦、扇等手工藝品，皆懵然不知。足見手工業生產之停滯。

〔註 83〕張可述《洪雅縣志》（據天一閣藏明嘉靖刊本影印，中圖善本）卷一，頁 12～14。

〔註 84〕《宸華堂集》卷八，頁 1～3，〈四川徵採始議〉。

〔註 85〕《徐定庵先生文集》卷十三，序，頁 37～39，及卷十八，頁 10～12，〈明分巡川北道按察司僉事張公去思碑〉。

〔註 86〕前引書，卷十三，頁 37～39，〈臺端剡薦序贈虞廷余公〉。

〔註 87〕同註 76。

〔註 88〕何宇度《益部談資》卷中，頁 3。

〔註89〕

再以木材貿易論之。明代四川素有「柏之森者」「喬木如山者」之美稱，林木資源分佈極廣，遂作為朝廷及民間建造宮殿陵寢及屋宇最佳取材地方，因此木材商人特別活暢。夔州、雲陽二地，常為版本商之所聚。〔註90〕木商買木順著三峽而下，歷秭歸夷陵長松等處，始達荊州蕪湖等地稅關抽分，抽稅後再銷往南京或北京。荊州等處關稅也因川貴商人往來頻繁，每年替朝廷徵收鉅額商稅。〔註91〕此外建昌之板，因紋彩精美，頗為時人所喜愛，木商刻商號姓名於版上，木版沿金沙江，經東川、烏蒙、下馬湖，放於下流取之，沿路驚濤駭浪，驚險萬分，一遇翻覆，木商血本無歸。商人為取得建版，不惜資本以涉險，競相投入經營建版買賣，相對著，也將外地貨物轉入，更加促進建地商業之繁榮，據明人王士性記載當時盛況：

> 深山大林，千百年所伐不盡，商販入者每往十數星霜，雖僻遠萬里，然蘇、杭新織種種文綺，吳中貴介未披而彼處先得。妖童變姬，此外更勝，山珍海味，咸獲先嘗，則錢神所聚，無脛而至，窮荒成市，沙磧如春，大商緣以忘年，小販因之以度日。〔註92〕

川省境內木商亦相當活躍，如雲陽鹽場，明初四面皆山，取材甚易，世宗以後，木材取之數百里外，得薪難而價貴，木材商人每以大船浮載而來，灶民以鹽易材以煎，鹽利歸木商，以致「客戶之鹽如山，灶民無所有也。」〔註93〕木商也因獲利可觀，常勾結官府，假公濟私，「更增官值，搬運之勞，所苦者編民，所利者巨賈。」〔註94〕木商獲利雖可觀，但世宗以降，採木之頻繁，往往官府給付之費用偏低，不足支付成本，甚至有虧商，以至有商人不願輸木之情形發生，降及神宗朝，又因地方政治日漸不安，財政枯竭，商人更不願前往四川市木，木材貿易，遂日漸困頓。〔註95〕

再以商業活動論之。川省境內商業活動之所，一則位於交通要道，舟輯輻輳，四會之所在。如丹陵縣之柵頭鎮，「當嘉、眉、雅往來之衝，人物阜繁，商

〔註89〕 王士禎《隴蜀餘聞》，頁14。

〔註90〕 張瀚《松窗夢語》卷，頁19，〈商賈記〉。

〔註91〕 涂嘉會《荊州志》（明萬曆13年刊本，漢學影印本）榷政書第十，卷三，頁112～116。

〔註92〕 王士性《廣志繹》卷五，〈西南諸省〉，頁106～112。

〔註93〕 《雲陽縣志》（據天一閣藏明嘉靖刊本影印）卷七，頁36～41。

〔註94〕 《自知堂集》卷二十四，頁5～7，〈奉張撫院〉。

〔註95〕 同註90。

旅轇集，甲於西南。」〔註96〕萬縣之集水驛，因占水運之便，成爲商賈轇集處所。〔註97〕其中最重要者爲成都一地，一年十二月皆有市，「正月燈市；二月花市；三月蠶市；四月錦市；五月扇市；六月香市；七月寶市；八月桂市；九月藥市；十月酒市；十一月梅市；十二月桃符市。」〔註98〕其中三月蠶市更是聞名遐方，每逢蠶市開市，據父老相傳「自節善橋，至繁邑龍橋二十二里之中，皆爲蠶室，有祠祀青衣神蠶室堂，明末獻逆毀，遺址僅存。」〔註99〕但是成都一地，因土著憚於遠出，貿易者皆外省之人。〔註100〕二則與番夷交界之地。如雅州「番夷錯出，百貨所居，設市官以征之。」〔註101〕松藩一地，與西番爲界，其戍守關堡衛所官軍，多與番人往來交易，甚至有募「通曉漢語番人代其守堡，己則潛往什、仿、漢州諸處販鬻，經年不回者。」〔註102〕朝廷雖然嚴禁邊地漢夷貿易，然皆紙上嚴令，走私貿易，依然盛行。如白草番，其地無鹽布、茶米，全仰給漢地。因掌堡等官，防禁不嚴，以至番人入堡交易，引惹邊釁，後經張時徹平白草番，遂在三路大堡之外開闢市場交易，嚴禁低昂強買及擅入番塞者，以便坐收羈縻有方，據嘉靖年間張時徹說：〔註103〕

> 今各番降附，聽於三路大堡之外空便地方，隨其土俗，兩平交易。
> 仍嚴加禁約，如有強買番貨，高低價，又擅入番寨，或縱容入堡貿
> 易者，坐以勾引邊釁，從重追究。則羈縻有法，各番將潛消逆跡。
> 〔註104〕

朝廷允許貿易之市集，也常發生漢夷糾紛，如建昌五衛，位於滇蜀路中，爲邊地商人最活暢地方，也是漢夷糾紛最易發生的地方，其番漢商最易發生爭吵之事，一則有乘夷市，恐嚇以討人命者；二則有潛販違禁者；三則有騙蠻財者；四則有欠蠻債不還者，反誣報搶市；五則有收留蠻口爲奴婢者。糾紛百出，不

〔註96〕《讀史方輿紀要》卷七十一，頁3054。
〔註97〕前引書，卷六十九，頁2971。
〔註98〕《升庵集》卷七十，頁6。
〔註99〕李玉宣《同治重修成都縣志》（清同治12年刊本，中研院史語所善本）卷二，頁7～8，〈送葉桴秀赴雅州序〉。
〔註100〕前引書，卷二，頁2，〈商賈〉。
〔註101〕貝瓊《清江詩文集》（中圖微捲）卷二十一，頁7～8，〈送葉桴秀赴雅州序〉。
〔註102〕《明太祖實錄》卷一〇六，頁1，洪武9年5月乙卯。
〔註103〕《四川通志》卷九十，武備，邊防，頁48，明張時徹，〈平番善後事宜〉。
〔註104〕徐孚遠《皇明經世文編》（明崇禎年間于露堂刊本影印，台北：國光出版社，民國53年11月），《芝園全集》卷一，疏，〈處置平番事宜疏〉。

勝其擾，官府更加嚴禁漢夷之貿易。〔註105〕然禁又不勝禁，如征播期間，播州不產鹽、硝黃等物品，朝廷行文鄰播三省，不得將此違禁品販賣入播，違禁者，依軍令斬首。〔註106〕偏橋人何世卿詐冒官差，持假牌（通行證）公然出境，直至楚中盜賣私鹽二萬三千斤，路經常德，爲湖北道查出，遂將鹽沒入官，何世卿論死。〔註107〕可見雙方交戰時，都有商人甘冒生命危險走私貿易，更何論平時。然而類此漢夷通商史料不易尋覓，故無法再深入探討。三則窮鄉僻壤；因互換有無之需要，往往形成墟市；川人稱爲「疾」，蓋如「瘧疾間而復作也。」〔註108〕或則謂其「交易之速也。」〔註109〕如龍安廢縣花家鎮爲市集貿易之所。〔註110〕武宗正德十一年（1516）劍州新設市集，則一月會市九，貿遷有無，公私俱蒙其利：

> 吾州處劍閣之勝，爲蜀北門，其地多山，去江爲遠，舟輯不通；四方商賈，百貨不可得而致，故民雖有餘財，積於無用，其不足者，購易無所，至於公府所需之物，亦常告匱焉。正德十五夏，嶺東李公膺天子簡命來守斯土，既下車，凡可以善政惠民之道，靡不悉舉，一日謀諸節判良卿張公，紳昌平趙公思仁曰：日中爲市者見《周易》，貿遷有無紀于虞史，今者途無行旅，塵無藏商，民無所資，蓋圖所以剩吾民耶！於是擇城隅曠地爲市場，乃以丙子十月之吉，大會郡中士民父老而言之，擊牛釀酒招商數貨，約一月會市者九，爲立法以禁夫巧偽罔利不相斯者，又慮夫道路崎嶇爲歸市者之患，復命平治橋塗以通車馬，於是居民行商無間，遠道各以其所有，爭先而致，交易有所，咸遂其願，歌頌之聲，達於四境，父老轟珣革嘉公之惠，乃屬堂記之。〔註111〕

〔註105〕《古今圖書集成》〈方輿彙編・職方典〉第六四二卷，建昌五衛部第一一二冊之35頁。

〔註106〕李化龍《平播全書》卷八，牌票，頁469，〈行三省禁硝黃鹽斤入播〉。

〔註107〕前引書，卷九，頁504，〈行三省申飭詐偽〉，及卷十五，頁856，〈清查差官真偽等事〉、〈分巡湖北道呈犯人何世卿等招詳〉。

〔註108〕陸深《儼山外集》（明嘉靖間陸氏家刊本，中圖微捲）卷十八，頁1，〈豫章漫抄一〉。

〔註109〕褚家軒《堅瓠集》（《筆記小說大觀》續編第六冊第四集，台灣新興書局出版）卷三，頁7。

〔註110〕《讀史方輿紀要》卷六十七，頁2882。

〔註111〕李梅賓《劍州志》（清雍正5年，故宮善本）藝文下，頁15～16，李堂〈劍州新設市場記〉。

凡此商人活暢之地，官方皆設有稅課司局以徵收商稅，明初在四川設有五稅課司，計有成都府、瀘州、烏蒙軍民府、重慶府、夔州府；稅課局有四，計有敘州府富順縣、雅州永寧宣撫司、建昌衛、鹽井衛，延續至世宗嘉靖四年（1525），革夔州府稅課司，三十五年（1556），稅課局全革，且革重慶稅課司，祇剩三稅課司，革後商稅課程，乃由該州縣或附近司局代收，或於均徭內編補，或將革後巡攔工食抵補，歲辦不至缺乏，當時每年徵收商稅約計五十四萬四千七百一十八貫。〔註112〕成都府稅課司所收商稅，全歸蜀府，其他司局之商稅，皆支給彼處「官吏師生俸糧，及協濟各驛夫馬廩糧。」〔註113〕

　　神宗以降，因採木、播事、礦稅監併發，導致民間窮困，商賈不通，稅額空懸，地方困累已甚。據禮部尚書余繼登所言，當時蜀民罹三大苦，一則採木有砍伐之苦、伐木之苦；二則採礦有供給之苦；三則榷稅有搜括之苦、攘奪之苦，再加上楊應龍作亂，導致「府庫空虛，閭里蕭條，公私無遺，上下俱困。」請求朝廷停止四川榷稅，取回原遣官民，以收拾民心。〔註114〕但神宗並未接受其諫言，稅使仍然入川，恣意榨取民膏民脂。稅使命川省每州縣皆派稅額數百金有差，上自市場鎮絲、米、布、鹽，食店酒沽，下自芻傭草履，無不有稅；此外沿江衝要地區，太監私委抽分，額進之外，私收更多，如太監丘乘雲坐省城，各處分派心腹稅官約二十餘人，心腹每人又招爪牙二十餘人，商舡一至，任情攫取，稍不如意，施以刑法，以致稅入官，僅十之一、二，稅官私取者多達十之八、九。〔註115〕當時商人自蘇州滸市等地到巴東，已經二十餘稅，入蜀後，巫山、奉節、萬縣，更稅三番，逆江至李渡、重慶、合州、閬中、瀘州、嘉定、新津、雙流等地，無不有徵，「一舟經三十餘關，一貨抽三十餘次。」商人無利可圖，且損其母錢，皆不願入川做買賣。〔註116〕工科都給事中王德完諫請皇上速將稅監撤回，且罷沿江各埠稅關，以甦息商民之困，疏入，留中不報。〔註117〕當時因茲事體大，布政使程正誼遂

〔註112〕李東陽《大明會典》（台北：文海出版社，民國53年3月再版）卷三十五，頁8～54。

〔註113〕《宸華堂集》卷八，頁1～6，〈四川徵採始議〉。

〔註114〕余繼登《淡然軒集》（《四庫全書珍本》六集，文淵閣本，台北：台灣商務印書館影印，民國61年）卷二，頁9～11，〈止礦稅疏〉。

〔註115〕《廣安州志》（雍正11年刊本）卷七，頁5～11，王德完〈痛陳四川三大苦令罷大木稅鐺疏〉。及《明史》，卷235，頁6131～6134，王德完。

〔註116〕《皇明經世文編》〈王都諫奏疏〉卷一，頁7～12，王德完，〈採木榷使征播〉。

〔註117〕同前註。

建議除了稅監已差入收稅之地外，其餘大部稅額由各地糧稅分派：

> 除巴縣、閬中、宜賓、奉節、屏山，各與府附郭及瀘州、合州、雅州、嘉定、巫山、蒼溪、新津、灌縣、綿州、中江已經該監差人，各州縣鎮市貿易，俱屬徵榷之內，不在以丁糧多寡攤派之列，計通省州縣丁糧共一百三十八萬四千一百五十丁名五十六升，共派銀二萬八千八百兩，此本司攤派之大略也。〔註118〕

除了攤派外，又有散派，在各州縣內以丁糧多寡或以貿簡繁，取其多繁，自行徵納，務足稅監要求之稅額。此後稅監連年加稅攤派，而商稅也攤派成人民需繳納之固定稅的一種，當時稅監每到一處，就立刻加增商稅，並沿交通要途設關卡稅卡，從茶船，到米鹽雞豕皆令輸稅。如稅監丘乘雲自萬曆二十六年入川，至三十六年（1598～1608），十年間，年收稅銀從三萬兩，驟增至五萬八千兩，其細目為坐稅三萬兩、土產稅一萬八千兩、茶、鹽兩項重徵稅萬餘兩，丘乘雲委官私自抽稅者，則無數可查。這五萬八千兩銀，是蜀民每年常賦常貢外，額外壓榨出來的，蜀民不堪其苦。當時川撫喬壁星指出四川剛經採木之役，及征楊應龍之亂，及楊應龍善後處理等財政花費，財政異常窘困，再加上災沴相仍，財力更加困竭，大賈商人，相戒裹足，男不得安耕，女不得安織，怒氣四起，百姓不逃竄四方，則轉死溝壑，請求皇帝將川中一切稅務，盡行罷免，以甦民困，以利通商。疏入，留中不答。〔註119〕稅監及其爪牙們以城市商人、手工業者為主要掠奪對象，久之遂擴及少數官吏豪紳，和一般平民。在他們搶奪下，曾在成都、新津、夔、萬、涪、嘉隆、瀘州、永寧等地引起一股抗稅及驅除稅監丘乘雲的風潮，其中新津一地，曾聚眾至千人，殺稅官王樞，後幸賴川撫喬壁星處置得宜，將王文選等一班人犯緝捕歸案。此次八州縣的抗稅行動雖未釀成全川性的民變，但也粉碎神宗再派稅監駐川收稅的打算。〔註120〕總之神宗中葉以降，稅監在川省之掠奪，造成無商不苦、無地不成蕭條之景象。不獨阻塞商業經濟之活動，且連累百姓，反虧朝廷正稅課，增加地方財政負擔。

除了稅監過度搜括導致商人破產，商業活動停滯外，另一個導致商業活

〔註118〕《宸華堂集》，卷八，頁6～11，〈四川徵採三議〉。
〔註119〕《喬中丞奏議》卷四，頁14～17，〈請停稅撤稅使疏〉，卷六，頁24～48，〈請停稅務疏〉。
〔註120〕《喬中丞奏議》卷四，頁94～98，〈犯人王文選招疏略〉，頁61～62，〈犯人王添祿招疏略〉，及《萬曆四川總志》卷一，頁73～76，〈榷政〉。

動停滯不前的是戰亂，如明初永寧宣撫司稅課局，每年應收商稅一萬三千貫，但因景泰年間苗賊亂事爆發，阻礙商業活動，僅收二千八百餘貫，收不到四成商稅。〔註121〕再以瀘州為例，瀘州當雲貴之衝，每為商人所聚，但逢邊疆不靖，干戈擾攘之秋，四方商旅賓客，無緣而至，商業為之停滯。〔註122〕誠如播亂期間，川撫李化龍所言：「不知兵戈擾攘之地，顛沛流離之秋，土著已不安其家，懋遷者肯輕入其地。」足見戰爭期間，商業活動隨之停滯。〔註123〕至明季，民亂迭起，商旅不出，整個四川商業完全停滯，那時沿長江流域，從松潘、成都、嘉定、瀘州、重慶、夔州、巫山、歸州、荊州、武昌、九江，至金陵（南京）等，商賈往返通商路線，沿路伏莽深菁，商旅阻塞，至順治七年（1650）十一月，清廷下令疏通此一商路，以確保軍糧入川，以滿足正在與民亂作戰的清軍軍糧，也在此命令下，商業活動漸漸恢復。〔註124〕

二、茶　葉

　　明代發展緩慢的農業中，相對的茶業種植卻迅速地在盆周山區及川西南的深入，當時盆西產區沿龍門山往東北延伸到劍州，與盆北產區相連；川江產區向西南延伸到永寧、九姓、珙縣、高縣、筠連、宜賓一帶，與嘉定府相連接，夔州府各縣皆產茶。總之，在盆地周邊已形成一個環狀茶葉產區。造成此種茶葉種植迅速發展的原因，除了明朝早期推行「茶馬貿易」，需要大量茶葉，交換馬匹，以保護漢藏和平關係外；最重要者是明代流民大量湧入盆周山區，不得不在一些不宜種糧食作物的瘠薄地上改種茶樹或採集野茶，以維持生計，在此兩種因素刺激下，明代四川產茶區能在發展緩慢的農業中，迅速擴大產品。〔註125〕

　　川茶在明代茶馬互市一直據有顯赫的地位，陝甘地區茶馬司的茶源主要賴川省調運，雅州、碉門茶馬司的茶源，亦來自夔州、敘州等地。朝廷以川茶和西番互市，除易得戰馬外，朝中大臣普遍認為西番「不得茶則死」的信

〔註121〕《明英宗實錄》卷二○二，頁2，景泰2年3月庚子。
〔註122〕《直隸瀘州志》（光緒8年刊本，中研院史語所善本）卷一，頁26～27，明鄧順〈太平橋碑記〉。
〔註123〕《平播全書》卷一，頁3～4，〈請罷礦稅疏〉。
〔註124〕《清代內閣大庫原藏明清檔案》頁6483～6488。
〔註125〕鄭俊彬〈明代川茶的經營與運銷〉（《明史研究專刊》，第十一期，1994年3月）頁249～300，及郭聲波《四川歷史農業地理》頁269～271，〈明清時代川茶的生產的逐漸恢復〉。

條，遂衍生出「以茶馭番」的論點，因此對輸往藏區的茶葉數量，皆嚴格控制，「不宜多給，以存羈縻節制之意」，如果供過於求，則番人得茶易，「玩侮之心漸生」，因此「以茶馭番」成爲明代茶法的基本精神。在此精神下，川茶完全成爲「政治化的商品」，從茶葉的生產、經營、運銷都在朝廷嚴密的監視控制，茶農茶商不得踰越朝廷規定的法規，違者要送有司嚴加查辦。

當時茶農生產茶葉，皆控制在一定數量，免得生產過剩，供過於求，破壞茶馬價格。洪武初年，因急需川茶易戰馬，川茶課徵約在一百萬斤左右，待成祖即位，國都北移後，戰馬可從北方補充，此時川茶用途漸轉於供應賞番及土司之用，用途轉變，川茶產量也漸漸減少，至英宗末年，川茶年產額已降至四十六萬五千一百六十斤，此一數量大致維持至明末，若把此一數量，以課徵額十分之一復原計算，川茶年產量約有四百六十五萬一千六百斤，和宋代最高川茶年產量三千萬斤相匹比，明代川茶年產量顯然地大幅下降，扣除南宋末年川省在長期戰爭破壞等因素外，這和明廷刻意壓抑川茶產量，使茶馬價格維持一定比例，或許有相當密切的關係。〔註126〕

明廷對川茶之行銷有極嚴格之限制，早期以「金牌信符」壟斷之，洪武中期後，西南西北番族，大都已綏服，對於少數叛服無常的部落，明廷則以軍事征服。待大規模的軍事征服後，造成強化統治西番的有利條件，明廷遂利用此一政治有利的條件，把單純商業性質的茶馬貿易，轉化爲定時，定量定地徵納差撥馬的賦稅制度。此套制度在洪武二十六年，正式頒佈，命名爲：「金牌銅符易馬制」，以爲徵發西番馬的憑證。金牌信符是一式對剖的檢驗憑證，分上下二號，上號爲陽文，藏內府，下號爲陰文，給各番，牌額的篆文書寫：「皇帝聖旨，左曰：『合當差發』，右曰：『不信則斬』。」按明廷規定，每三年，徵發一次，派官員入草原各部落，驗明符印，按規定比價，交換茶馬。〔註127〕

金牌信符易馬制，確定朝廷向西番徵調馬匹是賦稅性質，並非一般商貿關係。在此制度下，除了可杜絕明初以來，邊將無端徵發之弊端外，又把西番按期交納差撥馬，作爲一個固定制度，在交納差額撥馬同時，朝廷給番族定量的食茶，安定其心，透過徵收差撥馬，朝廷可定期得到戰馬。這種運用

〔註126〕賈大泉等著《四川茶葉史》，頁151，〈川茶的產量〉。
〔註127〕趙毅〈明代漢藏茶馬互市〉(《中國藏學》，1989年第三期，北京，中國藏學編輯部)，頁100～117。

軍事力量，強迫實施的經濟政策，既可擴充戰騎的軍事需求，又可滿足少數民族的生活需求，又可擴大朝廷的威信，使西番知朝威，不敢為惡，實一舉數得。〔註128〕所以明人認為推行此制，「一以易馬，一以撫番，一以制虜，所謂奪西人之腑臟，斷其右臂」之好處。〔註129〕在此制度下，川省茶葉除供應西北松潘番族的需求外，還要起夫輦運，輸往陝西，以英宗宣德十年一月為例，當時就曾下令運一百九萬七千斤的川茶償付西寧弼州、洮州等番強輸馬值，因四川旱潦相仍，朝廷允豐年再輸。〔註130〕

　　金牌信符制推行先決條件，必先有強有力的中央政府支配權，加上軍事征服之威懾，和地方官之維護，三者配合無間，才能進行。其後因官方已無財力營運，加上諸番之叛服無常，遂取消「金牌信符易馬制」，大力推行「茶引由」納引由錢之官辦商銷制。茶引由制度，是由戶部統一發放引由，規定銷售地區的商引數目，持引商人，從採購到銷售的口岸、路線均有明確的規定，不准越岸經營，或沿岸叫賣，朝廷以茶引由嚴格控制茶商的活動。然而對川茶引由之行銷路線有極嚴格之限制，不得踰越朝廷規定路線賣茶，遂形成「邊腹引由」市場，所謂腹引，係指細茶，專銷四川境內各府州縣；邊引係指粗茶，行銷番藏；但因腹裏有茶，漢人或可無茶；邊地無茶，番人或不可無茶，以至邊引報申者多，恆苦不足；腹引卻常置於無用之地，導致私茶盛行。〔註131〕硬性規定「邊腹引由」市場，完全抹殺茶葉為自由商品的特質，當時認為川茶大量傾銷邊方，番人得茶易，不願易陝西馬，陝西馬價愈貴，得馬愈少，戰力愈弱，世宗嘉靖十一年（1532）監察御史郭圻具題：「茶禁之疏密，招易之難易因之，招易之難易，牧馬之盛衰因之，牧馬之盛衰，兵勢之強弱因之。」要求四川巡撫嚴加巡禁私茶，否則陝西嚴私茶，於事無濟。〔註132〕陝西官員皆認為若「四川茶法不縮，即陝西茶法有妨」，易言之「蜀茶嚴，則秦茶行，則番馬至」；所以對川茶邊引，徵以重稅，使其無為秦阻。〔註133〕朝廷為保護陝西茶馬司馬價格穩定，而抹殺川茶之行銷自由，

〔註128〕同前註。

〔註129〕不書撰者，《崇禎長編》（據國立北平圖書館紅格鈔本微卷影印，台北：中央研究院史語所校勘印行，民國56年）卷三十九，頁10，崇禎3年10月丁巳。

〔註130〕《明英宗實錄》，卷一，頁4，宣宗宣德10年1月。

〔註131〕姜寶《姜鳳阿文集》，卷七，西川稿上，頁42～44，茶法議，及黃廷桂《四川通志》（清乾隆間文淵閣《四庫全書》本）卷十五上，頁1～17。

〔註132〕梁材《梁端肅公奏議》，卷九，頁13～23〈議巡茶帶管保慶疏〉。

〔註133〕《明神宗實錄》卷五二九，頁7，萬曆43年2月丁亥。

川省地方官卻持相反態度。世宗嘉靖二十年（1541），川撫劉大謨就毫無諱言地提出反對因為陝西易馬之價格，犧牲四川茶貿，他說：川茶在國初是為易戰馬，而限制其行銷路線，永樂以降，馬之產於南者，不復入閑，朝廷若知權變，以互市善處之，則公私可獲利數十萬金，如此則：「取之商，不取之農，取之裔土，不取之田賦，有抑末之理焉，有懷遠之道焉，公而非私，義而非利。」朝廷也不致於坐失厚利，釀成巨弊。〔註134〕穆宗隆慶三年，川撫嚴清又提出增四川黎雅之茶引，不會影響到陝西的馬價，他說：「番地最廣，近者彌月，遠者彌年，陝西洮泯與松潘接境，與黎雅不相及，今不增松潘，增黎雅之引，於陝西馬政何妨。」〔註135〕神宗萬曆三年（1575），川撫曾省吾也認為：「今四川名雖禁茶實失禁，陝西之馬，未聞甚貴」，他主張：「官徵其稅，禁彼勿得重徵，何釁之有」，且宋元至成化，皆「資是以欲國用，古之人獨無所見。」〔註136〕這一批川撫主張川茶商品自由交易的理論，並未為朝廷所接受，一直到思宗崇禎三年（1630）十月，兵部尚書梁廷棟還在強調「禁商茶，推官引」，使番夷不能稱心得茶，則番不為夷用，夷勢自孤，此為安邊良策。〔註137〕十五年（1642）十一月，太僕寺卿王家彥還提出恢復完全由朝廷控制壟斷的「金牌信符易馬制」，其後，雖因軍事吃緊，事寢。〔註138〕然而可見從明初至明末，明廷一直秉持著「以茶馭番」的基本國策，嚴格控制川茶的運銷，以免影響陝西茶馬交易價格，這也是川茶不能商品化的最直接原因。

朝廷將川茶政治化，犧牲川茶自由交易機能，但在國防除可坐收「聯番制夷」之赫阻作用，還可能輕易地以茶易到戰馬，再以戰馬衛民，而且「茶取之於民，馬取之於夷，較山東、河南等地之養馬，固已輕矣。」〔註139〕此外，推行此策最高效用則在於「安撫西番」，清人姚之駰論到太祖制馭西番策略時，表露無限欽佩：「自邊臣失防，北寇與番族交通，西陲多事，然其為患終在寇，不在番，故議者，以太祖制馭為善。」〔註140〕所以終明之世，西陲

<hr>

〔註134〕黃廷桂《四川通志》，卷十五上，頁5～13。

〔註135〕同前註。

〔註136〕同前註。

〔註137〕不書撰者《崇禎長編》（據國立北平圖書館紅格鈔本微捲影印，台北：中研院史語所校勘印行，民國56年3月）卷三十九，頁10，崇禎3年10月丁巳。

〔註138〕同註132。

〔註139〕同註132。

〔註140〕姚之駰《元明事類鈔》，卷六，頁9，〈制馭西番〉。

晏然，無西番之患，「以茶馭番」，發揮最大效用。〔註141〕若不如是，「則將備於邊鄙，有養兵與饋運之費。」〔註142〕可見此一「以茶馭番」之政策，是值得肯定的。

　　朝廷因過度控制茶葉的行銷，導致茶葉的供應失調，茶價高昂，茶商追求利慾，競相走私，私茶盛行，私茶盛行的結果，非但戰馬不來，且藩籬漸不固，夷人漸啓輕侮中國之心，所以朝廷嚴禁私茶，必使「番使仰我為命」，則「朝廷之威令，必行於西南」。〔註143〕然而朝臣並不曉得，除「嚴禁私茶外」，還需其它因素來配合，如在國防上，必需以武力鎮壓西番，且推行「聯弱番制強番」、「聯強番制虜」等分化鎮壓策略。然自武宗正德以後，邊防大弛，戎心遂啓，朝廷連年征勦無功，征輸調發，民力大困，邊事更不可問。〔註144〕在經濟上，則朝廷要有雄厚財力，支持川茶北運，然自英宗末年以降，朝廷已無此國防、財政實力來推行控制茶葉行銷政治化的策略，明臣不明此理，往往把「茶制」之敗壞，完全歸罪於私茶之盛行，一味強調嚴制私茶，尤其是神宗朝以降，川省地方巡撫強調「茶葉商品化」，不為朝廷所接受，遂縱容走私茶葉之商人，甚至私自開關收稅，私茶更加盛行，據保守估計，當時茶利什五為奸商驅獪所得。〔註145〕陝西官員對於川省之縱容私商，除了要求將川陝邊界緝私權劃歸陝西官員管轄外，甚至向朝廷建議停止松潘引目，以免茶商私通洮河西番，破壞陝西茶馬交易。〔註146〕禁川茶，遂予湖南茶有機可乘，大量傾銷西安、鳳翔、漢中等地，導致川陝茶葉，積於不用。〔註147〕蓋因湖南茶價賤，較易傾銷，商人率越境私販，西番喜私茶價賤，不願納馬，陝西馬政更壞。〔註148〕神宗萬曆二十五年（1597），三月，戶部下令，各商中引，先給漢、川，完日，再給湖南茶，〔註149〕至此陝西茶馬市場，又多一湖

〔註141〕張廷玉《明史》，卷三三一，列傳第二一九，〈西域三〉，頁8589。

〔註142〕何喬遠《名山藏》，卷五，頁43～55，〈西戎〉。

〔註143〕梁材《深端肅公奏議》卷九，頁13～23，〈議巡茶帶官保慶疏〉。

〔註144〕葉向高《四夷考》（《百部叢書集成》十八函，《寶顏堂秘笈》二函，明萬曆中繡水沈氏自齋刊本，台北：藝文印書館，民國54年）卷四，頁1～11，〈西番考〉，及鄭曉《皇明四夷考》卷下，〈西番〉，頁557～560。

〔註145〕鄭大郁《經國雄略》（明刊本，漢學影印本）二卷，頁29～30，〈茶法〉。

〔註146〕《明世宗實錄》卷五三二，頁2，嘉靖43年3月。

〔註147〕《明神宗實錄》卷六十，頁1，萬曆13年5月辛未，及《四川通志》（嘉慶21年重修本）卷六十九，〈食貨·茶法〉，頁15。

〔註148〕《明神宗實錄》，卷二八二，頁2，萬曆23年2月丙午。

〔註149〕前引書，卷三〇八，頁6，萬曆25年3月甲辰。

南茶之競爭，緝私人員更加繁忙。川省的私商，隨著朝廷對地方控制力的減弱，及緝私人員的分身乏術等因素，更加活暢，甚至連地方官員，土豪劣紳，皆競相參與走私茶葉活動，導致茶利不入官府，而歸私庫。或許朝廷若能接受川撫之建議，將川茶開放給商人自由貿易，情況或許不致如此，另外，值得再提，川茶的品質在茶中堪稱佳品，本可朝民生日用品上發展，走上「商品化」的坦途，為傳統茶葉開創多元化之生機，也可替日漸枯竭的明朝四川地方財政帶來收入。無奈政治上的馭番政策，壓抑經濟的商品化，使川茶退居於當代名茶之末，十足可惜。

第三節　明代四川經濟發展的秕政

一、賦稅的不均

　　明代全國戶口和田土都要登記，並編成黃冊，記錄各戶人丁、財產，和承擔賦稅的狀況，同時又以一百一十戶為一里，推丁糧多者十戶每年輪流當里長，職責是徵賦稅、稽查戶口、拘捕罪犯，其餘一百戶編為十甲，每甲十戶，以一人為甲首，協助里長，辦理一里一甲之事，稱為里甲制。黃冊是為管理戶口和田產需要而設，為官方簽派賦役的依據，里甲是催征錢糧和科派徭役的組織保證。徵收內容有三大類：一則田賦，二則徭役，三則土貢和公費。〔註150〕

　　田賦徵收分成夏稅秋糧，夏稅徵收以米麥、錢鈔、絹，秋稅則以米、錢鈔、絹；夏稅以五月望開倉，無過八月，秋糧以十月朔開倉，十二月終齊足，無過明年二月。稅糧按不同等則，皆有定額，徵收時，由里長督甲首，甲首督糧戶，按期交納，〔註151〕明代四川有田十三萬四千八百二十七頃、稅糧總計一百零二萬八千五百四十四石。〔註152〕因無夏稅之數據資料可用，今僅以年納秋糧說明。川省年納秋糧計五十九萬五千五百石，以成都占百分之二十七點八為首，其次為敘州府，百分之二十六點八六，依序為順慶、眉州、嘉定州、潼川、保寧夔州、邛州等，其詳細名次見附表：

〔註150〕張廷玉《明史》（台北：鼎文書局，民國67年10月再版）卷七十八，頁1893～1913，食貨二，〈賦役〉，及蒙默《四川古代史稿》，頁379～383，〈賦役制度〉。

〔註151〕蒙默《四川古代史稿》，頁379～383，〈賦役制度〉。

〔註152〕同前註。

表六　明代四川各府州年納秋糧統計表

府或州	轄州	縣	秋糧（石）	百分比	備　　註
成　都	6	24	166,000	27.87%	1.資料來源，《經國雄略》，省蓄考卷三，頁 35〜47。
崇慶州		1	14,000	2.35%	2.重慶府之數據可能有誤，但仍以書籍記載爲主。
保　寧	2	8	20,000	2.35%	
順　慶	2	8	72,000	12.09%	
潼　川		7	30,000	5.03%	
重　慶	3	17	3,500	0.58%	
夔　州	1	11	20,000	3.35%	
敘　州		10	160,000	26.85%	
馬湖府		4	2,000	0.33%	
嘉定州		5	40,000	6.71%	
眉　州		3	40,000	6.71%	
邛　州		3	20,000	3.35%	
雅　州		3	8,000	1.34%	
合　計	14	101	595,500	100%	

　　由上表可知各地賦稅等則，高低懸殊，地畝大小也沒有固定標準，負擔輕重不一的現象相當普通，例如：「順慶不小於保寧，其轄二州八縣，均也；而順慶糧七萬二千石，保寧止二萬。」〔註153〕「潼川壤地瘠薄，民物之產，不及四川一縣」，卻要負擔三萬石秋糧，且其地全位於巖穴間，田有下無中，「定制無異，嘉隆來，賦重役繁，民生囂然。」〔註154〕邛州地處蜀西南，和成都接壤，「編戶十一，賦卻千百，嗷嗷終歲，悉衣食以奉公。」〔註155〕雅州居民僅四里，週遭岩田佔三分之二，以四里石田，除納八千石秋糧外，而且「歲供分司百役，及其往來僚屬夫騎，給吏之煩，是固有割骨腴髓，而上吏弗覺。」〔註156〕又如大足「上壤不能當沃土之下，爲賦二萬二千六百五十石

〔註153〕同前註。

〔註154〕周復俊《全蜀藝文志》（《四庫全書》一三八一集，台灣商務印書館）卷三十四，頁 64〜65，〈中江重建縣廳志〉，及張時雍《萬曆潼州志》（明萬曆 47 年刊本，漢學研究中心影照本）卷六，頁 8〜9。

〔註155〕吳鞏修《嘉慶邛州直隸州志》（清嘉慶 23 年刊本，中研院史語所善本）卷四十三，藝文上，頁 39〜41，鞠以正〈題名碑記〉。

〔註156〕胡直《衡盧精舍藏稿》（《四庫全書珍本》四集，文淵閣本，台北：台灣商務

有奇，雜徵不與焉」，眞可謂竭澤而漁。〔註157〕涪州在景泰弘治年間還稱殷富，至世宗嘉靖年間，因糧額太重，以致民多逃亡。〔註158〕再以富順縣爲例，縣地東西距者百七十里，南北距者百十五里，賦額夏秋共六萬二千一百九十九石，其一縣之夏秋稅糧，竟然高於夔府十三州縣及潼川七州縣廿五萬餘石，兄見富順縣賦額之重，且其糧賦額從洪武二十四年（1391）六萬一千七百三十餘石，至嘉靖元年（1522）增至六萬二千一百九十石，額外增加四百六十八石，富順地不加闢，荒蕪日多，皆胥吏飛詭之故，遂冒增至，邑人熊過請求清理改正，以甦民困，減輕人民負擔，但因賦有定額，朝廷並未做減額之舉，賦重如昔。〔註159〕朝廷爲了維持賦稅的收入，採取按原賦額徵收，不管田地轉易，已非舊主，改由里甲包賠徵收的辦法，更加重農民的負擔，迫使農民甘願拋棄田產，逃移他方，造成朝廷賦稅收入來源更進一步的涸竭。〔註160〕

　　賦稅倚重倚輕，造成各地負擔不一、貧富不均，是日後賦稅制度日趨混亂的最重要原因，也是流民四出，演出民亂因素之一。以松潘邊儲爲例，松潘與西番相鄰，地極險遠，少數民族不時剽掠，憲宗、孝宗年間，每歲會計邊儲，民憚轉輸之艱，寧甘拖欠，競相逃亡，邊儲屢傳不足，馴至正德年間，藍鄢之亂時，川撫林俊在〈寄石齋〉書信中提及「邊糧今有全徵之議，訴者紛然，父老言重慶前知府嘗有是徵，幾激變，固全盛時耶，今日尤屬可念，公鄉人也，容不爲之所耶！」林俊此書勸當局停止徵收援助松潘邊軍之糧餉，以免激起民變，當時蜀地剛經藍鄢之亂，殘破異常，百廢待興，然而地方官，並未體恤民情，仍然刻意地徵收糧稅，增加人民負擔。〔註161〕賦重逼民造反，以川東居多，蓋川東多貧瘠州縣，又需負擔重賦，如銅梁介在山谷中，土瘠而賦重；大足土瘠民貧，也爲重賦所累；酆都全縣編戶不能當大縣之什一，地高峻土磽鹵，田賦不能仰給；合州村野則疲於差賦，凡此諸縣地貧瘠又賦重，再加上地方官之逼賦甚急下，武宗正德年間、藍鄢之亂，及嘉靖年間蔡

　　　　印書館影印，民國 61 年）卷十一，頁 9，〈雅安分司題名記〉。
〔註157〕張佳胤《張居來先生集》（明萬曆 22 年序刊本，漢學影印本）卷三十六，頁 9～12，〈大足縣志序〉。
〔註158〕《明世宗實錄》卷三六六，頁 7，嘉靖 29 年 10 月癸未。
〔註159〕《南沙集》，卷四，頁 34～43，〈答李令論稅糧驛傳鹽筴冊籍四事書〉。
〔註160〕《潼川州志》（萬曆 47 年刊本）卷六，頁 8，及《雲陽縣志》，卷上，頁 32～33，田賦。
〔註161〕林俊《見素集》卷二三，頁 11～13，〈寄石齋〉，及倪岳《青谿漫稿》卷二十三，頁 4～6。

伯貫之亂，均導源於此地，農民也競相投入暴動行列。〔註162〕徵收重賦引起人民嚮應民亂，亂後，朝廷或許會減賦蠲免之舉，然而田賦有定額，州縣官員需徵收到朝廷所需之稅額，所以蠲免往往是紙上文章，百姓受惠實少，以銅梁爲例，蔡伯貫亂後，賦役如故，戶口日消，邑人高啓愚甚至擔心感慨地說：「民以窮斂且急，矧茲孟賊眞息耳，既可幸無虞？」〔註163〕

　　當然賦稅的不均，不僅影響國家的財政收入，而且也影響社會生活的安定，一些留心時務的地方官，便在自己管轄區，針對賦稅的徵收，進行局部性的變通改革，以便百姓受惠。如明初，四川輸往各邊之糧，由管糧官分派給各州縣，各州縣再分派給各人戶，造成一州縣之糧，有該解七、八處，一人戶之糧，有該納五、七倉者；又因道遠路險，人戶難親輸，往往交與里納，包給攬頭，致有里納、攬頭、官攢侵欺等事發，官府追究缺糧，又累見在人戶重補。巡撫胡世寧見此弊端，嘉靖初年，建議管糧官，令各戶之糧，止納一倉，各州縣之糧止納一處，則民運省便，軍餉易足，解決川省軍民一大積弊。〔註164〕其後潘鑑和劉漳推行「一把連法」。其法是挑選上戶分解起運邊倉，中上戶分解起運腹裏並祿糧，中次戶坐分本州縣存留，要求掌印官嚴拘輪，不許冒名頂替抱攬舞弊。〔註165〕例如營山田糧徵解有邊倉、腹倉之分，前者路遠價高，後者路近價低，糧戶皆願納腹糧，但里書受賄，「腹糧多上戶，而邊糧多下戶，輕重失均，苦樂不一」，於是總爲「一把」，使上下戶各納一部分腹糧和邊糧。〔註166〕又如珙雅，按起運存留不同項，分爲九倉，納戶也分爲九處上繳，不僅往返費時，而且每處都要索取「秤頭耗米」，民甚病之，後巡撫潘鑑改爲「一把連法」，合併不同項，糧戶只需一地一倉，即可編納完備。〔註167〕「一把連法」因「額派分三等，等限催徵，詳明運輸處」，又處置精密，可以「杜勢豪趨避之計」，足以「彌里書飛詭之奸」，行之，人民稱便。〔註168〕

〔註162〕《張居來先生集》（漢學影印本）卷三，頁11～14，〈贈鄭都令文郊左公考績序〉，及卷三三，頁12～13，〈送沈衍瀘州守令入鄞序〉，卷三六，頁10～13，〈大足縣志序〉，卷三八，頁6～8，〈明銅梁知縣芝陽張公生祠序〉。

〔註163〕《四川通志》（嘉慶年間刊本）卷二六，頁9～12，明高啓愚〈銅梁縣重修公宇記〉。

〔註164〕《胡端敏奏議》卷三，頁10～35〈爲急處重邊以安全蜀疏〉。

〔註165〕杜應芳《萬曆四川總志》卷二十一，頁7～12。

〔註166〕《萬曆營山縣志》卷三。

〔註167〕《嘉靖洪雅縣志》卷三，頁20，食貨，賦。

〔註168〕同註165。

嘉靖二十五年（1546）右布政使李清及其繼任者王崇慶二人，奉巡撫命令，將稅收名目公佈，立爲一代之則，永爲遵守，其目有九，一則稅糧；二則稅支；三則均徭；四則里甲；五則課程；六則驛傳；七則年例；八則雜役；九則雜用，其目的在「使小民皆知賦有常數，役有定則，吏書經收人等不得以投隙售奸」，此實爲政愛民之實務。〔註169〕凡此便民措施，並未在川省形成共識，且常隨著官員更替而作罷，尤其是貪污徵斂無度者，更是視而不見，恣意貪瀆斂取，十足可惜。

四川約在萬曆九年至十年間，進行土地清丈，隨即推行「一條鞭」稅賦改革，以廣安州爲例，通州一歲中夏稅、秋糧存留起運若干，均徭、里甲、土貢、雇募，加銀若干，通爲一條總徵而均支之。〔註170〕「一條鞭」要旨把以後各種差徭土貢方物歸併合則，除繁趨簡一律征銀，取消力役，由政府雇人應役，並且使賦役合併，把役銀向田畝攤派；田畝大致改收折現銀，賦役銀由地方官直接徵收解運，改變以往民解的辦法。「一條鞭」在川省推行後，鄉里稍靖，但行之日久，民用日窘，弊害百出，以潼川州爲例，一則清丈田土時，有勢力者隱漏，貧者即旱田瘦土，咸入版圖，有不均之嘆；二則年來災傷兵餉，貧者賣田應急，田去稅留，因此生活日漸窘困。〔註171〕各地除徵收「條鞭銀」外，往往還有其他繳收，如廣安州，推行條鞭銀時，邑置一櫃，民自輸銀，官府啓視驗收後，稱欠幾分幾釐，復再行徵收，致在有納條鞭銀至倍徙者；其後又有帶徵錢糧，官府將累年拖欠糧銀，隨同見年錢糧一併催徵，民間競相逃亡，其後逃亡錢糧，亦由見在花戶分賠，民甚苦之。〔註172〕有些地方更是條鞭銀之外，稅上加上，如內江縣，至明季，因各藩王膳田、鹽值、邊餉、雜派，逐歲議增，民不堪苛斂，當時人民春夏繳「條鞭銀」，秋冬又徵「大糧」，導致「索票飛羽，雞犬皆盡，民窮財匱，以致式微。」〔註173〕

萬曆以降，百姓除繳納朝廷規定額賦稅外，又有額外的加派；加派，首見於世宗年間，當時是屬暫時性的，萬曆以後幾成爲常稅，統稱「遼餉」，天啓時，除了「田賦」加派外，又有「關稅」加派、「鹽課」加派及雜項等，到

〔註169〕同註165。

〔註170〕《威遠縣志》（嘉慶18年刊本，中研院史語所善本）卷四，頁1，賦役，及《廣安州新志》（光緒33年刊本）卷十六，頁3～4。

〔註171〕陳時宜《潼川州志》（明萬曆47年刊本）卷七，頁9～10。

〔註172〕同註170。

〔註173〕《內江縣志》（光緒9年刊本，中研院史語所善本）卷二，頁2～3，田賦。

崇禎時更有「遼餉、練餉、勦餉」，農民無法繳納，只好「焚棄廬舍，舉家逃徙」。如成都府自灌縣抵彭縣十一州縣，民田占十分之一，年納賦稅正供外，又要進貢金扇柄、絲絹等年納貢物，又有加派，神宗萬曆三十四年（1606）五月稅使入川，歲壓出稅銀三萬兩，漁獵銀五萬兩，又額外增加一萬兩，再加上剝削驛遞，疲累夫馬，沿途騷擾，巴屬皮毛，盡爲稅仲所有。〔註174〕明人馮任在天啓元年（1621）《重修成都府志》〈食貨志〉一文中毫不諱言地指出蜀地稱沃饒之區，僅成都一府，其轄地二千二百里，天之所產者有限，人力取給者無窮，若上能愛物以養其下，下勉力以事其上，則上足下不困；他更直接指出蜀民易動難安之因，如同孔子所言「百姓不足，君孰與足」，希望地方官能體恤民瘼，均節愛養民力，則民財足，官府自足。〔註175〕然而馮任「藏富於民」的主張，並未得當局的採用，且隨著遼東戰鼓的緊催，及中原民亂的擴大，明朝政府反而變本加厲的剝削民膏民脂，所以素稱沃衍的成都，經明中葉歷朝的搜括後，終導致「供億稱詘」。〔註176〕成都府外，其他各州縣情況大都類似。再舉洪雅縣爲例，洪雅縣一年正賦，不足當江南一望族，初因事少亂跡罕見，官府除正賦，少有徵需，所以官民相安無事。但是自遼左軍興，民間開始有「地畝之徵」，胥吏有「抽扣之徵」，二者幾千計；又逢奢崇明亂事，「軍需旁午，運夫加派騷然」，其後又議「援黔」，所費不貲，諸上記載雖無數據可稽，然而據天啓時邑令陝嗣宗在〈會計實錄篇〉所言，洪雅縣民已到「民益蹙，役益餒，其室無宿儲」之地步。整個洪雅縣因朝廷不斷地征需，經濟已到總崩潰地步。縣令陝嗣宗入洪雅三年內，竟然可以將朝廷所需賦額完徵，且不擾民，陝嗣宗或許虛美其詞，但他也直言舉出科徵不足的原因在於「胥役眈眈，狡獪爲害」，胥役能爲害原因又在於「徵科無款，派數未確」以致胥役能私徵火耗等陋規，百姓不知所從，逋賦日出，國課遂不足。所以陝嗣宗要求會計清楚，地方官民「按稅籍」納收稅，則弊端不出，國稅自足，然而始終未見朝廷命令如陝嗣宗之要求者，地方稅則依然混沌如昔。〔註177〕

〔註174〕溫體仁《明神宗實錄》（台北：中央研究院歷史語言研究所校勘印行，民國 55 年 4 月）卷四二一，頁 7，萬曆 34 年 5 月癸巳。

〔註175〕馮任《天啓新修成都府志》（中研院史語所微捲）卷五，頁 1～5，食貨。

〔註176〕《經國雄略》卷二，頁 33～46，〈四川〉。

〔註177〕《洪雅縣志》（嘉慶 18 年刊本，中研院史語所善本）卷二三，頁 13～15，陝嗣宗〈會計實錄序〉。

官方加派外，人民又要飽受不肖官吏私徵，甚至形成火耗之變相剝削常例。〔註178〕以天啓年間，中江縣爲例，當時百姓爲了應付官方之額外催科及火耗之苛徵，竟然到「鬻女賣子」之地步。〔註179〕崇禎三年七月，福建道御史孫徵蘭使蜀返京，曾向皇帝上奏百姓飽受地方官私派之苦，私派名目計有「或已徵而重派，或私事而公派，或小事而大派，或暫事而久派」，以致「糧之繳無定額，民之納無窮期」，官方「一紙之出，四野魂驚」。建議朝廷，爾後錢糧如私派，即註爲有司之贓，以便蠲害安民，朝廷接受其建議，命撫按痛行蠲革，地方有司，再有違法，從重議罪。〔註180〕五年（1632）十一月雲南等道御史張學周、張任學、楊希旦聯袂陳疏蜀中士紳、農民、商賈三大苦，一則濫稅；二則錢糧；三則訟獄。尤其是濫收私稅，「窟穴甚多，利飽狡黠，怨歸朝廷」，要求嚴定停止日期，勒令大書曉諭，勿令貪官猾役，再行欺肆。〔註181〕可見私稅等額外之徵，不但累民且危及士紳之利益。再以廣安州論證之，廣安州，田賦外，舊稅額只有鹽茶布三項，神宗以降，增加贍田銀，以補宗祿之薄，「凡市井場鎮販鬻絲米布鹽食店酒酤，下及草履茉庸，皆有稅。」〔註182〕二十四年（1596），礦吏至，又有「門攤商稅油布雜稅」。〔註183〕熹宗天啓年間，閒居城市者，計房徵房號錢，「上房三錢，中二錢，下一錢」，其後又有「遼餉銀」、「勦餉銀」、「練餉銀」，三餉「照畝與田一體徵輸」，遂使「餉浮原額，一年出幾年之賦，一畝輸數畝之糧，由是棄本業，逋正稅，民貧盜起。」可見賦稅制度之紊亂，造成經濟破產，民窮財困，自然落草爲寇，推翻明代四川政權，舉廣安州演變狀況，就是最好的說明。〔註184〕

二、徭役的繁重

明代役法，十六成丁，要服徭役，六十免役；徭役一般分爲里甲、均徭、

〔註178〕《江津縣志》（光緒元年，中研院史語所善本）卷三，頁3及《南部縣志》（道光29年刊本，中研院史語所善本）卷二八，頁74～76，〈明縣尹鄭公盡節紀略〉及《夔州府志》（道光7年刊本，中研院史語所善本），卷三六，頁16～10，〈朱賢侯碑〉。

〔註179〕同前註。

〔註180〕《崇禎長編》卷十六，頁1～3，崇禎3年庚午7月戊寅。

〔註181〕仝前，卷六五，頁18，崇禎5年11月戊午。

〔註182〕周克重修《光緒廣安州新志》（民國2年鉛印本，中研院史語所善本）卷十六，頁419，〈賦稅志〉。

〔註183〕同前註。

〔註184〕同前註。

雜役三種；以戶計曰甲役，以丁計曰服力役，或不應役改納銀鈔。里甲屬正役，洪武年間，每里一百一十家，以丁糧多者輪充里長，其餘輪充十年甲首，每逢朝廷科徵，里長出十分之三，十甲出十分之七，所以「民有一年之勞，九年之逸。」〔註185〕以廣安州爲例，洪武四年時，以鄉賦稅糧萬石者設糧長、糧長副各一人，以田多者爲之長，十四年編賦役黃冊，以一百十戶爲一里，推丁糧多者十戶爲長解，其它百戶爲十甲，歲役里甲首各一人，董一里一甲之事，凡十年一周，曰排年。〔註186〕至英宗正統年間，「上戶力差一名，下戶朋編一名，值役時，州率簽解戶解上供京邊各餉。」〔註187〕可見川省里甲正役，在明初實包括糧長、糧長副、力差、朋編等，里甲所負擔工作爲解上供京邊各糧餉。里甲制之目的是要把農民束縛在土地上，不准自由遷徙，嚴禁他們脫籍逃籍，替朝廷徵收賦稅、丁銀、徭役等，其後因農民逃移，原有黃冊、魚鱗圖冊規定的秩序，都被打亂，再加上里甲爲重役，充當重差役的人紛紛破產，地方官遂對里甲進行調整。景泰年間按察副使劉清變更舊法，推行「均徭冊」，其法一則均徭里甲，將不定期科派雜役，改以「甲」爲單位，以排年里甲輪編，十年科派一次；二則鼠尾冊，將各縣戶產，依貧富編成定冊，丁糧多者編於前，丁糧小者編於後，排年由大而小；三則科派徭役時，差遣丁糧多的中上戶應役，下戶貼役，或數名朋編一名力差，朋編者以銀支助。〔註188〕其用意在糧多者承重差，糧少者承輕差，並事先登記造冊，以防止胥吏玩弄手法，臨時作弊，用意甚爲完美，但四川之民，反以不便。因以稅糧多寡定其科差，富商巨賈，力役不及，農民終年無休息之日，利商不便農；糧多糧少皆需親自運糧至松潘邊境，所費甚貲，農民貧困，多致逃竄，邊糧更加不足，川民遂奏請停止。〔註189〕此法推行後，遇科徵，里長無費一錢，偏取於一里，「百家之中，其間歸於官者十而一、二，而入於私者十、九，是以里長日致富盛，甲首日益貧難。」，後令有司禁革，其法不行，遂復舊法。〔註190〕嘉靖時，楊鸞再度變更役法，推行「上中下支應法」，「預於該年通融審核，除去逃亡，止將實在丁糧作數」，然後按產業厚薄，

〔註185〕陳文《明英宗實錄》（台北：中研院史語所校勘印行，民國57年2月二版）
　　　　卷二八一，頁3，天順元年8月丁酉。
〔註186〕《廣安州新志》（光緒33年刊本）卷十五，頁4～5。
〔註187〕同前註。
〔註188〕同前註，及何喬新《椒邱文集》（《四庫全書珍本》五集，文淵閣本，台北：
　　　　商務印書館影印，民國62年）卷三二，頁23，〈奏議集略〉。
〔註189〕同前註。
〔註190〕同前註。

分別輕重上下，「如上支，則廣大供用，通融九里，驗丁朋出。中小支，隨日時各備其應用公銀兩，驗丁散派。」楊鸞從清理田畝人丁入手，打破里甲十年輪的舊章法，徭役也改由全部丁糧分攤，役隨田起，已具一條鞭之影子，但其推行成效，則無史可查。〔註191〕到隆慶年間，都御史嚴清也針對里甲制作一改革，以營山爲例，萬曆初年共五十里，每甲排年一人，遞年排年一人，輪當見役甲首，馬夫支應，先係小民照丁應納，後嚴清量丁糧收銀貯庫，以備官府往來動支應用，各有定數。〔註192〕萬曆年間，里甲最大弊害，據新都知縣劉文徵條陳：積十年之蓄，役於一歲，官之用一，吏卒之用二，點吏之用三，三害畢集於村傭，利聚於積猾。〔註193〕

　　至於均徭、雜役，或以戶計，或以丁計，分銀差、力差兩種支應形式，其名目以廣安州爲例說明之。一則有關地方衙門徭役者，如六房典史、承發、稅課、倉廠、皂隸、儀從、門子、牢頭；二則從事驛傳之工作者、驛史、鋪遞；三則維持地方治安的雜役者，快手、民壯、機兵、捕兵、弓兵、精兵、常兵、門夫、防夫、徒步；四則徵收糧及運輸者，斗級、庫子、解戶；五則從事其他工作者，如儒學學攢等，各縣名目，雖不盡相同，但從事雜役工作卻是一致的。〔註194〕雜役皆隨事編僉，雖無定額，但地方僉派有一定規矩。以重慶爲例，景泰、天順、成化年間，鋪兵額之設立原則，爲路通三司，並各府州縣衝要者，每鋪設鋪兵十名或八名，路不衝要者，僉司兵六名或五名，俱於近鋪里內人戶僉點應役，且十年一次，更換鋪長，依律磨勘，不計干預僉拘。〔註195〕降及孝宗弘治年間，此不成文規矩，被地方鋪長破壞，以巴縣爲例，縣民盧漢就曾上訴兵部尙書馬文升，告地方濫設鋪兵擾民事，蓋因重慶府通南川一路，縣小事簡，二、三日僅送公文一次，天順、成化僅僉四名鋪兵，隔三、四百里人戶，以致人人畏遠，不願應當，祇得將錢交給近鋪人戶，奸人常勾結鋪長分用賣放，少有正身自當，或有人告理，往往羅織刁潑之名，又得逃生避遠。馬文升聽盧漢哭訴後，遂下令四川巡撫官「通行查處，務在均平，以革奸弊。」〔註196〕日後，並未見到四川有司針對弊病進行改革，直到萬曆初年都御史曾省吾奏疏中

〔註191〕《嘉靖雲陽縣志》卷下，頁4～5，〈支法〉。
〔註192〕同前註。
〔註193〕《萬曆四川總志》卷二十一，頁12～13。
〔註194〕《廣安州新志》（光緒33年刊本）卷十五，頁4～5，〈民役志〉。
〔註195〕《名臣經濟錄》卷三十四，頁33～39，馬文升，〈爲建言民情疏〉。
〔註196〕同前註。

尚且提及巴縣驛遞，嘉隆以來，小民未占一分實惠，勞者，乃需轉遞二、三百里，越三日之程，蜀民告弊，莫甚於此。〔註197〕此時，因通往湖廣歸州（夷陵）之水路新灘洶湧，危險萬分，官宦使者十之八九，改走陸路，巴東、巫山二縣正當其衝，里民窮於應付，曾省吾路過巴東，看到盡是「里甲困苦，井邑蕭條，過者憐恤」之慘狀，曾省吾曾建議設「巴中驛」，給往來使者休息，不必急於趕路，以便甦息民困，但事後並未見朝廷有建「巴中驛」之舉。〔註198〕演至明末巴縣依然以重役稱苦，當時徭役計有驛傳舖司、操兵民壯，門役皂快、禁卒弓兵、廟夫、齋夫、庫夫、船夫、渡夫、燈籠夫，及裱背、看司、鼓吹、印刷等役外，遇戰亂時又要修河運餉工作，如背負運糧至松潘，巴民役繁，疲於奔命。雖然蜀地力役、銀差不盡相同，但舉一邑，可以推其餘。〔註199〕

　　力役繁重，明朝諸省普遍現象，四川也不例外，川省之重役，又以驛遞之役最重，非但是重役，且服役之人，尚要遭受過驛之貢使、官員等不肖人員的剝削侵擾，又苦上加苦。方面大臣及地方有司也曾針對此一弊端提出改革建議，以便減輕人民負擔，但並未得朝廷實質回應，作具體的改善。如景泰元年（1450）翰林院編修周洪謨出使四川、陝西，回京後，看到沿路驛傳什物，極為奢華，使臣往來，多用船隻馬匹，並科索酒物花用，請加禁止，以省虛費，節民財物。〔註200〕又如成化十一年（1475），提刑按察司按察使彭韶就曾針對驛站驛使被貢使剝削侵擾的情形上疏朝廷，疏中說八月太監錢能率千戶崔昇、舍人張隨等十八人，自雲南貢象六隻，路經永寧所屬驛遞，各驛遞已經準備糧草聽候不缺外，但貢使一到，崔昇等先行杖打驛吏三十大板，責其不行遠接，隨即將應役人員，鎖鎮在象腳，無故烤打，勒索相送銀兩，有送銀驛卒，立即放行，無銀者，晝夜烤打，祇得借銀兩賄送，纔能放回。〔註201〕同年永寧里甲阿遠等怕成為常例，遂具名乞請彭韶禁約施行。〔註202〕彭韶將此二事上奏皇上，且將彈劾錢能等十八人，請朝廷嚴辦，但因事涉太監，朝廷並未做處理。〔註203〕朝官及太監剝削驛站之事，至明中葉愈演愈烈，據萬曆二十七年（1599），自蜀返京的

〔註197〕《萬曆四川總志》卷二，頁14～38，〈驛傳〉。
〔註198〕同前註。
〔註199〕黃廷桂等修《雍正四川通志》（清乾隆間寫文淵閣本，《四庫全書珍本》，故宮善本）卷六十六，頁6，食貨，徭役，卷七十二，頁31，倉儲。
〔註200〕《明英宗實錄》卷一九一，頁9～10，景泰元年4月壬午。
〔註201〕彭韶《彭惠安集》卷一，頁4～6，及《明史》卷一八三，頁4855～4858，彭韶。
〔註202〕同前註。
〔註203〕同前註。

工科給事中王藩臣所言，當時凡遇中使之出，郵傳「一歲之積，不足以充一朝之用」，地方有司為應付中貴之需求，遂不斷地加派，百姓負擔愈重，王藩臣乞請神宗禁中使之剝削，神宗置之不理。〔註204〕當時凡是位當衝要州縣，走遞馬役，成為大患，官損其名，民喪其業。傭夫、馬卒往往刲肉決髓以償之，地方官看到此情形，未有不痛哭流涕者。也曾誅此「驛遞之賊」，但誅之不可勝誅，流毒依然存在。這種現象愈至明末愈嚴重，據《天啓成都府志・驛傳志》記載；中秋時，留都差役入川，沿驛大肆貪殘，有司正官，亦受其凌鑠，守令對此行為且莫敢誰何，何況是小民呢？當時人民把此批剝削侵刻驛遞的官員名為「民賊」，而且認為「去夷狄易，去民賊難」，可見此輩為害之深，除之更難。〔註205〕

　　驛遞之害，除了貢使及路過官員之剝削侵擾外，驛站內人夫、馬匹、船隻等募及應支之分配，也常困擾地方有司及人民，當時最大弊病在於「夫役」有包攬欺侵之奸；「糧戶」則有「索指賠補之苦」，有此二弊害，皆因行法之未善。隆慶三年（1569）巡撫嚴清進行改革，嚴清首先將全省驛傳銀十五萬五千零九五兩，以各州縣糧額之輕重，為各驛遞銀數之多寡，或減編，或照舊額徵收，總共減去銀三萬七千二百四十兩，止存銀十一萬七千八百九十一兩；二則禁馬匹之親當；三則革人夫之長雇；四則減船隻之舊額；五則定支用之新規。〔註206〕嚴清的改革，其長處則「撙節錢糧，清省浮費」。其弊則有二，一則「額數裁減太過，則有供應不敷，民有陰生賠補之害」；二則「夫馬有常供，臨期雇募，則措辦不前，官有受肘之苦」，繼任巡撫陳瓚請恢復改革前之銀額，但朝廷認為錢糧已減編，恐難加派，止議「衰多益寡，補弊救偏。」〔註207〕但當時因法紀不嚴，規制不定，所徵驛傳銀往往解布政司協濟八府之用，地方驛傳往往告匱，稱貸賠償，遂有加徵之舉，累民至極。〔註208〕至萬曆三年（1575），驛道僉事張師中見此現象，遂條列釐清時弊五條，一則嚴號單；二則禁冒濫；三則速徵解；四則禁挪移；五則懲奸匿。其後張師中奉巡撫羅瑤命令，進行清除諸弊，史上記載「時民困稍甦，諸邑經費有度，官民兩便。」〔註209〕張師中及時釐清驛遞積弊，雖給予人民甦息，但張師中離任後，驛遞之弊，又恢復如昔，且變

〔註204〕《皇明留臺奏疏》卷十四，頁12～16，〈乞遵祖制以停抽採疏〉。
〔註205〕《天啓成都府志》卷六，頁6，頁12。
〔註206〕《萬曆四川總志》卷二，頁14～38，驛傳。
〔註207〕同前註。
〔註208〕同前註。
〔註209〕同前註。

本加厲，人民更加困苦。天啟三年（1623）七月二十一日，巡按御史張論之論驛遞事，認為「驛兵最苦，尤苦於虎視官吏，一時助虐，以重困乏。」〔註210〕崇禎三年（1630）七月，福建道御史孫徵蘭使蜀返京，陳述所經驛站看到「輪蹄之皮骨無存」，請求朝廷「釐害安民於驛遞」。〔註211〕可見從萬曆初年，至崇禎年間，「驛遞之積弊」始終未得合理的解決，民窮困如昔。其間或許有官吏進行改革，但或因官吏離任，不能持繼進行改革，或因冒濫奸匿，或因挪移增減，或因虛報浮文等諸弊激盪下，人民負擔更重，紛紛破產，競相逃移，強者藏匿山林，落草為寇，弱者走死他鄉，社會治安動盪不安，徒為當時四川培養動亂的溫床。〔註212〕

三、土貢的繁苛

　　土貢的品種很多，根據記載，川省每年供應川椒二千斤，由十三州縣輪次官解，依例徵收本色腳價兩，則異常高昂，如夔州府所屬達州、開縣、雲陽、建始、大寧、東鄉、太平、奉節等八縣，各州縣徵完本色後，各僉派殷實戶一名，領解布政司到文，轉解戶部交納，因此有司科派盤纏銀，多至每殷實一名五、六十兩，少亦不減三、四十兩，人民實際負擔，多出好幾倍，甚為病民。〔註213〕再以雲陽縣為例，每年供應川椒二百一十斤，由該年里甲派出，每斤價四兩，共八兩四錢，但耗餘、腳價、騾值共二十四兩，更有豪猾之徒，勾結科房，坐定解戶名，索取椒價六十四兩，以十三州縣合計之，共得銀六百餘兩，至京止用八十餘兩，其餘十分之九，利歸豪猾之徒。〔註214〕再以黃蓮貢品為例，黃蓮產深山中，峻崖叢林，每株生數十年或百年，根如雞爪，又謂「雞爪蓮」，一枝八、九莖，重至二兩或三兩者，極難覓得。採黃蓮者，需裹糧負繩，露宿穴居，倚古木藤，以繩繫之而取，山中多毒蛇猛獸，採蓮者往往喪命，人民往往談採蓮變色，但在朝廷需黃蓮入貢，地方官逼迫人民入山林採蓮充貢，雖以銀兩購之，但所給有限，以致所得不敷所用，再加上入山有喪命之虞，人民競相拒絕，官府威逼下，成為地方擾民苛政。〔註215〕如滎經縣地磽瘠，田畝皆在

〔註210〕《明熹宗七年都察院實錄》頁297，天啟3年7月21日。
〔註211〕《崇禎長編》卷三六，頁1～3，庚午7月戊寅。
〔註212〕《崇禎長編》卷三六，頁1～3，庚午7月戊寅。
〔註213〕范蒿《衢村集》（明刊本，漢學影本）卷四，頁6。
〔註214〕秦覺《嘉靖雲陽縣志》（據天一閣藏明嘉靖刊本影印，中圖藏本）卷上，頁34～35。
〔註215〕《洪雅縣志》（光緒18年刊本，中研院史語所善本）卷二五，頁7～8。

萬山之中，條糧綦重，百孔千瘡，盡取於田畝，百姓生活困苦，朝廷規定歲貢
黃蓮八百五十斤，官價每斤只給六分，市價則倍幾十，民入不敷出，被迫賠累，
甚至有賣兒鬻女者。崇禎時，榮經縣知縣張維斗就曾寫過五首〈黃蓮謠〉痛切
地陳情請朝廷停止採蓮，以甦息民困，今引兩首以說明當時榮經縣民受土貢苛
政之殘害情形：

> 採黃蓮，蓮將何所用，和藥佐君臣，上方充御貢，監司一紙催，縣
> 官神動色，令下如風雷，隸卒打門闌，銀鐺捽頸到公庭，虎吏兩旁
> 莫敢控，嗚呼，誰非天地父母身，鞭笞肉飛不知痛。

> 採黃蓮，蓮價何以給，官價僅六分，民價倍幾十，田產鬻豪門，貿
> 易何地邑，猶自債牙人，賣兒供賦入，一口不能抵數勊，持篋輸將
> 還笈笈，嗚呼，誰非天地父母身，子女仳離啜其泣。〔註216〕

再以川扇為例，初貢無扇柄，因鎮守內臣，偶一進獻，遂設為定額，責之藩司，
進貢為例。〔註217〕因川扇精雅華燦，士人艷女，競相索取，大臣若蒙皇上賞賜，
名為「金扇」，視為至寶。皇上除賞賜大臣外，內侍也蒙獲皇恩，常以「川扇」
為貴，因此皇宮需求量極大。初貢額一萬一千五百四十柄，嘉靖三十年（1551）
增解二千一百柄，四十三年（1565），又加派細巧小式者八百柄，專供「新幸諸
貴嬪用」。〔註218〕神宗萬曆二十四年（1596）二月，命川省除了年例貢扇常數
外，再添造二千六百柄，解進內府，著為例。〔註219〕而且對扇柄製造品質，要
求更嚴格，扇柄是用赤金打造，川省不產金，俱所屬州縣「分投市買，零星輳
集，俱云尋取於雲南地方。」〔註220〕蜀府製造以進御者，則「金絞藤骨，面薄
如輕絹者，最為貴重。」〔註221〕二十七年（1599），正逢西蜀多事，如採木、
礦稅、播亂，地方阽危，以至布政使程正誼不能親自到扇局「時刻稽查」，以致

〔註216〕同註151，及《榮經縣志》（乾隆10年刊本，故宮善本）卷九，頁29～30。
〔註217〕《萬曆野獲編》卷十八，頁482。
〔註218〕同註151，《皇明經世文編》〈王文瑞集〉卷一，頁16～18，蜀扇，及《井蛙
雜記》卷一，頁20，及《茶餘客話》卷八，頁3。
〔註219〕清高宗敕撰《欽定續文獻通考》（台北：新興書局，民國52年11月新一版）
卷二十九，頁70。
〔註220〕程正誼《宸華堂集》（明萬曆27年華陽知縣張繡刊本，中圖微捲）卷八，頁
1～3，〈四川徵採始議〉。
〔註221〕文震亨《長物志》（《百部叢書集成》之十一，《硯雲甲乙編》二，清乾隆金忠
淳輯刊，道光蔡氏紫利華館重刊本，台北：藝文印書館，民國55年）卷六，
頁1～4，〈陳情引罪懇宥察官疏〉。

「扇柄麤糙，不合原發式樣，糜費錢糧，漫不經心」，將負責監造官員降一級，以示懲戒。〔註222〕至三十四年（1606），解額增至四萬八千四百餘柄。〔註223〕熹宗天啓五年（1625）三月，免蜀中扇柄，明歲止進二萬，「俟地方事平，照舊進解。」〔註224〕直到崇禎三年（1630），才免貢扇三年。〔註225〕

　　扇柄等土貢雖小事，但擾民則是事實，日久成爲地方陋稅，往往地不產，官不知價而濫收，世宗時王縝就曾提出〈正貢賦以固邦本事〉：

　　　　臣伏惟我太祖平定天下，創立法制，任土作貢，惟正是供，自頃以
　　　　來，工作日繁，科派日增，土地所產者，前項追徵未完，後項坐派
　　　　又至，土地所不產者，官不知價而濫收，民不知名而駭異，究其所
　　　　以，則皆近倖好興土木，藉此以役佔軍夫，規取料價，且謂有勞，
　　　　因此邀寵，又求陞賞耳。殊不思天下者，太祖之天下也，法制者，
　　　　太祖之法制也，今土地之廣不加於昔，而造作之費，數倍之前，欲
　　　　民不怨，而財不匱，豈可得乎！〔註226〕

王縝雖要求將不是「土產物料，不許坐派」，以便蘇甦民困，然朝廷依然如昔，持續徵收土貢。〔註227〕神宗時曾有御史提出「以午夏所用一物，窮極雕飾，彈竭膏脂」，但言者受到罰俸處分，而「進解造扇如故。」〔註228〕可見明朝統治者，只爲滿足物慾之享受，而不關心四川民生疾苦，代代相同。

四、川木之科擾

　　明朝因歷朝興建官殿陵寢，打造漕、戰船，及光祿寺製造器皿，屢次派大員入川採集楠木，根據史料記載，從洪武初年建京城都邑，下令採楠木於四川，到崇禎元年（1628）二月，下詔停採川湖廣楠木後，前後派大官入川採木共二十三次，今將其次數，作表明之：

〔註222〕《宸華堂集》卷六，頁 1～4，〈陳情引罪懇宥察官疏〉及姚之駰《元明事類
　　　　鈔》（《四庫全書珍本》初集，文淵閣本，台北：台灣商務印書館影印，民國
　　　　56 年）卷三十，頁 16，〈貢扇〉。
〔註223〕《明神宗實錄》卷四二一，頁 7，萬曆 34 年 5 月丁酉。
〔註224〕同註 219。
〔註225〕姚之駰《元明事類鈔》（《四庫全書珍本》初集，文淵閣本，台北：台灣商務
　　　　印書館影印，民國 58 年）卷三十，頁 16。
〔註226〕王縝《梧山集》（明刊本，中圖微捲）卷四，頁 5～6，〈正爲貢賦以固邦本事〉。
〔註227〕同前註。
〔註228〕同註 151。

表七　明代歷朝四川採木統計表

帝號	年月	西元	採木原因	次數	合計	備註	史　料　出　處
洪武			建城郭都邑	1			《萬曆四川府志‧全蜀經略志》卷一，頁 56
			營建蜀王藩府	1	2		同前
永樂	四年閏七月	1406	詔建北京行宮	1			《明太宗實錄》，卷五七，頁 1
	十年十二月	1412		1			前引書，卷一三五，頁 1
	十六年	1418		1			《皇明世法錄》，卷八五元勳頁 47～48
	十七年	1419		1			同前
	十九年	1421		1	5		同前
洪熙	一年	1425		1	1		《明仁宗實錄》卷，頁 3～4
宣德	三年五月	1428	宮殿材	1	1		《明宣宗實錄》卷四三，頁 4
正德	六年	1511	乾清宮災	1			《萬曆四川府志‧全蜀經略志》卷一，頁 57
正德	九年十一月	1514	乾清宮災	1	2		《明武宗實錄》卷一一七，頁 5
嘉靖	四年八月	1525	仁壽宮	1			《明世宗實錄》卷一五四，頁 1
嘉靖	九年	1530		1			《屏山縣志》(乾隆四三年刊本) 卷八，頁 11
嘉靖	十五年四月	1536	兩宮，壽陵	1			《明世宗實錄》卷一八六頁 5
嘉靖	二十年五月	1541	建七廟	1			前引書卷二四九頁 2～3
嘉靖	三十二年	1553	採辦板枋	1			《萬曆四川府志‧全蜀經略志》卷一，頁 57
嘉靖	三十六年五月	1557	修殿堂廟門午樓	1	7		《明世宗實錄》，卷四四七，頁 1
嘉靖	四十五年	1566	修承天殿	1			《萬曆四川府志‧全蜀經略志》卷一，頁 57
萬曆	七年四月	1579	重修顯靈殿	1			《明神宗實錄，卷八六，頁 3
萬曆	十二年	1584	慈寧慈應兩宮災	1			《萬曆四川府志‧全蜀經略志》卷一，頁 58
萬曆	二十四年四月	1596	鼎建乾清、坤寧二宮	1			《明神宗實錄》卷二九六，頁 2
萬曆	三十五年	1607		1			《萬曆四川府志‧全蜀經略志》卷一，頁 50

萬曆	四十四年	1616		1	5		同前，頁 70
崇禎	一年二月	1628				下詔停採川湖廣楠木	《崇禎長編》卷六，頁 1
合計					23		

　　採木之役，極爲艱苦，嘉靖朝工部郎中龔輝曾著〈採運圖前說〉一文，將當時採運經歷舉見，描繪成十五圖：一則山川險惡；二則跋涉艱危；三則虎蛇縱橫；四則採運困頓；五則飛橋渡險；六則懸木吊崖；七則飢餓流離；八則焚劫暴戾；九則疫癘時行；十則天車越濫；十一則巨浸漂流；十二則追手逮治；十三則鬻賣賞官；十四則驗收找筏；十五則轉輸疲弊。他向皇上直言上奏：「梗楠杞梓」，因應營建所需，故保護之，而陛下之赤子，採木所遭之十五苦，曾「梗楠杞梓」之所不如；此役誠息，則「財裕民安，元氣充實，太平斯有望也。」疏上，世宗不爲所動，仍然繼續採木。〔註229〕

　　木役之苦，起因於產木地方，悉在土司遐壤、峻崖深澗之地，計程約有二、三千里。〔註230〕其地常濃霧淋雨，嵐煙瘴地，春夏之交，瘴癘中人，一觸則僵，轉輾相染，人不敢相近，〔註231〕癘疾疫死者，十有五六，以萬曆二十四年爲例，商夫罹瘴癘而死者，以數萬計，聞之，令人鼻酸。〔註232〕建昌一地，去省城三千餘里，採運人夫，歷險渡瀘，觸瘴死者，積屍遍野。〔註233〕因屍體橫籍，無人收埋，屍流水塞，積骨成山，腐穢之氣達數百里。〔註234〕其偷生回來者，雖具人形，然皆黃疸臃腫，半登鬼錄。〔註235〕

　　運木之道羊腸，挽運之夫，不可擔當負載而行，一夫一天祇能負米五斗，往返之期有七日，自給之外，僅足二人食用，故人不再飽，飲勞疲倦，一生事變，則緩急無所濟，餓死者頗夥，〔註236〕且無室以居，蓬木編葉，人易

〔註229〕黃訓《名臣經濟錄》卷四十八，頁 1～16，龔輝〈星變陳言疏〉；〈採運圖前說〉；採運圖後說）。
〔註230〕杜應芳《四川總志》（明萬曆 47 年刊本，中圖善本）〈全蜀經略志〉卷一，頁 56～76，〈木政〉。
〔註231〕張可述《洪雅縣志》（據天一閣藏明嘉靖刊本影印，中圖善本）志五一卷五，頁 519，毛起，〈贈東明府獎勸序〉。
〔註232〕喬壁星《喬中丞奏議》卷六，頁 36～50，〈條議大木疏〉。
〔註233〕《明神宗實錄》卷三一三，頁 3，萬曆 25 年 8 月戊辰。
〔註234〕同註 232。
〔註235〕孫旬《皇明疏鈔》頁 39～45，王德完〈四川異常困苦乞賜特恩以救倒懸疏〉。
〔註236〕同註 229。

罹熱冷之疾。〔註237〕一木之臥，千夫難移，不慎轉跌，則骨肉為泥，〔註238〕夫役顛蹱壓屍者，十有二、三。〔註239〕土夷又時出搶劫財物，夫役常被綁勒，隨身財物，盡被搜括，稍不當心，生命且難保。〔註240〕總之，採木一次，以一縣木夫而言，死去約千人，合省亡夫不下十萬餘人。〔註241〕故蜀人語：「入山一千，出山五百」，其哀苦可知。〔註242〕所以每次木夫就道，子婦啼號，畏死貪生，如赴湯蹈火。〔註243〕趙南星對蜀民遭此木役至苦，很感慨地說：「均之官民，獨蜀官民當此至危至苦之役，蜀官獨其民，又必不乎已，誠蜀天下之憾」，他希望日後官於斯役，要群智殫力，千方百計，體恤民苦，救其阽危，然見日後督木官之侵詐良民，或離其撰此文之旨意太遠。〔註244〕蜀民因長期在木役陰影籠罩下，往往談木變色，至康熙二十四年（1685），風聞朝廷下詔採木，竟然攜家帶眷，拋棄家產，競相逃亡，可見木役之苦，影響之大。〔註245〕

採木之役，至為艱苦，但貴在上位者，能否體恤下民。成祖採木五次，役民二十餘年，然每逢春天，恐伐木誤農時，凡戶內丁少，及屯田軍少，悉令收回。〔註246〕天氣漸寒，也令大臣要節省人力，溫飽趨事，使無愁苦之聲，斯為善政。〔註247〕每完工一役，採木軍民，悉遣還家，且軍民乏食，撥運米糧給之。〔註248〕仁宗更知押運大木軍夫之苦，洪熙元年四月，就曾下令，儀眞至通河一段木植，悉皆停運，隨處堆垛，令人看守，軍民悉遣散歸。〔註249〕宣宗聞工部採木，動以萬計，要求工部斟酌事之輕重緩急，給

〔註237〕同註232。

〔註238〕姚士麟《貝只編》（《百部叢書集成》之九七，《鹽邑志林》第三函，明天啟樊維城輯刊，台北：藝文印書館，民國56年），頁22～23。

〔註239〕朱吾弼《皇明留臺奏議》（明萬曆33年原刊本，中圖善本）卷十四，礦稅，頁12～16，王藩臣，〈乞遵祖訓以停抽採疏〉。

〔註240〕同註232。

〔註241〕同註235，及程正誼《辰華堂集》卷八～十二，〈四川征採始議〉。

〔註242〕張廷玉《明史》卷二二六，列傳一一四，頁5938～5939，〈呂坤〉。

〔註243〕同註235。

〔註244〕趙南星《趙忠毅公文集》卷十二，頁40～42，〈蜀中採木記〉。

〔註245〕王麟祥《敘州府志》卷十九，頁1～23，〈木政〉。

〔註246〕《明太宗實錄》卷六十三，頁4，永樂5年1月壬申。

〔註247〕前引書，卷七十，頁1，永樂5年8月甲申。

〔註248〕前引書，卷九十，頁3，永樂7年5月己丑及卷一五二，頁3，永樂12年6月辛酉條。

〔註249〕《明仁宗實錄》卷九上，頁4，洪熙元年夏4月庚子朔。

予裁省，若是急要之事，則營辦，不急之事，俟民力從容爲之。他認爲：「寬一分，民受一分之賜」，希望工部能體恤朕意。〔註250〕宣德五年（1420）二月，工部採木，妨廢農務，遂下詔罷採木之役，軍夫悉遣罷歸。〔註251〕英宗正統十一年（1446）夏四月，南京工部因修建午門前東西兩廊等工程，欲奏往四川等地買木，英宗以「今民皆艱窘」，要材不必遠市，俟四方應輸者至，再修理。〔註252〕孝宗時，川省困歲辦木植民困轉輸，因川按察司奏請停之，上從之。〔註253〕可見明初諸帝，採木之餘，頗能下體民恤，故木役在當時並未蔚爲至苦之差事。

　　武宗即位之初，聽大臣之言，暫停採木之役。〔註254〕其後卻屢興土木，正德九年春正月，因興建乾清宮，動費鉅萬，良材皆來自川陝，當時川省正逢藍廷瑞之亂，重以賦役，人情未可知，十三道監察御史劉緝等，請武宗暫且停止一切不急之修，皇上不允。〔註255〕十年（1515）四月，大學士梁儲再度以民窮財盡，辦集爲難，請罷不急之工，議之不報，武宗仍執意採木。〔註256〕世宗即位初，稍加體恤木役，接受給事中梁昱等建議，將武宗朝頻年採木羨銀，留川省代民完賦，以甦困敝。不久，又恢復營建工事。〔註257〕嘉靖四年（1525）八月，營建仁壽宮，十月又建至德殿、景福、安善兩宮等工事，工部尚書趙璜管以「歲飢財匱」，奏請除仁壽宮外，其他皆罷，但世宗不允，令辦料完日，一併興工。〔註258〕後大學士費宏以「足以致民怨，上干天和」，請罷之，皇上遂罷仁壽宮等工事，招回採木諸使者。〔註259〕但事實上，仁壽宮之工事，仍繼續進行著。〔註260〕七年（1528）四月，因營仁壽宮，採木，加上水西諸夷作亂，貴州巡撫袁宗儒請求撥內帑助餉，爲世宗所拒。〔註261〕其後吏部桂萼等修省會議條十二事，中有提及：「罷仁壽宮興造，盡放天下運木丁夫歸農」等事，皇上祇

〔註250〕《明宣宗實錄》卷五五，頁1，宣德4年6月丁丑。
〔註251〕前引書，卷六十三，頁7，宣德5年2月壬辰。
〔註252〕《明英宗實錄》一四○，頁2，正統11年夏4月乙巳。
〔註253〕《明孝宗實錄》卷六十四，頁2，弘治5年6月甲辰。
〔註254〕《明武宗實錄》卷十一，頁11，正德元年2月丁未。
〔註255〕前引書，卷一○八，頁7，正德9年春正月丙戌。
〔註256〕前引書，卷二十五，頁8，正德10年4月丙戌。
〔註257〕明世宗實錄，卷十六，頁1，嘉靖元年7月丙午。
〔註258〕前引書，卷五十六，頁1，嘉靖4年10月丁亥。
〔註259〕前引書，卷五十六，頁5，嘉靖4年10月己未。
〔註260〕前引書，卷六十，頁2，嘉靖5年正月癸巳。
〔註261〕前引書，卷八十七，頁4，嘉靖7年4月甲寅。

允有司議之。﹝註262﹞十一年（1532）九月，日講官侍讀學士吳惠趁日講時對皇帝進言：「今民窮財竭，宮殿興作不已，採木燒磚，大為川廣蘇常之患，此宜停罷」，世宗不罪之，但亦不納其言。﹝註263﹞其後，御史郭宏化以採木等事，皆「戾天和，上干天變者」，而舉出：「慧星出於井，必木土繁星所致」，請罷採木等事，上怒，黜其為民，禁錮勿用。﹝註264﹞當時世宗因建宮殿陵寢所需雜派之類，如木料等，不可勝收，百倍於正額，戶科給事中高時請皇上：「講求實政，務為節省，以蘇民困」，世宗答以諸物料皆供用不可缺者，照常取料。﹝註265﹞十六年（1537）七月，雲南道御史韓岳以：多處材木原料，漸至匱竭，乞加樽節愛養，所遣督取使者，悉請招回等八事上奏，世宗非但不接受，且以「具題奏違式」名義，將韓岳降一級，謫除州判官。﹝註266﹞世宗朝，雖屢次不顧大臣之反對，執意採木，興建宮殿，但偶而也會略施小惠於民，如二十四年四月，七廟完工，下詔免川湖廣貴三地人民，糧稅四分，以蘇民困。﹝註267﹞加上世宗朝，川省流寇和諸夷動亂較少，人民尚能負擔，所以木役之累，並未太嚴重。

　　降及神宗一朝，因屢興宮殿，及諸夷並亂，木役之累民遂見，萬曆十二年三月，因營建慈寧宮殿，及預建壽宮，需用楩杉等木，因大庫缺乏，工部遂酌議「開納事例」。﹝註268﹞此時朝中已無內帑可撥助四川採木，經費之張羅，成為地方官所頭痛的事。當時吏科給事中楊文舉，因見川省木役之苦，向皇上陳言從容採木四便：一則無累商民；二則體恤夫匠；三則鼓舞土司；四則優異委官，上欣然之，要工部申飭各官廣為信守。﹝註269﹞然而此四便於事無補，蓋川省獨有採木之役，蜀民尚能支撐，但是戰禍天災，常伴隨木役之後而至，以致人民疲於奔命，造成地方之不靖。這種隱憂在嘉靖朝，譚綸巡撫四川時已指出，當時因採木，有司調度無方，民間頗稱騷擾，府庫空虛殆盡，若兵連禍結，臣恐為患不細。﹝註270﹞譚綸這種隱憂，至神宗朝，尤其是朝廷公帑已竭之時，更

﹝註262﹞前引書，卷八十七，頁8，嘉靖7年4月庚午。

﹝註263﹞前引書，卷一四二，頁3，嘉靖8年9月丁巳。

﹝註264﹞前引書，卷一四三，頁9，嘉靖11年11月丙申。

﹝註265﹞前引書，卷二〇二，頁1，嘉靖16年7月甲申。

﹝註266﹞前引書，卷二〇二，頁3，嘉靖16年7月甲申。

﹝註267﹞前引書，卷三〇一，頁1，嘉靖24年7月壬戌。

﹝註268﹞《明神宗實錄》卷一四七，頁6，萬曆12年3月庚子。

﹝註269﹞前引書，卷一五〇，頁2，萬曆12年6月乙卯。

﹝註270﹞《皇明經世文編》，〈申文定集〉，卷一，頁5～6，〈處置番夷，論松潘疊茂番夷疏〉。

加明顯。十三年（1585）十月，川撫雒尊指出因松藩等處諸番流劫爲患，再加上採木之役，民間騷動，軍餉空虛，若兵連禍結，爲患非小。〔註271〕然而神宗並未理睬，仍然持續採木，二十四年時，採木權稅交加，已使小民到「膏血不足供費，絕肌骨不足任勞，鬻妻子不能賞貸」的地步，再加上「旱魃爲災，野無青草，人情皆怨，所在如讎。」民變夷亂已在旦夕。〔註272〕二十六年（1598）十一月，巡按趙標上疏指出：往年採木，止攜鹽、茶，絹布給賞，任我出入；近者，南方諸夷，離心解體，建昌永寧，一木未解。〔註273〕不久，播州土司楊應龍之亂爆發；此時因播酋擾亂西南，殺氣連天，蜀人心震撼，奔竄隱匿無虛日，朝廷尙求民夫入西南採木。〔註274〕明軍此時正圍勦楊應龍，全川動員，但明廷並未放棄對四川百姓的剝削，此時非但採木照常例進行，且派礦使大肆搜括，溫純仁遂上奏皇帝，除要求皇帝先將礦使撤回外，並請求朝廷「速罷蜀中諸役，使朝不保夕之民，猶愛我，不忍叛我，而不爲敵所用，即有額稅，仍聽量彼中軍需，使嗷嗷待哺之卒，不致內潰。」書上，留中不發。〔註275〕川撫李化龍認爲，「播酋之亂有時，不足禍，採木之害，家戶被之，乃川省大害。」請皇上暫停採木，以蘇民苦，待播事定再驅遣民伐之。〔註276〕二十七年十一月，在督按撫等官員力爭下，遂以播酋煽亂爲由，暫停採辦川木。〔註277〕據川撫李化龍所描述蜀民，採木之後，皮毛俱盡，獨存骨耳，再經播酋一亂，骨化形銷。〔註278〕其後權使又四出搜括，人民疲於奔命，至此川民在「木役、播役、權役」，三者迭見下，弄得十室九空。〔註279〕

　　川省經楊應龍兵戈之役，元氣本已喪失，再經稅監搜括，膏血更竭，其後災傷頻年，百姓那堪再任重役，三十三年（1605）十一月，朝廷又要興大工，大學士朱賡遂以川貴湖廣方遭播酋之亂，瘡痍未平，民方憔悴爲由，請

〔註271〕《明神宗實錄》，卷一六七，頁7，萬曆13年10月甲申。
〔註272〕張廷玉《明史》卷二三四，列傳一二二，頁107，劉綱。
〔註273〕《明神宗實錄》卷三二八，頁4，萬曆26年11月丁酉。
〔註274〕《平播全書》卷之，頁47～50，〈三運大木勸懲疏〉。
〔註275〕溫純《溫恭毅公文集》（明崇禎13年西京溫氏家刊本，中圖微捲）卷五一頁54～56。
〔註276〕李化龍，《平播全書》，卷十二，書札，頁656，工科。
〔註277〕《明神宗實錄》，卷三四一，頁8，萬曆27年11月乙亥。
〔註278〕同註276。
〔註279〕吳亮《萬曆疏鈔》（明萬曆37年萬全刊本，中圖善本）民瘼，頁39～45，王德完〈四川異常困苦乞賜特恩以救倒懸疏〉。

勿再採木。皇上雖知憐憫百姓，但仍然下達採木之令。〔註280〕三十五年（1607）七月，郎陽巡撫黃紀賢再以川貴湖廣大木「出產之遠，拽運之難」，乞賜罷採木，疏入，不報。〔註281〕三十六年三月，川撫喬壁星又言：「蜀民涂炭已極，採榷萬難，並行乞停稅務」，又不報。〔註282〕喬壁星疏中分析川省財務狀況，明白指出，自萬曆初年以降，川省戎務紛紛，如征九絲、松潘、建昌、馬湖府、威茂、疊溪，防播禦虜平倭之搜括，平播後改營建，藺靖之禍，蜀中何年不用兵，不加餉。凡此，數多者百萬，次者亦數拾萬，少亦不下六、七萬。雲南征緬，借去四十萬，寧夏兵變，借去二十萬，兩宮鼎建，耗費二百餘萬，蜀中遭此意外之繁費，「已成空國」。〔註283〕今蜀地，又逢旱潦相仍，連歲不登，川東舉目汪津，川北赤地千里，禾麥盡枯，無水播種，流移情景，已在目前。〔註284〕西南禾苗，也因水旱交侵，祇剩十分之一、二，秋收無望，此誠乃民窮財盡之秋，皇上若不下詔停採木，臣恐「弱者塡溝壑，強者揭竿而起。」〔註285〕喬壁星又言：「天下豈有艱難如採木事，困苦如巴蜀之民」，希望皇上體恤「六合為家，萬姓皆子」，暫停大役，厚植根本，則人心永固，二十年後再議將作未遲。〔註286〕但神宗不為喬壁星諫言所動，仍執意採木，喬壁星只好請求留正稅一半及土產舖墊茶鹽等稅，以助大工，以減輕蜀民負擔，但悉為皇上所拒，祇允許從丁糧起派夫銀，以助大工。〔註287〕當時川民已「比屋無儲，窮徹骨髓，父子兄弟妻子不相保，人人思轉徙」，若再加派丁銀，蜀地恐怕成為空國。〔註288〕

神宗末年，在川、湖廣、貴三省之採木，延至光宗泰昌年間纔作罷，前後十五年，費價數百萬兩。〔註289〕川省經此役後，地方財政困敝，人民流移四出，徒為流寇創造叛亂之本錢。神宗這種不管民生疾苦之態度，和明初諸帝能體恤民情，用民以時，不汲汲於採木之役，兩相比較，不可同日而語。

〔註280〕《明神宗實錄》卷四一五，頁10，萬曆33年11月丁亥。
〔註281〕前引書，卷四三六，頁4，萬曆35年7月己亥。
〔註282〕前引書，卷四四四，頁7，萬曆36年3月乙卯。
〔註283〕喬壁星《喬中丞奏議》卷九，頁36～41，〈請留稅採木疏〉。
〔註284〕前引書，卷八，頁87～91，〈請留稅銀疏〉。
〔註285〕同註283。
〔註286〕《喬中丞奏議》卷七，頁59～62，〈請停大工疏〉。
〔註287〕同註283。
〔註288〕同註283。
〔註289〕張維賢《明光宗實錄》卷五，頁7，丙辰年。

清人把神宗此種「喜營財貨，誅及山林」譏為「苛政」，不獨病商害民，且耗國力，得不償失。〔註290〕

第四節　明代四川經濟的檢討

　　就四川歷史上經濟發展史而論，兩宋時期四川經濟發展至最高峰，它不但遠勝前代，而且超過元代、明代、明末清初，為何會造成兩宋時期成為四川經濟史上最高度發展的黃金時代，論者謂一則四川具有經濟發展的自然條件；二則四川眾多的人口，為經濟發展提供雄厚的人口資源；三則宋朝統一四川為經濟發展提供了安定和平的社會環境；四則宋代賦稅制度，並沒有竭澤而漁，給人民從事生產提供起碼的條件，有此四條件，所以宋代能將四川經濟提升至歷史上最高峰。〔註291〕若把明代四川的自然和人文條件和兩宋時代相比較，除了人口長期停滯不增外，實較兩宋時代更有利於經濟發展，一則有統一有力的中央政府，直接管轄四川，政治較為穩定，鄰近青康藏高原的邊疆民族，也未曾有過長期性的侵略，軍事討伐也較歷朝少；二則自然條件如昔；三則四川糧稅並未輸往北京，只供地方及松潘軍糧支用；四則交通開發較前發達，凡此四條件，皆較宋代更有潛力發展經濟，事實上，明代川省經濟卻停滯不進，甚至在人口、農業、商業等更是每況愈下，尋其主因，則在於經濟制度出問題。

　　先以農業經濟論之。從人力資源的應用而言，唐朝人口基數較明朝多出一倍，如唐太宗貞觀初年至玄宗天寶一百年間，人口從二百六十萬增至四百七十萬，相對地對耕地需求增加，宋朝人口更多，更需廣大耕地，以滿足人民糧食，經過宋、元兩朝，及明初時期間戰禍天災影響，至明太祖洪武二十六年，人口統計僅一百四十多萬口，再從明太祖洪武至孝宗弘治四年，一百年間，人口祇從一百萬增至二百六十萬，增殖率不高，無需墾田，就能滿足需求，因此明廷在川省並不積極的進行墾田移民計劃，所以在墾田數目上，遠遜於唐宋兩代。〔註292〕除了不用移民墾荒，增加耕地糧食生產外，明政府

〔註290〕平廷鼎等《宜賓縣志》（清康熙 25 年刊本，故宮善本）卷三，頁 53～55，〈木政〉。
〔註291〕Richard von Glahn, *The Country of Streams and Grottoes: Expansion, Settlement, and the Civilizing of the Sichuan Frontier in Song Times,* Harvard University Press, 1987, pp.173～203.
〔註292〕郭聲波〈中國歷史地理論叢〉No. 4，1988 年。

對於深藏在盆地邊緣，及陝西、湖廣、四川三省交界地的流民，也不用積極招撫，將他們編入戶籍，從事農墾工作，導至四川在明代墾田數及耕地面積，在神宗以後，即停滯不前，明廷在川省農業經濟政策更加退縮，更不積極的推展農業生產，以致川糧生產除了專供地方政府之用，更不必談接濟他省，甚至運京之漕米，竟無川省之米，可見川省農業已失去唐宋左右京師之力量，成為支援地方政府之財政而已，但有時尚且不能供應川省所需，可見川省農業生產每況愈下。中葉以後，流民四出，戶籍又記載不確實，地方官無法控制農業生產力，有司之勸農又不力，水利復原緩慢又無創新之舉，甚至淪落到無人管理，以致塘堰倒塌，無水灌溉，影響農田產量，最後又因賦役繁苛，役民過甚，導致整個農村經濟崩潰，農民四處流移，地方官員招撫無策，飢民四竄，待梟雄一呼，農民遂相聚為亂，更加速川省經濟之惡化，地方財政更加枯竭，更無經費戡定民亂，終為民亂所推翻。

再以賦役制度論之。明中期土地兼併激烈，土地高度集中在宗藩鄉官手中，官僚豪強們，借勢規避田賦，施用「詭寄」、「虛懸」、「挪移」等種種手段，把賦稅轉嫁給農民負擔，再加上差役的繁苛不均，以致賦役集中在少數地方和少數人身上，日久官方收不到稅，遂累及無辜，如潼川州，因年久冊籍失修，有絕戶不除丁差，累及族眾，里有戶絕不除，徵納里及里長者；沿江田地土衝殆盡，有司不履畝覈實，每歲徵派莫少，實累小民。〔註293〕神宗萬曆九年（1581），潼川丈量條鞭後，雖「閭里稍靖，而民用日窘」，因清丈時，有勢力者阻漏，貧者雖石田瘦土，咸入版圖，日後災傷兵餉，依田派稅，貧富均勞，貧者遂售土濟目前之苦，土屬他人，冊籍猶在，留稅於己，貧富更加懸殊，〔註294〕汶川縣一縣之民，僅九百餘丁，「地不足耕，生聚稀寥」，又當松潘疊茂運糧餉道之衝，民應役於官者，一年一週，無法休息，勞役過度，以至民貧且寡也。〔註295〕石泉縣，有丁一千七百，糧則一千四百石，每年編馬頭十四名，每馬一匹費銀四十兩至八十兩之間，費比安綿二縣高出三倍，此多出稅銀，皆為猾輩所浸漁者。〔註296〕夔府雲陽縣，位水陸交通點上，

〔註293〕張世雍《萬曆潼川州府志》（據明萬曆 47 年序刊本影照本，漢學影印）卷六，
　　　　頁 8～10。
〔註294〕同前註。
〔註295〕游朴《游參知文集》（明萬曆 45 年刊本，漢學影本）卷二，頁 31～33，〈答
　　　　四川撫臺書〉。
〔註296〕前引書，同卷，頁 29，〈議石泉縣供億書〉。

該縣又有漢桓侯張公祠香火鼎盛，往來達官多行祭，因畏懼峽江險惡，以此乞靈求福，祭祀供品香燭紙錢、設樂等，必雲陽縣為之張羅，重者費銀二、三兩，輕者亦兩餘，其費或責之里正、巡欄，或別處措置，然皆民膏民脂。縣官員之逐月往來，不下十數起，歲計不下數百，其他親貴往來，花費更大，不可以數計，民瘼何言。〔註297〕凡類此賦役繁苛不均之地，不勝枚舉，不再贅敘。然若地方官員賢明廉正，也會除止疵政，如世宗嘉靖十三年（1534），巡撫潘鑑在洪雅縣，推行「一把連法」，糧戶祇要在一倉納米，省掉長途跋涉及各倉需索「稱頭耗米之苦」。〔註298〕劉鸞亦由清理田畝人丁入手，徭役改由全部用糧分擔，役隨田起，十分便民。〔註299〕但此局部性的改革，對整體稅制起不了帶頭作用，且人去政亡，對百姓毫無助益，且其措施，反成新任官員徵收稅額的依據，新舊並收，稅上加稅，百姓更不堪負擔，祇好競相逃移。明人張祖詠的〈田家詞〉對於明季農家舉債納稅導致家破人亡慘境描述相當清楚，引證如下：

> 四月積潦麥無秋，九月淫雨豆歉收，朝饔夕餐豈暇憂，官糧私債何以酬，去年逋賦賣牛抵，今年災疫牛盡死，私債年年尚可以，官糧火急輸追比，三日一鞭五日笞，血流被足無完肌，公差到門酒飯遲，叫呶怒詈聲如雷，農夫椎胸農婦泣，東鄰西鄰走商策，扣門稱貸言辭拙，依舊歸來懸罄室，嬌兒愛女惜不得，送去官媒論價值。〔註300〕

重賦下，田家舉債或變賣家產以納逋賦，再逢天災，及公差勒索逼賦，賦無所出，遂變賣兒女，以致家庭破碎。可見賦役繁苛不均，官方的不時之科斂，夏稅秋糧之已納重徵，及豪猾之侵刻未戢，是明代川省農業經濟停滯不進原因之一，也是導致農村破產，流民四出，農民無法生存下去，民亂不斷地迭起的重要因素之一。〔註301〕土地大量兼併，財富高度集中，土豪劣紳們的奢華生活，也影響到社會風俗習慣，導致明初敦本尚樸，重熙累洽，崇本務實的風氣，轉化為「僭分違常」「風教不施」，社會競相追逐金錢，去樸從艷，

〔註297〕吳潛《夔州府志》（據天一閣藏明正德刊本影印），卷十二，頁 13，〈重神恤民公移〉。

〔註298〕張可述《洪雅縣志》卷三，頁2。

〔註299〕蒙默《四川古代史稿》，頁 379～383，〈賦役制度〉。

〔註300〕《內江縣志》（光緒9年刊本，中研院史語所善本）卷十四，頁7，張祖詠〈田家詞〉。

〔註301〕《雍正四川通志》卷六六，頁6，〈食貨，徭役〉，及《漢州志》（嘉慶17年刊本）卷三六，頁3～5，楊名〈勸農亭記〉。

相競奢侈，傳統道德觀念受到猛烈的沖擊，社會上「下陵上，少侮長」，弱肉強食，往往而是，層出不窮，導至社會動蕩不安。所以部分明朝文人就曾對此風俗從敦樸轉向奢侈僭越，而成為社會亂源，不甚感慨。如正德年間，許宗魯認為四川為天地富饒之區，「吳越之殷盛，江淮之膏澤，不能與蜀敵」，四川也因「富饒，以至生活奢侈，僭亂易生」。〔註302〕尤其是嘉隆以降，這種現象特別明顯，如蜀人徐敷詔在《徐定庵先生文集》記載閬中郡風俗變化：

> 童子曾聞長老言，閬中郡風俗忠質朴野，務本樂業，郡無饕餮之家，邑鮮驪饕之豪，當斯時，物產殷富，地有遺利，劫奪不生，號稱樂土。嘉靖初，斯窮漸鑿，然沿襲未遠，不忘其舊，然二十年來，法弛弊滋，教衰俗壞，物產耗於奢僭之路，而豪舉之徒，獵柔良兼併其利者，肆行於天下，猙獰之吏，漁百姓而谿壑其欲，舞弄於上，人窮事劇，盜多訟繁，採木之後，征索萬端，夤緣百計，元元之命，旦夕弗堪。〔註303〕

可見「教衰俗壞，物產耗於奢僭之路」，再加上豪徒猾吏交浸，遂導致「人窮事劇，盜多訟繁」。其他如南隆一地：

> 其人多文工談說，崇飲競侈，好為博奕劇戲歌舞之事，無論城市村落，遠邇如一，里中多豪猾，陰巧輕偄，掜點之徒，喜爭樂訟，善伺察官長陰微，少有齟齬，則飛語傷人，在上位者率不安其位，蓋三十餘年來，無一人遷官，亦無一年考滿者。〔註304〕

成都一帶，則山川如故，風俗漸靡，不知幾變矣。萬曆初年，蜀人陳文燭在〈送董成都序〉一文中，指出成都傍近州縣多盜之因，皆在風俗改變，邪僻與教化未興之故，希望董君能興學易俗，俾民孝弟力田，盜自止。〔註305〕大抵川中「貧民無善俗，保釐者，宜蕩煩苛照育如哺子可也。」〔註306〕風俗敗壞，又可從「士風驕橫，陵轢有司，辱及學使」事件頻發看出，此是萬曆以降，全國普有之現象，四川也不例外。三十五年（1607）二月，四川敘州府

〔註302〕許宗魯《少華山人文集》（明嘉靖35年關中刊本，中圖微捲）卷四，頁4～5，〈送石壁林先生赴蜀台序〉。

〔註303〕《徐定庵先生文集》卷十二，頁12～14，〈郡伯小山羅公入覲贈言〉。

〔註304〕前引書，卷十二序，頁73～74。

〔註305〕秦舜昌《林衣集》（明天啓3年憑元仲編刊本，中圖微捲）卷二，頁1～3，〈成都徐志序〉，及陳文燭《二酉園文集》（明萬曆12年刊本，中圖微捲）卷六，頁21～22，〈送董成都序〉。

〔註306〕薛萱《西園聞見錄》卷六二，頁14～16，住行，四川。

富順雙流儒童鼓譟生事，事後首犯發口外為民，停其歲考。〔註307〕又如熹宗天啓二年，生員楊桂等，聚黨橫行，大干法起，倚藉青衿，霸占田土，前後逋糧千萬，復呼朋引類，脣愬當道，猖獗若此，士風澆惡可知。〔註308〕至崇禎年間，士風更壞，當時惡習「士偶叨一第，即多納投獻，把持武斷為鄉曲患。」〔註309〕崇禎末年，風俗更敗壞到極點，據歐陽直所著《蜀亂》所記載，當時四川風俗僭越到令人不可思議地步：

> 即如一服飾也，輕薄縞素，競侈羅綺，僭制造奇，日異歲變；一宴，淡泊是鄙，豐厚相尚，邱糟林肉，海錯山珍；一居處也，華堂□戶，卷雨飛雲，園榭必花木盛植，池亭必魚鳥備觀；一烹宰也，祇頤適口，不惜物命，剖腐極珍極虐，炮炎極怪極慘；一田土也，富連阡陌，貧無立錐，侵謀膏腴，占人世業，欺奪孤弱，全成方圓。甚之交易則利己損人，營求則重息撒債，結處則口是心非，習唆則舌劍唇槍，縱欲則貪刻奸淫，逞奸則陽謀下石，見人得志則嫉忌橫生，聞人不喜則幸災樂禍，又甚至貪官污吏，學霸勢紳，市棍土豪，衙蠹官僕，貓鼠固結，魚肉善良，傾人之家，破人之產，鬻人之子，騙人之財，壞人之功名，害人之性命，淫占人之妻女，拆散人之婚姻，紳衿棍蠹，莫不萬畝千楹，更錦衣而玉食；鄉農佣販，惟有佣田租屋，且啼飢以號寒。〔註310〕

風俗敗壞，禮制崩潰，土豪劣紳，競相僭越奢侈，大肆併吞他人產業，社會秩序大亂。又據明末跟隨曾英抗賊之楊姓老人口述啓禎之間的亂源，亦歸諸於風俗之敗壞。

> 民情恣變，恥樸素，尚浮華。重貲財，輕義氣，官司不善撫卹，激使結黨抗衡，士子競相鼓譟，遙應蜂起，雖閣部重臣不能彈壓，巨賊乘勢入矣。〔註311〕

富者田連阡陌，競相奢侈誇富，貧者即無立錐之地，啼饑號寒，四處流移，社會階級矛盾至極，焉有不亂之理，所以明季文人皆把中葉以降，社會風氣

〔註307〕《明神宗實錄》卷四三〇，頁1，萬曆35年2月甲午。
〔註308〕《明熹宗實錄》卷六，頁18～19，天啓元年2月甲子。
〔註309〕《遂寧縣志》（乾隆11年刊本，故宮普舊）卷五，頁15～16，李實。
〔註310〕歐陽直，《蜀亂》，轉引自顧城《民末農民戰爭史》，頁300。
〔註311〕徐恩溫等續修《內江縣志》（清光緒9年刊本，中研院史語所善本）卷十五，頁2～3，〈外紀〉。

轉向奢侈，尚僭越為民亂迭起的因素之一，是有條理可循的。

再以手工業、商業發展停滯不進論之。明代川省手工業、商業，因人口緩慢發展，從事手工業及商業人數，已遠較宋代為少，再加上，四川手工業又改變成以輸出原料為導向，未能積極從事於手工業製成品的發展，當時到川省買賣的商人皆以生絲、川木等土產品為主，而本地人從事商業者，寥寥無幾，以致手工業、商業發展皆停滯不前，遠較同時期的江南落後。朝廷對此停滯現象並未積極地經營改進，以刺激工商業發展，反而變本加利地剝削地方工商業，使川省工商業更加倒退，以茶葉商品為例，此為川省在發展緩慢的農業產品中，惟一快速成長，可以大獲利益，可替地方增加財稅收入的商品，可惜因朝廷推行「以茶馭番」的國防政策，以致將茶變成政治化的商品，嚴格控制茶葉生產、經營、運銷，茶葉完全為朝廷「茶馬貿易」服務，忽略其自由交易的性能，以致未能開放地方茶葉交易，增加地方財稅收入，幫忙解決日漸枯竭的地方財政問題，誠為可惜。不會廣闢財源，若能疼惜民膏民脂，或許地方財稅不致匱乏，百姓不致窮困，神宗以降，權使四出，在「攤派」「散派」等名目下，碩果僅存的少數工商業，也被剝削殆盡，蓋權使是在傳統地方財稅機構外，皇帝的家奴對地方財稅的一種搜括，這種搜括除了破壞地方財稅制度外，更糟的是，權使和地方官鄉紳結合，變本加利地剝削壓榨百姓，更導致民窮財盡，迫使人民走向流移叛亂之途，這也是川省民變迭起的另一個因素之一。

最後以朝廷過度地役民論之。明初諸帝採木於四川者，皆選在農閒時候，方不誤農事，且役民有方，常撥糧於從事木役諸夫，逢災禍，也接受地方官建議，停止採木，給民休息，故木役並未蔚為至苦差事。世宗以降，大興土木，執意採木，群臣見地方財稅已漸枯竭，建議停止採木，以甦民困，為世宗所拒絕，但世宗偶爾也會略施小惠（如免糧稅）於民，以甦民困，加上世宗朝，地方動亂少，人民尚能負擔，木役之累，尚不嚴重。待神宗時，屢興木役，地方經費又不足，則動之於「加派」，非但不體恤百姓，且變本加利役使百姓，當時川省，又逢天災、播亂，且權使又四出，「木役」、「權役」、「播役」三役並出，已使川民窮於應付。神宗時每次採木，每縣約用銀萬兩，全省用銀二百萬兩，平播時，每縣徵調丁糧約萬石，貼銀運米至前線不下三萬人，推一縣所費，可知其他縣，時又逢兵荒馬亂，土田無耕，川民疲於奔命，競相逃亡。〔註312〕地

〔註312〕《廣安州志》（雍正11年刊本，故宮善本）卷七，頁5～11，王德完，〈痛陳

方官紛紛建議停止採木，神宗置之不理，以致川省百姓十室九空，流民四出，地方不靖，徒爲流寇創造叛亂之本錢。所以，神宗以降，役民過甚，人民窮於應付，遂四出流移，社會動盪不安，亦爲民變迭起因素之一。

　　總之明代四川自然及人文環境，不亞於唐宋兩代，極適合經濟之發展，然因朝廷無整體之規劃，不積極經營，以至在人口、財稅、農業、商業等方面皆不及宋代繁榮，其後更因地方有司之不能體恤民瘼，役民過甚，終導致整個經濟體系崩潰，論其崩潰之主因，則在上下置四川不顧，無整體發展四川經濟之規劃，這也是明代四川社會經濟緩慢成長，急速崩潰之歷史因素，也是民變迭起的重要因素。

四川三大苦乞罷大木稅鐺疏〉。

第四章 明代四川民變的迭起及其平定

第一節 英、憲之際的民變及其平定

　　明代四川地區重大民變主要發生在天順、正德、嘉靖、崇禎年間，但其他期間亦曾發生民變及少數民族之動亂，但因其擾亂地區不大，且迅速為地方官軍所勘平，因此本章略而不談，而把研究重點擺在擾亂地區廣大，且需朝廷徵調他省官軍聯合圍勦才能勘定的民變和少數民族之動亂。因此本章將研究重點擺在英憲之際、武宗朝、楊應龍、奢崇明、晚明等五個階段討論。首先討論英憲之際的民變，英宗、憲宗以前，也有一些零星的變亂，例如洪武六年（1373），顧成擒重慶「妖賊」王元保，其後洪武十年（1377），威州土酋董貼里作亂，朝廷以平羌將軍右御史大夫丁玉討伐之，丁玉至威州，董貼里投降，遂以其地設威州千戶所。〔註 1〕十二年（1379）四月，嘉定州眉縣「妖人」彭普貴誘眾作亂，殺知縣顧師勝，焚掠十四州縣，四川都指揮音亮、朱輔等官兵，不速征討，淹留道途，民亂愈熾，太祖遂派正在松潘征戰的平羌將軍丁玉帶兵征討，七月中旬，明軍平定彭普貴之亂。〔註 2〕十五年（1382），平茂州土官楊者七之亂，斬之。〔註 3〕二十八年（1395），斬東儂

〔註 1〕《明史》卷一四四，頁 4074，顧成，及卷一三四，頁 3909，丁玉，及《明太祖實錄》卷一一六，頁 5，洪武 10 年 11 月甲辰。

〔註 2〕前引書，卷一二四，頁 1，洪武 12 年夏 4 月甲辰，及卷一三五，頁 5，洪武 12 年閏 5 月丙辰，及《皇明四大祖法》卷十二，頁 12～6。

〔註 3〕《明太祖實錄》卷一四六，頁 1，洪武 15 年 6 月癸未。

茶洞蠻「田大蟲」。〔註4〕三十年（1397），擒自漢中起事波及四川的叛亂領袖高福興，寬其脅從者四千人。〔註5〕從史料上「妖賊」一詞看來，叛亂者和秘密宗教有關，應當屬於元末農民起義的餘波，有的事件規模也不算小，當時因開國軍興，亂事都能即時戡平，對地方騷擾破壞不大，其後隨著國勢陵夷，地方軍事日漸瓦解，尤其是英宗末年，地方民變不斷地迭起。

英宗天順六年（1462）九月至憲宗成化二年（1466）六月期間，川省曾經暴發小規模的民變，首亂者悟昇，本據岳池縣天澗溝，後為官軍所圍剿，遂放棄據地，流劫浦江、榮昌、瀘州、遂寧、銅梁等州縣，所至「破縣治，放獄囚，燒毀民宅，殺掠財富，其勢日盛。」〔註6〕朝廷只命守土官員，用心剿滅贖罪。〔註7〕日後，因官軍阻擊，悟昇乃向川東轉移，與廣安州岳池縣楊瓚會合，由水路趨瀘州，然後流劫於銅梁、定遠、內江、永川、榮昌等縣，朝廷命地方官量調官軍民快剿捕之。〔註8〕八年（1464）四月，斬悟昇，生擒何文讓。〔註9〕然而民亂仍然猖獗，叛民入漢州德陽縣殺指揮夏正等官。〔註10〕朝廷遂命戶科給事中童軒前往四川，會同鎮撫等官，計議招撫，尚未寧靖，流民再度攻劫保寧等府，漢州、什邡等州縣「放囚劫庫，殺擄軍民，搜掠財畜」，如入無人之境。〔註11〕童軒遂向朝廷報告：賊「以求撫挾詐」，因當時降賊，常對外宣告：「我等是聽撫官賊，誰敢激變？」甚至背負朝廷的安撫榜文和免帖，深入農村，四處串聯，擴大影響，結果「賊數愈眾」，撫已無效，乃請求派兵圍剿，朝廷從之。〔註12〕其後亂民漸以趙鐸為首，趙鐸自稱「趙王」，以安浩為將軍，席評事為謀主，擁眾數千人，公開叛亂。趙鐸本良民，德陽人，其父為縣陰陽訓科，早死，鐸希望承襲父職，因謀為縣邑醫學訓科，縣令索賄，稱貸富戶獻之，久而不得官，富戶急索貸款，無錢還債，遂逃，又因仇鄰訐其藏匿「群盜」，被官追捕，遂謀反。趙鐸同漢

〔註4〕 前引書，卷二三八，頁4，洪武28年丙辰。

〔註5〕 《明史》卷一三。

〔註6〕 《明英宗實錄》卷三五七，頁4，己卯。

〔註7〕 同前註。

〔註8〕 《明憲宗實錄》卷三，頁16，天順8年3月庚辰。

〔註9〕 前引書，卷四，頁1。

〔註10〕 《國榷》卷三十四，頁283，英宗天順8年4月。

〔註11〕 《明憲宗實錄》卷十一，頁6～7，天順8年11月己丑。

〔註12〕 《國榷》卷三十四，頁2181，英宗天順8年11月明庚午，及《明憲宗實錄》卷十一，頁10，天順8年11月庚午。

州悟昇及六澗溝楊瓚同黨，悟昇就擒後，趙鐸屢撫屢叛，反側不常。成化元年（1465）二月又就撫，朝廷雖「賑給田產屋衣糧，蠲免徭役」，但仍「預飭兵備官，令密防不測」。〔註13〕不久，趙鐸復叛，愈肆猖獗，川撫汪浩，乞敕兵部計議調兵剿捕，部議以原遼東寧遠衛指揮同知韓斌為參將，率京營及陝西漢達軍官圍剿。〔註14〕五月，趙鐸兵敗，趨彰明縣，千戶田儀等設伏梓潼道上，參將周貴直搗其巢，趙鐸大敗，夜奔石子嶺，為田儀所殺，傳首成都。〔註15〕趙鐸伏誅，朝廷雖罷征蜀官兵，但對亂後的四川，亦作一番復建工作，首先規定不准官兵誣民為盜，強括民財，否則依律問罪；次者復設鄰水、樂至、東鄉、資陽等四縣，設縣置官，以撫治流民；最後對趙鐸餘逆，仍採取剿捕無遺的屠殺戰術。〔註16〕七月再擒趙鐸餘黨王銘等二百餘人於崇慶州等州縣。〔註17〕八月戮趙鐸餘黨任凱等一百九十九人，梟首於各府州縣示眾。其後趙鐸餘逆仍遍佈夔東一帶，如榮、安、夔州府仍然見其縱影。〔註18〕

趙鐸遭到明軍圍剿之時，湖北荊襄流民的叛亂在官兵的圍剿下，勢力也轉入低潮，一支由劉通所率的流民突圍西走，攻破大昌，進入巫山。劉通號稱劉千斤，有眾十餘萬，流劫三省，每戰輒勝，荊漢之間無寧日。〔註19〕二年（1466）四月，荊襄劉通平，生擒劉千斤，獻俘京師，惟劉長子及石和尚遁去，深入巖險。〔註20〕六月，石和尚復聚眾千數，燒劫大昌縣治，殺夔州通判王禎。當時王禎剛以太學生除夔州府通判，率軍前往剿賊，明軍守巫山治者，皆柔怯托疾不敢出一兵，王禎率兵出戰，陷賊陣中，被擄不降，遭賊割喉斷臂而死，死訊傳來，朝廷震驚。〔註21〕七月，兵部奏言荊襄大盜元惡

〔註13〕《明憲宗實錄》卷十四，頁13，成化元年2月丙午。

〔註14〕前引書，卷十六，頁5，成化元年4月壬辰。

〔註15〕前引書，卷十七，頁4，成化元年5月甲子，及《明史》卷一七五，頁4658，何洪。

〔註16〕《國榷》卷三十四，頁2191，憲宗成化元年5月乙丑，及《明憲宗實錄》十九，頁1、2，成化元年5月丁未及己酉。

〔註17〕《明憲宗實錄》卷十九，頁8，成化元年7月辛未。

〔註18〕前引書，卷二十，頁1，成化元年8月戊寅。

〔註19〕前引書，卷二十四，頁6，成化元年12月丁酉，及黃瑜，《雙槐歲鈔》（《百部叢書集成》之九三，《嶺南遺書》第一，清道光伍崇曜校刊《嶺南遺書》本景印，台北：藝文印書館，民國57年）卷九，頁19，〈荊襄兵兆〉。

〔註20〕《國榷》卷三十四，頁2198，憲宗成化2年10月壬寅。

〔註21〕谷應泰，《明史紀事本末》（台北：三民書局，民國58年4月出版），頁394，及《夔州府志》（道光7年，史語所善本）卷三十六，頁16～20，羅洪先，〈戰

石和尚、劉長子等逃往金山、瞿塘等處，沿路攻劫縣治，殺掠人數，請委大軍剿滅之。〔註22〕十月，提督湖廣軍務工部尚書白圭，分兵三路進討，四面圍攻，計擒石和尚、劉長子及劉千斤妻子連氏等六百三十餘人，斬其領袖石和尚、劉長子及其家屬一百二十五人。其後兵部又恐「有竄伏山林者，俟我師還，復聚為亂」，遂要求太監總兵等官，督兵搜捕，俾噍類不遺，庶無禍患。經過此次官兵清鄉之區處得宜，為亂十餘年，擾亂岳池、浦江、銅梁、榮昌、遂寧、定遠、內江、永川、漢陽、保寧、大昌、巫山等十餘府州縣之民亂，纔告清除。其後憲宗鑑於夔州等府與陝西、湖廣壤地相接，林菁深壙，流民聚集，易於為亂，遂增設副使一員，專守其地。〔註23〕

馬記〉。

〔註22〕《明憲宗實錄》卷三二，頁2～3，成化2年秋7月戊寅。

〔註23〕前引書，卷三十五，頁4，成化2年10月丁未，及卷三十六，頁5，成化2年11月戊子，及卷二五六，頁8，成化2年9月乙巳。

附圖一　明英宗、憲宗之際民亂波及範圍圖

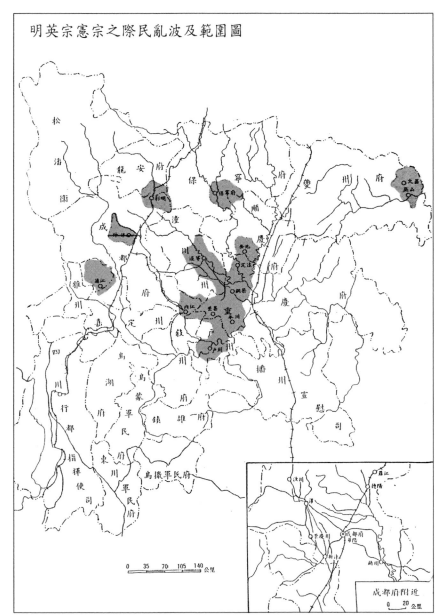

第二節　武宗朝的民變及其平定

　　正德年間，因天災頻仍，朝政混亂，民亂四出，河北、河南、山西一帶，江西南部、西部、閩粵交界處，亦民亂迭起，在此一有利形勢的推動下，四川

亦爆發了聲勢浩大的民亂。武宗正德四年七月至十年六月間，川省再度爆發一次相當嚴重的民亂，此次民亂由三支隊伍匯合而成，藍廷瑞、鄢本恕起於川東，劉烈起於川北，曹甫、方四起於川南。正德四年七月，眉州人劉烈，聚眾二千人，轉掠漢中，朝廷令四川、陝西、湖廣鎮巡官隨宜剿捕。〔註24〕時夔州之東鄉、保寧之通江等地早有盜賊群聚，多至二千人，少亦不下數百，分營立寨，居民被其毒害。十二月這些盜賊開始攻掠旁縣。〔註25〕朝廷遂命巡撫林俊率兵備夔州、保寧，且命令陝西巡撫都御史黃寶率兵備漢中商洛，要二人相機戰守，互相策應，務期殄滅民亂。〔註26〕五年二月，藍廷瑞又聚眾二千餘人，轉掠重慶、夔州、保寧間。諸地因鄰近漢中、荊襄，地方官認為三省邊境本有流民易聚為患，請朝廷派大臣總制三省官軍，並派酉陽、石砫土軍協剿，兵部只准調土兵，由林俊指揮討伐亂民。〔註27〕五年三月，巡按湖廣都察御史翟唐奏劉烈熾甚，僭號設官，將來必為大患，並再度提醒嚴防劉烈進入陝西、湖廣地界，此時劉瑾當政，上下朦朧，以翟唐言「壅蔽」，尤惡翟唐，遂不用其言。〔註28〕亂事消息不能上達，遂更熾盛。終於朝廷命洪鍾總制湖廣鄖陽、陝西、河南、四川等處軍務，專心剿撫，希望很快撲滅民亂。〔註29〕此時民亂突入陝西西鄉，殺虜官軍，又轉入湖廣，三省大擾，〔註30〕六月，川撫林俊奏劉烈曾匿保寧山中，其後失蹤，或傳由雲南入外番，當時川中諸賊，皆竊名劉烈，林俊令人出圖榜懸賞二千兩捉拿劉烈竟然仍不知所在。〔註31〕劉烈結局，無法詳考，但由日後民亂的流動方向推斷，劉烈和藍、鄢兩支民亂隊伍，可能在洪鍾入川後，合為一股，朝漢中方向轉移。

劉烈失蹤後，川東藍廷瑞稱順天王，廖惠稱掃地王，眾十餘萬，置四十八營總管，延蔓陝西、湖廣之境。正德五年六月亦為官軍所敗，斬首三千零二十二餘，退保陝西西鄉求撫，林俊認為賊情叵測，假撫詐戰，已調酉陽等

〔註24〕《明武宗實錄》卷五十二，頁5，正德4年秋7月庚戌。

〔註25〕前引書，卷五八，頁6，正德4年12月乙巳。

〔註26〕前引書，卷五八，頁11，正德4年12月乙卯。

〔註27〕前引書，卷六十，頁5，正德5年2月丙午。

〔註28〕《明史》卷一八八，頁4991，翟唐。

〔註29〕《國榷》卷四八，頁2967，武宗正德5年3月丙子，及《明武宗實錄》卷六一，頁6，正德5年3月癸酉。

〔註30〕《國榷》卷四八，頁2969，武宗正德5年4月癸巳。

〔註31〕《南縣部縣志》（道光29年刊本，中研院史語所善本）卷四十八，武宗正德5年6月癸巳，頁1～6，勦平蜀盜。

兵，期以秋初夾攻。朝廷爲防備亂勢擴大，特地在保寧、夔州及重慶設捕盜通制一員，專事剿捕。〔註32〕那時亂民仍然在通江巴州、廣元、袁州、龍州等處劫殺。〔註33〕朝廷除了圍剿叛民外，另一方面也不放棄招撫工作。七月，林俊親赴達州，圖謀招撫，但廖惠堅決不從，攻陷通江城，殺參議黃瓚等遁去。林俊遂調石砫等土兵圍剿亂民。〔註34〕九月，藍廷瑞突破官兵圍剿，遭土兵襲擊，損失頗重，官軍謊報廷瑞已死，並擒獲廖惠，實際上他們都平安撤離，又轉入陝西西鄉一帶。〔註35〕

當廖惠往陝西逃竄時，十二月裏，川南又爆發了民亂，由重慶人曹甫領導糾眾千餘人，自眞州轉入南川、綦江等縣，大肆搶掠攻陷江津，〔註36〕曹甫，自稱順天王，謀與藍廷瑞合。〔註37〕六年二月，官兵在江津夾擊曹甫，曹甫兵敗，官兵斬殺五百餘人，俘虜七百餘人，死於兵火者亦七百餘人，官軍大捷。〔註38〕曹甫餘眾方四等自江津敗後，奔綦江，眾僅四百人，流入貴州石阡，其後復糾合亡命至二千人，號稱萬人，其勢復張，再陷婺川龍泉坪，焚烏江屯寨凡四十。巡撫湖廣右副都御史鎬請調永順、保靖土兵征之。〔註39〕六年十月，方四、曹甫餘黨四千餘人，自貴州石阡越馬瑙關，復入四川劫掠。〔註40〕十一月，方四又陷南川、綦江，朝廷調酉陽、石柱、播州、建始土兵圍剿，追至東鄉，大敗之，餘黨復走貴州思南，斬一千四百五十餘級，俘一千八百餘人，踏死者又幾萬人。〔註41〕逃入貴州思南、石阡之亂民，又被官方捕斬一千三百餘人，招撫又萬餘人。但不久其勢復熾，七年三月，進犯貴州婺川等處。〔註42〕七年閏五月，方四自南川破綦江，僉事馬昊敗之，奔婺

〔註32〕 《國榷》卷四十八，頁2974，武宗正德5年6月癸巳，《明武宗實錄》卷六四，頁4，武宗正德6月癸巳，及頁6，庚子。

〔註33〕 《明武宗實錄》卷六五，頁7，正德5年秋7月癸酉。

〔註34〕 《明史》卷一八七，頁4959，洪鐘。

〔註35〕 《明武宗實錄》卷六七，頁12～14，正德5年9月丙子。

〔註36〕 前引書，卷七十，頁4，正德5年12月己亥。

〔註37〕 前引書，卷七一，頁2，正德6年元月戊辰。

〔註38〕 前引書，卷七二，頁11，正德6年2月丁未。

〔註39〕 前引書，卷七六，頁4，正德6年6月己丑，及卷七七，頁7，正德6年秋7月己巳，及卷七七，頁7，正德6年秋7月己巳，及卷七九，頁4，正德6年9月辛酉。

〔註40〕 前引書，卷八一，頁3～4，正德6年11月丙辰。

〔註41〕 前引書，卷八三，頁7，正德7年正月癸酉。

〔註42〕 前引書，卷八五，頁6，正德7年3月癸申。

川，復劫梁山縣，與曹甫不協相攻，眾遂散。乃變姓名，至開縣，爲義官李清所獲，送於官，磔於市。〔註43〕七月裏，曹甫降，但爲廖麻子所殺，其潰散者，凡二萬人，餘眾爲廖麻子所併，轉掠川東，終不能平。方四、曹甫死後，明軍本可乘勝追擊，消滅餘逆，但因川撫林俊，與總制尚書洪鍾不合，蓋林俊不容中貴子弟從軍冒功，權倖多忌之，再加上洪鍾不能讓功，總戎務，與林俊常齟齬，受其節制，延誤軍機，林俊遂以不爲時所容，敗賊後，以疾乞休，而方四餘黨復熾，自湖陝遍蜀中，騷擾餘年。洪鍾等以爲方四等不足懼，竟日酣酒賦詩，糜費公帑，巡按御史王綸劾洪鍾，玩寇殃民，請改派識兵體、洞民情者來蜀，於是朝廷罷洪鍾，以右都御史彭澤代爲總制討賊，方四餘黨始平定。〔註44〕

當川南曹甫作亂時，藍、鄢主力再度利用時機自大寧、竹山進入四川轉掠通江、巴州，陷營山縣，殺僉事王源。〔註45〕藍、鄢等黨尚有萬餘人，正德六年，五月，自鹽亭縣攻破梓潼，復自綿州破劍州，趨江油，川北震動。〔註46〕明王朝動用了川、陝、湖廣、河南四省兵力，以永順土兵充當前鋒，合力會剿，藍廷瑞等隊伍爲官軍所遏，氣燄稍竭，退回鹽亭，循南部縣以去。藍廷瑞等人採取「每遇官軍，輒先遁去」，四川又「地廣山深」，總制都御史洪鍾都認爲「遽難殄滅」。〔註47〕六月，藍廷瑞爲永順土兵所逐，奔漢中，後因食竭力盡，告乞還四川聽撫，朝廷命總制鎮巡等官議處以聞。〔註48〕於是至四川東鄉縣金寶寺聽撫，藍廷瑞至東鄉，依山駐營，並提出以營山縣治或臨江市爲駐地和以旗牌官爲人質等條件，意在緩師，洪鍾俱許之，但仍劫掠如故。其後廷瑞「以女結婚於（湖廣）永順土舍彭世麟，冀緩兵」，世麟僞許之，一方面和廷瑞約期，一方面密告洪鍾，於是明軍分七哨扼守四周要隘。六月十六日，藍廷瑞、鄢本恕等二十八人赴彭世麟宴會，中伏被擒，藍廷瑞等被凌遲三日，梟首被害地方。餘眾廖惠、喻思俸等奮力突圍，三千餘人流竄至陝西漢中的寧羌州、沔縣、略陽、徽州、成縣等處。十二月，自陝

〔註43〕前引書，卷八八，頁2，正德7年潤5月庚壬。

〔註44〕前引書，卷八九，頁2，正德7年6月辛亥，及卷九二，頁3，正德7年9月戊子，及高岱，《鴻猷錄》，頁1～6，〈勦平蜀盜〉，及呂柟撰《洪野先生文集》（明嘉靖34年眞定府于德昌刊本，中圖微捲）卷二，頁31～32，〈贈王扶風汝言序〉。

〔註45〕前引書，卷七一，頁5，正德6年5月甲寅。

〔註46〕前引書，卷七五，頁1，正德6年正月癸酉。

〔註47〕前引書，卷七五，頁6，正德6年正月乙亥。

〔註48〕《明武宗實錄》卷七六，頁7，正德6年6月戊戌。

越百丈關，復劫蒼溪縣，兵備副使馮傑戰死，自是流劫於陝西、四川之間。
〔註49〕七年九月，廖惠、喻思俸糾眾，自合州渡江，陷銅梁、榮昌、內江、
遂寧、安岳，直入樂至、中江、金堂等縣，殺死明指揮以下十四人，明廷此
時除了宣佈「除廖麻子不赦外，其餘解散自歸，一體寬恤」之招撫政策外，
同時又以彭澤代替洪鍾，並選調京營長箭神槍手一千人，且調河南鎮守總兵
時源所部千人，陝西洮岷等衛官軍二千人，並懸賞五千兩擒廖麻子等諸措
施，準備痛擊亂民。〔註50〕不久，廖惠等率領其黨千餘人來降，巡撫高崇熙
等，請散遣其眾，處之開縣臨江市，兵部已從其議，但彭澤認爲「狡賊難信」，
給事中安邦彥亦言「宜防變詐」，各執一詞，兵部遂令彭澤察賊誠僞，以爲
剿撫之宜，事未定奪，廖麻子於八年二月復叛，朝廷以亂民不盡滅之名，追
逮高崇熙下獄，以右僉都御史馬昊巡撫四川。〔註51〕調延綏兵一千八百名，
寧夏、慶陽、固原三鎮兵，共一千五百名，聽總制都御史彭澤及副總兵時源
節制。〔註52〕四月，廖麻子在漢州平壩與官軍接戰失敗，分成兩支，喻思俸
奔金堂，廖麻子退至劍州青林口爲邊軍所殺。〔註53〕其後喻思俸、王長子等
二百餘人奔入通巴山，彭澤恐其遺患他日，除委官兵搜剿，期於斬絕外，並
在保寧、開、達等處添守備一人，且各處村鎮編僉總小甲巡視，設官安輯流
民。〔註54〕十二月，軍事布置已成，喻思俸亦僅剩數千人，走匿大巴山中，
彭澤遂奏罷延綏、洮、岷等處官軍，還邊操守，僅留川陝之兵圍剿。九年二
月，彭澤、時源督諸軍圍之，喻思俸爲明軍重創而死。彭澤以賊平，奏請班
師，朝廷恐班師太早，遺黨復亂，詔彭澤仍暫駐保寧，以剿餘黨。五月遂以
「地方寧靜」，准彭澤班師回京。〔註55〕十年六月，再斬雷伯定於市，藍、
鄢餘黨至此完全戡定。從劉烈稱兵叛亂，至雷伯定被斬前後動亂共六年，流

〔註49〕《國榷》卷四八，頁3006，武宗正德6年8月己卯，及《明武宗實錄》卷七
　　　　八，頁2，正德6年8月己卯，及卷七九，頁4，正德6年9月辛酉，及卷八，
　　　　頁11，正德6年12月辛丑，及卷八三，頁4，正德7年正月癸亥。

〔註50〕《明武宗實錄》卷九二，頁6，正德7年9月丙申，及卷九四，頁1，正德7
　　　　年11月壬申。

〔註51〕前引書，卷九五，頁8～9，正德7年12月己巳，及卷九七，頁1，正德8年
　　　　2月庚子。

〔註52〕前引書，卷九八，頁4，正德8年3月癸巳。

〔註53〕前引書，卷九九，頁6，正德8年4月乙丑。

〔註54〕前引書，卷一○二，頁4，正德8年秋7月辛巳、乙丑。

〔註55〕前引書，卷一○七，頁3，正德8年12月辛丑，及卷一○九，頁7-8，正德9
　　　　年2月癸丑，及卷一一二，頁6，正德9年九月庚辰。

竄陝西、湖廣、四川三省，蹂躪大寧、竹山、通江、巴州、營山、蒼溪、合州、銅梁、榮昌、樂至、綿竹、中江、金堂等十餘州縣之流賊，纔告戡平。平定後，明廷恐民亂再發，朝廷從守臣議，將簡縣升爲州，並選有材幹者爲正佐，以便安輯流民。〔註56〕又在巴山萬壑中，淵藪逋兵、醞釀奸宄之地，設南江縣，以便馭撫流民，〔註57〕此外又在達州設兵備副使，統轄施州、瞿塘各衛所，且下令各府州縣編僉弓兵、民壯，名爲鄉勇，以時操練，用備不虞，且在蒼溪縣八字堡、火井壩，雲陽縣五溪、太平縣明道等地設巡檢司，以嚴巡察。但雷伯定餘黨周天星、王打魚、張東陽等有眾數萬，剽掠眞州、播州、南川一帶，直到世宗嘉靖十年（1531）十月，纔爲川撫宋滄所平定，至此藍、鄢餘黨，纔眞正被戡平，前後共十餘年。宋滄平定藍、鄢餘黨後，又在眞、播要害地區，建堡編夫，使閭伍守望相助，且移綦江巡檢司於赴水鎮，以便據地險，控制地方安危。〔註58〕

〔註56〕林文俊，《方齋存稿》不分卷，〈送方信甫任四川簡州同知序〉。
〔註57〕《徐定庵先生文集》卷十三，頁21～24，〈南江黃明府還鄉序〉。
〔註58〕《明武宗實錄》卷一二六，頁1，正德10年6月丁巳，及《明世宗實錄》卷一三一，頁4，嘉靖10年10月己丑，及卷一三九，頁5，嘉靖11年6月辛丑，及《巫山縣志》（清康熙54年刊本，故宮善本）不分卷頁，及《明武宗實錄》卷一一九，頁6，正德9年12月丁巳。

附圖二　明武宗、世宗之際民亂波及範圍圖

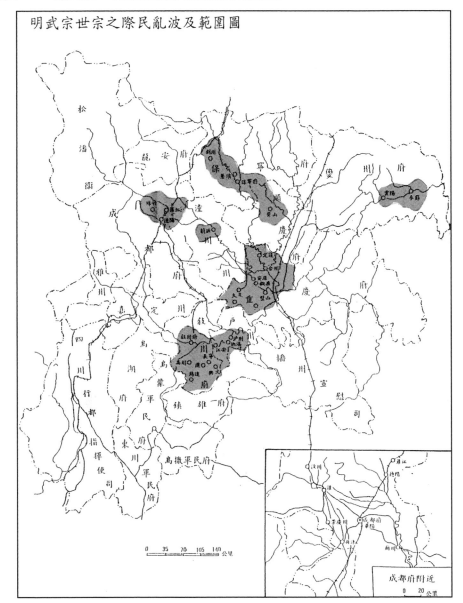

第三節　楊應龍之亂及其平定

　　唐僖宗乾符初年，山西太原人楊端起兵助唐，挫敗南詔，授武略將軍，從此楊氏便世代據有播州地區，歷宋、元，世有其地，至明代已有二十一世，明初內附，授楊堅宣尉司使，令世撫諸苗，子孫相繼不絕，隸四川，其地千

里，橫跨川、湖、貴三省之間。至穆宗隆慶年間，楊烈死，子楊應龍嗣，朝廷仍允許其有撫治民大權。〔註59〕楊應龍襲職後，曾先後奉朝廷徵召，從征喇嘛諸番九絲、臐乃、楊柳溝等，多卻敵先登，斬獲無算，尤其在平楊柳羌之役，楊應龍率卒先登，焚其巢穴，助明軍大獲全勝。先後蒙朝廷賞賜金幣。〔註60〕神宗立，大興土木，楊應龍也先後進貢大木，以助興建，蒙獲朝廷賞賜大紅飛魚服，加職級。〔註61〕十五年（1587），再度進大木七十根，要求朝廷賞賜蟒服，為工部所拒，遂萌反志。〔註62〕蓋楊應龍因轄地跨楚、黔、蜀三省，農產四時豐富，苗人強悍，遂自恃富強，又因累從征調，熟悉川兵軍弱，遂陰有虎據全蜀之志。〔註63〕十八年（1590）十二月，貴州巡撫葉夢熊向朝廷舉發楊應龍「凶惡不道」，巡按御史陳效劾楊應龍十二罪，主張申討；但川撫李尚思，因需播兵防禦松潘，請宥其罪，按臣李化龍亦認為徵兵禦虜後，再議處，黔蜀雙方，各執一詞，兵部下令派員公勘，或勦或赦，川黔毋執成心。〔註64〕其後兵部「以應龍未見抗命而不服會勘，四川按臣未嘗庇應龍而執不會勘」為理由，不再派遣科臣會勘，只命川貴撫按會勘楊應龍。〔註65〕二十年初，播民何思等以告楊應龍造反，葉夢熊請發兵勦之，但蜀人之以其三面臨播，屬裔什佰，皆其彈壓，且數征調有功，多言應龍強，未易輕舉，川撫艾穆亦不願加兵，朝廷再命川貴撫臣會勘，楊應龍願赴蜀，不赴黔，遂赴重慶，對簿論斬，輸贖黃金二萬兩，放之還。〔註66〕同年八月，日本入侵朝鮮，中日雙方展開交戰，朝廷除了移文四川巡撫速催總兵劉綎率川兵，星夜前往赴援外，並議調播兵五千，前往赴援，其後因兵員已調充足，遂罷播兵不調。楊應龍亦利用朝廷用兵朝鮮，無力南征之機會，更加橫逆，居處服

〔註59〕《明神宗實錄》卷三五四，頁7，萬曆28年12月乙未，及《明史》卷二百二十八，列傳一一六，李化龍，頁5894，及《國榷》卷六八，頁4214，隆慶6年12月丁丑，及萬曆元年2月甲子，頁4220。

〔註60〕《國榷》卷七三，頁4532～4533，萬曆14年4月辛卯，及《明神宗實錄》卷二一〇，頁4，萬曆17年4月乙酉。

〔註61〕《國榷》卷七三，頁4521，萬曆13年12月庚午，及《明史紀事本末》卷六四，頁691，平楊應龍。

〔註62〕《國榷》卷七四，頁4555，萬曆15年4月庚午。

〔註63〕《明神宗實錄》卷三五四，頁7，萬曆28年12月乙未。

〔註64〕《國榷》卷七五，頁4640，萬曆18年12月壬午，及《明神宗實錄》卷二三〇，頁5，萬曆18年12月癸未。

〔註65〕《國榷》卷七五，頁4645，萬曆19年2月戊子。

〔註66〕《明史》卷二二九，列傳一一七，艾穆，頁6003～6004。

飾僭擬皇上，區其門曰：「半朝天子」，立子朝棟爲「後主」，日夜與其黨爲逆謀，分兵掠石阡、興隆、江津、南川等縣。〔註67〕

　　楊應龍已有稱兵劫掠之事實，本應派兵誅之，但明廷卻一味姑息，二十一年（1593）八月，發佈楊應龍既無叛逆之情，要求川貴撫按就地會勘，不必差官往諭，此刻楊應龍對朝廷會勘，往往遷延愆期，朝官前往親諭禍福，又扼險不出，擲之不理，相反地，「更虐士民，繕兵器」，川、貴巡撫王繼光、林喬相逐奏請正法，朝廷下命便宜擒治之。〔註68〕楊應龍仍我行我素，二十二年（1594）二月，又拒殺官兵，朝廷遂命川貴協勦，四月，王繼光令總兵劉承嗣領兵勦楊應龍，兵至白石關，應龍詐降，突擊明軍，明軍大敗，輜重盡爲應龍所有，川撫王繼光論罷，撤兵。〔註69〕新撫譚希恩再主勦，御史薛繼茂主撫，勦撫未定。九月，朝廷命邢玠爲兵部左侍朗兼右副都御史總督川貴，勦勦楊應龍。當時朝廷交給邢玠之任務爲「先勘後勦」，易言之，應龍如悔罪出勘，情法並施，如仍負固，方行勦滅。〔註70〕此時川貴協勦楊應龍，但因意見不一，師勞無功，禮科給事中楊東明建議再派大臣往勘，若事可原即赦，否則徵川、湖、雲、貴之兵討之。〔註71〕但朝廷確認楊應龍「負固拒敵，罪無可赦」，令川貴巡撫整兵備餉，協心勦除，以安地方，且再申令邢玠總督川貴軍務，依限前去，事平回京。〔註72〕二十三年（1595）三月，邢玠至川，除了向楊應龍宣諭朝廷恩威外，並牌催川、貴二省刻期整飭兵糧，準備進勦楊應龍。〔註73〕邢玠軍事就緒，遂「檄應龍，若來當待以不死，否者購若頭萬金，宜早計，吾不爾欺」，再加上水西土司安疆臣趨勸應龍就勘得貰其罪的威脅利誘下，楊應龍遂面縛泣請罪，獻其逆黨黃元、阿羔、阿苗等十二人，抵松坎，應龍論斬，革宣慰使銜，降爲民，准其納銀四萬兩贖罪，賜

〔註67〕《明神宗實錄》卷二五三，頁2〜3，萬曆20年10月壬辰，及卷二五五，頁6，12月戊辰，及卷三五四，頁7，萬曆28年12月乙未；及《國榷》卷七六，萬曆20年8月甲午，頁4680，及12月辛丑，頁469。

〔註68〕《國榷》卷七六，頁4707，萬曆21年8月癸巳，及11月丙寅，頁4714，及《明神宗實錄》卷二六六，頁3，萬曆21年11月丙寅，及頁4，10月戊辰。

〔註69〕《國榷》卷七六，頁4724，萬曆22年2月戊子，及頁4726，4月辛丑。

〔註70〕《國榷》卷七六，萬曆22年9月丙子，頁4735，及《明神宗實錄》卷二三四，頁8，萬曆28年2月辛巳。

〔註71〕《國榷》卷七六，頁4738，萬曆22年10月癸丑。

〔註72〕《明神宗實錄》卷二七八，頁3，萬曆22年10月癸丑，及10月己未。

〔註73〕前引書，卷二八三，頁10〜11，萬曆23年11月戊戌。

子朝棟冠帶以土舍受事，次子可棟羈重慶，待其贖銀完日，方許放回。〔註74〕兵部因怕楊應龍就勘後，川貴二省會疏於防守，遂指示邢玠，將播州重新整頓，將原隸播州的黃平、草塘、白泥、餘慶鈴善、重安五司，改隸黃平通判，將重慶通判改撫夷同知移駐樓山以北、松坎南，不時巡歷，設法招撫夷民，且移安溪巡檢司爲松坎巡檢司，聽撫夷同知管轄，對楊應龍據地包圍，以防其屬裔叛變。〔註75〕朝廷因楊應龍就勘，陞邢玠都察院右都御史，川貴巡撫各賞銀幣有差。〔註76〕

楊應龍就勘後，雙方保持一年的和平，二十四年（1596）九月，楊應龍及其子朝棟各進大木二十根，以助朝廷大工。〔註77〕這種和平，隨著楊可棟死於重慶獄中而中止，楊應龍要求取回屍棺，地方官因勘報未完，不肯發棺，遂激怒楊應龍，再度派兵騷擾川、貴。〔註78〕此時朝廷用兵朝鮮，無暇過問播事，再加上四川守備空虛，防守地方軍兵又弱，不能作戰，應龍便公然僭稱「千歲」，想做「半壁天子」，當「西南王」，〔註79〕二十五年（1597）間，楊應龍曾聯合諸苗，舉兵入侵，大掠江津、南川、綦江、合川，勢甚猖獗。二十六年（1598）春，楊應龍對外宣稱，朝廷說動兵征勦，只是虛名，只要預備糧草，整飭關隘，無後顧之憂，朝廷有許多兵馬來，也無奈我何！勢甚囂張，而且常對其部下大言：「朝廷若不饒我，我須拼死殺出，逢州打州，逢縣打縣，大做一番。」〔註80〕當時因承平日久，人不習戰，且大兵未集，聞應龍先聲，無不潰散者。再加上楊應龍勾結生苗，張其爪牙，復誘五司土目，雲合響應，彌山遍野，所到烏墟，川貴有司束手無策。〔註81〕大學士沈一貫因見楊應龍肆虐如故，遂建言改四川巡撫爲總督，兼轄川、湖、貴三省，以一事權，遂下部會推人選，催其赴任。〔註82〕二十七年（1599）二月，朝廷

〔註74〕《國榷》卷七七，頁4760，萬曆22年9月乙未，及《明史》卷三一二，列傳二○○，〈四川土司一一〉，頁8046。

〔註75〕《國榷》卷七七，頁4761，萬曆23年9月己亥。

〔註76〕《明神宗實錄》卷二九二，頁3，萬曆23年12月甲辰。

〔註77〕《明史紀事本末》卷六四，頁693，〈平楊應龍〉。

〔註78〕《明神宗實錄》卷三四四，頁8，萬曆28年2月辛巳。

〔註79〕《明史紀本末》卷六四，頁692，〈平楊應龍〉。

〔註80〕前引書，卷六四，頁691～698，〈平楊應龍〉，及陳世松等編，《四川簡史》，頁17，及《兩朝平壤要錄》卷五，播七，頁422～424，及《直隸瀘州志》（清光緒8年刊本，史語所善本）卷七，頁65～66，忠節。

〔註81〕《明神宗實錄》卷三二九，頁3，萬曆26年12月丁卯。

〔註82〕前引書，卷三三一，頁10，萬曆27年2月甲戌。

調征倭總兵劉綎以所部土漢官還師鎮四川，以專勦楊應龍。〔註83〕三月，兵部在綦江、合江各設游擊駐安穩、岡門三處，以防楊應龍軍，且要求二地駐軍，嚴加訓練，多方偵探敵情，更要求川、黔接壤信地，嚴加巡防，不得推諉塞責。〔註84〕待軍事佈置完備，遂起用李化龍爲兵部右侍郎總督川湖貴三省軍務，兼巡撫四川，楊應龍也正式造反，攻下平越飛練堡，殺都指揮楊國柱、指揮李廷棟。〔註85〕五月，李化龍至川，六月，楊應龍乘明軍未集，率兵八萬，分犯南川、江津、綦江，攻陷綦江城，殺參將房嘉龍、游擊張良賢，楊應龍縱囚焚掠，盡取貨財子女以去，老弱者殺之，投屍蔽江，江水爲赤，後退屯三溪。〔註86〕此時明廷大軍未集，重慶守臣，因懼楊應龍軍勢壯大，非但不派兵討伐，尚且把楊可棟屍體送回，且附送一筆爲數不少、數目不詳的賄款給楊應龍，以便息事寧人。〔註87〕楊應龍退屯三溪後，軍師孫時泰曾建議楊應龍乘官兵未集，乘虛直搗，首據重慶，次佔成都，惜因楊應龍恐失巢穴，拒不聽從，遂予明軍喘息機會，明廷亦時時移文詰責，示以撫意，計以緩應龍，楊應龍亦具文求撫，不復西向。〔註88〕

綦江城陷後，朝廷除了將川撫譚希思以怠玩軍情，一籌莫展，褫職爲民，永不錄用外，並採取如下措施：一則川、貴、湖廣三省用兵，俱移總督節制；二則川、貴各設監軍一員；三則任用備用兵將，如總兵李應祥等兵，如河南沙兵，天津壯士；四則添設中軍；五則重戰守，以守爲攻；六則懸賞格，斬應龍父子者，有重賞。〔註89〕並賜李化龍寶劍，以重事權，不用命者，以軍法從事。〔註90〕九月，朝廷再度下命，凡土司能俘楊應龍以獻者，許代其世職，若合謀成功，裂土酬賞，並命一切用兵事宜，俱聽李化龍便宜行事。〔註91〕十月，李化龍移駐重慶，調川、貴、湖廣三省諸兵，進擊楊應龍。十一月，四方選調之

〔註83〕《國榷》卷七八，頁4830，萬曆27年2月甲戌。
〔註84〕《明神宗實錄》卷三三三，頁3，萬曆27年3月乙酉。
〔註85〕《國榷》卷七八，頁4832，萬曆27年3月己亥，壬寅。
〔註86〕前引書，七八，頁4839，萬曆27年6月己亥。
〔註87〕《明神宗實錄》卷三三六，頁8，萬曆27年6月己亥。
〔註88〕前引書，卷三五四，頁8，萬曆28年2月乙未，及《明史紀史本末》卷六四，頁696，〈平楊應龍〉。
〔註89〕前引書，卷三三七，頁8～9，萬曆27年6月丙子。
〔註90〕前引書，卷三三八，頁1，萬曆27年8月丁丑。
〔註91〕前引書，卷三三九，頁1，萬曆27年9月己酉，及頁8，9月乙卯，及卷三四○，頁1，萬曆27年10月丁丑。

兵，如延綏、固原、甘肅、浙江、山東、廣西土司等十萬兵已調齊集，湖廣撫臣亦集沅州待命。二十八年（1600）一月，河南、廣西、陝西、浙江、雲南諸省兵，俱已次第入境，李化龍遂於十五日誓師。〔註92〕二月，李化龍兵分八道進擊，在四川境內，一出綦江，一出南川，一出合江，一出永寧；貴州分三道，一出烏江，一出沙溪，一出興隆；另外湖廣偏橋一路，八路刻期並發，令貴州巡撫郭子章防守貴陽，湖廣巡撫支可大移駐沅州，李化龍自將中路軍，以為各路策應；各道號稱三萬人，共二十四萬，其中酉陽、石砫等土司約占百分之七十，明軍僅占百分之三十。〔註93〕

　　楊應龍也勒兵數萬，三道並出，令子朝棟、惟棟統兵出綦江，據險作戰，為明將劉綎擊退。〔註94〕萬曆廿八年四月，明軍屯白石，楊應龍親自督戰，為劉綎所敗，追之海龍囤，當時湖廣偏橋路總兵陳璘已破青蛇囤，水西宣慰司安疆臣亦奪蒙洛關；合江路總兵吳廣從星門關進軍，紮駐水牛塘，八路會師海龍囤，更番圍攻，六月六日，官軍克海龍囤，楊應龍自盡，擒獲子朝棟等，明軍出師至獲勝，共一百一十四天，八路斬級二萬二千六百，播事底定。〔註95〕十二月，督臣李化龍檻送楊應龍妻子族黨六十九名，獻俘京師，神宗親赴午門樓受俘，交待所司行刑，刑部戮楊應龍屍，兄弟、親屬、黨族各論磔斬戍遣有差，征播大功告成。〔註96〕但因播地橫跨三省，所屬龐雜，仍有餘黨，依附山穴，首鼠觀望。二十九年（1601）十一月，又擒獲餘黨謝朝奉、尚守忠，戮於市。〔註97〕三十一年（1603）三月，楊應龍舊黨吳洪、譚里保等，因惡漢法嚴密，假楊應龍子之名，恢復疆界，再度煽民作亂，為總兵李應祥等率戍守官兵捕之，遂將吳洪傳級示眾，譚里保等梟首，緝捕逃逸者，以絕禍本，播亂至此，纔完全根絕。〔註98〕

〔註92〕前引書，卷三四○，頁4，萬曆27年10月丙戌，及卷三四一，頁2，11月戊申，及卷三四三，頁7，萬曆28年1月己未，及卷二三五，頁1，萬曆28年3月甲辰。

〔註93〕《國榷》卷七八，頁4849，萬曆28年2月丙戌，及《明史記事本末》卷六四，頁696，〈平楊應龍〉。

〔註94〕《國榷》卷七八，頁4853，萬曆28年4月辛卯。

〔註95〕《國榷》卷七八，頁4850，萬曆28年4月甲戌，及4月辛卯，頁4853，及6月丁丑，頁4855，及《明史記事本末》卷六四，頁698，〈平楊應龍〉，及《明神宗實錄》卷三四八，頁12，萬曆28年6月己亥。

〔註96〕《明神宗實錄》卷三五四，頁3，萬曆28年12月辛巳，及頁6～8，12月乙未。

〔註97〕前引書，卷三六五，頁6，萬曆29年11月己酉。

〔註98〕前引書，卷三八二，頁4～5，萬曆31年3月丁卯。

播平之後，朝廷對亂區作一善後工作：一則除殄滅元凶外，脅從免治；二則招撫流移，不許豪家乘機兼併。因播地沃野，人人垂涎，原擁有地者，想多占，無地者，也想妄認，朝廷命有司善加規劃，以免再啓禍端；三則被災地區，如播州、綦江等地，優加賑恤，以安新定；四則播地險隘，凡峭壁木植，悉削除剪伐，以防不肖，據險造反。〔註99〕此外，平酋將軍李化龍亦提出播地整治工作，他除了將播州軍中銅鍋，盡數收來改鑄鼎器，分三等，內刻銘文：「順天者吉，逆天者凶」，給發土司，永爲鑒戒外，又在〈播州善後事宜疏〉中提出：復郡縣、設屯衛、兵備、將領、急選調、丈田糧、限田制、設學校、復驛站、建城垣、順夷情、正疆界、賑恤民等復甦措施，並建議改播州土官爲流官，想一勞永逸地解決播州問題，朝廷亦一一推行其建議。〔註100〕明廷於播地置遵義、平越二府，屬四川者爲遵義府，屬貴州者爲平越府，遵義領州一，曰眞安州，縣四，曰遵義、綏陽、桐梓、仁德。吏部爲了愼重起見，又在四川按察司內添設僉事一員，以便整飭新復郡縣。〔註101〕

第四節 奢崇明之亂及其平定

楊應龍之亂平二十年後，川貴二省又爆發永寧土司奢崇明及貴州土司安邦彥之亂。永寧土司和敘州府接壤，興文、珙縣、筠連等地，是當時「都掌蠻」的聚居區域，前代皆土官，明初改流，但因「言語性情不相習，洪、永、宣、正四朝，四命將往征，隨服隨叛」，直到隆慶、萬曆朝不斷地派兵鎮壓，都掌蠻不斷地抵抗，明廷遂有意「立土官治之，爲久遠計。」而四川參議王士性卻持相反的意見，他認爲：「天下豈有復改流爲土者？」，遂下廷議，但廷議久而不決，以致「改土歸流」或「改流歸土」成爲土官流官和朝廷間非

〔註99〕前引書，卷三四九，頁3～4，萬曆28年7月甲辰，及卷三五二，頁6，萬曆28年10月庚寅，及卷三五五，頁1～3，萬曆29年正月壬子，及卷三五八，頁2，萬曆29年4月己卯。

〔註100〕前引書，卷三四九，頁3，萬曆28年7月甲辰，及卷三五四，頁8，萬曆28年12月乙未，及卷三五八，頁9～10，萬曆29年4月丙申。及趙秉忠，《山集》（明萬曆間刊本，中圖微捲）卷三，頁1～6，〈賀宋直指決策平播序〉，及《兩朝平壤要錄》卷五，播七，頁424～425，及頁572～573，李化龍，《平播全書》卷六，〈奏議〉，頁321～323，〈播州善後事宜疏〉。

〔註101〕同前註，及《國榷》卷七九，頁4876，神宗萬曆29年4月丙申，及《明神宗實錄》卷三五八，頁9～10，萬曆29年4月丙申。

常紛爭而又矛盾問題。〔註102〕此外在平播戰役中，水西安疆臣的土司兵為八路大軍之一，當時貴州巡撫郭子章許安疆臣以楊應龍平定後，還楊應龍所侵水西烏江地六百里為酬，此地在嘉靖朝時已為水西所有，照理說應歸還水西，但播平後，分其地置遵義、平越兩府，又川府總督王象乾以安疆臣征播期間，首鼠兩端，暗助應龍，極力反對將烏江之地給予安疆臣，遂命安疆臣歸還所占水西烏江之地。因在歸地意見上，川黔有司各執一詞，故「清疆之議，累年不決」，最後在川撫李時華主張不宜以土地傷仁，地宜歸安疆臣下，把地劃歸安疆臣，但凡此種種不當措施，遂使永寧、水西土司和明朝的關係迅速惡化。〔註103〕時正逢萬曆末天啟初年，遼東戰局日益緊迫，總兵劉綖曾參加平播之役，以自己多年經驗作擔保，對土兵盛稱可用，極力主張調彝族土兵馳援遼東。〔註104〕當時因明朝與永寧土司之間的矛盾日益加深，只敢開列湖廣永順、保靖等地的土兵，不敢調永寧土兵，在兵部尚書黃嘉善的奏疏中特別指出永寧宣撫司的土兵「如閹宗傳之羈囚，奢寅之跋扈；并可免調，以省瑣屑。」〔註105〕但隨著遼東戰事日益吃緊，急需川兵北援，朝廷已別無選擇，不能顧慮這麼多了。萬曆四十七年（1619）七月，兵科給事中周希令就主張調用四川土兵，前往遼東征戰，當時欲徵播州二萬，酉陽、石砫一萬，水西三萬，永寧一萬，但為朝廷所拒，但據估計，神宗末年，在遼東征戰之四川土兵，約有一萬五千多人，其中以石砫女官秦良玉所部三千三百多，最有戰績。當時川人，亦競相招募家丁，前往遼東參加作戰。〔註106〕川兵也頗能作戰，所以朝廷也急欲從川中調兵北征。兵科給事中蔡恩充就曾上奏速遣馬湖土官夏德懋回鄉，令撫按共同募調鼓舞激勸驍健敢戰者，即日

〔註102〕《明史》卷二一二，頁 8049～8056，及《廣志繹》（上海古籍出版社，1993年）卷五，〈西南諸省〉，頁 400。

〔註103〕《明史》卷三一四，頁 8049～8056，及卷三一六，頁 8171～8172，及《明神宗實錄》卷三八九，頁 1，萬曆 31 年 6 月己丑，卷三九六，頁 1，萬曆 32年 5 月壬子，卷四〇八，頁 7，萬曆 33 年 4 月丁卯，及《國榷》卷七九，頁4926，萬曆 32 年 5 月辛亥，及頁 4928，6 月庚辰，及頁 4965～4966，萬曆46 年 6 月乙巳。

〔註104〕《明神宗實錄》卷五七一，頁 3，萬曆 46 年 6 月壬戌。

〔註105〕前引書，卷五七二，頁 13，萬曆 46 年 7 月甲寅。

〔註106〕《明神宗實錄》卷五八四，頁 16，萬曆 47 年 7 月乙未，及卷五八九，頁 3，萬曆 47 年 12 月甲寅，及《明熹宗實錄》卷二，頁 6，泰昌元年 10 月丁巳及卷四，頁 1 泰昌元年 12 月丙午，及卷八，頁 7，天啟元年 2 月乙卯，及卷五九四，頁 4，萬曆 48 年 5 月甲午。

就道。〔註107〕禮科給事中李精亦奏調撫按官，廣行招募四川土兵。〔註108〕渾河之役，獨川、浙土兵，奮力殺戰，按臣張銓亟稱其勇，遂以遼事未寧，急徵川土兵應援。天啓元年（1621）四月，永寧撫司奢崇明上疏，願調馬步精兵三萬赴援，這時奢崇明已蓄異志，欲調兵以行其逆謀。〔註109〕其後湖廣道御史方震孺奏請派遣兵科給事中明時舉、陝西道御史李達等，募兵川中。〔註110〕兵部遂令明時舉、李達同往四川，會撫按調募川兵。〔註111〕而原仕兵部尚書王象乾又以遼陽之役，騎兵先潰，獨川兵以堅守死戰，殺後金軍隊甚多，川兵以能戰，王象乾請於永寧、石砫、酉陽諸司募土兵。〔註112〕當時兵部計欲調川兵五萬四千名，因餉尚欠，故先發三萬名。〔註113〕

　　朝廷每一次派土司兵征發，得利的只是少數帶兵頭目及與明朝有密切關係的土司，對被征調的少數民族，卻是一場無窮盡的災害，而且調遣日繁，急而生變，引起少數民族的強烈反抗。對於這些情況，明朝政府也不是完全沒有估計的，只是在援遼戰役中遭到失敗，尤其是在薩爾滸戰役中明朝八萬大軍損失大半，急需更多兵力增援的情況下，儘管明知永寧宣撫司所部，頭目以下，皆不欲行，仍然幻想可在發放優厚糧餉的誘因下，得到解決。當時朝廷大量徵募川省土兵，糧餉不夠支付，而明時舉、李達二人，募土兵時，又「過許土司餉數，致撫臣不能應」，遂給早萌異志之奢崇明有機可乘。奢崇明係猓玀人，因戰功襲爵，一聞遼警，自願提兵赴援，永寧衛舉人胡纘揭其將反，蜀人反以為狂，其日夜製造軍器而行，愈催愈緩，待各路援遼兵俱發盡，遂於九月請求統兵從征，先派其將樊龍、張彤等率兵至重慶，巡撫徐可求點核，將其老弱淘汰，且積欠軍餉，樊龍在要求每人給安家費十七兩，沒得到解決的藉口下，遂鼓眾反叛，殺死徐可求及總兵等二十餘人，竊據重慶，又分兵控制夔州水口，截斷西川棧道，焚掠納溪、瀘州、江安、璧山、永川、長寧、榮昌、隆昌、資中、資陽等州縣。遂稱帝，以重慶為東京，號「大梁」，改元瑞應，設丞相等官。〔註114〕十月，圍成都，當時蜀之殘破州縣十有三、

〔註107〕前引書，卷八，頁20～21，天啓元年3月丁卯。
〔註108〕前引書，卷九，頁7，天啓元年4月癸丑。
〔註109〕同前註，頁9～10，戊寅。
〔註110〕前引書，卷九，頁21，丁亥。
〔註111〕前引書，卷九，頁29，天啓元年4月丁酉。
〔註112〕前引書，卷十，頁11，天啓元年5月庚戌。
〔註113〕前引書，卷十二，頁25，天啓元年7月戊辰。
〔註114〕《國榷》卷八四，頁5173，泰昌元年8月庚午，及《乾隆奉節縣志》卷八，

四，嚮應亂民，動稱百萬，蜀地岌岌可危，四川布政使朱燮元率兵守城，城內守備空虛，只有「鎮遠營七百人，調來松藩、茂州、龍安兵一千五百餘人」，〔註115〕為了阻止圍城部隊的頻繁攻擊，守軍「潛決都江堰水至濠」，濠溢後，進圍部隊只好「治橋」待攻，明軍得少息。在雙方相持情況下，各地援兵相繼至。十二月下旬，明朝相繼收復了安岳、樂至等縣城，但援兵們「或轉戰得至城下，或潰散敗去」，並未能解成都圍。〔註116〕相持百餘日，會攻城將領羅乾象派人向朱燮元輸誠，願殺賊自效。自羅乾象歸正後，明朝悉知奢崇明之軍事行動，終於在羅乾象內變的配合下縱火焚奢營，奢崇明父子倉皇走瀘州，成都圍解。〔註117〕明官軍乘勢於三月攻下綏陽、遵義、銅梓等縣。四月資陽、內江、簡州、瀘州等四十餘縣都恢復。五月，攻下重慶，前後大小五十餘戰，俘捕二萬，斬樊龍、張彤，降撫八千餘人，奢崇明兵敗後，逃入永寧。〔註118〕

奢崇明舉兵之時，貴州水西土目安邦彥也同時舉兵反叛，擁兵十萬，曾包圍貴陽，後以厭戰返回水西。天啟三年（1623）五月，明軍攻入永寧，「安撫紅獠四十八寨」，收復藺州，奢崇明主力部隊全部被殲，父子從藺州逃入水西龍場，投靠安邦彥。〔註119〕奢崇明、安邦彥結合後，深居岩洞箐林不出，明軍難於長驅直搗其巢穴，且奢、安又採取以逸待勞，以勞明師計，每逢明師進，則退而誘之深入，明師退，則躡其後，二人合一心以禦明師，明軍卻以川貴之力禦之，常不得協調，戰況陷入膠著，其後明軍收復永寧，安奢逃入龍場，龍場離永寧二百餘里，「峭崖抵天，深洞無底」，由於官兵無糧，天降大疫，死者如林等因素，只得分布各將，據險固守，相機勦擒，不再深入窮追。〔註120〕

宋徵〈張氏傳〉，《明史紀事本末》卷六九，頁772～784，〈平奢安〉。
〔註115〕《明史紀事本末》卷六九，頁772～784，〈平奢安〉。
〔註116〕《明熹宗實錄》卷十六，頁19～20，天啟元年11月甲子，及卷三一，頁1，天啟3年2月辛酉，及徐如珂，〈攻渝諸小將傳〉（明天啟原刊本，台北：台灣學生書局，民國58年12月初版），頁25～26，〈上川東道攻渝小傳〉，《巴縣志》（清乾隆25年刊本，故宮善本）卷一二，頁35～38。
〔註117〕《國榷》卷八五，頁5199，天啟2年正月丁酉。
〔註118〕同前註，及見註339，及杜文煥《太霞洞集》（明天啟間原刊本，中圖微捲）卷二三，頁10～11，〈征討四川恢復重慶俘勦偽梁偽文武捷奏〉。
〔註119〕《國榷》卷八五，頁5219，天啟2年5月辛丑。
〔註120〕《明熹宗實錄》卷三五，頁25，天啟3年6月丙戌，卷三六，頁4，天啟3年7月壬辰，及《國榷》卷八五，頁5219，熹宗天啟3年月戊午，及王爾鑑，

　　貴州戰局，時有反復，貴陽解圍後，明軍渡過烏江，天啓四年（1624），進至水西中心地區；貴州巡撫王三善遇伏陣亡，明軍損失慘重。〔註 121〕五年（1625）明廷命朱燮元爲兵部尚書，總督四川、貴州、西南、廣西諸軍務，駐師遵義，次年，燮元大破叛眾，奢寅被殺，奢崇明年邁無能，安邦彥亦窮蹙乞降，後朱燮元以父喪去職，叛眾勢復猖獗。思宗即位，於崇禎元年九月詔復起用朱燮元爲總督雲、貴、川、湖、廣西五省軍務，兼巡撫湖北、湖南、川東、偏沅等處地方，駐軍貴州，賜給尚方劍，全權負責圍勦奢、安二酋。〔註 122〕二年六月，朱燮元調雲南兵攻下烏撒，川兵攻下畢節，自率大軍駐守陸廣，直逼大方。〔註 123〕其後朱燮元又採用誘敵深入方法，故意引導土司兵向永寧移動，然後四面合圍，監軍劉可訓、總兵侯良桂率部在五峰山與奢軍大戰，殲十五萬，斬奢崇明、安邦彥，收降其眾數萬人。苗疆之亂，首尾九年，至是始平，戰爭結束後，明朝在永寧地區，實行改土歸流，在永寧城中設道府，從赤水到永寧辦軍屯，屬衛所，採取內地制度統治之。〔註 124〕

　　　《巴縣志》（清乾隆 25 年刊本，故宮善本）卷一一，頁 23～29，户部侍郎倪斯蕙，〈保蜀援黔疏〉。

〔註 121〕《國榷》卷八六，頁 5252～5255，熹宗天啓 4 年。

〔註 122〕《明崇禎實錄》卷一，頁 13，崇禎元年春正月乙巳，及《崇禎長編》卷十，頁 23～24，崇禎元年 6 月庚戌，及卷一五，頁 4，崇禎元年 11 月壬戌。

〔註 123〕《國榷》卷八九，頁 445，思宗崇禎元年 6 月己酉。

〔註 124〕《崇禎長編》卷二六，頁 4～5，崇禎 2 年 9 月辛卯，及卷二七，頁 2，崇禎 2 年 10 月庚辰，及《國榷》卷九十，頁 5494，思宗崇禎 2 年 8 月戊午，及胡慶鈞，《明清彝族社會史論叢》，頁 93～114，〈明末天啓、崇禎年間的奢安之亂〉。

附圖三　楊應龍、奢崇明之亂波及範圍圖

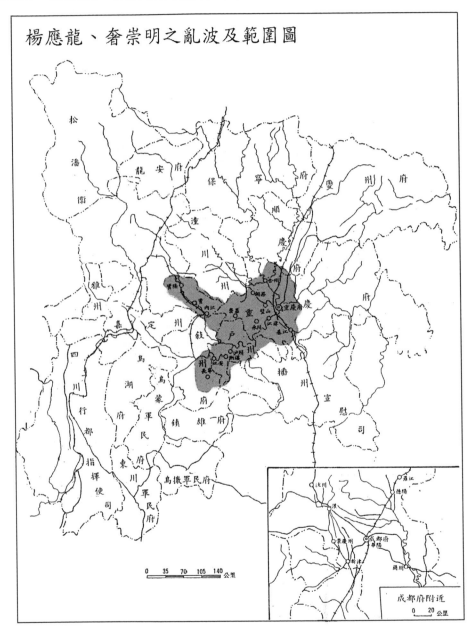

第五節　晚明的民變及其平定

　　天啟、崇禎之際，奢安之亂，前後九年，此次戰爭不僅震撼西南各省，

而且大大地消耗明朝在四川的軍事經濟力量，再加上遼東邊事日非，大河南北旱蝗頻仍，饑民乘機作亂，陝西、甘肅、四川諸郡，成為亂區。亂民千百成群，名號不一，其中以李自成、張獻忠最為有名，此一亂民集團，擾亂川省，從天啓末年起，至康熙三年（1664）止，計四十年之久。亂事可分三個階段；第一，崇禎十七年（1644）以前，以李自成、張獻忠等流民集團為主，流寇竄亂四川；第二、張獻忠在川建立政權，及其失敗；第三、明朝餘軍及獻忠餘部在四川之抗清。這三個階段，從明末延續到清初，依次敘述如下：

　　熹宗天啓六年（1626）八月，陝西流民，由保寧攻廣元，流入川北，隨即為神宣衛指揮吳三桂驅逐出境，十二月又從眉林溝入犯，再為守備王虎等率兵追亡陝西寧羌州界，是為日後陝西流民叛亂之先聲。〔註 125〕崇禎二年（1629）二月，陝西流民三百餘人再度攻入川中，攻破劍、巴、通江等州縣，至劍州江口，走毛裕渡，為官兵所追殺，還奔陝西。〔註 126〕六年（1633）二月，四川流民攻蒼溪、廣元、百丈關等地，殺守備張應甲等人。〔註 127〕三月張獻忠攻下夔州、大寧、大昌、太平、遂寧等州縣，六月東下出川，十二月轉戰於鄖陽、棗陽、當陽以下等地。多天，李自成等流民十萬人，大部流動於湖廣、陝西、四川三省邊界。七年（1634）春，原在漢南的老回回等五部破洵陽、竹溪等地，從鳳縣入四川，〔註 128〕七年二月，張獻忠二次入川，連破大寧、大昌，陷夔州，殺蜀印同知何承光。流民入川，因土地貧瘠，雖陷夔州不能留宿。〔註 129〕遂分三路，一部由鳳縣舊棧道還攻漢中；一由陽平關入梓橦關劍州犯蜀，為土兵所拒，走奉節；一由寧羌州犯廣元，為川兵所敗。〔註 130〕此次民亂被局限在川東北地區，多山砦少村落，層巒起伏，深山老林，農業不豐，不能供給大隊人馬糧食，流民也衹望屋而食，奔走不停，未嘗攻城掠地為巢穴，所以流民在此地區做短暫流竄後，衹好分道出川。明廷也鑒於亂民由瞿塘衛而入，遂在巫山、大昌水陸設十三隘，曰「劉石、洛門、百子、東坪、巴霧、官坪、三溪、木仙、培石、邊邑、馬鬃、八十坪、

〔註 125〕《明熹宗實錄》卷八，頁 14，天啓 6 年 8 月丙午。

〔註 126〕《崇禎長編》卷一八，頁 2～22，崇禎 2 年 2 月庚午。

〔註 127〕《國榷》卷九二，頁 5607，崇禎 6 年 3 月丙辰、己未。

〔註 128〕《國榷》卷九三，頁 5625，崇禎 7 年正月辛丑，及頁 5630，3 月壬申。

〔註 129〕柳義南著，《李自成紀年附考》（中華書局，1983，北京）頁 56，李自成，張獻忠二十九歲。

〔註 130〕《國榷》卷九三，頁 5634～5635，思宗崇禎 7 年 3 月乙巳，己未，及頁 5637，4 月己卯，頁 5565，9 月丁丑。

馬渡河」，具派官兵防守，以防陝西流民再度流劫四川。〔註131〕此外並將當時防守不力，有「縱寇逸擒」之嫌的四川巡撫劉漢儒免職，以王維章代之，且命令各督撫協殲流寇，不得尾隨塞責。〔註132〕

除了四川局部的設防外，朝廷特設五省總督，先後任命陳奇瑜、洪承疇、盧象昇、王家禎、熊文燦掌陝西、山河、河南、湖廣、四川軍務，專辦流寇。〔註133〕崇禎十年（1637），楊嗣昌又制定「四正六隅十面網」大包圍計劃，欲以「陝西、河南、湖廣、江北為四正，四巡撫分勦而專防；以延綏、山西、山東、江南、四川為六隅，六巡撫分防而協勦，是謂十面網；總督、總理二臣，隨賊所向，專征討。」所謂「十面之網」圍攻計劃，得思宗贊許。〔註134〕同時，楊嗣昌又推薦熊文燦來積極推行招撫歸降策略，急欲以勦撫並行，平息流民之亂。五月，李自成聯軍由漢入川，敗明軍於鐵索關，殺參將費邑、游擊祖傑等，又連破川東北的南江、通江等地，旋即回漢中。〔註135〕九月，李自成、過天星等人，漢中失利後，率數十萬大軍，南下四川；其後，總兵官曹變蛟從雞頭關夜入漢中，誘自成至漢中城襲自成軍，「射自成馬死，裸身涉水而去，遂分軍為三：一入七盤，一攻廣元，一向白水。」〔註136〕李自成整頓軍隊後，再展開攻擊，遂破寧羌州，接著攻克七盤和朝天二關，占領廣元，大破明軍，擊殺明四川總兵侯良柱於廣元之烏龍山下，繼破昭化，殺明將張起明，渡劍閣，破劍州，殺明知州徐尚卿，又破梓橦，遂兵分三路：一則趨綿州，二則由鹽亭趨潼川，三則入江油，連克昭化、金堂、劍州、什邡、彭縣、郫縣、新都、西充、遂寧、梓橦、錦州、新繁、溫江、江油、鹽亭、彰明、羅江、德陽、漢州等縣，短短一個月內，李自成攻克四川州縣城達三十八座。〔註137〕十月廿二日初，三路會

〔註131〕《國榷》卷九四，頁 5686，思宗崇禎 8 年正月庚申，及《巫山縣志》（清康熙 54 年刊本，故宮善本）不分卷頁。

〔註132〕《國榷》卷九三，頁 5644，崇禎 7 年 6 月癸酉，及頁 5695，閏 8 月乙酉，及頁 5660，癸巳。

〔註133〕《明史》卷二〇六，頁 6735，〈陳琦瑜〉，及卷二六一，頁 6759～6766，〈盧象昇〉。

〔註134〕《明史》卷二五二，頁 6509～6521，〈楊嗣昌〉。

〔註135〕《李自成紀年附考》，頁 91～96，李自成，張獻忠二十三歲，及《國榷》卷九三，頁 5644，崇禎 7 年 6 月癸酉，頁 5699，閏 8 月乙酉，及頁 566，癸巳。

〔註136〕《國榷》卷九六，頁 5791，崇禎 10 年 10 月乙未。

〔註137〕同註 8，及註 136，及《明史》卷二六九，列傳一五七，頁 6912～6914〈侯良柱〉，卷二九二，列傳一八〇，頁 7496，〈徐尚卿〉。

合揚兵成都城外，連續圍攻二十餘日，附近土寇皆附合李自成，當時巡撫王維章畏懼李自成，不敢出門迎戰，城外援兵皆距數百里外，無一騎至城下，川中大震，重慶以下，皆為之戒嚴。〔註138〕由於李自成之圍成都，明政府遂以川北防線之突破，歸罪於川撫王維章，將他撤職，下詔入獄，論死。由傅宗龍繼任川撫，並調遣三邊總督洪承疇入川追擊李自成。〔註139〕洪承疇帶著固原、延綏等兵入川，駐廣元，斷自成歸路，川省也集兵四、五萬圍攻，李自成等見官軍雲集四川，十一年（1638）正月中旬，分路由劍州、梓橦突破官軍阻擊，〔註140〕由山中歧路出川北上，入陝西文縣境內，其後自成與明軍相持於川、陝、湖北、河南諸省境上，並把戰略目標指向明王朝的心臟北京，李自成之流劫四川也告一段落。川省有司為了防禦亂民再度由陝西入川，特別在秦蜀交界地，望星關、半園關、蒙壩關、九園子諸隘，增置將兵以防衛，總名曰：「通邑五營」。〔註141〕

　　繼李自成後，帶領流民流劫四川者為張獻忠，張獻忠生於延安府膚施縣柳樹澗，家業農，傳說其幼年曾隨父販棗至四川內江，成年後，身長略瘦，面微黃而奇偉，做過延安府捕快，後被革，去從軍又觸軍法當斬，參將陳洪範奇其貌，設法救活之，既忿且窮，遂聚眾叛亂。崇禎三年加入王嘉胤軍，不久便自成一隊，號西營八大王，與李自成併肩作戰，縱橫江楚之間。〔註142〕崇禎十一年正月，獻忠在穀城降明。至十二年（1639）五月再起，率部由鄂西、陝東南入川，宣告明王朝的綏撫政策破產，朝廷乃將熊文燦削職，由大學士楊嗣昌親自督師，總督以下俱受節制。楊嗣昌十月至襄陽，宣詔逮熊文燦入京，並於下一年棄市，遂調兵遣將追擊張獻忠。〔註143〕十三年（1640）潤正月，張獻忠仍在秦、楚、川三省邊境，後左良玉敗獻忠於構坪關，獻忠乃移駐太平縣。二月，

〔註138〕《李自成紀年附考》，頁101～110，李自成、張獻忠三十三歲，及費密，《荒書》（浙江古籍出版社，1985年2月一版），頁151，《國榷》卷九六，崇禎9年9月庚戌，頁5792。

〔註139〕《明史》卷二六九，頁6911～6914，侯良柱，及卷二六二，頁6775～6780，傅宗良。

〔註140〕同前註，及《國榷》卷九六，頁5799，崇禎11年2月乙未。

〔註141〕同前註，及《富順縣志》（清同治11年刊本，中研院史語所善本）卷三三，〈隱逸〉頁7-12，楊鴻基〈蜀難紀實〉。

〔註142〕《李自成紀年附考》，頁4、18、26。

〔註143〕《國榷》卷九六，頁5805，崇禎11年4月辛丑，及卷九七，頁5840，崇禎12年5月乙丑，及7月乙酉，頁5846，及《明史紀事本末》卷七七，頁912，〈張獻忠之亂〉。

左良玉軍進逼太平縣，張獻忠迎戰於太平的瑪瑙山，依山爲陣，二軍交戰，獻忠大敗於瑪瑙關。當時獻忠號稱十萬大軍，督師楊嗣昌連戰凡七捷，瑪瑙山之捷最大，數十萬流民，死者充塞山谷，人馬枕藉，血流成河，獻忠精銳俱盡，止驍騎千餘自隨，被官兵困於竹溪、房縣一帶。〔註144〕四月，楊嗣昌至彝陵，調秦、蜀、楚等兵戍守房、保、巴、巫一帶，北起房、竹，南至巴、巫，對張獻忠軍隊構築成一個大包圍圈，欲殲張獻忠軍於此大包圍圈內，其重兵則盡集於夔、歸，以防張獻忠軍隊之入川。〔註145〕當張獻忠連敗於太平，明將左良玉屯田於興安、平利一帶，獻忠遣馬元利重賂良玉，謂之曰：「獻忠在，故公見重，公所部多殺掠，而閣部猜專，無獻忠即公滅不久矣！」左心動，又巧聞嗣昌將以賀人龍代己，乃托病竹山。〔註146〕獻忠遂得走興、房，整頓餘部，其後又由「通邑五營」入川，此五營竟無防守力量，徒縻餉擾民，絲毫未能擋住張獻忠之犯蜀。〔註147〕餘部又流竄川北、隆昌、瀘州等川南地，明軍尾隨追擊，沿路陷大昌，窺開縣，轉趨達州，長驅西入，楊嗣昌所佈下欲殲流民於巫、巴、寧、竹的大包圍圈，至此全部被突破，乃歸罪於蜀撫邵捷春防守不力，論死。楊嗣昌遂率部離夔西上，駐重慶。十月，張獻忠軍過巴州，進入川北，北陷劍州，將入漢中，爲明守軍所阻，無法通過，遂至巴西，當時川撫邵捷春屯綿州，扼涪江，爲張獻忠擊潰，於是屠綿州，邵捷春逃抵成都，獻忠隨即進逼成都。十一月，逮捷春使者至，將軍權轉交廖大亨而去，明年八月，仰藥死於獄中。〔註148〕獻忠久逼成都不下，遂越成都，十二月一日陷瀘州，奔南溪、破縣，又破榮縣。走仁壽，破縣城，星夜奔羅江，復破德陽縣，復自綿州舊路出德陽入巴州，二十九日進破巴州，又自巴走達州，復至開縣，向川東前進。〔註149〕這次張獻忠自十三年九月入蜀，由川東進抵川西北，從開縣、達州直抵川北的廣元，再由廣元南下，到達川南的瀘州，再北上又到夔州，然後仍自舊路東返，到是年除夕，又重抵川東。在這三個多月內，獻忠採取且戰且走的策略，避免和官軍

〔註144〕同註17，及《國榷》卷九七，頁5856～5857，思宗崇禎13年正月己酉、2月壬子，及《天問閣集》上，頁32～34。

〔註145〕同前註。

〔註146〕《明史》卷二七三，頁6993，〈左良玉〉。

〔註147〕同註144。

〔註148〕《國榷》卷九七，崇禎13年5月辛巳，頁5864～5886，14年2月丙午，及《遂溪縣志》（清道光24年，史語所善本）卷九，頁4，武功，及《明史》卷二六○，頁6746，〈邵捷春〉。

〔註149〕同前註。

正面衝突，如楊嗣昌從陸路到廣安，張獻忠卻從三峽夔門深入川南逼成都，最後再折回東返，始終不和官軍作正面衝突，在此戰略應用下，獻忠軍幾乎走遍蜀省全境，拖住了明軍一路尾隨於後，正如張獻忠軍中流傳的歌謠所說：「前有邵巡撫，常來團轉舞，後有廖參軍，不戰隨我行，好個楊閣部，離我三天路。」極端地諷刺明軍的無能。〔註150〕十四年（1641）初，張獻忠軍抵開縣，當時監軍萬元吉曾建議楊嗣昌抄小路，出梓潼關，以便扼張獻忠歸路，楊嗣昌不但不接受萬元吉之議，反而命諸軍尾隨追擊獻忠，獻忠軍東返，七百餘里無一官軍防守，如入無人之境，傍晚時，抵開縣，下著雨，明守軍被迫出戰，因無援軍，大敗，馬杖軍符盡失，獻忠軍出夔門，東走巫山、大昌，楊嗣昌聞明軍大敗，才開始後悔不用萬元吉扼歸路之謀。〔註151〕其後楊嗣昌檄諸軍，用心圍勦獻忠，但諸軍僅躡其後，無一邀擊者，獻忠折而東歸，一路皆空，順利進入湖北，進攻襄陽，襄陽守軍接受獻忠財利，開門納之，遂取襄陽，執襄陽王朱翊銘至西門城樓上，獻忠持酒向襄王說道：「吾欲斬嗣昌頭，嗣昌遠在蜀，今當借王頭使嗣昌以陷藩伏法，王其努力盡此一杯酒！」遂殺之，並殺貴陽王朱常法。〔註152〕事後廷臣交相彈劾楊嗣昌避戰之罪，加上襄王、貴王被殺，楊嗣昌遂畏罪自殺。〔註153〕

　　楊嗣昌的自殺，是明廷勦流寇失敗的象徵，因楊嗣昌督師進勦流寇時，明廷尚可應用流寇各營內的自相矛盾進行招撫、分化、瓦解和重點圍勦相結合的方法，來獲得可能性的勝利，楊嗣昌敗亡後，這種「勦撫並存」的可能性就不復存在。明兵科給事中張縉彥在彈劾楊嗣昌的奏疏中就說：「襄、雒再陷，獻、闖羽翼已成」，明廷已非流寇敵手。〔註154〕因此從十四年正月起，主要已不是明軍「勦寇」，而是流寇「勦明軍」，雙方展開攻防，各有勝負。再加上十五、十六年國內情勢發生急劇變化，在遼東戰場上，錦州失守，清軍大舉入關，京畿附近河北、山東遍地烽火，明王朝完全陷入被動。此時李自成與明軍周旋於中原地區，連戰皆捷，勢力發展甚快。十六年（1643）一月，

〔註150〕清李馥榮《灩澦囊》卷一。《李自成紀年附考》，頁 136，李自成、張獻忠三十五歲。

〔註151〕《明史》卷三○九，頁 7973，〈流賊〉，及卷二五二，頁 6519，〈楊嗣昌〉，及《國榷》卷九七，頁 5885，崇禎 14 年正月丁丑。

〔註152〕《國榷》卷九七，頁 5886，崇禎 14 年 2 月庚戌，及《明史》卷二五二，頁 6920，〈楊嗣昌〉。

〔註153〕《國榷》卷九七，頁 5890～5892，崇禎 14 年 3 月丙子。

〔註154〕袁良義《明末農民戰爭》（北京：中華書局，1987 年 9 月），頁 222。

改襄陽爲襄京，開始建立政權，明廷指派孫傳庭爲督師，企圖孤注一擲，結果郟縣一戰，明廷主力損失殆盡，至此勦撫兩策，皆徹底落空，也完全陷入被動，這就是導致了崇禎十七年（1644）出現重大的轉折，李自成建立大順政權，攻克北京，明朝滅亡。〔註155〕

崇禎十六年五月，張獻忠放棄流竄戰略，開始在武昌建立政權稱大西王，設立中央政府與地方政府，鑄西王之寶璽，中央設六部五府與五城兵馬司，地方以省府州縣爲單位，巡撫及府州縣官。隨即開科取士，錄取七十八人。但他的精力並沒有放在政權建設上，其所屬地區統治基礎也很不穩固。〔註156〕當李自成以西安爲根據地，直搗北京已成定局的時候，他仍舊以明朝宗室爲主要追逐目標，溺死楚王，窮追惠、桂、吉三王，使其主力徘徊於湖南、江西之間。〔註157〕十七年（1644）春，有人勸張獻忠東取吳越，直搗南京，但他因順江而下憚左良玉兵強，北入中原，又和李自成衝突，決計入蜀，以川中爲基地，再四征天下。〔註158〕正月，由湖廣攻下巫山縣，川撫陳士奇還以爲奸商掠鹽，不爲之援，遂連下夔州、雲陽。〔註159〕二月，破萬縣，因長江水漲，進軍不便，屯兵忠州葫蘆壩。張獻忠屯葫蘆壩四十餘日，四月，率軍西上，敗明將趙榮貴，迫使明將曾英退守涪州。五月，川中傳來李自成攻占北京的消息，川中官僚豪紳地主「人情洶懼，不知所爲」，張獻忠聽此喜訊，更增加攻取四川的鬥志。六月，攻破涪州，下江津縣，進陷佛圖關，進攻重慶時，張獻忠對明官吏說：「暫取巴蜀爲根，然後興師平定天下，歸誠則草木不動，抗拒則老幼不留。」表明他入川的政策。〔註160〕破重慶後，俘瑞王朱常浩、蜀撫知府王行儉等，盡殺之。〔註161〕其後兵分二路，騎兵從資陽，水軍從洪雅、新津，向成都進發，所過城縣，望風俱下。八月成都城破，蜀王及蜀撫龍文光皆自殺。十月初，以成都爲西京，國號大

〔註155〕《國榷》卷九七，頁5958，崇禎16年正月丁酉，及頁5964，2月癸未，及卷一九九，頁5991～5993，16年9月甲寅～癸亥。

〔註156〕《國榷》卷九九，頁5878，崇禎16年5月壬戌，及5990，9月庚戌。

〔註157〕《明史紀事本末》卷七七，頁919～921，〈張獻忠之亂〉。

〔註158〕顧誠《明末農民戰爭史》，頁299，他認爲張獻忠入蜀是不願稱臣李自成，進川另作打算。及《明史》卷三〇九，列傳一九七，頁7975，記載獻忠憚良玉在吳、越，遂決策入川。

〔註159〕《國榷》卷一百，頁6032，思宗崇禎17年2月丁亥。

〔註160〕袁良義《明末農民戰爭》，頁422，及《明史》卷三〇九，頁7975。

〔註161〕顧誠《明末農民戰爭史》，頁302～303。

西，即帝位，建元大順，正式建立大西政權。〔註162〕

　　張獻忠定都成都起，至大順三年（1646）十二月十一日底，在西充縣鳳凰山遭清軍射手雅布蘭射死止，大西政權在四川僅存在二年。事實上，張獻忠在川省並未擁有全蜀，甚至在全盛時期所轄州縣仍極為有限，僅有川北道、順慶、巴州、夾江、西充、峨嵋、洪雅、瀘州、通江、嘉定、筠連等縣。〔註163〕至順治三年（1646）三月，獻忠實際控制地區，只有成都一地，其餘尚為明將佔領。如王祥聚兵遵義，楊展攻占嘉定，朱化龍、詹天錫據龍安、茂州，曹勛、范文光據雅州，劉道貞與土司馬京據榮經，楊世泰據峨嵋，馬應試據嘉眉、邛雅之間，樊一龍據納谿，賈登聯、楊維棟據資簡，侯天錫、高明佐據瀘州，譚詣據萬縣、夔州，曾英、馬乾敗獻忠所部，佔據重慶，川北也為李自成守將馬科所據。當時凡有險阻地，皆舉義旗，也有附名起義者，雖云殺賊，其實志在財物。〔註164〕清兵破獻忠後，以乏軍餉班師，川省各地餘賊無多，南明諸將，反利用此機會仗言恢復，皆割據各地，競相置署，致有「置官多於民」之譏。當時諸將領皆「僭爵稱尊，武皆都督，文盡撫臺，權柄不一，攻殺相尋，蜀事遂大壞。」〔註165〕其割據將領：王祥仍據遵義，曾英在重慶，楊展在嘉定，曹勛在洪雅之間，李占春在涪州，于大海在忠州，朱化龍在松潘，趙榮貴在榮縣，詹天顏在茂州，樊衢駐敍州，侯天錫在永寧，馬應試在瀘州，袁韜在重慶，余大海在雲陽，譚宏在豐都，譚久在萬縣，譚詣在巫山，除了保寧、廣元一角有清軍駐守外，全蜀盡為抗清力量所控制。〔註166〕

　　張獻忠在崇禎十三年和十七年，前後二次入川，遭遇狀況極不相同，前一次如入無人之境，後一次卻遭到極大抵抗，終致失敗。其因如下：一則建立政權後，並沒有具體的鞏固政權和建設政權措施，仍然採取避實就虛，以走制敵的軍事統治，並未能從政治、經濟、文化等方面制定一系列適合當時環境的治國政策；二則在經濟上，並沒有較具體的經濟政策和實際措施，仍

〔註162〕《李自成紀年附考》，頁282，〈關於張獻忠建立大西政權的日期問題〉。
〔註163〕顧誠《明末農民戰爭史》，頁398～405，（二）〈大西政權地方官員表〉。
〔註164〕《永敍廳縣合志》（光緒30年刊本，故宮善本）卷二四，職武功，頁12～13，及《明季南略》卷二，頁36～37，記載當時張獻忠雖號稱擁兵數十萬，實際上咸令所攝伏者，不過成都前後十餘縣，及沈荀蔚《蜀難敍略》，頁5。
〔註165〕《中州直隸州志》（道光6年刊本）卷七，〈武備〉，頁56～57，及《江北廳志》卷七，〈藝文〉，頁19～23。
〔註166〕陳世松主編《四川簡史》（成都：四川省社會科學院出版，1986年12月），頁179～182，〈清朝四川政權的建立和鞏固〉。

然靠著「打糧」來解決給養的問題，未能穩定民心，招徠逃亡，幫助農民恢復生產；三則南京弘光政權的成立，採取「以蜀人治蜀」的分化打擊策略，弘光帝重用王應熊總督川、湖、雲、貴四省軍務，任命樊一蘅總督川陝軍務。王，巴縣人，樊，敘州府人，皆利用他們的地緣關係，起一定的籠絡和號召作用，一時川中舊有官僚地主接踵而出，如川南楊展，川西曹勛，川東曾英、馬乾等，使大西政權處於四面包圍之中，窮於應付；四則打擊面過寬，鎮壓過頭，樹敵太多，自我孤立，以致未能打破各種武裝政治集團的包圍；五則明清易代，引起全面性的震動，新的統治階級出現，產生新的政治局面，張獻忠對新的環境不了解，還用老辦法來應付新局面，導致大西政權在政策上和策略上，不斷地發生失誤。〔註167〕

　　張獻忠死後，其餘部由其義子孫可望等四將軍率領，從順慶南走，復東下重慶，衝破南明的封鎖，劉文秀斬曾英於江上，四將遂順利進入黔境，其後接受南明朝廷收編，與南明聯合，支持永曆政權。此時民變已轉成抗清的民族戰爭，各個民變將領接受桂王封號，率軍抗清，當時清軍遂以保寧為根據地，南明軍以嘉定為根據地，展開爭奪其他州縣之戰爭。一六四七年，清軍總兵李國英曾經一度佔領成都，因缺乏糧草，難以久駐，遂退回保寧。順治七年（1650），劉文秀率軍入川，克建昌。八年（1651）五月，劉文秀分道攻取黎州、嘉定，並據嘉定。此時成都為吳三桂所據。九年（1652），劉文秀攻克成都，一路追擊吳三桂至保寧，不幸為吳三桂所敗，退還川南。〔註168〕至此雙方再以嘉定和保寧為基地，互相攻擊，各有勝負，直到順治十六年（1659），清巡撫高明瞻率軍攻下成都，建署後，清朝在川省統治纔漸漸鞏固。康熙二年（1663）起，清朝調動四川、湖廣、陝西三省兵力，分路圍攻川東抗清部隊，至四年（1665）攻下川東，戰爭結束，至此，全蜀歸清王朝的統治。〔註169〕總之，從天啟末年亂起，至康熙四年，全省底定，四川歸清管轄，前後動亂約計四十年，擾亂地區遍及全蜀。長期戰亂對四川的社會經濟的破壞之鉅，將在下一章討論。

〔註167〕《四川古代史稿》，頁359～373，〈明末農民起義在四川的活動〉。
〔註168〕同註166。
〔註169〕同前註。

附圖四　張獻忠獨霸四川攻戰圖

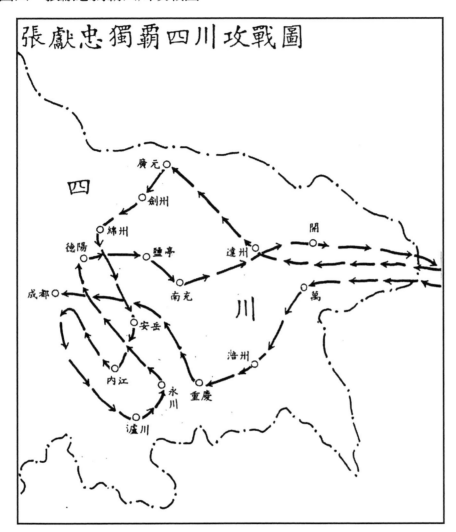

表八　明太祖至英宗年間川省重要的民亂年表

皇帝	帝號	年	月	西元	人　物	擾亂地點	結　果	資　料　來　源
太祖	洪武	六	一	1373	蠻編張等	筠連州	悉平之	太祖實錄卷七八頁 7 卷八十頁 1
					威州土酋	威州	丁玉率師討平之	前引書卷一一六頁 5
		十二	四～八	1379	彭普貴	嘉定州眉縣	丁玉平之	前引書卷一二四頁 1 及卷一二五頁 5

皇帝	帝號	年	月	西元	人 物	擾亂地點	結 果	資 料 來 源
太祖	洪武	十五	六	1383	楊者七	茂州	斬之	前引書卷一四六頁 1
		十八	二	1385	松州羌	松州	平定之	前引書卷一七一頁 4
		二五	三	1392	掌阿那等作亂	敘州戎縣	討平之	前引書卷二一七頁 3
		二八	五	1395	蠻賊田大蟲	宋儂、茶洞	斬田大蟲等二百餘人	前引書卷二三八頁 4 丙辰
成祖	永樂	一	十一	1403	番賊	越巂衛	調軍剿捕	《明太宗實錄》卷二五頁 2
		十一	七	1413	保縣蠻	威州保縣	調官軍剿捕	前引書卷一四一頁 2 壬辰
		十三	七	1415	戎縣蠻寇	高珙、筠連、慶府諸縣	悉平之	前引書卷一六六頁 1 乙巳
宣宗	宣德	一	六	1426	松潘番寇	松山城	斬阿兀等	《明宣宗實錄》卷一八頁 6 己卯
		二	四	1427	阿用諸蠻寨人	松潘	令官兵剿捕	前引書卷二七頁 13 丙戌
		二	五	1427	松潘番寇	松潘	番蠻五萬餘人攻松潘衛城	前引書卷二八頁 3 戊戌
		二	十	1427	松潘番寇	綿竹、威、茂等縣	肆劫	前引書卷三二頁 7 丙子
		三	十	1428	松潘番寇		招撫復業	前引書卷一三五頁 2 丙申
		五	十二	1430	松潘番寇	犍為、永川、巴縣	劫掠	前引書卷四四頁 6〜7 庚申
		六	二	1431	強賊	南溪、富順、犍為	白晝劫掠	前引書卷七六頁 14 壬戌
		六	十	1431	松潘番寇		平之	前引書卷八四頁 3 甲辰
		七	二	1432	播州	四十寨作亂	攻牛場乾溪	前引書卷八七頁 3 壬寅
		七	四	1432	播州	四十一寨	招撫復業	前引書卷八九頁 2 己亥
		八	五	1433	趙大王	四川湖陝西境內	招撫復業	前引書卷一〇二頁 7 己卯
		九		1434	戎蠻	戎縣	斬三九名	《高縣志》（同治五年刊本）卷二一頁 2

皇帝	帝號	年	月	西元	人　物	擾亂地點	結　果	資　料　來　源
英宗	正統	四	十二	1439	番寇商巴	松潘	擒商巴等十七人	《明英宗實錄》卷六二頁 1 丁丑
		五	四	1440	松潘蠻	松潘		前引書卷六六頁 5 癸未
		五	十二	1440	山都掌蠻	松潘	商旅不行	前引書卷七四頁 7 戊子
		七	十二	1442	番賊加悟		調兵剿捕	前引書卷九九頁 4 壬寅
		九	一	1444	黑虎寨等番蠻	松潘淑園	殺死軍民二十餘人	前引書卷一一二頁 5 戊辰
		九	九	1444	加悟		貸其死	前引書卷一二一頁 4 壬寅
		十一	二	1446	番蠻	松仔乾溝子等處	殺死官軍	前引書卷一三八頁 3 庚戌
景帝	景泰	一	三	1450	蠻賊	敘州諸縣	招撫剿滅	前引書卷一九○頁 2 戊申
		三	二	1452	播酋	播州	招撫剿滅	前引書卷三三頁 10 戊子
英宗	天順	一	九	1462	白江蠻賊	筠連縣	議捕之	前引書卷二八二頁 7 戊寅
		六	二	1462	蠻賊	戎縣	議捕之	前引書卷三三七頁 4 戊子
		六	三	1462	蠻賊	敘州	議捕之	前引書卷三三八頁 3 辛亥
		七	九	1462	悟眞等賊	浦江、岳池、瀘州、榮昌、遂寧、銅梁等	所至破縣治	前引書卷三五七頁 4 己卯

表九　明憲宗、孝宗、武宗年間四川重要民亂年表

皇帝	帝號	年	月	西元	人　物	擾亂地點	結　果	資　料　來　源
英宗	天順	八	一	1464	川盜	廣安州	劫獄囚四十餘人	《明憲宗實錄》卷一頁 13 戊寅
		八	三	1464	強賊	銅梁、定遠、永川、榮昌	劫放獄囚、殺官吏	前引書卷三頁 16 庚辰

皇帝	帝號	年	月	西元	人物	擾亂地點	結果	資料來源
英宗	天順	八	四	1464	悟昇等	安岳縣	斬之	前引書卷四頁1乙酉
		八	四	1464	強賊	德陽縣	燒毀公解、劫放獄囚	前引書卷四頁4甲午
憲宗	成化	一	二	1465	悟昇	漢州	悟昇就擒、趙鐸就撫	前引書卷十四頁13丙午
		一	四	1465	趙鐸	漢州	猖獗	前引書卷十六頁5壬辰
		一	五	1465	趙鐸		伏誅	前引書卷十七頁4甲子
		二	四	1466	蠻賊	南溪縣	攻劫	前引書卷二九頁7辛丑
		二	六	1466	石和尚	大昌縣	劫縣治	前引書卷三一頁3辛亥
		二	六	1466	寇	武隆、彭水	劫掠	前引書卷三一頁8丙寅
		二	七	1466	蠻	瀘州	殺掠民財	前引書卷三二頁6庚寅
		二	十	1466	石和尚	巫山、大昌、東鄉	燒劫	前引書卷三五頁4丁未
		三	四	1467	疊溪、番蠻	龍州、石泉	殺虜人民	前引書卷四一頁5丙午
		三	六	1467	山都掌蠻	戎縣	作亂	前引書卷四三頁121辛酉
		三	十一	1467	山都掌蠻	十三寨	蹂踐田禾	前引書卷四八頁5丁亥
		四	二	1468	白草壩等番	安縣、石泉縣	殺掠二○○餘人	前引書卷一五一頁6戊申
		四	三	1468	白草壩等番	龍江、江油	攻劫	前引書卷五二頁3壬申
		四	八	1468	山都蠻		平	前引書卷五七頁1戊子
		五	四	1469	白草壩番	龍州	攻劫	前引書卷六六頁6甲戌
		五	八	1469	強賊	重慶、敘州二府、雲陽等縣	聚眾殺掠民財	前引書卷七十頁3丙寅
		八	一	1472	榮縣盜	榮縣、犍為	攻劫	前引書卷一○○頁6壬子
		十二	五	1476	松茂等番	松茂、疊溪等	攻圍殺掠民財	前引書卷一五三頁4乙丑
孝宗	弘治	七	十一	1494	盜	瀘州江門堡新灘		《明孝宗實錄》卷九四頁1丙戌
					番賊	威州	攻坍州堡入城殺人	前引書卷一八一頁7癸卯

皇帝	帝號	年	月	西元	人　物	擾亂地點	結　果	資　料　來　源
武宗	正德	四	七	1509	劉烈	四川、夔州、保寧、陝西、漢中等地	不知所向	《明武宗實錄》卷五二頁 5 庚戌
		五	二	1510	藍伍等	重慶、夔、保等		前引書卷六〇頁 5 丙午
		五	六	1510	劉烈		不知所向	前引書卷六四頁 4 癸巳
		五	七	1510	廖麻子、鄢本恕	通、巴、廣元、龍州、營山、大寧		前引書卷二八五頁 7 癸酉
		六	二	1511	曹甫	江津	斬曹甫五〇〇餘人	前引書卷七二頁 11 丁未
		六	六	1511	方四	江津、綦江	斬凌遲梟首	前引書卷七六頁 4 巳丑
		六	九	1511	藍廷瑞	江津、綦江		前引書卷七八頁 2～3 巳卯
		六	十一	1511	方四	南川、綦江	磔於市	前引書卷八一頁 5 乙丑、卷八三頁 7 癸酉、卷八五頁 3 巳酉
		七	閏五	1512	方四		綿州、樂至、金堂	前引書卷九五頁 2 巳巳
		八	十二	1512	廖麻子		斬廖麻子	前引書卷八八頁 2 庚辰
		七	四	1513	喻思俸	奔金堂		前引書卷九九頁 6 乙丑
		八	五	1513	駱崧祥等	昭化		前引書卷一〇〇頁 5 壬午
		八	七	1513	喻思俸等	昭化、通己	重創死	前引書卷一〇二頁 4～7 乙丑、前引書卷一〇九頁 7～8 癸丑
		十	六	1515	雷伯定		斬廖麻子餘黨	前引書卷一二六頁 1 丁巳
		十三	六	1518	甘志寬	崇慶州		前引書卷一六三頁 3 甲戌
		十三	十二	1518	僰蠻之亂	高縣、慶符縣	官兵平之	前引書卷一六九頁 8 辛卯
		十四	六	1519	白草壩蠻	壩底堡	官兵平之	《石泉縣志》（道光四年）卷五，頁 16

表十　明世宗、穆宗、神宗年間四川重要民亂年表

皇帝	帝號	年	日	西元	人物	擾亂地點	結　果	資料來源
武宗	正德	十六	十一	1521	普法惡（蠻人）	筠連、高、珙	平定之	《明世宗實錄》卷八頁6乙丑
世宗	嘉靖	五	五	1526	流賊成相金		平之	前引書卷六四頁4辛丑
		一〇	五	1531	眞州盜秦柏		平之	前引書卷一二五頁3壬辰
		一〇	一〇	1565	眞州盜周天星等	眞、播、南川等	平之	前引書卷一三一頁4己丑
		二五	三	1546	白草番	平番堡、及奠酒關	淪陷	前引書卷三〇九頁3戊辰
		二五	四	1546	白草番	石泉縣、白玉諸鄉	流劫	前引書卷三一〇頁4庚戌
		二八	八	1549	都蠻	戎、珙等六鄉	為禍十年	前引書卷三五一頁4庚申
		三四	七	1555	關夷	敘府、宜賓縣	平定之	前引書卷四二四頁1癸巳
		三四	七	1555	播州	敘府、宜賓縣	平定之（為禍十年）	前引書卷四二四頁5己酉
		四四	四	1565	黃中	奉、雲、萬縣	劫掠	前引書卷五四五頁7己未
		四四	十二	1565	蔡伯貫	合州、大足、銅梁、榮昌、安居、定遠	陷七城	前引書卷五五三頁5丙戌
		四五	一	1566	蔡伯貫		平定之	前引書卷五五四頁2戊午
		四五	二	1566	黃中流賊		降	前引書卷五五五頁10～11丁亥
穆宗	隆慶	三	六	1569	蔡伯貫	銅梁、大足	焚劫	《明穆宗實錄》卷三四頁8丙寅
		四	二	1570	戎縣都蠻	高、筠等縣	寇掠	前引書卷四二頁1己亥
		四	二	1570	陝西西鄉流賊	四川	行劫	前引書卷四二頁11壬戌
		四	四	1570	陝西平利盜流賊	太平、大寧等處	劫掠	前引書卷四四頁3～4丙午
神宗	萬曆	一	五	1573	都蠻	敘南		《明神宗實錄》卷一三頁4己丑
		一	十二	1573	都蠻	敘南	戡平	前引書卷二〇頁5戊辰

皇帝	帝號	年	日	西元	人物	擾亂地點	結果	資料來源
神宗	萬曆	十八	十二	1590	楊應龍	播州	二八年（1600）平擾亂十年	《明通鑑》卷六九紀六九頁、1705～2574
		二二	三	1594	楊應龍	播州	二八年（1600）平擾亂十年	明神宗實錄卷二七一頁4戊子
		二四	二	1596	楊應龍			前引書卷二九四頁1己亥
		二七	六	1599	楊應龍	綦江	淪陷	前引書卷三三六頁8己亥
		二八	十二	1600	楊應龍	綦江	伏誅	前引書卷三五四頁7乙未
		四二	一	1641	建昌猓猓	建昌	總兵劉綖平定之	《明通鑑》卷七五紀七五頁2898
		四三	閏八	1615	陝西獮賊	秦蜀之境		前引書卷五三六頁10癸酉
		四四	一	1616	紅苗	西陽、石邦、平茶、邑梅	受禍尤酷	前引書卷五四一頁6丁酉

表十一　明熹宗、思宗年間四川省重要民亂年表

皇帝	帝號	年	月	西元	人物	擾亂地點	結果	資料來源
熹宗	天啓	一	四	1621	政坤	綿州	就擒	《明熹宗實錄》卷九頁13戊寅
		一	九	1621	奢崇明	重慶、合江、納溪、瀘州、遵義、興文	殺巡撫徐可求等二○餘人	明通鑑卷七七紀七七頁2992
		一	一○	1621	奢崇明	成都	奢崇明稱大梁王	前引書卷七七紀七七頁2994
		二	五	1622	妖賊白仙臺	桐梓等縣	就擒伏誅	《明熹宗實錄》卷二二頁4戊戌
		二	五	1622	奢崇明	重慶、瀘州	官兵收復之	《明通鑑》卷七八紀七頁83012
		三	五	1623	奢崇明	永寧	官兵收復亡、賊奔入藺州城	前引書卷七八紀七八頁3030
		三	一○	1623	奢崇明	永寧	奢崇明逃入貴州龍場依安邦彥	前引書卷七八紀七八頁3036
		六	八	1626	陝西流賊	保寧、廣元	神宣衛指揮吳三桂禦之	《明熹宗實錄》卷八頁14丙午

皇帝	帝號	年	月	西元	人　物	擾亂地點	結　果	資　料　來　源
思宗	崇禎	二	二	1629	秦中大盜	劍巴、通江	攻陷之	《崇禎長編》卷一八頁 22 庚子
		二	八	1629	奢崇明		授首	《明通鑑》卷八一紀八一頁 3133
		六	三	1633	蜀賊	溪、廣元	殺守備張應甲等	《崇禎實錄》卷六頁 4 丙辰
		六	三	1633	蜀賊	百丈關	守備陳中等敗歿	《崇禎實錄》卷六頁 4 丙辰
		七	一	1634	漢中賊	破南鳳入川		《崇禎實錄》卷七頁 1 辛丑
		七	一	1634	流賊	房縣、保康、興安	淪陷	《明通鑑》卷八四紀八四頁 2204 壬戌
		七	二	1634	流賊	興安歸州、巳東、夷陵	陷興安	《明通鑑》卷八四紀八四頁 3204 壬戌
		七	二	1634	流賊	夔州、瞿塘	陷夔州	《崇禎實錄》卷七頁 3 庚午
		七	二	1634	流賊	瞿塘、夔州、大寧、巫山、通江	陷夔州、大寧、巫山、通江	《明通鑑》卷八四紀八四頁 3206
		七	四	1634	川盜	鄖陽、黃陽灘	三萬人屯、黃陽龍	《崇禎實錄》七頁 6 甲戌
		七	九	1634	陝西盜	梓潼、劍州、廣元		前引書卷七頁 17 丁丑
		一〇	九	1637	李自成		淪陷	《明通鑑》卷八五紀八五頁 3279
		一〇	一〇	1637	李自成、混天王等	七星關、白水、廣元、昭化、綿州、鹽亭、彰明、安縣、羅江、德陽、漢州、彭縣、西充、遂寧、潼川、金堂	薄成都	《崇禎實錄》卷一〇頁 7 丙申
		一一	三	1638	川寇	甘肅階、文間、江右		前引書卷一一頁 4 甲戌
		一一	秋	1638	李自成	入蜀		《明通鑑》卷八六紀八六頁 3321
		一二	七	1639	張獻忠	房縣	敗左良玉於羅獷山	《明通鑑》卷八六紀八六頁 3321

皇帝	帝號	年	月	西元	人　物	擾亂地點	結　果	資　料　來　源
思宗	崇禎	一二	八	1639	張獻忠	興山、太平	屯楚蜀之間	《明通鑑》卷八六紀八六頁3321
		一三	二	1640	張獻忠	太平縣	左良玉大破獻忠	《明崇禎實錄》卷一三頁1壬午
		一三	七	1640	羅汝才	入川	官兵敗於興山	《明崇禎實錄》卷一三頁2辛未
		一三	九	1640	張獻忠	大昌、開縣、劍州、保寧、綿州	陷大昌、劍州、屠綿州	《明通鑑》卷八七紀八七頁3341
		一三	一二	1640	張獻忠	什邡、綿竹、安縣、德陽、金堂、簡州、資陽、榮昌、永川、瀘州	陷榮昌、永川、瀘州	《明通鑑》卷八七紀八七頁3343
		一四	一	1641	張獻忠	川南	薄成都	《崇禎實錄》卷一四頁1壬寅
		一七	一	1644	張獻忠	夔州	自荊入夔	前引書卷一七頁2乙巳
		一七	二	1644	張獻忠	巫山、夔州、奉節、雲陽、萬縣	全陷之	前引書卷一七頁8丙戌
		一七	六	1646	張獻忠	涪州	陷涪州	《明通鑑附編》卷一上附紀一頁3504
		一七			張獻忠	重慶	陷重慶	《明通鑑附編》卷一上附紀一頁3507
		一七			張獻忠	成都、崇慶州、仁壽、郫、彭、綿竹	全陷之	《明通鑑附編》卷一上附紀一頁3531
		一七			張獻忠	全蜀	惟遵義、保寧、保境自守	前引書附編卷一下、附紀一下頁3536
		一七			張獻忠	邛州、蒲江	陷之	前引書附編卷一下附紀一下頁3548
		一七			張獻忠	稱帝成都	大西國王	前引書附編卷一下附紀一下頁3555
世祖	順治	三			張獻忠		伏誅	前引書附編卷三附紀三頁3651

第六節　民變迭起的檢討

　　從太祖洪武六年一月蠻酋編張等變亂笂連州起，至思宗崇禎十七年十一月，張獻忠攻入四川止，前後二百餘年，民亂發生次數約計二百三十二次，當中以成都、重慶二府各占百分之十七，比例最高，此二府為川省開發較早，政治較容易控制地區，但民亂相對著也較頻繁，可見民亂並未隨著政治容易控制而減少，此值得研究民亂專家注意者；另一民亂發生次數較多地區為敘州府，占百分之十三，此區和山都掌蠻毗鄰，神宗以前，蠻亂不時發生，待川撫曾省吾平定後，其亂稍止；夔州府占百分之十，保寧府占百分之九，二者山內地區占百分之五，蓋此地區和山西、湖廣接鄰，地廣山深，較難控制，民變亦較多；此外和松潘占百分之六，遵義府占百分之四，均與邊方民族不時作亂有關，當然民亂次數雖集中在成都、重慶、敘州等地，其延續時間短者數月，長者達數年，但除了武宗正德年間藍鄢之亂，和明季民變，其亂延續時間較長外，其它民變皆屬臨時爆發，時間長者一年，短者數天，就為朝廷戡平，在計算其作亂時間長短，較瑣碎，因此本文僅將明代四川重要民亂發生次數區域統計作表明之：

表十二　明代四川重要民亂發生次數區域統計表

府	次數	州	次數	縣	次數	共計	百分比
成都府	三						一七・二
				郫	一		
				彭	一		
				金堂	三		
				仁壽	一		
				安	三		
		簡	一	資陽	一		
		崇慶	二				
		漢	三				
				什邡	一		
				綿竹	四		
				德陽	三		
		綿	四				
				彰明	一		

府		州		縣		計	百分比
				羅江	一		
		茂	三				
		威	四				
保寧府	四					廿三	九·九
				○溪	一		
				廣元	五		
				昭化	三		
		劍	四				
				梓潼	一		
		巴	一				
				通江	四		
順慶府				西充	一	四	一·七
				營山	一		
		廣安	一				
				岳池	一		
夔州府	六					廿四	一〇·三
				奉節	三		
				巫山	三		
				大昌	二		
				大寧	三		
				雲陽	三		
				萬	一		
				開	一		
		達		太平	一		
				東鄉	一		
重慶府	五					四〇	一七·二
				巴縣	二		
				江津	三		
				永川	四		
				榮昌	五		
				大足	二		
				安居			

				綦江	六		
				南川	二		
		合州	一				
				銅梁	四		
				定遠	二		
		涪州	一				
				武隆	一		
				彭水	一		
遵義府	一					一○	四·三
				桐梓	一		
		播州	七				
		眞安	一				
敘州府	七					卅二	一三·七
				宜賓	二		
				南溪	二		
				慶符	二		
				富順	一		
				高縣	四		
				筠連	五		
				珙縣	二		
				興文	七		
潼川州	一					五	二·一
				遂寧	二		
				安岳	一		
				樂至	一		
邛　州	一					三	一·二
				浦江	二		
嘉定州				峨眉	二	五	二·一
				犍爲	三		
				榮縣	一		
瀘　州	七					九	三·八
				納溪	一		
				合江	一		

龍安府	四					八	三・四
			石泉	三			
			江油	一			
松　潘	一三					一四	六
			疊溪	一			
越　嶲	一					一	○・四
建　昌	一					一	○・四
永　寧	一					一	○・四
三　省	一二					一二	五・一
共　計	七六		二卅		一三二	二三二	

備註：1. 本表資料來自表十二。

　　　2. 興文縣本名戎縣，萬曆二年改興文縣。

　　　3. 遵義，原播州，萬曆二十九年改為縣，隸屬遵義府。

　　　4. 梓桐，萬曆二十九年置縣。

　　縱觀上述，各地區發生民亂次數雖有不同，但約略可看出民變的起因，除了前面幾章所敍述的吏治腐敗，經濟崩潰，民窮財困，軍制敗壞等因素外，又有四個特點值得研究民變史家的注意；一則民變的迭起，和四川地形的封閉，有密切關連；二則民變幾乎起源流竄於湖廣、陝西、四川三省山內地區；三則地理偏遠地區，官府管轄不到，常淪為盜窟；四則民變幾乎出現於天災之後，有司之未能體恤，流民四出，變亂無時，今再論證如下：

　　四川偏處一偶，龍州、松潘振其西北，南有播州，西有天全、黎州，界番阻蠻，東則瞿塘鎖巴峽之流，若繇瞿塘三峽而入，勢若登天，北則劍閣棧道，險當百夫，素有一夫當關，萬夫莫敵之稱，兼以北控吐蕃，南綏苗獠，山水襟束，自相藩籬，江山四塞，關陝孤開，可守一當百，而境內又有豐富的人力、物力資源，足可立國圖存，在天下動亂之際，英雄豪傑割據，盜兵不敢西窺，所立政權，都維持比較長久。〔註170〕四川雖擁有物產豐富、地形鞏固、易守難攻等有利政權延存條件，但非坐守之地，以四川資源爭衡天下，「上足以王，下

〔註170〕陳令之《蓬窗目錄》（明嘉靖44年山西祈縣刊本，中圖微捲）卷一，頁38～39，四川及《經國雄略》〈省藩考〉卷二，頁25～47，及76，及顧祖禹《讀史方輿紀要》（台北：洪氏出版社，民國71年1月出版），頁2817～2818，〈四川方輿紀要序〉。

足以霸」，恃險坐守，雖能延宕一時，一旦中原一統後，必致敗亡，所謂「天下未亂，蜀先亂，天下已定，蜀後定」，是最好寫照。〔註171〕這種「爲天下盜起之先，居天下盜殄之後」的特性，明人皆認爲和川省富饒和險塞地形有密切關係，以憲宗成化年間，平定蜀寇的四川副使彭韶，就曾感慨地說：四川「多巉山絕壁，賊更善附山攀壁，千人刺矛激弩，萬夫莫當」，地多草樹窟凹，征師弗翟，往往中其伏，平地又多稻滕水堰，騎不可馳，步不可奮，地氣阜濕，糧餉不飽，士馬大半物故，倉惶用騎馬，百不能選一。〔註172〕許宗魯則認爲川省水阻夔峽，陸據劍閣，「天下險塞莫如蜀，險塞則玩度背亂易生。」〔註173〕范嵩則認爲：「蜀深菁高崖，水陸險惡，蠻夷寇賊，無年不用兵。」〔註174〕王廷相則認爲：「蜀地山川險隘，華夷雜處，故民易爲亂。」〔註175〕談遷也認爲：「川蜀多寇，蓋由山谿阻險，易起戎心。」〔註176〕可見險塞難攻的地形，非但是寇盜動亂最佳保障，也是官兵征伐最大障礙。這種地形上的障礙，佈滿川省境域，是川省多寇盜因素之一。

今再以三省山內地區論之：四川之保寧、夔州，陝西之漢中、興安、蘄州，湖廣之鄖陽、宣昌等三省山內，地均犬牙相錯，長林深谷，往往跨越三省邊境，難以劃界，一遇亂事，三省皆驚，自明初以來，皆爲盜賊淵藪。〔註177〕蓋其地非但山高險遠，且物產豐富，又爲官兵巡防所不及，流賊常流竄三省之界，深居萬山之中，出沒無常，官兵防不勝防。〔註178〕如川陝交界巴山

〔註171〕同前註。

〔註172〕康海撰，張治道編《對山集》（明嘉靖24年西安知府吳孟棋刊本，中圖微捲）卷一○二，頁7～8，〈太子少保都御史彭公平蜀詩序〉。

〔註173〕許宗魯《少華山人文集》（明嘉靖25年關中刊本，中圖微捲）卷四，頁4～5，〈送石壁林先生赴蜀台序〉。

〔註174〕范嵩撰，張雲漢編《衢村集》（明刊本，漢學影本）卷四，頁48～53，〈題爲建武學儲人材以弭邊患事〉。

〔註175〕王廷相著《王氏家藏集》（北京：中華書局出版，1989年9月第一版）卷三十，頁556～557。

〔註176〕談遷《國榷》（北京：中華書局出版，1988年6月第二次出版）卷六四，頁4020，世宗嘉靖44年12月丙戌。

〔註177〕《明太祖實錄》卷二五○，頁1，洪武30年3月丙戌，「上以川陝之間，山深道阻，流寇得以藏匿，出沒不常」，及趙貞吉《趙文肅公集》（明隆慶間原刊本，中圖微捲）卷八，頁32～35，〈乞留撫臣疏〉，及嚴如熤《三省山內風土雜識》（《百部叢書集成》之八七，《問影樓輿地叢書》第二函，清光緒胡思敬校刊，台北：藝文印書館，民國56年）不分卷，頁1。

〔註178〕王萱《青崖奏議》（明嘉靖7年王氏家刊本，中圖微捲）卷二，頁1～9，〈論

老林，周遭千餘里，老樹陰森，春夏積雪，山幽谷暗，官府難以稽查防守，往往成爲逋逃淵藪。〔註179〕巴閬一地，「北接漢沔，西界羌獠，叢著隱天，崗阜蟠地，民星散而居，有垂百年不睹官府儀者。」〔註180〕巴州之東，七百里外有黃城一地，東連夔萬，北接漢中，長林深谷「蓋稱嶢屼，寮刺四絕，鬱爲賊藪，四方無賴亡命，逋逃所歸。」弘、德、嘉、隆間，巨寇釀禍於此。〔註181〕此地流民常聚爲盜，搶糧殺民，至爲慘烈，官兵捕之，則逃入菁莽，蓋「其谿竇結茆，人莫知所向，若柵砦巢窟處，卻又負固扼塞，居然憑陵，我不可驟得擒縛。」其後在大巴山、小巴山之間修築三關以防守，但其成效不彰，賊影仍四出。〔註182〕通江一地，界秦蜀之境，郡治六百里外，蕞爾孤城，在萬山之中，中間巨嶺長樹，恒綿千里，四方逋逃無賴，恃爲淵藪，夙巨寇出沒之藪，正德年間，鄢藍之亂，本發於此，十年始平，五十年後，何勉又亂，動兵三省，四載始平。〔註183〕其後，大野深箐中，還有黃髮子民，老死不見官府威儀。不識朝廷法紀者，其何所懷畏不驕，狼戾以爲盜賊。〔註184〕至神宗萬曆四十五年（1617），秦中巨賊亡賴之徒，多從之，守備邯起龍雖斬割賊首數十級，然其勢未止。〔註185〕又如保寧，「西界番羌，北連漢中，劍閣踞右，巴山蟠左，蜀郡要害地。」〔註186〕其和漢中，相去千餘里，其間山谷險巇，道理紆曲，地方曠渺，賊往來其間，震蕩奔馳，無有定向，官兵擊之於東，則彼向西，擊之於西，則彼復東，二府官兵，彼此拖推，不肯併勤，如賊入保寧，保寧官兵，徐徐發，尾隨賊出境，不復窮追，斂兵以退；反之，漢中官兵亦然，而官兵經過之處，無所依憑，又常遭流賊掩襲，非惟不勝且多敗，以至皆觀望自保，漫無鬥志，師久無功。〔註187〕總之，川陝交界地區，因大

　　　祛蜀盜〉。
〔註179〕《三省山內風土雜識》，不分卷，頁1。
〔註180〕徐敭詔撰《徐定庵先生文集》（明萬曆44年刊本，中圖微捲）卷一二，頁83
　　　～86，（客門一篇贈郡伯毅所黃公入覲）。
〔註181〕《四川通志》（欽定《四庫全書》本）卷四二，頁54～55，巴州兩關記，及《徐
　　　定庵先生文集》卷一三，序，頁56～58，〈都別駕會海吳公擢巴州太守序〉。
〔註182〕同前註。
〔註183〕《徐定庵先生文集》卷一二，頁72～73，〈通江尹槐泉何公榮獎序〉。
〔註184〕同前註。
〔註185〕顧炎武，《天下郡國利病書》（台北：廣文書局，民國66年11月版）卷六五，
　　　頁19～20，〈通巴〉。
〔註186〕《徐定庵先生文集》卷一三，序，〈再贈藩公入覲序〉，頁29、31。
〔註187〕同註99。

山綿亙，崇岡峻嶺，密菁深林，馬行不能進，人苦于爬登，糧糒無從運，車驢無從施，官兵補給大有問題，加上流寇善用地形出沒無常，官兵追勦，又無地可歇，因此常徒勞無功。〔註188〕這種以川陝交界為根據地之流民寇盜四川之事件，至明末愈演愈烈，熹宗天啓六年（1626）十一月，川北一帶，群盜縱橫，兩地逃竄，無從追緝。〔註189〕至思宗崇禎年間，流賊更以此為根據地，流竄川陝兩省，弄得官兵防不勝防。〔註190〕

四川與湖廣接境，南起夔州，北連保寧，其間所屬大寧、大昌、奉節、巫山、廣元、雲陽等州縣，崎嶇千里，山深地曠，險惡萬狀，物產茶鹽杉鐵之利，流移逋逃最易藏奸盜。〔註191〕其地又靠近漢中、荊襄，而荊襄地區，林菁密佈，流民易於藏匿，尤其是鄖陽一地，地界河南、陝西、湖廣、四川四省，山谷扼塞，林菁茂密，多曠土，其中又有草木可採掘食用，自古即為流移逋逃之地。〔註192〕其地位又控巴蜀之門戶，扼楚之上游，泝江而下，直達荊湖，因地形之便利，可四出窺伺，加上山險不平，人獷難理，常為盜賊淵藪。〔註193〕在此三省交界山內，先後有石和尚、劉千斤，自大寧、巫山突入荊襄，小揚兒自保寧犯漢中，殃及流民，勞師傷財。〔註194〕武宗正德年間，鄢藍等流民叛亂，眾至數十萬，延蔓秦楚間，轉寇四川，延禍多時，纔戡平。〔註195〕與比鄰之巫山、寧昌等縣，更常遭亂民劫掠，其間二省交界山區，因官府管轄不到，更為流民常聚亂之所，而大寧又與湖廣、竹山房縣界，有山徑通往來，其中有萬頃山，廣數百里，岩箐險密，奸人每嘯聚於此。〔註196〕

〔註188〕《國榷》卷九五，頁5733，崇禎9年3月丙辰。

〔註189〕《明熹宗實錄》卷七六，頁5～6，天啓6年11月丁丑條。

〔註190〕顧誠《明末農民戰爭史》（北京：中國社會科學出版社，1984年10月第一版），頁299，327，第十四章〈大西軍在四川〉。

〔註191〕《皇明經世文編》，〈余肅敏集〉，卷一，頁19～21，地方軍。

〔註192〕藍宏撰《明成化間荊襄地區的流民變亂》（國立台灣師範大學歷史研究所碩士論文，民國66年6月），頁34～46，第二章〈流民逃亡之方式、生計與聚集荊襄的原因〉。

〔註193〕鄭端《政學錄》（《百部叢書集成》之九四，《畿輔叢書》第四十四函，清王灝輯，光緒定州王氏謙德堂刊本，台北：藝文印書館，民國55年）卷二，頁12，〈湖廣〉。

〔註194〕同註191。

〔註195〕王瑞慶等纂修《南部縣志》（清道光29年刊本，中研院史語所善本）卷二四，頁4，五，〈雜類事紀〉。

〔註196〕《明武宗實錄》卷六十，頁5，正德5年2月丙午，及《國榷》卷三七，頁2374，憲宗成化12年12月己丑。

又如長麥子山，橫跨楚、陝、川三省，中有紅線崖、節羅垻、栗子岩、雙古墳四處古砦，可容納數十萬人，壁立萬仞，四面皆懸岩，止有一線之路可通，上又有壤田，可資餉給，山腰有天生門一座，一旦被賊所據，別無他路可通，可謂一夫當關，萬夫莫敵者也，正德、嘉靖間，群盜皆嘯聚於此。〔註 197〕雲陽一地，下通荊陝，四境山險曠遠，皆爲逋藪，縣治多聚四方流民，愚頑捍野者居多，盜賊之端，皆啓於此，無歲無之。〔註 198〕又如雲陽之旗山關，與施夷接境，孤高險阻，林莽易於伏戎，盜賊歲月常出沒剽掠，追之則潛，兵退則肆，蓋賊托夷境自安，官兵以盜自利，所以「故名爲擒捕，實則縱容。」〔註 199〕此外界鄰楚蜀之湖廣施州衛，世宗嘉靖四十四年（1565）四月蔡伯貫之亂，旬月之間，攻破合州、大足、銅梁、榮昌、安居、定遠、壁山等七城，殺傷四、五萬人，後靠巡撫劉自強等討平之，磔伯貫及其黨於成都。〔註 200〕後有支羅土寇黃中，築中欄坪砦，位於石砫宣撫司西南，廣延四千里，自號天城，流劫奉節、雲陽。〔註 201〕黃中賄賂施州衛官兵、守備等官，瞞蔽上官，湖兵受賄逗留，竊據數年，荼毒一方。川民常被流劫，欲仍征勦，勢難遠制，湖廣撫臣又受屬下欺瞞乖玩，贊成招撫，不與川臣協勦，黃中更肆無忌憚地流劫奉節、雲陽等處。〔註 202〕川撫劉自強奏請川湖合勦，川軍破其巢穴，黃中爲楚軍所獲。〔註 203〕勦平後，朝廷處置未妥，狹猾之民，動犯法禁，官兵緝捕，則投入散毛、施南、唐崖、十路等夷司，引土夷劫掠百姓畜產，無歲無之。〔註 204〕巴南富豪，懼土夷侵掠，據險扼築堡立砦以守，兼以私恃家丁

〔註 197〕《天下郡國利病書》卷六五，頁 17～19，〈重慶〉，及《錦里新編》卷一三，頁 16～20，〈重慶〉。

〔註 198〕楊鷟撰《雲陽縣志》卷，頁 5～6，〈保甲法〉。

〔註 199〕《雲陽縣志》（明嘉靖刊本）卷上，頁 10，篩。

〔註 200〕《明世宗實錄》卷五五三，頁 5，嘉靖 44 年 12 月丙戌，及卷五五四，頁 2，45 年正月戊午。

〔註 201〕《國榷》卷六四，頁 4024，世宗嘉靖 45 年 2 月丙戌及《明世宗實錄》卷五五五，頁 11，嘉靖 45 年 2 月丁亥。

〔註 202〕《明世宗實錄》卷五四五，頁 7，嘉靖 44 年 4 月己未，及卷五五二，頁 10～11，嘉靖 45 年 2 月丁亥，及鄭欽、鄭銳撰《伯仲諫臺疏章》（《百部叢書集成》之九十八，《涇川叢書》第二函，清道光趙紹祖等校刊本，台北：藝文印書館，民國 56 年）卷五，頁 25～29。

〔註 203〕《明世宗實錄》卷五六二，頁 4～5，嘉靖 45 年 9 月甲辰，謝廷讚，《霞繼亭集》（明萬曆刊本，中圖微捲）卷七，頁 23，牛螣寇。《井蛙雜記》卷七，頁 6、黃伯貫。

〔註 204〕《天下郡國利病書》卷六五，頁 19～20。及《伯仲諫臺疏草》卷上，頁 25

眾強，不供租庸，不服拘喚，置朝廷法紀威儀不顧。〔註205〕演至穆宗隆慶年間，何勉、大鷂子、小鷂子、小滾子等聚眾萬餘，起陝郿地方，劫掠川東一帶，受其荼毒，後經川、陝、鄖陽三地巡撫，共同圍剿，纔定之。〔註206〕日後，李自成、張獻忠，亦利用此三省山內複雜地形，作為流竄之基地，其中有搖黃亂民，倡亂於陝西延慶諸郡，自獻忠動亂之日，已入蜀，蕩萍於巴閬重夔諸地，盤據梁山縣至四、五年之久，劫掠屠殺尤烈。後糧餉食盡，遂由梁、墊、涪、彭、南、綦諸郡邑，向東而南，流竄至敘瀘。蹂躪東北，屠割之殘，不在獻忠之下，直到清世祖順治八年至九年間（1651～1652），纔為清軍所戡平，安置在成都西北鄉虜村居住，環繞十一家，雖已人老珠黃，男子臉猶「猙獰獷悍，赫赫畏人」，婦女猶窄袖短杉，能馳善射，可想見其強悍作風。〔註207〕其後，滇黔李來可等，繼續盤據夔屬寧、昌間，其勢力北起房竹，南至巫、巴，西達萬縣天生城，東到施州衛，流竄於川楚邊境廣大地區，清廷雖屢為招撫，但頑固不悛，直到康熙三年（1664）八月初，兵敗自焚而死，其部眾三萬人，散入蜀山中，不知所終，地方稍靖。〔註208〕

此外在地理偏僻地區，也常因官府法紀管轄不到，淪為盜窟，如建昌一地，地處極邊，西接西番，東連烏蒙、烏撒，北抵魚通西寧，南至雲南武定，「山高嶺峻，番蠻雜處，反側不常。」〔註209〕通江一地，去郡七百里，「民貧多盜，聚散谿谷林莽，控制鮮及，蔓延浸廣。」〔註210〕馬湖一地「西通烏蒙，

～29。

〔註205〕同前註。

〔註206〕劉紹文等纂修《城山廳志》（清道光34年刊本，中研院史語所善本）卷十九，雜類，頁13。

〔註207〕《錦里新編》卷十三，頁16～20，重夔，及朱言詩續纂修《梁山縣志》（清光緒20年刊本，中研院史語所善本）卷十，藝文志〈雜識〉，頁5～6，李玉宣等纂修《重修成都縣志》（清同治12年刊本，中研院史語所善本）卷十六，頁33～34。

〔註208〕柳義南著《李自成紀年附考》（北京：中華書局出版，1983年6月第一次出版），頁308～318、322，〈關於搖黃農民問題〉，及見許曾蔭等增纂修，《永川縣志》（清光緒20年刊本，中研院史語所善本）卷十，雜異、寇盜，頁8～10，及曾受一纂修《江津縣志》（清乾隆33年刊本，故宮善本）卷五，頁10，11。

〔註209〕《明英宗實錄》卷二三八，頁2，景泰5年2月戊子。《升庵集》卷四，頁11～12，〈四川建昌兵備道題名記〉，及程敏政《窗墩文集》（《四庫全書珍本》三集，文淵閣本，台北：商務印書館，民國61年）卷二五，頁6～7，〈送都閫萬君赴四川行都司序〉。

〔註210〕《徐定庵先生文集》卷十二，序，頁42～43。

南接建越，蠻遼四塞，煙烽獨當其衝。」〔註211〕瀘州「當雲貴口衝，扼苗蠻之寨，烽煙有警，則苗蠻在所必爭。」〔註212〕大足邑西有遇仙諸山，介在安、遂、榮、內之陬，「削壁天設，至為盜窟，出此沒彼，獷悍成習。」〔註213〕如榮昌縣隆橋驛，介於瀘州、榮昌、富順三縣不管地帶，曠遠多盜，深為民擾，至穆宗隆慶元年（1567），撫臣譚綸奏割瀘州、富順、榮昌犬牙地，置隆昌縣，因管轄區域明確，盜餤稍止。〔註214〕簡、隆、犍、榮之間，皆四陬曠逃，常為盜賊所窩藏之地，借此流劫他縣，〔註215〕熹宗天啟六年（1626）十二月，巡按陳睿謨指出，川省交界地，盜尤多，如大竹，鄰水之霸王鎮，分屬兩府，界居四縣地，亡賴之徒，團聚其間，禁劫拒捕，無所不至。〔註216〕這種偏僻官府管轄不到淪為亂窟，以土司地區較為嚴重，蓋此區為西南極邊，密通番苗巢穴之地，種類參雜，人性弗馴，逞強嗜利，輕生易動，極容易叛變。〔註217〕負責戍守管轄邊區的官吏，又利群盜及土官之重賄，恣意放縱，故群盜出沒無常，緝捕難及，極易釀成巨禍。〔註218〕其中又以都掌蠻、播州、永寧等三區最為嚴重。

都掌蠻，在敘州南四百里許，東連永寧，南接芒部，西通烏蒙，左連馬湖、戎、長寧、高、珙、慶符、筠連等六縣，近相連結，明初分山都六鄉，水都四鄉，羈隸戎縣，以流官統治之。〔註219〕其地沃腴，宜黍稌馬牛畜產，產量視內地倍十之三，然蠻性狡猾，累侵邊邑，劫掠所至，「族無靡遺，郭成邱墟。」〔註220〕天順、成化年間，動用十八萬兵征之而不克。〔註221〕嘉靖以

〔註211〕周斯才編緝《馬邊廳志略》（清嘉慶 10 年刊本，中研院史語所善本）卷五，文紀，頁 18～20。

〔註212〕田秀栗等纂修《瀘州直隸州志》（清光緒 8 年刊本，中研院史語所善本）卷一，頁 26～27，明鄧順〈太平橋碑記〉。

〔註213〕張佳胤《張居來先生集》（明萬曆 22 年序刊本，漢學影本）卷三六，頁 10～13，〈大足縣志序〉。

〔註214〕《國榷》卷六四，頁 4036，世宗嘉靖 45 年 12 月壬辰，《讀史方輿紀要》卷七十，頁 3033。

〔註215〕《趙公肅公集》卷十七，頁 12、13，〈井研縣修城記〉。

〔註216〕《明熹宗實錄》卷七九，頁 23～24，天啟 6 年 12 月壬戌。

〔註217〕李化龍《平播全書》卷一，〈奏議・請投軍中疏〉，頁 3。

〔註218〕譚綸《譚襄敏公奏議》（《四庫全書珍本》六集，文淵閣本，台北：商務印書館影印，民國 64 年）卷四，頁 2～6，〈宄盜參官川議善後疏〉。

〔註219〕江亦顯等纂修《興文縣志》（清光緒 13 年修，民國 25 年重印本，台北：成文出版社）卷六，頁 4～7，〈明萬曆潼關兵備道周文邰蠻頌〉。

〔註220〕同前註。

來，生齒日繁，逋逃助惡，每每騷動，數十年剿撫並用，未獲安寧，搶掠不止六縣，敘州、瀘州、江安、納谿，俱罹荼毒。〔註222〕隆慶末，蠻酋阿大、阿二、方三等俱僭號稱王，據九絲城，勢甚猖獗。〔註223〕六縣之民，壯者被擄掠，老弱即遭殺戮，六縣之官，徒擁空名，有選出不赴任即乞休者，情勢極為孤危。〔註224〕萬曆元年（1573），四川巡撫曾省吾，以總兵劉顯為主將，調土兵、官軍十四萬，五路並進，衝殺死者無算，先後擒獲首領阿大、阿二、方三和阿狗等。九絲城平，改戎縣為興文縣，且拓地五百里，招蠻耕其地，立城建廨，鎮以大將，重以憲臣，控險壓惡，此後都掌蠻不復為亂。〔註225〕直到清光緒十三年（1887），修《興文縣志》時，還特別標明曾省吾討平蠻亂，敘南六縣，至今賴之，可見曾省吾平蠻功勞之大，隔代猶歌頌之。〔註226〕

播州一地，東西廣千餘里，周圍遠近三千餘里，西北以綦江、南川為前門，西南則以赤水、烏撒、水西、黃平為後門，東出湖廣偏橋、沅州，凡聯川、湖廣、貴三省，其重山複嶺，陡澗林深，平原曠澤，田疇豐美，物產富饒。〔註227〕因其居高山峻嶺，密菁深林之中，酋盤據既久，巢以完原，又與華民相雜處，中國奸民無賴貪利之徒，又常以虛實告之，遂有所恃，以窺伺中國之心，內又有諸夷為羽翼，遂常啟戰亂。〔註228〕尤其是以萬曆二十七年（1599），楊應龍之亂為最，朝廷征調官軍二十萬，分八路並進，出師踰百日，費百萬之餉，殺人數萬，方能除此巨寇。〔註229〕楊氏滅後，川省因武備久弛，加上遼東軍興，急徵川土軍北援，永寧土官奢崇明、奢寅父子，藉援遼為名，提兵三萬，據渝城，殺巡撫徐可求等官叛變，其勢逼成都，全川震動，後賴

〔註221〕前引書，卷六〈碑記〉，頁24～28，〈明按察副使陳文炳崇祠碑記〉。

〔註222〕《古今圖書集成》，〈方輿編・職方典〉第六四八卷，〈四川諸獠部〉，第一一三冊之七葉，及《明神宗實錄》卷二二，頁3，萬曆2年2月。

〔註223〕《興文縣志》卷二，頁95～96，及敕立榜等纂修《高縣志》（清同治5年刊本，台北：成文出版社）卷二一，〈邊防志〉，頁5～13，〈經略邛蠻後疏〉。

〔註224〕同前註。

〔註225〕董份撰《董學士泌園集》（明萬曆34年烏程董氏家刊本，中圖微捲）卷二七，頁5～12，〈平都蠻傳〉。

〔註226〕《興文縣志》卷二，頁107，〈邊防〉。

〔註227〕諸葛元聲《兩朝平攘錄》卷五，〈播上〉，頁399～500。

〔註228〕趙秉忠《□山集》（明萬曆間刊本，中圖微捲）卷三，序，〈賀宋直指決策平播序〉，頁1～9。

〔註229〕茅瑞徵《萬曆三大征考》（據國立台灣大學圖書館藏本影印，成文出版社，民國56年）播州，頁27～38。

巡撫朱燮元指揮得當，其勢稍止，至崇禎二年（1629）八月，監軍劉可訓、總兵侯良柱率部在五峰山與奢崇明大戰，殲敵十五萬，斬奢崇明、安邦彥等，積年巨寇始平。〔註230〕楊叛於前，奢亂於後，數十年間，兵戈擾攘，黔蜀俱未安寧，徒為日後流寇擾亂川省鋪路。〔註231〕

再以流民天災交迭論之。英宗正統二年（1437）九月，四川按察使龔鐩，向朝廷上奏中提及所謂強賊：「因歲凶歉食，或因徭役頻繁，或因有司不能存恤，情實可憫。」〔註232〕蓋水旱災傷，百姓衣食艱窘，有司若不能賑恤，善撫飢民，則會激而為盜。〔註233〕天災人禍，是民亂因素之一。以孝宗弘治元年（1488）為例，當時逢水旱災後，災民往往林聚偷盜，此天下皆然，惟以湖廣、四川、河南為甚。十月，因飢盜多，皇帝下敕飭備。〔註234〕當時朝廷曾在受災地區，如成都、保寧、順慶、夔州、重慶、敘州、潼川，馬湖各府，及嘉定、眉、雅、邛、瀘各州，酌情賑濟，受災飢民、流民多達十八萬一千三百二十戶，二百五十七萬八千四百五十七口。〔註235〕不過這種賑濟并不經常，且收效微薄，接連不斷的天災人禍更使流民成為不可遏止的社會動亂。武宗正德三年（1508）又逢大旱，人民搬移入山，後復聚為盜。〔註236〕那時恰逢秋潦夏旱，所在田苗擔石無收，處處皆然，其中又以蒼溪縣，盜劫兵荒，禾豆祇收一分，鄉民無食，吃草根樹皮度日，變賣男女，少長者趁食他鄉。〔註237〕潼川州飢民數千，持器械入州城求食，知州趙會設食濟之，乃去。〔註238〕鄰水縣居民數百，假入糴米於有積穀者，搶其米而去。〔註239〕十四年至十六年（1519～1521）期間，長江大水，遂寧、巴縣、南溪等地，氾濫特別嚴重，〔註240〕王廷相指出，當時川北

〔註230〕福綸等續纂修《南溪縣志》（清同治13年刊本，中研院史語所善本）卷六，人物，頁6，及王爾鑑纂修《巴縣志》（清乾隆25年刊本，故宮善本）卷十二，記，頁35～37，朱燮元，〈奢寅叛重慶記略〉。

〔註231〕瞿樹蔭等增纂修《合江縣志》（清同治10年刊本，中研院史語所善本），頁27～29，楊致道〈平播考〉。

〔註232〕《明英宗實錄》卷三四，頁6，正統2年9月戊申。

〔註233〕《明武宗實錄》卷七十，頁4，正德5年12月戊戌。

〔註234〕《明孝宗實錄》卷十九，頁2，弘治元年10月丁酉。

〔註235〕《四川古代史稿》，頁357。

〔註236〕王萱《青崖奏議》卷六，頁11～15，〈請賑恤窮困〉。

〔註237〕同前註。

〔註238〕同前註。

〔註239〕同前註。

〔註240〕郭濤著《四川城市水災史》（成都：巴蜀書社，1989年4月），頁188、268、

之民，競相流入東達之境，深山大谷，倚恃險阻，若所在有司撫按無術，激而為變，亦勢所必至。〔註241〕其後他更指出，自嘉靖七年（1528）以來，川、湖、河、陝、山東、山西等六省旱災，百姓缺食，流至餓殍，有自相殘食，或甘為盜賊，苟延旦夕之命不恥者。至二十七年（1548），蜀地患旱，赤地千里，加上瘟疫大作，人民凋敝，流離死者過半，強者遂打家劫舍，地方不靖。〔註242〕

天災荒歉時，百姓乞食，轉徙他鄉，官司遇災不賑，所以「流殍載塗，閭井蕭然，禍民至深，此時宜停民賦。」〔註243〕事實上，朝廷在天災發生時，亦下詔蠲免錢糧，但地方官員常將：「虛文起解之數，捏作已徵；或將已徵捏作未徵，重復征收」，小民冤苦無處可伸，遂畏避糧差，流離失業，賊首糾合徒眾相誘為非，日復一日，愈聚愈多，遂不可收拾。〔註244〕以正德年間，鄢藍之亂，恰逢天災歉收，紀功軍事給事中王萱請朝廷撥錢糧數萬兩，通付保寧等地，但巡撫高崇熙卻格賑濟之命，概不舉行，民之枵腹待斃者日甚，遂競相投入流寇行列。〔註245〕又如嘉靖初年，四川屢為天災所困，以至民窮財盡，飢民有盜劫之患，「朝廷雖屢發帑銀，有司但以補充逋賦，不佐百姓之急。」〔註246〕這種皇帝下詔免租，但有司不奉詔執行，且陽奉陰違的情形，已成為司空見慣的事，今引用明人高啟愚之文，做為佐證：

> 今天下生民多困，十室內杼軸九空，官家逋負，誅求無已，腹飢不得食，膚寒不得衣，老老擔負，壯者赴役，加上凶災頻仍，羸罷死轉，忘寢與息，又非民力之困也。詔賜天下田租之半，詔書是下，但是傳算之使，旋持斧四出，以致僕夫輿夫馬之勞，往來道路，動以什佰，何嘗受十分賜，反困億倍它日。〔註247〕

從萬曆到崇禎年間，四川災荒連年，萬曆十七年（1589）川東大旱，春至秋

281。
〔註241〕《王廷相集》，頁252～256，〈王氏家藏集〉，卷二九，〈答李獻忠論救荒事宜書〉。
〔註242〕前引書，頁 1238～1239，〈浚川奏議集〉卷三，〈乞行義食疏〉，及《富順縣志》（乾隆42年刊本，故宮善本）卷五，頁71～73，〈祥異〉。
〔註243〕《明憲宗實錄》卷四，頁11，天順8年正月乙亥，及《明武宗實錄》卷七十，正德5年12月己亥。
〔註244〕《明武宗實錄》卷七三，頁10～11，正德6年3月丙子。
〔註245〕《青崖奏議》卷二，頁15～19，〈劾巡撫都御史高崇熙〉。
〔註246〕《明世宗實錄》卷九八，頁14，嘉靖8年2月丁亥。
〔註247〕《銅梁縣志》（光緒元年刊本，中研院史語所善本），〈藝文志〉，頁45～47，高啟愚，〈銅梁縣重修公宇記〉。

皆不雨，赤地千里，田禾俱枯，順慶、重慶、保寧三府，潼川一州四十餘州縣，尤為嚴重，富人空乏無粟，貧窮者朝暮不保，人情洶洶，朝廷並未有蠲賦甦息民困之舉。十八年至二十四年之間，旱潦緜延不斷，人民四處流移求食，其後楊應龍造反，人民在軍需征求下，生活更加困苦。〔註248〕三十七年（1609）大饑荒，三十八年（1610）四月，黔江遭洪水沖壞田野無算。其後全蜀荒旱，殍死無算，赤地千里，城野半空。〔註249〕四十五年（1617）夏旱，四十六年（1618），夏六月蝗災，秋潦雨大水，榮水忽潮數十丈，田廬漂沒，顆粒無收。〔註250〕天啓四年（1624）仲秋，峨眉縣水湧數丈，漂沒兩岸廬舍數百家，射洪大旱，田禾皆枯。〔註251〕七年（1627）五月，邛、眉諸縣大水，壞城舍人畜無數。〔註252〕崇禎十年（1637）敘州府宜賓城遭大水，整個城市，除了高地外，其餘街坊及大部分居民，均遭洪水溺斃。〔註253〕明季旱赤為虐，赤地千里，十歲常七，貧富皆困，乞食者沿路，攫食者滿街，流民藉乞食以滋變，土匪乘大旱而肆劫，災上加災，在這天災人禍的重重打擊下，從而導致民變不斷的發生，明王朝又無賑濟復民撫民策略，其在四川的政權必亡是可斷定的。〔註254〕

〔註248〕郭濤《四川城市水災史》，頁256，《廣安州志》（雍正11年刊本，故宮善本）卷七，頁1～4，王德完〈議賑四川旱災疏〉。

〔註249〕陳世松主編《四川簡史》，頁176，及《萬曆四川總志》卷二十七，頁68～74。

〔註250〕郭濤《四川城市水災史》，頁15，及陳時宜《潼川州志》（明萬曆47年刊本，漢學影印本）卷八，頁37～39。

〔註251〕前引書，頁107及《射洪縣志》（光緒10年刊本）卷五，頁3。

〔註252〕前引書，頁80、82、188、342。

〔註253〕前引書，頁264、267、342。

〔註254〕《廣安州新志》（光緒33年刊本）卷十，頁6～8。

第五章　民變對明代四川社會經濟的破壞

第一節　正德、嘉靖之際民變對社會經濟的破壞

正德年間，鄢、廖等流賊，攻破城池，殘害地方，荼毒生靈，為患七、八年，川北迤西地帶，州縣俱遭焚劫。〔註1〕保順等州縣，人民奔竄殆盡，所存居民，又因役無虛日，「或運糧餉，或載運軍器，一夫出力，舉家出錢，以至賣田鬻產，供輸無度。」〔註2〕據當時兵科紀功給事中王萱說：他入巴江踰劍嶺，所經過地方「邑里蕭條，往來寂靜，間有遺黎，菜色羸形，氣息僅存，頹垣破戶，寂無炊煙，枯骨交途，僵屍橫路，百年全蜀之地，凋蔽至極。」〔註3〕那時蜀民被征調從征、轉運、守城、把隘等役，十無一留，生產盡廢。所在田苗，經過兵荒馬亂之後，擔石無收，處處皆然。王萱認為「自我國家平蜀以來，地方凋蔽，未有甚於今日者。」川撫林俊帶兵入江津城，看到的是煙火俱廢，盡日無水米入口，人民非但病盜，且病於疫，又病於旱，流離窘困。〔註4〕當時受殘害最深的州縣，如蒼溪縣，因連年盜賊兵荒，窮困至極，又遭旱潦交侵，禾豆祇收一分，鄉民挖食草根度命；射洪縣鄉民四散，不復應役；保寧縣則因賦重差繁，民貧至骨。〔註5〕劍州則「城盡隤，

〔註1〕翁道均等增修《營山縣志》(清同治9年刊本，中研院史語所善本) 卷二十八，藝文，9～13，〈重修營山縣碑記〉。

〔註2〕《武宗實錄》卷七十三，頁4～5，正德6年2月乙未條。

〔註3〕王萱，《青崖奏議》卷六，頁11～15，〈請賑恤窮〉。

〔註4〕同前註，及林俊，《見素集》(《四庫全書珍本》五集，文淵閣本，台北：商務印書館影印，民國62年) 卷二十三，頁11，12，〈寄邊庵〉：卷二十六，頁15～17，〈祭病死征夫〉，〈巴縣祈雨〉〈謝雨〉）。

〔註5〕同前註。

閭里蹂躪慘甚」。〔註6〕營山縣則「公署、市纏、廟壇、學社等處，悉爲燼煨。」
〔註7〕羅江、綿竹、德陽等縣，燒煨搶劫，所過一空。〔註8〕壁山、營昌、
仁壽等縣，俱被殘害。〔註9〕總之，藍、鄢等流賊，頻年毒亂，攻破州縣不
下數十城，屠殺生靈，亦不下數十萬，巴渝、潼梓之民，死亡過半。直到嘉
靖二十二年（1543），田間父老還能道出受其荼毒之苦，可見其殘殺之慘，
隔代難忘。〔註10〕嘉靖末季，黃中之亂川東，流劫奉節、雲陽，蔡伯貫連陷
合州、大足、銅梁、榮昌、安居、定遠、壁山等七州縣，殺傷四、五萬人，
亦對川省經濟造成相當程度的傷害。〔註11〕如重慶府，夙號淳簡，自罹蔡伯
貫之亂後，「土瘠民貧，閭里生計日絀」。〔註12〕

　　明中葉以降，除了藍鄢之亂，對川省經濟造成破壞外，另外山都掌蠻之
亂，亦對川省邊區經濟造成相當程度的傷害。景泰年間，都掌蠻「屠長寧，
劫符、江安、納谿，燒廬舍、恣殺掠，江南諸縣，俱成赤地」。〔註13〕成化初
年，「夷人循江抵納谿、合江，如入無人之境」。直到六年（1470）其鋒稍頓，
地方稍寧。〔註14〕嘉、隆之際，都掌蠻之亂，又達高峰。當時如高縣、筠連、
興文、珙縣、慶符、長寧等六縣，及敘州、瀘州、江安、納谿，俱罹荼毒。「丁
壯非被擄掠，即散之四方，老弱非遭殺戮，即轉於溝壑，雖有孑遺之民，挨
縣居住，亦朝不保暮」。〔註15〕蠻性狡猾好戰，累侵邊邑，常「屠老烹幼，淫

〔註6〕　《劍州志》（雍正5年刊本，故宮善本）藝文下，頁48～50，陳宗虞，〈劍州
　　　　建二賢閣記〉。
〔註7〕　《四川通志》卷二六，〈輿地公署〉，頁17～18，明王昂〈重修營山縣署記〉。
〔註8〕　《青崖奏議》卷五，頁1～4，〈請投大將〉。
〔註9〕　同前註。
〔註10〕　《保寧府志》（道光元年刊本，中研院史語所善本）卷五六，頁29～30，楊瞻
　　　　〈四忠祠記〉。及見《四川通志》（清乾隆間文淵閣《四庫全書》本）卷四二，
　　　　頁34～35，楊瞻，〈四忠詞記〉。
〔註11〕　《遂寧縣志》（光緒元年刊本）卷六，頁18，雜識，《壁山縣志》（同治4年刊
　　　　本）卷五，武備十三，《趙文肅公文集》卷七，頁26～28，及《伯仲諫臺疏草》
　　　　卷上，頁25～29。
〔註12〕　章潢《圖書編》卷四十，頁11、12，及《四川通志》卷八八，〈武備驛傳〉，
　　　　頁13，張希召〈改置土沱黔南白渡三驛碑記〉。
〔註13〕　《古今圖書集成・方輿彙編・職方典》第六四八卷，四川諸獠郡，第一一三
　　　　冊之七葉
〔註14〕　同前註。
〔註15〕　《興文縣志》卷二，頁95～96，及敖立榜《高縣志》（清同治5年刊本）卷二
　　　　十一，邊防志，頁5～13，〈經略平蠻後疏〉。

女刭婦，或闔門就戮，或赤族靡遺，肝腦遍地於郊原，膏血盜於溝洫，附郭竟成邱墟，山寨杳無煙水。」〔註16〕萬曆初年，始平定之，據官方記載：「荼毒最深地方為高、筠連、戎、珙、慶符、長寧六縣，其餘水次州縣，皆有轉運辦理之累。」。〔註17〕

兵亂之後，經濟殘破，並不只限於一地，而是連鎖性的。如盜起東北，東北之人，苦剽劫，滋漫五、六年，西南之人，亦不堪轉輸之苦。〔註18〕朝廷若能及時針對兵亂地區賑恤，或許地方復甦更快，然因川省地廣，政令有所不及，經濟復甦，往往遙不可期。以劍州為例，藍鄢兵災後，「州城盡隳，閭里蹂躪慘甚」，後雖賴州令「起傷殘，輯離散，教墾田」，經濟逐漸復甦。然州令一離職，繼之者為政甚虐，迨萬曆七年（1579），四境憔悴，「逃亡殆半，室室懸磬，農失產，工失業，怨諮愁嘆，比比而是。」〔註19〕再以通江為例，藍鄢之亂，禍本基於此，用兵十年始平，朝廷無任何戰後整建計劃，以致「化誨無術，防禁不預」，四十年後，又再度爆發何勉之亂。〔註20〕可見戰後地方經建之能復甦與否，關係地方治安安定之重要因素。

第二節　楊應龍之亂對社會經濟的破壞

楊應龍之亂，從貴州出四川綦江，據扶歡堡被害居民所言，殺死老幼男婦，「堆屍滿野，流血成河，江內日夜漂出男婦屍，不計其數。」〔註21〕綦江城陷，放火燒官民房百餘家，盡虜一縣資財以去，丁壯男婦遭屠戮者，投屍蔽江，江水為赤。據當時巡按四川監察御史趙標的報告稱：二十八年二月二十一日，楊應龍親率苗兵六萬圍城，以火攻城，城陷，各官逃亡不知所之，兵民被殺不計其數，一時堆屍塞街；城外至大窩鋪一百五十里，居民逃竄一空，人煙斷絕，二十二日劫庫銀搶糧倉；二十三日放火燒城，二十五日放火

〔註16〕江亦顯《興文縣志》（清光緒13年刊本，台北：成文出版社）卷六，頁4～7，明萬曆潼關兵備道周文〈平蠻頌〉。

〔註17〕同註15。

〔註18〕《邛州志》（嘉慶23年，史語所善本）卷四三，頁36～37，胡纘宗，〈邛州新城記〉。

〔註19〕《劍州志》（雍正5年刊本，故宮善本）藝文下，頁48～50，陳宗慶，〈劍州建二賢閣記〉。

〔註20〕同註12，及《城口廳志》（道光24年刊本）卷一九，〈雜類〉，頁13。

〔註21〕萬元聲撰，《兩朝平攘錄》卷五，頁434、435。

燒倉營而去。〔註 22〕殺人盈十萬，以致綦江、合江一帶，百里無煙。〔註 23〕
當時總兵李化龍奏疏中提及：

> 到府查得綦江五里，上三里鄰播，俱播苗劫殺，本府城大江漂流死
> 屍，日有百餘，有無頭者，有無手足者，有大小三、二人拴緊一處
> 者，無辜赤子遭凶酋毒手，彼蒼豈縱之使然耶！。〔註24〕

至是南川、江津、合江至重慶一路居民，望風奔散，流離失所，尤其是重慶
一城，因楊應龍聲言攻城，城中男女，不分大小家，紛紛奪門逃出，有司嚴
禁不止，遂將城門緊閉，以防居民逃空。〔註 25〕南川、江津則將兵士民俱逃
盡，庫獄皆移，竟成空城。〔註 26〕苗兵沿路搬搶村民米穀布匹牛豬等物，十
室九空，拒閉者，縱火焚之，酷暴至極。〔註 27〕播州一地，受殘尤烈，自兵
火之後，舊民存者十之一、二。所剩百姓，也因賊虐，及兵戈擾攘，進退維
谷，以致「男不得耕，女不得織，妨廢農業，數載於茲。」〔註 28〕川東一帶
百姓，因播苗入犯，大多委棄已熟稻田，不肯收稻，盡行逃避，朝廷只好下
諭收稻，禁止逃避，但其成效如何，史無記載。〔註 29〕楊應龍殺戮殘害之慘，
據時人諸葛元聲所著《兩朝平攘錄》記載，超過十餘萬人：

> 初但肆惡於一州，繼乃流毒於三省。白石口民三千，積骸遍野，飛練
> 堡官軍二萬，流血成淵，綦江一路，百里無煙，東坡再焚，三春如赭。
> 最可恨者，對夫以淫其妻，對父而姦其女，尤可駭者，吮乳斷嬰兒之
> 首，驅蛇入婦女之陰，跡其數載，殺人已盈十萬……〔註30〕

征播兵馬約十餘萬，搬運糧草，不可勝數，「東南派夫，西北貼銀，蜀人既困
且死。」〔註 31〕司庫之積銀，蕩然一空，軍餉無出，各地州縣庫銀，有六、

〔註 22〕 同前註，及吳亮，《萬曆疏鈔》，〈哱播〉，頁 27～34，趙標，〈播兵壓境要挾無
　　　　 已國體民生傷殘太甚疏〉。
〔註 23〕 前引書，卷五，頁 466。
〔註 24〕 李化龍《平播全書》奏疏，頁 5～13，〈報播酋屯兵疏〉。
〔註 25〕 同註 21，及程正誼《辰華裳集》卷六，頁 14～16，〈與譚岳南中丞書〉。
〔註 26〕 同前註。
〔註 27〕 李化龍《平播全書》卷三，〈奏疏〉，頁 96～99，〈地方災異疏〉。
〔註 28〕 前引書，卷六，頁 328，〈奏議〉，〈播州善後事宜〉，及卷十一，〈牌票〉，頁
　　　　 600，〈令降民復業〉。
〔註 29〕 前引書，卷三，〈奏疏〉，頁 96～99，〈地方災異疏〉。
〔註 30〕 《兩朝平攘錄》卷五，頁 465～467。
〔註 31〕 李化龍《平播全書》卷三，〈奏疏〉，頁 96～99，〈地方災異疏〉。

七十兩者，二、三百者，千金之貯者，不數十見，焉能助餉，〔註32〕當時川省用過軍餉，扣除還官及協濟二者不計外，總計官兵軍食及一切軍器諸項雜費，實用一百三十八萬七千一百四十九兩。〔註33〕其中扣除內帑發銀七萬餘兩，鳳陽解銀八萬五千五百六十兩外，其餘額皆取自川省，皆出自民間，以致川省全省騷動，元氣索然幾盡。李化龍〈川省蠲免疏〉云：

> 在上東下南（夔州、酆都），派兵轉運，負重涉險，衝冒瘴癘，轉於溝壑者甚眾，其苦稱最。在下東上南，西北四道，水米失價，在在催督，無不剜肉剝膚，以佐公家之急，其苦稱次。今仗仰天威，一鼓蕩平，瘡痍凋敝之眾，元氣索然盡矣。〔註34〕

在楊應龍之亂以前，川省正逢採木及征榷礦稅等陋稅四出，庫藏已經一空，到了民窮財盡地步。據李化龍云：

> 看得川省錢糧，坐派有定額，出納有定規，然遞年正支之外，稍有餘賸，故先年每遇別省軍興，常得借用。十三年採木事起，費用浩繁，於是庫藏一空，所存無幾。〔註35〕

時人王藩臣也在〈制馭播酋疏〉中，提到蜀地公私俱困，較他省尤甚：

> 今日之蜀，則非昔蜀也，何也？他省有礦有稅，無木無兵，惟蜀有木務、兵防並集，又兼之征榷開採，孟子所謂用其二而民有殍，用其三而父子離信，此一時也。皇上何得見其加派騷擾乎？……項以木役煩興，庫藏僅十分一、二。〔註36〕

據估計當時川省有司可動用庫銀僅六、七十萬兩。〔註37〕其後為了讓征播有足夠的經費，由於戶部的要求，下令：「在四川、湖廣地畝加派，總督三省通融支用，兵罷之日，即行蠲免。」〔註38〕平定播亂，約費銀二百二十一萬六千餘兩，連川中湊辦共約三百萬三千餘兩。〔註39〕川省遭採木、用兵等項花費，使夙稱殷富之巴蜀，亦蕭然懸罄。〔註40〕當時巡撫李化龍曾向皇帝提出

〔註32〕前引書，卷三，頁141～142，〈奏議〉，〈請停搜括疏〉。
〔註33〕前引書，卷六，頁371～376，〈銷算軍餉疏〉。
〔註34〕前引書，卷六，頁360～366，〈奏議〉，〈川省蠲免疏〉。
〔註35〕同註32。
〔註36〕《皇明留臺奏疏》，兵防，卷三五，頁37～43。王藩臣，〈制馭播酋疏〉。
〔註37〕同註32。
〔註38〕《明神宗實錄》卷三四〇，頁4，萬曆27年10月丙戌。
〔註39〕《萬曆疏鈔》，頁42～47，王德完。
〔註40〕《喬中丞奏議》，卷十，頁36～41，〈請留稅不採疏〉。

蜀地士民，因一連串征榷等項，公私俱困，已喪其求生之志：

> 嗟夫！川民可憐矣。採木者陟岡歷澗，已死復生，運餉者冒瘴衝炎，
> 既生復死；當賊者身首橫分，室廬爲沼木；未當賊者，租庸十倍，
> 雞犬不寧。
>
> 川省有司益可憐，自採木事起，經年在山；自征採事起，經年在播；
> 勤能者一身而百委交叢，遲鈍者一誤而一官不保。今幸賊勢漸衰，
> 小民有旦夕之安，有司得息肩之日，陛下終不能大發金錢，早俾竣
> 役，又奈何扼其背，絕其吭，收其供軍之資，貽以不了之禍。今遠
> 近士民，囂然喪其求生之心，然籲天無從，臣爲此懼，不敢不以上
> 請。伏乞敕下內監，止司稅務，暫免搜括，爲三軍留數日口食，爲
> 三巴留一線生路，則地方幸甚，臣幸甚！〔註41〕

請求皇上停止搜括，給巴蜀之民一線生機。播平之後，川撫李化龍爲減輕蜀
民之負擔和損失，又提出比照征九絲及松潘等事例，蠲免兵火蹂躪之區：

> 查萬曆元年，川省大征九絲事竣，蒙將該年以前小民拖欠各項錢糧，
> 悉從蠲免。萬曆十四年，以征勦松潘事完，蒙兩院題將該年夏稅秋
> 糧免三徵七。今征播之後，較之九絲、松潘，其難其苦，不啻數倍，
> 照例請蠲，委不容緩。〔註42〕

朝廷雖答應李化龍之建議，但並未全面性的免稅，祇允許停徵因征播而加派
的糧稅，而且僅限於未徵停止，已徵收貯，不還百姓。其後，又廣派榷使，
四方搜括，蜀民生活更加窮困，地方財政更加枯竭。〔註43〕至天啓初年，終
因「征取夷兵，無帑金之發，罄蜀府庫，僅佶三十餘兩，支撐不給」，引起奢
崇明之亂。〔註44〕楊應龍蕩平之後，因「徵發之所耗費，師旅之所蹂躪，戰
之所損傷」，川省已到「鬼火彌山，荊棘塞望」之地步。〔註45〕明臣王德完對
災後的川境，有詳細描述：

> 兵馬經過，人民逃散，廬舍盡毀，村落無煙。渝州一帶，魂定于
> 驚惶之後，命甦于垂死之餘，聚散靡常，悲喜乍別。有田地荒蕪

〔註41〕 同註32。
〔註42〕 同註34。
〔註43〕 《明神宗實錄》卷三四九，頁12，萬曆28年7月甲寅。
〔註44〕 《合江縣志》（同治10年刊本，中研院史語所善本），卷頁不明，董翼，〈懸
乞軫念封疆疏〉，天啓元年11月26日。
〔註45〕 趙南星《味檗齋文集》卷六，頁2～4，〈送浩翁錢老先生巡按四川序〉。

而耕種無力者，有青苗盼望而蹂躪無存者，啼飢號寒，殆甚于戊戌（萬曆二十六年）歲矣。北自保、順，東自夔、梁，兵將一臨，騎馬輒至數百匹，歸農里甲，復攝在官。有騎馬一站而儌銀至二、三兩者，有官馬一頭而幫銀至四十金者，兵所不至之處，則調馬各數十匹，協濟彫疲，軍站省會衝衢而骨立難支，倒死塞路，居行蓋兩困矣。兵興以來，銅、鐵軍器、粟芻、煤、紗、布、帛、絮、枲、衣甲、綿麻、豆料、火藥等項，無不需於民間，官價雖多，民累豈少。至運米夫役，病更甚焉，每夫一名約運餉米三斗，募銀非三兩不行，一縣夫約三十名，則夫價不下萬兩，丁糧每石貼銀二兩，一縣丁糧約萬石，則貼銀不下二萬兩，一縣如此，百縣可知。然此猶日費若干財耳。前松坎運餉夫回出山夜喊，我兵誤以為賊，而截殺無算。南餉夫入近金紫埧，懼賊伏發，而殺三千人，賊眾旋亦殲旃，神號鬼泣，地慘天愁，故曰征討之苦也。〔註46〕

「征討之苦」一句話，概括川民生計、生命的艱困與險危，同時也將川省社會經濟連鎖性的破壞表露無遺。而動亂頻仍之地，實際上就是一切政治、政策腐敗的總體反應。

第三節　奢崇明之亂對社會經濟的破壞

奢亂之前，川省已苦於征播，又苦於援遼，物力已竭，現又爆發奢崇明之亂，川民更不堪兵擾，已至「家屠戮，尸溝瘠」的地步。以合江為例，楊應龍叛於前，奢崇明亂於後，數十年之間，兵戈擾攘，俱未安寧。〔註47〕奢崇明起兵之日，一兵略遵義；一兵略夔門；一兵略成都；一兵佔綦江、盧江；一兵把截川北棧道，自興文至瞿塘，縱橫各二千餘里，全蜀幾為所有。〔註48〕奢崇明「得一州殘一州，拔一州焚一州」，屠毒蜀民至慘。〔註49〕永川一地，首遭蹂躪，「衙署學宮，胥被焚燬，沿途擄掠一空。」大寧一地，因「奢藺煽

〔註46〕《西園聞見錄》卷七十六，頁5593，恤軍士。
〔註47〕《合江縣志》（同治10年刊本，中研院史語所善本）卷五三，頁26～29，雜識，〈楊致道平播考〉。
〔註48〕顏季亨撰《九十九籌》（天啟庚申刊本，中圖微捲）卷五，頁301～307。
〔註49〕《巴縣志》（乾隆25年刊本，故宮善本）卷十。

亂，生靈逃亡者，十之八九。」〔註50〕內江一地，因藺酋肆掠，斃於鋒鏑者強半，且「百姓流離，行野蔽攓，里無煙火」，遭兵災後，又需繳納軍餉二萬兩，以至「邑中石粟價格千錢，民力不支。」〔註51〕占據重慶城後，「大小文武，殺戮一空，官竄民逃。」〔註52〕渝城因此殘破，成瓦礫之區，從合陽、定遠、大足、營昌、富順，無非殘渝景象。〔註53〕據當時川撫朱燮元的記載，奢崇明亂時，重慶貯庫支發軍餉銀四十四萬兩，盡為盜資，以致軍餉無出，因軍餉無著落，不惟各漢土兵嗷嗷需餉，且松潘等邊地，因無糧，群苗乘機生事，保縣則生番圍城，遵義則兩次被佔，其後賴朝廷撥帑金五十萬兩援急，情勢纔漸為穩定。〔註54〕

奢崇明兵敗，退據藺州，負隅頑抗，至有「藺賊之討」，萬里長征，運米役夫，苦不堪言，據《攻渝諸小將傳》云：

> 索運夫而輓輸之夫遷延甚，奉軍門令，令銅梁、大足、榮昌三正官，親督運夫，而夫乃稍稍集，然上下山坡，出入溪澗，一運之後，病者十五，死者十三，予以標兵試之，而知其然，未必皆正官罪也。

〔註55〕

當是時，「帑金不至，官藏如洗，民運不前，士有菜色，師無宿飽，掉臂以去，紛紛皆然。」巡按監察御史吳尚默稱：蜀自遭兵亂四、五年，不啻皮毛俱盡，且骨髓俱枯，蜀兵號於臣曰：「枵腹而陣，滌斧而需」，蜀民號於臣曰：「鬻子而供，委骨而輸」，諸有司之為民請命曰：「何以捄彫瘵之眾，寬徵罷運以獲息肩。」整個蜀地，因奢崇明之亂，已淪入貧國。〔註56〕迨崇禎二年，奢亂已近尾聲，但蜀民仍相當畏懼奢崇明之淫威。據出使四川的福建試御史孫徵蘭云：他於八月入蜀，至內江，聞奢崇明、安邦彥二酋擁兵十萬入寇，行至資陽，看見資陽縣男婦扶攜載道，哭聲震天，皆往深山窮谷而逃。奢亂事隔

〔註50〕《永川縣志》（清光緒22年刊本）卷十，雜異，〈盜寇〉，頁8～9，及《大寧縣志》（清光緒11年刊本）卷八，藝文，頁2～5，余有光，〈重修黌宮泮池記〉。

〔註51〕徐思溫《內江縣志》卷十一，藝文，頁16～18。

〔註52〕《崇禎長編》卷十一，頁24，崇禎元年7月戊子。

〔註53〕《攻渝諸將小傳》，頁165～184，〈刻徐忿陽西征雜記目錄〉。

〔註54〕《御選明臣奏議》卷三十六，頁22～24，朱燮元，〈請撥帑金疏〉。

〔註55〕同註53。

〔註56〕《攻渝諸小將傳》，頁165～183，〈搗勤紀事〉，及吳尚默《西臺摘疏》（《百部叢書集成》之九十七，《涇川叢書》第二函，清道光趙紹祖等校刊，台北：藝文印書館，民國56年）不分卷，頁5～9，〈搏採道將之議疏〉。

九年，蜀民聞奢變色，其殺戮之慘，可想而知。〔註57〕

西南用兵九年，公私俱匱，「徵兵徵餉，多無虛日，加派加督，民無寧宇。」〔註58〕那時候川之西、東，府州縣悉被殘破，川北、下東、上南三地，因援兵經過，坐派行糧，募夫搬運，民不堪命，逃竄一空。〔註59〕整個蜀地，也因「連搜括而復括，錢糧借而復借，小民枇離未復，膏血盡罄。」〔註60〕而且「兵戈所駐，荊棘生焉，諸所經過，室廬荒廢，萬灶寒煙，蕭條滿目。」〔註61〕蜀地大半消耗，氣息奄奄，當時地方大臣，曾建議朝廷：「重念西蜀被賊被兵，交相戕害，士紳小民，元氣俱傷」，「力求發帑拯急，並斟酌一、二歲，擴大蠲額，以拯此孑遺。」卻未見朝廷有蠲賦之舉，蜀地遂更加困頓。〔註62〕

第四節　晚明民變對社會經濟的破壞

明季四川在兵寇擾攘下，首見於土田荒蕪，廢耕絕食，農村經濟徹底破產，時人張輔自州牧退隱內江縣，在甲申前夕，著有〈田家〉一詩，對當時農村破產原因，有極其深刻的描述：

> 驅步過阡陌，荊深人火稀。寨旁單老婦，含泣數數啼。長男當徭役，
> 歲月不得歸，小男無食養，採竹往山谿；米粟盡輸稅，家惟菜療飢。
> 一馬到門廬，怒氣色衝鬚。自稱將軍役，殺人狼虎徒。酒肉頃不至，
> 鞭韃尚其餘。不比府縣差，板上數行書。老嫗側倚壁，寂寂怯引涕。
> 訴言少推怒，窮民困時勢。前年虜未休，今年兵未息。日日恐戰爭，
> 雞黍難存積。軍差重苛求，生死不能惜。軍差久動情，惻焉知淒切。
> 云我在公門，公門嚴督責。竭我回時求，旦夕恣狼藉，有遲便活斬，
> 身歷危之際，十載離故鄉，故鄉成澤泥。耐心守爾苦，向人止淚語。
> 殷勤保餘生，莫讓入城去。〔註63〕

〔註57〕　《崇禎長編》卷三十七，頁13～14，3年8月。

〔註58〕　《明熹宗實錄》卷七十二，頁2，天啓6年壬申條。

〔註59〕　同註54。

〔註60〕　《明熹宗實錄》卷三十九，頁14～15，天啓4年2月丙午條。

〔註61〕　張永熙重修《長壽縣志》（清光緒元年刊本，中研院史語所善本）卷十，藝文，頁38～40，余文，〈請速靖水藺疏〉。

〔註62〕　《四川通志》（欽定《四庫全書》本）卷四十三，頁20～23，〈請施卹鄉官保城殉難疏〉。

〔註63〕　《內江縣志》（光緒9年刊本，中研院史語所善本）卷一四，藝文，明張明輔，

田夫一家，大兒當役，小兒覓食，米粟盡輸稅，家以菜療饑，還要忍受過路軍爺洗劫，其生活之苦，可想而知。蜀地，在官兵及寇盜擾攘下，異常凋蔽。據崇禎十七年三月，從北京彰儀門外，一路趕回四川的太常博士龔懋熙所見「滿目蕭條，凋蔽極盛。」〔註64〕新都縣，「凋瘵後，有土無民，土滿失耕。」〔註65〕重、夔二地，搖黃十三家，乘亂迭起劫掠，川東各州縣，殘殺尤虐，「所存人民牛種既無，耕耘盡廢，赤地千里，煙火為墟。」〔註66〕富順縣則「田地荒蕪，煙火寂滅，實同無人之境。」〔註67〕墊江縣，也因「兵戈擾攘，耕作不事，飢民乏食。」〔註68〕土地荒蕪，軍餉無出，軍隊遂公開搶糧，如南明范文公、曹勳在雅安，搜括百姓糧食，竟至「已播谷種，亦漉來作食」。〔註69〕曹勳更進一步，糾合焦英等部，「外採西道，內採雅邊，豆麥、高粱，搜括無一粒遺。黎草根木皮充腹迨盡，僵屍滿路，城鄉至顯設賣人肉湯鍋。」〔註70〕當時蜀土不耕已有二年，「餘糧罄盡，民惟拾稽谷，采野菜以充腹，已有人相食」。〔註71〕官兵無糧，曾英曾條議「屯田」，以濟軍餉，然為閣部大臣王應熊所拒絕。〔註72〕曾英云：

> 今沿江閒田，一望荒蕪，各營所獲牛隻頗多，請准兵丁擇便屯種，無事則登岸耕種，有警則登舟敵愾。閣部（王應熊）以田地乃朝廷疆土，百姓已業，未經奉旨，何得給兵，不允其說。於是，營兵盡搶劫以自活。自敘、瀘以至重、涪兩岸打糧，至一月，路上地方殘民盡餓死，田土盡荊莽矣。〔註73〕

〈田家〉。

〔註64〕福珠郎阿《江北廳志》（清道光24年刊本，中研院史語所善本）卷十，藝文，傳，頁20～23，及王煌《江津縣志》（清光緒元年刊本，中研院史語所善本）卷十二，頁43～46，龔懋熙，〈敘略〉。

〔註65〕《新都縣志》（道光24年，中研院史語所善本）卷三，田賦，頁1、2。

〔註66〕《梁山縣志》卷十，藝文志，雜識，頁6，及《忠州直隸州志》。

〔註67〕《富順縣志》（乾隆42年刊本，故宮善本）卷五，頁18～23，鄉賢，楊鴻基，〈蜀難紀實〉及《富順縣志》（道光7年刊本，中研院史語所善本）卷十四，頁9～10，〈壇廟〉。

〔註68〕《墊江縣志》（乾隆11年刊本，故宮善本）卷八，傳，〈楊堂，程微吉〉。

〔註69〕轉引自顧誠《明末農民戰爭史》頁299～327，第十四章〈大西軍在四川〉。

〔註70〕同前註。

〔註71〕同前註。

〔註72〕同前註。

〔註73〕同前註。

其後曾英駐江津之南，就食明朝遺下積粟，因官軍多移營就食，以致「官兵土兵爭食，爭鬥無寧日，耕作盡廢。」〔註74〕

土田失耕，收穫無成，導致米價高湧，自崇禎十七年以來，州縣民皆被殺戮，倖免者皆逃竄，兵專務戰，田失耕種，糧又廢棄，糧米皆來自土司邊區，價錢極貴，如斗米在嘉定州值三十兩，成都、重慶值五十兩，其他如簡州一地，順治四年（1647）時，「地方大荒，谷石值銀四十，糙米斗值銀七兩。」〔註75〕丹陵，則「斗米至三十金。」〔註76〕巫山，則在明軍于大海等人縱橫擄掠下，「耕農失業，斗米四兩」。〔註77〕川南，順治五年至六年（1651～1652）時「斗米值銀二十五兩，千里無煙。」〔註78〕洪雅一地，人民「腰纏十萬貫，難濟腹中饑，草根木皮，茹食殆盡。」安岳，則「五谷無遺種，斗米三十金，民皆採草子樹皮野果爲食。」〔註79〕川北廣元，也因「百姓農業盡廢，斗米價五兩」。〔註80〕成都一地，則「粗米一斗，價金二十兩，蕎麥一斗，價七、八兩」。〔註81〕此時米價，如與明清正常糧價約一石價銀一兩，相比較，低者高達四十倍，高者竟達三百倍，如此高昂物價之下，百姓能苟全生命者，寥寥可數。

米價高翔，無米可食，祗有易子析骸，弱肉強食，苟全生命於亂世。這種鬻子或易子析骸相食情形，在明中葉以降，每逢發生飢荒時，就可見到。如峨眉縣人民貧窮，往往賣子爲生。〔註82〕萬曆年間，營山縣大旱，人民也易子爲食。〔註83〕祗是此種現象，至明末愈演愈烈，尤其是集中在順治三年至六年期間。時人費錫黃在兵燹甫定後，奉父費密之命自揚州回川省祖墓，見「賣子」情形猖狂，作有〈賣兒行〉一詩，對當時「賣子」被虐待情形，有很深刻的描述：

〔註74〕《江津縣志》（光緒元年，中研院史語所善本）卷五，頁11～14，〈寇逆〉。
〔註75〕費密《荒書》（浙江古籍出版社，1985年第一次印刷），頁165。
〔註76〕《丹陵縣志》（乾隆26年，故宮善本）卷十二下，叢談，頁83。
〔註77〕《巫山縣志》（康熙53年，故宮善本）不分卷頁。
〔註78〕《大邑縣志》（同治6年，中研院史語所善本）卷一六，頁13～14。
〔註79〕同註75。
〔註80〕同前註，及《洪雅縣志》（雍正13年刊本，故宮善本）卷一，頁1～3，侯之鼎識〈時變紀略〉。
〔註81〕《重修成都縣志》（同治13年刊本）卷十六，雜志，紀餘，頁31～34。
〔註82〕《峨眉縣志》（嘉慶18年，中研院史語所善本）卷九，藝文，頁38～39，范醇敬，〈江公德政碑〉，及《江津縣志》（光緒元年刊本）卷三，頁3，職官。
〔註83〕《營山縣志》（乾隆8年刊本，故宮善本）卷三，頁60～61。

人生貧，慎勿賣兒，賣兒不若殺之；請告丈人，天寒無衣，腹中苦
飢，有兒安得不賣兒。人生貧，勿將夫婦兒女同賣作他家奴，慎勿
賣兒，賣兒不若殺之。兒有過，主人當笞，兒無過，主人當笞。兒
早行出門，為主人擔水，擔水歸，辦飯煮糜。又為人主網鹿豕與糜，
兒日午為主人牧羊牧牛。兒腹肌，主人不知。兒離牛羊十步五步，
主人知之，主人笞，兒急呼，重復笞之。主人笞兒，兒不敢啼，
謂兒佯死，重復笞之。兒呼亦笞，兒不呼亦笞，兒無大罪過，何用
笞兒。為兒頭無毛，臂無皮，臂如黃瓜，面如青梨。兒是爺娘心頭
肉，頭髮是爺娘心中絲，親爺見兒，淚下如緶糜，多謝丈人，人生
貧，慎勿賣兒，賣兒不若殺之。〔註84〕

「賣子」在平時被虐，戰死時往往被當成糧食充飢。如營山縣，在崇禎末年，
因與搖黃賊長期相持，城中乏食，人民易子相食。〔註85〕遂寧縣，在崇禎十
六年時，也因「斗米千錢」，以致人民「捐瘠易子，死亡滿目」。〔註86〕順治
三年至六年間，值明末大亂之後，蜀地大飢，瘟疫大作，飢人相食。〔註87〕
當時死者欲葬，必先焚化，「否則人民發而食之，甚有毀滅天性，徑自相食
者。」〔註88〕其後，盜寇和官兵因乏糧食，也常以人為糧。如江津和安岳土
寇，攻劫鄉里，以人肉為家常飯。〔註89〕袁韜等劫掠至城口廳，值饑荒，遂
以人為食，以致「井邑蕭然，人煙斷絕，人民百不存一。」〔註90〕甚至連清
兵，亦以人為糧，如川南敘州總兵官馬化豹所部官軍因乏糧，除了將騾馬宰
吃外，採食野菜已近八個月，甚難渡日，凡捉獲敵軍時，不待正法，三軍即
爭剮相食。〔註91〕

　　總之，明末清初四川「以人為糧」的現象，相當普遍，萬曆年間，就有
記載，祇是明末清初，特別明顯，甚至飢不擇食下，連死人屍體都有被當成

〔註84〕李調元撰《蜀雅》（《百部叢書集成》三十七，《函海》十四，清乾隆李調元輯
　　　　刊本，道光李朝夔重修補刊本，台北：藝文印書館，民國 57 年）卷五，頁 3
　　　　～4，〈賣兒行〉。
〔註85〕《營山縣志》（乾隆 8 年，故宮善本）卷三，頁 14～15。
〔註86〕《遂寧縣志》（乾隆 52 年刊本，故宮善本），雜記上，頁 17。
〔註87〕《三臺縣志》（乾隆 51 年，故宮善本）卷八，雜記上，頁 2。
〔註88〕《蜀難敘略》，頁 461。
〔註89〕《江津縣志》（乾隆 33 年刊本，故宮善本）卷五，頁 7～10，〈寇逆〉。
〔註90〕《城口廳志》（道光 24 年刊本，中研院史語所善本）卷十九，雜類，頁 12～13。
〔註91〕《明清檔案第七冊》（民國 75 年 7 月初版）頁 3629～3633，順治 4 年 12 月。

糧食之虞，時人費密在《荒書》就曾記載：「尸纔出，臀股之肉少頃已爲人割去，雖斬之，不可止。」〔註92〕崇慶州有袁姓一家兄弟五人，「奉母偕眾避難，至晚無食，眾擇其肥大者殺而食之。五人已殺其四，第五子奉母逃至他縣，竟免其難。」〔註93〕羅江縣，因賊寇焚掠殆盡，民食無出，「強者殺人而食，弱者僅以身免，則匿跡深山，採樹皮草子爲餅充饑。」〔註94〕在李調元所著《羅江縣志》中，曾詳細記載一段食人肉的事實：

> 李樊旺，羅江雲龍壩人。年二十三，宗族盡散，無一子遺；隨鄉人
> 走石泉。時賊眾猖獗，所過殺傷，焚掠殆盡，民食無出，強者以人
> 爲食。一日，李樊旺至張養心處，養心召樊旺同食，以瓦盛肉，公
> 稍知其味異，乘其不見，公棄之。當時兵燹之後，鄉人存者，百僅
> 一、二。〔註95〕

地方殘破，田土荒蕪，米價高漲，易子相食等一連串的天災人禍下，導致蜀地人煙斷絕，竟成虎狼之穴。如富順縣自甲申獻亂後，「城市竟成邱墟，百里無煙，北門至水井街一帶，久成虎穴。」〔註96〕南溪縣，則「城郭鞠爲茂草，邑荒廢者十數年，徒爲狐兔之場、虎狼之窟。」〔註97〕順、保二府多山，「自春徂夏，群虎自山中出，約以千計，相率至郭，居人移避，被噬者甚眾。縣治學官俱爲虎窟，數百里無人縱，南充縣尤甚。」〔註98〕遂寧縣，則「列城雜樹成叢，狗食人肉，若猛獸虎豹齧人，死輒棄去，不盡食也。民逃梁山，草衣木食，遍體皆毛。」〔註99〕嘉定州遭袁韜、武大定屠城後，「徑城郭無門，衢巷無炊煙，踐髑髏而入，虎掌累累如牛掌，交於城」。〔註100〕順治三年，巫山縣有虎入市，民間雞栖廚灶皆爲所擾。四年，虎又數十成群，傷人食物不甚勝計。〔註101〕順

〔註92〕《三臺縣志》（乾隆 51 年刊本）卷八，雜記上，頁 4，及費密，《荒書》，頁 165。
〔註93〕同註 75。
〔註94〕李調元《羅江縣志》卷六，頁 8～10，〈李氏族譜〉。
〔註95〕前引書，卷六，頁 10～11，〈李樊旺〉。
〔註96〕同註 67。
〔註97〕《南溪縣志》（同治 13 年刊本，中研院史語所善本）卷一，原序頁 5～6，康熙 25 年，知縣王大騏撰。
〔註98〕《四川通志》卷二百二，雜類外紀，頁 40。
〔註99〕《遂寧縣志》（乾隆 52 年刊本，故宮善本）雜記上，頁 15～16。
〔註100〕《江北廳志》（道光 24 年刊本）卷七，藝文傳，頁 19～23，及《光緒井研志》（光緒 26 年刊本）傳五，鄉賢三，頁 5。
〔註101〕同註 87。

治四年後，成都則「虎出爲害，渡水登樓，州縣皆虎，至五、六年乃定」。〔註102〕五年時，井研縣，「有虎十餘，城郭門戶，常無寧居。」〔註103〕七年時，營山縣，因人民稀少，虎患大作。據《同治營山縣志》載：

> 晝夜爲害，凡耕種必會集，方敢偕行。虎來急於掣電，往往攫人於廣眾之中，床榻之上。直到同治年間，川人尚可在鄉間看到避虎之危樓也。〔註104〕

當時清廷巡按四川兼管鹽法屯田監察御史，見川民爲虎所傷，遂據實上聞曰：

> 頻年以來，城市鞠爲茂草，村疇盡變叢林，虎種茲生，日肆吞噬。如順慶府南充縣，招徠戶口人丁五○六，虎噬二二八，病死五五，見存二二三名；新召人丁七六名，虎噬四二名，見存三二名。南充之民，距府城未遠，尚不免於虎毒，別屬其何以堪。當時人民，有耕田行路被虎白晝吞食者，有鄉居散處被虎寅夜入食者；城垣倒塌，虎徑行闌入者。〔註105〕

虎患至順治八年春，達到最高潮，據《蜀難敘略》記載：

> 順治八年春，順南虎豹爲民害，殆無虛日，川東下南尤甚。自戊子（順治五年）已然唶人以盡爲度，亦不食，然亦終有死者。如某州縣民已食盡，往往見之，遺民之免於兵饑饉疫癘者，又盡於虎矣。雖營陣中亦不能免其一、二，迨甲午乙未（順治十一年～十二年），前後七、八年，其勢始衰。〔註106〕

到康熙九年（1670）時，虎患仍霸行什邡縣。〔註107〕至十九年（1680）時，虎還常入三台縣城爲患，直到二十年（1681）夏，虎患才絕跡。〔註108〕

蜀地經過連年兵荒馬亂，生產停頓，人民大批死於饑荒、相食、虎害、瘟疫以及逃亡，以致許多地方荒無人煙，人口銳減；時人費密在目睹兵火蹂

〔註102〕轉引自胡昭曦著，《張獻忠蜀考辨兼析湖廣塡四川》（成都：四川人民出版社，1980年3月），頁43～65。

〔註103〕《光緒井研志》（光緒26年刊本）卷四十，傳十三，頁7～8。

〔註104〕《營山縣志》（同治9年刊本，中研院史語所善本）卷二七，雜類，頁3。

〔註105〕張偉仁編《明清檔案第十一冊》（民國75年3月出版）頁1843～6044，順治7年3月24日。

〔註106〕《蜀難敘略》，頁11。

〔註107〕《什邡縣志》（嘉慶17年刊本，中研院史語所善本）卷三十七，頁4，政績，〈李若璋〉。

〔註108〕《三臺縣志》（乾隆51年刊本，故宮善本）卷八，雜記上，頁3。

蹟下，於蜀地凋殘情形說：

> 除夕至綿州，烽火至擾攘，……綿州城何大，中川之要津。舳艫接
> 南楚，車馬通西秦，勢重控部落，赫奕鎮文臣。濟濟數萬家，一旦
> 化荊榛，狼狐白日走，魑魅哭城闉，全蜀盡枯骨。〔註109〕

潼川州人王新命亦自記，年甫十二歲，遭獻亂。順治二年十二月二十三日，
潼川城陷，「火光燭天，頃刻之間，數萬家無一存者。我家七十餘口，及九歲
小妹，皆被害，我被擄賊營，旬日始逃。」〔註110〕當時蜀地一片殘破景色，
如逢溪縣，「有仁和、雞鳴、蓬溪、安通、茸山、永安等六鄉，戶口數十萬，
自罹兵燹後，逃亡殆盡。」〔註111〕犍為縣則有開遠、安仁、東蒙上、下，清
溪、清流、龍地、普寧、紫雲、進寶等十鄉，獻亂後，僅剩東蒙上下，及里
中下等三鄉，而且土著之民，存什一於千百，縉紳黎獻，靡有孑遺。〔註112〕
太平縣，經兵燹後，「遺黎播遷殆盡」。〔註113〕遂寧，濱大江，盜賊往來如織，
其臣又重去其鄉，凋殘特甚，「滿城荊棘，麋鹿遊其中。」〔註114〕富順縣則「百
里無煙，城市成邱墟，城中居民僅十家，雖居街市，終日尚不見面。」〔註115〕
什邡縣，明季人煙不啻數十萬，獻亂後，僅存百有餘人，劫難後，逃出歸來
者，僅存一百一十人。〔註116〕榮縣則「盈城野，白骨如霜。」〔註117〕郫縣至
順治末年，無一人存。〔註118〕

　　川境之殘破，延續至順治末年。如清將李國英，順治四年入川，收納閬
中生員劉達為其幕僚，派他到西北買馬。十五年，劉達返川交差，回到故里，
目睹川境凋蔽情形，遂上札向李國英報告災情，信中寫道：

> 返三巴，見乎屍骸遍野，荊棘塞途。昔之亭臺樓閣，今之狐兔蓬蒿
> 也；昔之衣冠文物，今之瓦礫鳥竄也；昔之桑麻禾黍，今之荒煙蔓

〔註109〕《綿州志》（嘉慶17年刊本，中研院史語所善本）卷五十三，雜識，頁7～8。
〔註110〕《西充縣志》（道光元年，中研院史語所善本）卷一四，藝文下，墓誌，頁9
　　　　～12，及《錦里新編》卷二，文秩一，頁1～2，〈王新命〉。
〔註111〕《蓬溪縣志》（道光24年，中研院史語所善本）卷八，頁1，田賦，戶口。
〔註112〕《犍為縣志》（嘉慶19年刊本，中研院史語所善本）卷九，頁4。
〔註113〕《太平縣志》（光緒19年刊本，中研院史語所善本）卷三，戶口，頁11。
〔註114〕《遂寧縣志》（光緒4年刊本，中研院史語所善本）卷六，頁20，〈雜記〉。
〔註115〕同註67。
〔註116〕《什邡縣志》（嘉慶17年刊本）卷五十三，〈雜識〉，頁2～5。
〔註117〕《榮縣志》（乾隆21年刊本，故宮善本）卷三，頁34。
〔註118〕《郫縣志》（乾隆16年，故宮善本）卷九，頁26，毛奇齡，〈史館箚子〉。

草也。山河如故，景物頓非，里黨故舊，百存一二，握手懷疑，宛如再世。〔註119〕

順治十七年，巡撫及司道官入成都，距張獻忠去後十三年，成都凋敝如故：

城中狐兔縱橫，林木叢雜，凡市塵閭巷居址，一切不復識。川北秦人隨大軍開闢，遠近趨利者，踵然相接。故民則萬不獲一，城中舊井二萬餘，存一百有奇，或人或金，無異平地，老僧募軍求枯骸出城，日數載不能盡。〔註120〕

潼川州，順慶、保寧等所轄州縣二十七，也在十七年二月，入清版圖，然也是凋疲難起，荒殘如故。揆其原因，如巡按四川監察御史張所志陳述的川北情形：

征勤調兵運餉日無寧，陸有供應夫馬之擾，水有輪派水手之累。寥寥孑遺，獸奔鳥竄，總由羽檄交馳，夫役之累，十之八九。所以流移者，觀望不歸；見在者，役重力竭；此瘡痍之所難起也。〔註121〕

至雍正年間，修《潼川州志》，時人王遂對明季流寇之屠戮川民，還不勝唏噓曰：

步出楊柳溪，旁即東門路。溪旁種麥處，傳爲千人墓。每當風雨夕，鬼神啼不住。搖黃昔攻城，人心亦何固。天時與人事，疾病交相渝。日死數百人，圍城無出路。便宜作大塚，一壙百骸聚。城破殺戮盡，萬屍盡暴露。反羨壙中人，坏土不得附，白骨長纍纍，安知新與故。我來重感傷，欲哭無其處。至今岸橋邊，燐火夜深吐。〔註122〕

經濟凋敝之復甦，則延遲至康熙初年。如鄰水縣，據《縣志》云：

城郭廟舍盡爲煨燼，繼而饑饉洊臻，虎豹肆虐，甚至十里無人，百里無煙，城野邱墟。嗟呼！此方之困也，亦已至矣！

我朝順治十七年，始簡李侯（國英）來蒞茲土，侯不避遠難，單騎就道，大閱日直抵其境；問其城郭廟舍，已落不可復識矣！城東數十里，有宗性寨，因就居焉。下車即軫念凋殘，詢疾苦，清戶口，

〔註119〕轉引自胡昭曦著，《張獻忠屠蜀考辨——兼析湖廣填四川》（成都：四川人民出版社，1980 年 3 月），頁 45～65。
〔註120〕同註 81。
〔註121〕張偉仁編《明清檔案第三十六冊》（民國 75 年 10 月初版），頁 30257～20259，順治 17 年 2 月 20 日之一。
〔註122〕《潼川州志》（雍正 11 年刊本，故宮善本）卷七，〈藝文・王璲〉。

定賦役，察奸安良，凡一切利弊，無不殫力興革。首捐貲，並立文
廟於山巔，朔望拜謁，躬親教化，課經書，民無秀愚，皆知向學。
〔註123〕

又如井研縣在康熙二年，立縣志略碑，提及井研經濟復甦，始自本地鄉官胡
顯之廣招徠，其言曰：

以今觀之，分野如故，地理如故，而戶口則大非矣。何也？一死於
賊，再死於歲；所有二、三殘黎，皆本地鄉官胡顯，或招之於異縣，
贖之於營伍；或衣之川布，食之川穀，而且嗣續先宦之苗裔，收埋
無主之枯骨，多方還集，井研所以有今日也。〔註124〕

明末川省的凋蔽，由戰亂，亡國以至改朝換代，方才有地方司官招徠撫卹，
歷順治至康熙初年，始逐漸復甦。破易立難，散易聚難，本是歷史的宿命，
而以川省爲尤烈。

第五節　民變對四川社會經濟破壞的檢討

明季四川之殘破，是經由楊應龍、奢崇明、張獻忠等重大民亂，再加上
此一區域性的民亂，如搖黃賊等，前後呼應，共同的傑作。其間民亂發生之
頻繁，時間之長，綿延六十幾年，擾亂地區遍及全川，則蜀地之殘破是必然
之事。蜀地經此兵燹後，經濟殘破，人口銳減，清人常把此等罪孽加諸於張
獻忠身上，事實並不全然。近人李光濤就曾提出辯證，大陸學者王綱集合前
人諸論文，在〈論明末清初四川人口大量減少的原因〉一文中進一步指出，
一則明朝統治階段與四川少數民族戰爭所造成的傷亡破壞；二則張獻忠入
川，及官僚武裝叛亂所殺的；三則明官軍及四川官僚地主反動武裝的殺燒搶
掠；四則清兵吳三桂在四川之燒殺搶掠；五則天災瘟疫不得賑濟造成四川人
口大量死亡。胡昭曦在《張獻忠屠蜀考辨》一書中，就明確提出辯證，他認
爲從順治四年起至康熙十九年（1647～1680），共三十四年，這一期間內：「殘
明遺軍，地主武裝，吳三桂叛軍，清軍、瘟疫、虎患」等，才是造成四川地
方生產停頓的真正禍根，造成人口銳減的真正劊子手。〔註125〕王綱和胡昭曦

〔註123〕《嘉慶四川通志》卷二十六，〈輿地公署〉，頁19、20，國朝宋文英〈建鄰水
　　　　縣志〉。
〔註124〕《井研縣志》（雍正13年刊本，故宮善本）頁60～62，〈井研縣志略碑〉。
〔註125〕社會科學院研究叢刊編輯部，《張獻忠在四川》（成都，成都出版社，1981年

的見解，眞是一針見血之論，然而他祇對張獻忠據蜀後川省之殘破提出辯證。事實上，從楊應龍之亂起，川省殘破景象就已出現；因此更明確嚴格的論點應是從楊應龍之亂起，止於吳三桂之亂平定，前後有八十五年。在此期間，執掌兵符，帶兵入川勘匪逆者，及一切天災人禍，是造成明季清初四川殘破最重要的原因，而非出於一人之手或一時之因。繆沅在《登陴紀略》一書，就持此見解云：「蜀地兵火繼見，一叛於奢酋，再叛於流寇，徵調飛輓，相望於道，閭左驛騷，公私交困。」〔註126〕又提到內江一地，前有楊應龍之亂，奢崇明又亂於後，兵戈擾攘十餘年。其民「斃於鋒鏑者強半，僅存孑遺，或死於歲，或輕去其鄉。」〔註127〕崇禎十年，又逢流寇雲聚，「士民心膽具落，望風奔潰，巷無居人。」〔註128〕直到順治十六年，內江一地始平，其後復遭吳三桂之亂的蹂躪，人口稀少，民苦力役，迨至康熙十九年，纔漸漸恢復。《光緒內江縣志》云：

> 內江縣遭明末亂，順治十六年始平。奉文招還流移，士庶先於流寓處領牒報名里籍有無移名，士子歸里定業後，送學道考復，原鄉里廬之亂，十九年平定之，是仍安堵。時户口極稀，民間頗苦力役。
> 〔註129〕

據生逢其世的蜀人楊鴻基所著〈蜀難紀實〉一文中記載，蜀地殘破始自崇禎十年獻忠入蜀，止於順治十六、十七年，全蜀底定，前後三十三年，蜀民先後遭受屠戮，可分五階段，第一階段：崇禎十年至獻忠定都成都，蜀難已成，蜀民遭屠戮尚不過什二、三；第二階段：獻忠治蜀期間，大約一年，蜀民反抗大西政權遭屠戮者，存者什僅五、六；第三階段：始自獻忠殺士人，再加上疫癘盛行，十不活一，蜀難瀰殷，民存者什纔三、四；第四階段：弘光帝立南京，至獻忠焚宮殿棄成都，義兵四起，強劫搶掠不已，蜀土不耕二年，民不死於兵，則死於餓，蜀難轉劇，民存什不能一；第五階段：獻忠死西充鳳凰山，至順治六年，明軍自相攻殺，搖黃賊搶掠食人，民存於百一者，又

2月出版），頁61～97，王綱，〈論明末清初四川人口大量減少的原因〉，及胡昭曦，《張獻忠屠蜀考辨——兼析湖廣填四川》（四川人民出版社，1980年3月），頁43～56。
〔註126〕繆沅《登陴紀略》不分卷頁，〈芻糧一〉，〈及善後一〉。
〔註127〕繆沅《登陴紀略》不分卷頁，〈芻糧一〉，〈及善後一〉。
〔註128〕同前註。
〔註129〕《內江縣志》（光緒9年刊本，中研院史語所善本）卷一，外紀，頁7。

死過半，至此蜀難已極，無可復加。〔註130〕楊鴻基還描述第五階段慘狀如
下：

> 民之存者，百不一人，若能完其家室者，千萬中不一見也。雞豚絕
> 種已數年，斗米數十金，耕牛一頭售銀三百兩，皆滇黔重利輕生之
> 輩，遠販而至。加以數年繼絕人煙，虎豹生殖轉盛，晝夜群遊，城
> 郭村墟之內，不見一人馳逐之，其膽益張，遇人即攫，甚至踰牆排
> 戶，人不能禦焉，殘黎之多死於虎，又一難矣，人生至此，寧復望
> 再睹天日耶！〔註131〕

可見蜀地之殘破，三十三年之間，兵禍天災交迭使然，其後張懋文在〈蜀難
紀略後評〉一文中，明確的指出：「蜀人之罹災，一盡於殺，再盡於抄掠，
鋒鏑甫寧，饑饉、瘟疫、犬虎之毒等天災地荒，相繼并興，三百年生靈，一
朝漸盡。」〔註132〕其他如永川縣，在獻忠伏誅後，復遭搖黃十三家，及李
自成餘黨，出入東北郡縣，十有餘年，蜀民遭荼毒，莫甚於此。而「永川縣
人，在鄉鮮孑遺者」。〔註133〕其後再加上康熙十三年，遭吳三桂之亂，全川
皆陷，「續遭此兵禍，永川又蕩然無復存者」。〔註134〕又如峨眉縣，據縣志
云：

> 峨眉縣自洪武到崇禎時，人煙輻輳，廛市如蟻穴蜂房，舖面七八尺
> 就一基，接簷會人俱磚凳，屋上無半席苫蓋者。甲申之變，土暴據
> 城，看到流賊逼境，恐因糧於獻，遂焚棄，付之數晝夜，烘天赤地，
> 自是城鎮頻於多災。甲申仲冬，女一嘉界沙鬚口人，乘流賊洗劫之
> 時，破城行劫，富仁遭殃，峨難始此。其後丙戌年賊亂，以失耕，
> 縣饑。丁亥，又饑，人相食。慣習勞者，采芹蕨苟活，素嬌養者殍
> 盡。殍屍積，醞釀成瘟，人患脛瘡奇腫潰爛而死，競相傳染，民
> 多死，倖免者，每跛其足，又逢虎多如犬，到處盡遊，入縣城噬人，
> 三歲乃止。丁亥後，獻忠已死，峨眉縣為明廣元城守參將楊展所據，

〔註130〕《富順縣志》（同治 11 年，史語所善本）卷三十三，隱逸，頁 6～14，楊鴻
　　　　基，〈蜀難紀實〉。
〔註131〕同前註。
〔註132〕《遂寧縣志》（乾隆 52 年刊本），雜記上，頁 21，22，張懋文，〈蜀難紀略後
　　　　評〉。
〔註133〕《永川縣志》（光緒 20 年刊本）卷十，災異，頁 9～10，〈寇盜〉。
〔註134〕同前註。

駐地嘉定，委彭某令峨眉。當時大饑荒，死者日無計數，惟採食樹根野草，苟延殘命，強者食人物，而且有自食其所生者。虎又入城食人肉，又加瘟疫盛行，患者多死。其後搖黃賊袁武殺楊展，楊展子楊大相展開報仇，雙方面自七月撕殺到己丑正月，兵敗降清，地遂爲袁武所有。袁武胸無大志，惟縱兵括民財圖民妻女而已，後爲劉文秀所敗，逃往川東。辛卯十月，劉文秀以樊由爲峨眉知縣，順治九年七月至九月，李國英、吳三桂與劉文秀，彼此爭奪嘉定，勝負未分，峨眉此時爲土官廖佐、楊應琳等兵馬蹂躪，居民日無寧居。

其後劉文秀再據嘉定，楊應琳遂捲子民女牛隻，燬民廬舍，酷索民財，逃走川北，其慘毒之狀不下袁武。至順治十六年，搖黃十三家作亂川東，李督師暮年方殄。在征戰期間，峨眉縣民兩次水陸運糧，民力竭盡。自是，康熙壬寅至癸丑數十年，戰事稍息，民亦休息。但甲寅年，又逢吳三桂叛亂，吳將王屏藩，由建昌入蜀，竊據漢中，當時兵戎雖未及峨眉，徵斂繁興，烽煙警迫，民奔竄拋家者，疾瘵六年，至康熙十九年正月，恢復全川。〔註135〕

其後因建昌、敘瀘、成都幾處兵糧供應不遑，又年歉、米價高翔，逃徙者眾。後蜀平，至康熙二十三年，峨眉縣始「招徠勸墾，蠲賦頻頻，數年休養，纔恢復雍盛。」〔註136〕可見峨眉縣之殘破，是經土匪、亂民、饑荒，人民相食、虎患、瘟疫、殘餘明軍、搖黃賊、吳三桂等共同蹂躪下造成的，而非出自於一人之手，或一時之舉。再以溫江縣爲例，從崇禎九年，張獻忠首次入蜀，至清朝定鼎四十年，前後也經過張獻忠、虎狼、饑饉、土匪及吳三桂等殘害，以致戶口凋零，田疇荒廢。其他類此州縣，比比皆是，不勝枚舉，不再贅述。〔註137〕最後再以清高宗乾隆四十三年（1778）纂修的《屏山縣志》所記載〈祭無主孤魂〉一文中，所舉鬼魂喪失原因，再度印證明季川省人口銳減，非出自於一人之手，而是長期戰亂造成的結果，其文曰：

〔註135〕《峨眉縣志》（乾隆5年刊本，故宮善本）卷十二，頁14～21，〈紀聞〉。

〔註136〕同前註。

〔註137〕同註74及註124，及李紹祖《溫江縣志》（清嘉慶20年刊本，中研院史語所善本）卷三十五，頁2～3，鄧茂梓，《縣難紀略》及《富順縣志》（清同治11年刊本，中研院史語所善本）卷三十三，隱逸，頁7～14，楊鴻基，〈蜀難紀實〉，及《續修安岳縣志》（道光33年刊本，研院史語所善本）卷四，頁52～53，〈外紀〉。

有兵刃死者，有遇水火盜賊死者，有被人劫財逼死者，有被人強奪
妻妾致死者，有受刑禍而負屈死者，有天災流行疾疫而死者，有猛
獸所害而死者，有牆屋傾壓而死者。此等孤魂，或終於前代，或死
於近代，或兵戈擾攘，或人煙斷絕，欠缺祭奠。〔註138〕

非常之破壞，必有非常之建設。蜀地素稱沃野，經明季寇盜兵火擾攘下，民
無孑遺，四野荒榛，有「滿目皆荒」之諺。所以，當時「地廣人稀，可耕之
地尤多」，〔註139〕待兵戈停止後，清廷遂招撫一批流移在外的川人，回川開
墾。據順治末年，巡撫川省的僉都御史姚縝說：「蜀紳宦遊者，多以故土荒
殘，逗留異常。」姚縝遂具疏奏請：「令蜀紳還籍，以實地方」，朝廷遂廣開
招撫流移在外蜀紳回籍墾地之計劃。〔註140〕但招撫工作，蜀紳反應並不佳，
回籍人數，相當稀少，反而從外地移入者相當多，尤其是從吳、楚、閩、廣、
滇、黔諸省人占籍計墾移隸於此者尤夥。〔註141〕如井研縣，在鄉官胡顯的
招集下，才得「街民十七家，研人至清初多客籍。」〔註142〕其他如南溪縣，
則「國朝開闢之後，士民始返故土，然而晨星落落矣。」〔註143〕樂至縣，
至康熙三十三年（1694），「土著僅餘二十七戶，遂廣招徠，以豫章、楚、閩、
黔，遷徙僑流寓，悉占數其中。」〔註144〕保寧縣，大都是楚地寶慶、武岡、
沔陽等處人民，舉家入蜀，不下十萬。〔註145〕三臺縣，則兵燹後，隸版籍
者，為秦、楚、閩、粵、江左右，「五方雜處，習尚不同」。〔註146〕定遠縣，
也因土著稀少，在廣為招集下，「民多自楚來，徒墾荒占田，遂為永業，生
計安樂，繁衍不可紀。」〔註147〕達縣也因土著稀少，占籍於此者，大多是

〔註138〕《屏山縣志》（乾隆43年刊本，故宮善本）卷三，頁19，建置志，〈祭文〉。
〔註139〕同前註，及鄭瑞《政學錄》卷一，頁35，及魏裔介《魏文毅公奏議》（《百部
　　　　叢書集成》之九四，《畿輔叢書》第四十四函，台北：藝文，民國55年），頁
　　　　25～27，〈敬陳軍屯大政疏〉。
〔註140〕《馬邊廳志》（嘉慶10年刊本，中研院史語所善本）卷四，頁36～37，名宦，
　　　　〈郝浴、姚縝〉。
〔註141〕同註111。
〔註142〕同註100。
〔註143〕同註97。
〔註144〕《樂至縣志》（道光20年刊本，中研院史語所善本），田賦，頁1。
〔註145〕《保寧府志》（道光元年，中研院史語所善本）卷五七，頁34～36，李先復
　　　　〈禁民寓楚疏〉。
〔註146〕《三臺縣志》（嘉靖19年刊本，中研院史語所善本）卷四，頁9，〈風俗〉。
〔註147〕《定遠縣志》（光緒元年，中研院史語所善本）卷一，頁43〈戶口〉。

陝西、湖廣、江西之客。〔註148〕威遠縣，因外人占籍者多，開新地以處之，遂有「新鄉」之名稱出現，據縣志云：

> 威遠一縣，盛朝定鼎以來，招徠流亡，安集戶口。其始至，或插標而占地，或押帖以起科，明朝所謂鄉者不存矣。東南西北多老戶，或復故業，而荊、楚、閩、廣、黔、粵之民，背負提攜，雜沓而至，有司遂一隅之地，以處客民，名「新鄉」。今則地益闢，民亦聚，山林草木日益茂，煙火相望，塘堰相接。〔註149〕

清廷爲了鼓勵他省流民大量入川開墾荒地，遂明文規定：「各省貧民攜帶妻子入蜀開墾者，准其入籍。」此外又規定：「凡他省民人在川墾荒居住者，即准其子弟入籍考試。」〔註150〕在此行政命令的鼓勵下，流寓四川者愈多，其中以湖廣、陝西、安徽、河南、江西占大多數，尤其以湖廣因地近，最爲便利。因此，清初遂有「湖廣塡四川」之諺。清人嚴如煜在《三省山內風土雜識》一書中記載：

> 川東北，風土與漢南相近，自明以來，荊襄流民，即聚此數郡之間。明末，遭張獻忠殺戮之慘，遺民所存無幾，承平既久，民多外省搬入，湖廣之人尤多，以其壤地相連，易於搬移。〔註151〕

他指出直到清中葉，川陝交界，「土著之民，十無一、二，湖廣客籍約五分，安徽、河南、江西各省約有三、四分」。可見他省之流寓蜀地，非僅見於戰亂之後，在承平之時，亦競相遷徙僑寓，可見蜀「素稱殷富」，自然有其吸引流民之處。〔註152〕川省荒田，也在土著和流民兩相合作下，耕地面積逐漸擴大。如順治十八年，川省耕地祇有一萬一千八百多頃，至雍正六年（1728），擴大至四十三萬多頃。〔註153〕什邡縣，康熙六年，中、下田地僅爲十九頃，至雍

〔註148〕《達縣志》（嘉慶 20 年刊本，中研院史語所善本）卷十九，頁 3〈風俗〉。

〔註149〕《威遠縣志》（乾隆 40 年刊本，中研院史語所善本）卷三，建置志，頁 6，〈鎮場〉。

〔註150〕陳世松等編《四川簡史》，頁 182～186，〈清朝前期中期的四川經濟〉，及全漢昇著《中國經濟史論叢》（香港中文大學新亞書院，1972 年 8 月出版），頁 583～611，〈清代的人口變動〉，清廷爲了獎勵外省人移入四川，有如下四種措施：（一）撥地給予資本（二）放寬免賦年限（三）獎勵招墾得力官員（四）其他優待。

〔註151〕嚴石煜《三省山內風土雜識》，頁 11，及全漢昇，前引書文，頁 611，因人口稀少，地形關係，往四川的移民以湖廣（湖北、湖南）及陝西人民爲主。

〔註152〕前引書，頁 19。

〔註153〕同註 150。

正七年（1729），便擴大到二千二百多頃。〔註154〕隨著耕地增加，糧食生產也獲得迅速發展，川省地方治安也日漸安定。〔註155〕

〔註154〕同前註。
〔註155〕王士禎，《隴蜀餘聞》不分卷，頁29，〈使蜀日記跋〉：「蜀自張獻忠亂後，重遭屠戮，無復昔時都邑之盛，潼川府，沃野千里，溝塍荒廢，樹木如拱，聖祖以文教懷柔遠人，特遣詞臣，以重其選，蓋撫摩瘡痍，振興風雅，于是乎在矣！今蜀省文物漸盛，米粟甲於西南，我吳蘇淞兩郡財賦冠天下，而每遇荒歉，猶以川米之至與不至為喜戚，都會盛衰，歷數百年必變，豈惟蜀哉！」

結　論

（一）

　　明代四川民變迭起主要因素之一為政治之敗壞；政治敗壞，則在於景泰、天順以後，君主怠荒，宦官擅權，黨爭激烈，各種制度漸漸失去有效的約束力，百官曠職，言官氣焰囂張，官僚體系解體，國事日非，在此背景下，川省政治亦不斷地惡化。其政治惡化，首見於「撫治非人，吏治不清」。英宗以降，川省官吏們，流於懶散，疏於督責，凡事敷衍塞責，教民無方，上至文武大臣，下至里師、黨正等小吏，競相貪瀆，他們非但上蠹國課，下剝貧民，且彼此結合，壟斷鄉曲，於是朝令不能下達，下情不能上通，有法不依，上下推諉，朝廷對川省控制能力大大降低。又因方面大臣的疏懶，地方行政權幾乎完全掌握在胥吏、里師、黨正等小吏手中，此輩出身低，素質不高，升遷無望，常以貪瀆剝削百姓為能事，在他們競相搜括下，演成「十金之家，不保；百金之家，亦不保。」可見擾民之虐，無甚於此者。此輩平日把持官府，包攬訟獄，勾結盜匪，漁肉鄉里，成為川中社會大災難，再加上，明代後期，不少州縣官懸缺，無人遞補，祇好暫由此輩委代，胥吏們常利用政治暫代期，狼狽為奸，不少民膏民脂，大半耗於此輩手中，馴至明末，川民苦於「私稅，攤科，訟獄」，皆出於此輩之壓榨，百姓困頓至極，遂不斷地反抗，所以明末四川農村的騷動不斷，是官吏們搜括和壓迫不斷的具體反應。

　　政治敗壞另一因素，則在於官員素質低落，造成此一因素則在於仕川官者，甲科者極少，州縣官員，率皆科貢，見識不廣，經歷不深，以致治道無術。蓋因明代銓選，士起甲榜者，視善地為固有，窮鄉僻壤，非科即貢，科

貢出身者，又限於資格，無法調升，廉潔自好無益，遂營身爲家，競相貪瀆，政治更壞。這種情形，全國皆同，祇是四川因道路險阻，離京較遠，更加嚴重。尤其是明中葉以降，民亂迭起，仕者視蜀地爲畏途，更不願前往，朝廷對州縣懸缺官，亦不補官，遂使「吏治不清，百務廢弛，人情玩愒，民生嗟怨」，地方官僚體系及行政運作完全癱瘓，形成政治眞空期。四川省官員更加因循苟且，貪贓受賄，競相營私中飽，恣意貪污，演至民間傳云：「加派之苦，又不如官吏肆意誨貪爲苦」，公私所需皆取自民間，導致民窮財盡，公私俱匱。貪恣結果，財富不在官，亦不在民，皆集中在貪官污吏、土豪劣紳手中，時人何瑭就曾指出財富集中在此輩手中之嚴重性，他認爲官之財不足可慮，但民財不足，更可慮，蓋「民財不足，凍餒死亡之憂，迫之於中，剝削差料之患，又迫之於外，事勢窮極，盜賊必起，此蓋宗室之憂，非小小利害也。」〔註1〕何瑭此言，句句事實，如果財賦集中在官府，則「輸賦加派，猶有入之」，然集中貪官污吏等手中，此輩有政治特權和賦役優免權，對國庫無益，且他們可以通過不法手段，把賦役轉嫁到人民身上，人民更加窮困，遂四出流移謀食，其後因窮民無處謀食，遂競相投入流寇，窮民盡爲盜。崇禎三年（1630）巡撫河南右僉都御史范景文針對腐敗的吏治提出諫言，范景文指出全國官場通病「唯有一貪」，「好官不過多得錢」爲時下官場風氣，上行下效，吏之多貪，實上官教之，欲除此貪風，一則只有「一廉」，宜由司、道、府、廳各官開始，其身廉才能止貪；二則斷絕官場「饋遺」惡習，則無法假「饋遺」以行「賄賂」之實；三則「嚴懲」貪官，三則並行，貪官污吏自止。〔註2〕范景文提出明中葉以降官場通病，也提出整飭吏治方法，然而貪官污吏，已儼然形成一巨蠱，他們非但上蠱國課，下剝貧民，而且彼此糾結形成一牢不可破的利益集團，此一官場惡習，豈是范景文隻字片言所能扭轉的。總之，明季四川，政治上撫治非人，吏治不清，有司貪瀆有加，百姓窮困至極，激起民變，社會治安更差，仕者不願前往，前往仕官者，素質低落，以貪瀆爲能事，治術更糟，民亂更多，在此惡性循環下，至明末，川省成爲盜賊之亂窟，最後也以民亂來推翻明代四川的政權。

（二）

　明代四川民變迭起主要因素之二爲軍事措施之不當，軍事措施不當，首

〔註1〕　《皇明經世編》〈柯柏齊集〉卷一，頁7～16，〈民財空虛之弊議〉。
〔註2〕　《御選明臣奏議》卷三九，頁18～20，范景文〈直抉吏治病源疏〉。

在於衛所軍制的敗壞，明英宗以降，衛所軍或因流移逃亡，趁食他所；或因離鄉背景，水土不服，死於衛所等諸因素下，衛所軍士不斷地減少。見在衛所軍士，靠以維生之屯田，又因貴族豪右和鎮將大肆侵占屯田，破壞屯田制度，軍士靠領餉生活，軍官又常剋扣糧餉，軍士生活日漸困頓，遂競相逃亡。所以明英宗正統年間開始，衛所屯兵制已日漸崩潰，每逢戰爭，只靠募兵，兵愈募愈多，財政支出更多，地方財政更加困窘，更加速地方政權惡化。所以明中葉四川衛所軍崩潰後，明廷想靠未經過嚴格訓練的募兵，來保鄉衛國，勦滅民亂，非但未能完成任務，反而增加地方財稅負擔，公私困竭，更加速政權瓦解，是要求募兵諸官始料未及的事。

軍事措施之不當另一因素，在於川省無良將良兵，且無儲備將才之武學訓練場所，且以文臣領兵，文臣多弱，不諳兵法，衝鋒陷陣，非其所能，至明末，文人往往談兵變色，不敢衝鋒陷陣，殺敵報國，朝廷將軍權交給此輩，除託付非人外，尚且常與武官爭勝交惡，互不相讓，坐失平賊時機。明初諸帝崇尚武職，打仗都由武將統領和指揮軍隊，後來，明廷逐漸重文輕武，派任文臣為總督、巡撫，武臣為鎮將，督撫權重可節制鎮將，在軍事指揮和賞罰上常發生相互矛盾，且互不相信禮敬。尤其是文官凌辱武弁，萬曆以降已成為全國普遍現象，川省也不例外，川撫喬壁星就曾指出地方武弁，莫不唯唯諾諾，不敢忤逆文官，遇有過失，則辱罵不已，隨即鞭打。捍衛鄉國的將士，竟淪落至泥首堂下，足見其被文官凌夷污辱至極，如何能同心協力，戮力殺敵報國。〔註3〕如以「平賊」將軍左良玉為例，左良玉因不肯對督師楊嗣昌行跪拜禮，差點被楊嗣昌奪去「平賊」將軍印信，其後左良玉為了保持此顆印信，違反楊嗣昌命令，在瑪腦山奇襲張獻忠，獲得勝利。左良玉引兵追擊張獻忠，快追到時，張獻忠遣其黨馬元利遺重寶啖左良玉曰：「獻忠在，故公見重，公所部多殺掠，而閣部猜且專，無獻忠，公滅不久矣。」良玉心動，縱之去。〔註4〕此外一些功高多智的常勝武將，往往也和文臣鬥氣，喪失戡亂時機，如平賊將軍左良玉，在夔州時，因川撫邵捷春遲答拜，竟振旅而去，張獻忠遂破夔關而入，無禦之者。〔註5〕張獻忠利用長久以來文武之間的猜忌

〔註3〕 《喬中丞奏議》卷九，頁42～51，〈參有司凌辱武弁疏〉，及《西充縣志》（道
　　　　光元年刊本，中研院史語所善本）卷一四，頁1～4，李兆，〈陳時政十條疏〉。
〔註4〕 《明史》卷二七三，列傳一六一，頁6993，〈左良玉〉。
〔註5〕 《天問閣集》下，頁18。

矛盾情結，竟然可以達到脫離包圍的目的，可見督撫和鎮將之間的矛盾，也是明軍事失利的重要原因。

除了督撫和鎮將之間的矛盾，坐失平賊時機外，另外「勦撫策略」應用不當，更是最大爭議。此非但文武意見相左，且地方和朝廷，也常意見不同，導致亂民常利用勦撫爭議時機，坐大或苟延殘喘，徒延誤平亂之時機。演至明季，民亂愈多，明軍兵數愈募愈多，但常感軍力不足，除了戰線長，兵力分散外，恐怕是文武大臣皆不知帶兵訓兵，大部分明軍戰鬥力皆不強，文武大臣皆不知勇，貪懦無能，遇敵，一味尾隨避戰，平日皆以剋扣糧餉，役占軍夫為主，戰爭時以搶掠百姓財物為能，更無恥之理念。至明末，為專辦流寇，朝廷特將帶兵大權專委一人負責，以免互相牽掣，專心辦寇，但此時將領皆怯懦，平日「以置田宅營苞苴為事，張賊屠蜀而潛藏村鎮，張賊屠鎮，走死郊原，噫噫白骨一具暴露於長林豐草間，所謂田宅苞苴安在哉！」如此貪財怕死之將領，焉能戡定民亂。〔註6〕無良將，更遑論良兵。川省衛所之兵，更加脆弱，遇敵交戰，每役必潰敗，祇好依賴土司之兵勦寇，土司之兵，因日久交戰，屢有戰功，遂恃勝而驕，邀功索餉，有司對之莫可奈何，日後連土官亦不能約束土兵，紀律日差，常搶掠百姓財物，以致官軍、土兵和亂民三者之間，很難區別，有司對此軍紀敗壞至極點，亦束手無策。至此官兵與強盜，已分不清楚，官兵加入強盜行列，更加速明王朝的覆滅。逮明亡，明軍各據山頭，搶掠之盛，不下於流賊。

（三）

明代四川民變迭起主要因素之三，為朝廷無整體性地開發四川經濟計劃，甚至採取退守性經濟政策，不積極經營，導致經濟發展緩慢，甚至停滯不前，經濟生產所得，非但不能輔佐京師，甚至也不能增進地方財稅收入，更不能滿足百姓需求，其後更因有司不能體恤民瘼，役民過甚，導致緩慢發展中的經濟，卻急速崩潰，公私俱困，社會動盪不安，終引起民亂，推翻明代四川政權。

以農業生產而言，明朝從洪武二十六年到弘治四年，一百年間，人口僅增殖一百六十餘萬，增殖率不高，無需墾田，就能滿足需求，因此明廷並不積極地移民墾荒，增加耕地糧食生產；甚至於對於深藏在盆地四周圍的流民，

〔註6〕 熊履青《忠州直隸州志》（道光 6 年刊本，民國 21 年鉛印本，中研院史語所善本）卷八，頁 49，〈郡人某文義婦傳〉。

也不積極招撫，將他們編入戶籍，從事農墾工作，導致明代在川省墾土及耕地面積至神宗初年，到達最高點後，即停滯不前，此時川省農業生產，僅能留供川省之用，運京之漕米，已無川米，可見川省農業已失去唐、宋時代左右京師之力量，成為支援地方財政而已。神宗以降，有司荒惰，勸農不力，水利失修，甚至淪落到無人管理，以致塘堰倒塌，無水灌溉，影響農田生產，再遇荒災，川糧更無法供給本省所需，盜賊尋起，流民四出，地方官又無招撫整建農村措施，演至農村經濟崩潰，飢民四竄。如同崇禎十三年戍守內江城縣令繆沅所言，內江雖有「石城湯池，帶甲百萬，然無糧」，則不可戰，不可守，賊寇逼境，將固不可枵腹，要求地方鄉紳捐助軍餉，力保鄉曲，此外繆沅最擔心的是「貪官亡聊之民，尤為心膂之患，萬一變生肘腋，身家且不可知也。」〔註7〕觀其後，四川窮民變亂迭起，再加上梟雄一呼，農民相聚為亂，更加速川省社會動盪，地方政府財政更加枯竭，更無經費戡定民亂，終為民亂所拖垮，足見繆沅之擔心，是有道理的。

當然移民墾荒措施不當，導致農業生產破產，是農村經濟崩潰最主要因素，而明廷其他措施，諸如賦役不均，役民過甚，土貢繁苛，川木科擾，亦為促成農村經濟崩潰的幫凶。蓋隨著明中葉以降政治的腐敗，明廷對社會控制能力不斷地降低，土地兼併日趨嚴重，大量土地掌握在蜀府、宗藩、鄉宦地主手中，官僚豪紳地主們常利用政治上的特權轉嫁賦役，影響到朝廷稅收，逋賦百出，地方官為收齊逋賦，硬加諸於見在農戶身上，農民無法負擔重賦，或投獻於官僚豪紳以自保，或流移他鄉，朝廷賦稅收入更少，造成私家日富，公家日貧，富者田連阡陌，競相奢侈誇富，貧者卻無立錐之地，啼饑號寒，社會貧富懸殊，階級日益矛盾，衝突日甚，焉有不亂之理。朝廷若於此時，採取撫民安民政策，予民休息之機會，且針對弊端加以改進，積極推展農經政策，以振時弊，或許還能拯救即將崩潰之四川農村經濟，但是朝廷非但不採取此策，反而變本加厲地剝削窮苦農民，人民窮於應付，尤其是神宗中葉以降，大興土木，役民過甚，民更喪其樂生，且播事方殷，民苦於征戰運餉，經濟已瀕臨破產邊緣，當時川省「司庫已竭，無可動支，人民又逃亡，又難加賦」，治蜀已成為無米之炊。〔註8〕但朝廷並未寬鬆其朘削川民措施，反又派稅使四出搜括，礦使剛至蜀地，每年僅括十萬餘金，其後搜

〔註7〕《鄧陣紀略》頁623，627，〈修繕〉。
〔註8〕程正誼《宸華堂集》卷六，頁6～12，〈答李旭山問蜀事機宜〉。

括多端,視舊額不啻百倍,成為蜀中一大苦。〔註9〕時人余繼登曾言,蜀人採木,有砍伐及運木苦;採礦,則有供給及賠累之苦;榷稅,則有搜括及攘奪之苦,「歲進礦銀什七,此小民之膏脂,差官之私橐不與焉。」經此三苦役之後,川省已到「府庫空虛,閭里蕭條,公私無遺,上下俱困」的地步。〔註10〕工科給事中王德完也提出採木、榷使、徵播等三大苦役,採木已至「剝民膏脂,戕民壽命」;榷使四出,凡自「市井場鎮絲布米鹽食店酒沽,下及菜傭草履,無不有稅」,太監私抽又超出額進之外,估計朝廷收稅約佔十之二、三,稅官私取,則十之八、九。當時商人自蘇州入蜀,「一舟經三十餘關,一貨抽三十餘處,商人不惟斬其息,且折其舟錢,咸疾首不樂江湖,吞聲而不通貨賄」;征播之「兵馬經過,人民逃竄,盧舍盡燬,村落無煙」,兵馬不經之處,則「協濟凋疲,骨立難支,居行兩困。」三苦迭見,川省已到「十室九空」之境地,王德完遂建議皇帝撤回稅監,待播平十年後,予民更生休息之機會,再開始採木。疏入不報,神宗依然委派榷使四出,採木如舊,置民生疾苦於不顧。〔註11〕至萬曆三十六年(1608),事隔九年,蜀地「瘡痍未起,溝瘠未蘇,家懸磬,人枵腹,岌岌殆矣。」〔註12〕稅監收稅如昔,川撫喬壁星遂向朝廷陳述川省自萬曆初年以來,如征伐九絲、松潘、建昌、馬湖、威茂疊溪、防播、禦虜、平倭,及平播改流善後,和營建等諸役,無歲不用兵加餉,多者數十萬兩,少亦不下六、七萬兩,經此搜括,蜀中已成空國,再加上天災,演至「男不得安耕,女不得安織,戾氣怨聲,播騰噴薄,不逃竄四方,則轉死溝壑」,請求停止,以便全力應付採木之舉。其後喬壁星更毫不諱言地指出,荒旱之後,川民競相流移,不見朝廷有招撫流民之策,反而變本加厲地剝削,是「激饑民滋事端」,國恐不保,請朝廷停止聚斂。然皇上並未答應,祇允許從丁糧起派夫銀,以助大工,當時川民「比屋無儲,窮徹骨髓」,再行加派,人民生活更苦。〔註13〕天啓之時,全國之力,悉集於遼事,國內空虛,奢崇明以援遼為名,據重慶造反,朝廷調

〔註 9〕 同前註。

〔註 10〕 余繼登《淡然軒集》(《四庫全書珍本》五集,文淵閣本,台北:商務印書館,民國 62 年)頁 9～11,〈止礦稅疏〉。

〔註 11〕 《皇明經世文編》〈王都諫奏疏〉。卷之一,頁 6～12,〈四川異常困苦之賜特恩以救倒懸疏〉。

〔註 12〕 喬壁星《喬中丞奏議》卷十一,頁 89～93,〈請免遍稅疏〉。

〔註 13〕 前引書,卷四,頁 14～17,〈請停稅務撤稅使疏〉,卷八,頁 87～91,〈請留稅銀疏〉,卷九,頁 36,40,〈請留稅採木疏〉。

大軍入川，需餉二百萬，地方苦餉無所出，更苦於兵災馬亂，農耕無時，更加速川省社會經濟崩潰之地步。尤其是崇禎以降，農村已破產至極點，流民四出，以致川省百姓十室九空，地方不靖，徒爲流寇創造叛亂之本錢。

　　民亂迭起，經年累月的軍費支出，更拖垮川財稅收入，尤其是萬曆以降，此現象愈顯，如萬曆初年征九絲，及二十八年平播及其善後費用，如營建兩宮費用，大約數百萬兩，據當時工科給事中王德完所言，營建兩宮大木之銀，共三百萬兩，多數加派，庫發者僅十有二；征播之銀四百萬兩，朝廷支發尙不足十分之五，其餘皆各府州縣搜括，各府州縣庫在在告匱，民間也因加派在在告竭。〔註14〕萬曆朝，何年不用兵，何年不加餉，凡此數役，多者數百萬兩，次者約十萬兩，少亦不下六、七萬，加上採木、榷使等費用，素稱殷富的川省，已成空國。〔註15〕天啓時，奢崇明之亂，消耗財力更是空前未有的，據四川監察御史吳尙默所言：奢崇明發難後，朝廷見徵不足，且預徵；額派不足，且加派，三年內，已不啻「剜肉及心，浚膚及肌，瓶罍俱罄，計不復出，百姓皆不顧田產，離鄉背井，流移他鄉。」〔註16〕平定奢崇明之亂的將軍朱燮元也提出諫言，他說蜀連年用兵，公私俱困，庫藏括而又括，錢糧借而又借，小民忧離未復，膏恤盡罄，不戢自焚，最爲可慮，請求撤兵，以省民力。〔註17〕奢崇明亂後，蜀地殘破州縣十有三，川省已到「問兵無兵，問餉無餉」的財政困窘地步。朝廷本該撤兵，然而崇禎以降，民亂更加速迭起，非但無法撤兵以省民力，反而更要募兵以平亂民，更加重地方財政負擔，雖財政支出無數據可查，但崇禎十六年（1643）時，張獻忠將攻蜀，石砫女官秦良玉曾圖全蜀形勢，請巡按劉之漱，增兵分守夔州十三隘，以防張獻忠攻蜀，劉之漱頗贊成此計劃，但因連年用兵，財政困竭，無募兵之餉，請蜀王贊助，又爲蜀王所拒，不久，張獻忠攻蜀，因十三隘無人防守，張獻忠如入無人之境。〔註18〕足見，萬曆以降，連綿不斷的民亂，及勦勘民變的軍事支出，兩相交迭下，更加速川省財政破產，人民流離四出，導致朝廷無力回

〔註14〕　《皇明經世文編》〈王都諫奏疏〉。卷一，頁 83～12 採木榷使征播，及顏季亨《九十九籌》（明天啓庚申刊本）卷五，頁 8～10。

〔註15〕　《喬中丞奏議》卷八，頁 87～90，〈請留稅銀疏〉，卷十，頁 44～50，〈執奏黔中議抽兵餉疏〉。

〔註16〕　《西臺摘疏》不分卷，頁 1～5，〈蜀中情形疏〉。

〔註17〕　《皇明經世文編》〈朱司馬疏草〉，卷之一，頁 15～17，〈恭報蘭地善後機宜疏〉。

〔註18〕　沈荀蔚《蜀難敍略》頁 1～2。

天，明朝在川省政權遂不保。

至於當時日漸富庶的官僚鄉紳集團，在朝廷財政破產，地方農村崩潰後，其下場亦相當悽慘。此一鄉紳官僚集團，利用封建特權，法律上的漏洞，不僅豪奪了大批土地，且隱庇了大量民戶，使他們脫離朝廷控制，雖無割據之名，但有割據之實。地方官對官僚鄉紳們爲害鄉里，獨霸一方行爲，噤若寒蟬，且隨著朝廷對地方控制力量的薄弱，更增加集團的影響力，所以無法完賦農民及流民競相投靠他們，這種情形，至崇禎年間，更加明顯，據巡按馬如蛟所言，川民競相將田產投勢豪家，下至監生吏丞，無不受之者，致有壟斷鄉曲之虞，馬如蛟奏請「禁掛名、清戶役、明產業、勵廉恥、嚴法律、革官丁、禁橫役、正名分、入考成、約宗室」等十款，嚴行永禁投獻，以釐清時弊，皇帝亦令部院參酌勒成憲規，以致「巡方可展風力，有司不敢循私，以稱朝廷鋤強恤民至意。」朝廷立意良好，但投獻依然，可見此一鄉紳集團力量鞏固，已非一紙上皇令所能動搖的。〔註 19〕此一鄉紳官僚集團，平日搜括民膏民脂，豪強暴虐，左右官府，壟斷鄉曲，在農村崩潰後，其下場如何，今以蜀王府爲例，略加敘述。

萬曆以降，四川經濟已顯現敗象，流民四出求食，素稱殷富的蜀王府，並未見賑恤流民之舉，四川地方政府每年供給蜀府所需，未曾斷絕，據時人張瀚遊四川時在其〈西遊記〉一文中記載：「蜀王府，富甲諸王，以一省稅銀，皆供蜀府，不輸天儲也。」〔註 20〕張瀚記載，稍嫌誇大，但可證明當地方政府財政日漸困竭，百姓生活困苦之時，蜀王府仍然富甲四方。因貧富懸殊愈來愈大，加上蜀府巧取豪奪，至崇禎四年（1631）夏，終於爆發了百姓和蜀府鬥爭之事，雖爲地方官所安輯，然而此貧富懸殊造成的階級矛盾，並未引起蜀府的警戒，適度地捐獻財物，以濟日漸枯竭的地方財政，以幫助地方防備民亂爆發及流民入侵。崇禎七年（1654）二月，張獻忠自楚犯蜀，被擊敗，退守秦楚間時，此時蜀王猶泄泄然，不知遠慮，成都令吳繼善曾建議蜀王急召境內各官諮詢，發帑金以贍戍卒，散朽粟以慰飢民，蠲積逋以免流離溝壑，募民兵以守隘，結夷目以資援，如此則政教內修，聲勢旁振，可

〔註 19〕 《崇禎長編》卷三七，頁 24，崇禎 3 年 8 月壬申，及《錦里新編》卷四，頁
　　　　 5～7，劉道貞曹勳合傳，及《邛州志》（光緒 34 年，中研院史語所善本）卷
　　　　 三四，頁 24～26，〈劉道貞行誼〉。
〔註 20〕 張瀚《松窗夢語》卷二，頁 15～19，〈西遊記〉。

易危爲安，轉禍爲福。〔註 21〕然而蜀王不爲所動，非但不用其策，早日防守流寇之計，反而與王妃們飲酒作樂，吟詩作詞於麗春軒，十五年（1642），端午節，在浣花溪上，競渡龍舟，粉製畫舫，攜妃同行，笙歌夾岸。直到十六年（1643）李自成肆寇西北，張獻忠大創東南，四方土賊迭起，瘟疫盛行，斗米千錢，死亡滿地，王始憂鬱成疾，無意於聲色。〔註 22〕十七年（1644）六月初八，獻忠進兵涪州，蜀王請濟師，但爲時已晚，蜀王謀遷於滇，按臣劉之澂怕引起人心渙散，不讓他走。〔註 23〕此時之澂及內江王至澍勸蜀王，發王府貨財，招募死士，向東殺賊，王又不聽。〔註 24〕其後城中，一日數驚，王懼，方出財招募，人皆白金五十兩，應募者皆遊手好閒無賴，方受金登裨，各懷銀棄城而去，故流寇一至，無一人禦之。〔註 25〕八月九日，張獻忠軍隊下成都，蜀王率王妃及宮人等沉於宮中八甬井，全部財產，悉爲張獻忠所有，若其能早一點接受成都令吳繼善之策，或許下場不致如此悽慘。當然，明季那一批官僚土豪劣紳的下場皆和蜀王府一樣，身家性命財產，悉爲民亂者所充公。〔註 26〕其他縉紳，民亂方起，競相逃亡，如張獻忠兵至重慶，城中鄉紳，俱先以家口逃出城外，未及逃出城者，皆爲張獻忠所拘捕，罰其捐餉錢，皆以萬計，少亦數千，捐款後，諸縉紳大都爲張獻忠所殺，以致大多數州縣，經明季民亂後，邑中諸縉紳，香煙俱絕。〔註 27〕當然也有些鄉紳官僚集團，張獻忠入蜀後，聯合家族抵抗張獻忠的政權，如營山縣文泌一族，自明末川省亂起，就部署族中子弟千人，教以進退之軍事訓練，以抵抗搖黃之亂及張獻忠政權，其後爲鄉殉職。又如西充李兆，張獻忠入蜀，家居茸城垣練兵，儲粟捐金募鄉勇，固守家鄉。但類此保鄉衛國，抵抗入侵

〔註 21〕　《明史》卷二九五，列傳一八三，忠義七，頁 7565，及《錦里新編》，頁 552，562，及《遂寧縣志》（乾隆 52 年刊本）卷十二雜志上，頁 15～20 人〈合傳張懋文〉，《成都縣志》〈清嘉慶 20 年，史語所善本〉，卷五，頁 88～89，〈明吳繼善上蜀王至澍書〉。

〔註 22〕　同前註。

〔註 23〕　同前註。

〔註 24〕　同註 21。

〔註 25〕　同註 21 及《富順縣志》（清同治 11 年刊本，中研院史語所善本）卷三十三，頁 6～14，楊鴻基《蜀難紀實》。

〔註 26〕　同前註。

〔註 27〕　《明季南略》卷十二，頁 35～36，〈張獻忠亂蜀本末〉，及沈荀蔚《蜀難敍略》上，頁 5，及《光緒井研縣志》（嘉慶 17 年刊本，中研院史語所善本）卷四六，頁 60。

亂民者，的確給當時混亂的社會，帶來一股捍衛的力量，也給張獻忠政權帶來無情的打擊，本文因篇幅所限，等待來日，將以鄉紳集團對川省政治、經濟、社會的運作爲題目，作一專題研究，以便分析鄉紳集團對明代四川政權的影響力。〔註 28〕

（四）

明代四川民變迭起，除了政治、經濟制度不健全，和軍事制度瓦解，無力戍守追擊亂民等因素外，又有四個特點，值得研究民變史家的注意，一則民變的迭起，和四川的封閉地形，有密切關連，蓋四川地形險塞，山水襟束，自相藩籬，江山四基，關陝孤開，可守一當百。境內有豐富的人力、物力資源，足可以立國圖存，天下動亂之際，英雄豪傑割據，盜兵不敢西窺，所立政權，都維持比較長久。四川雖擁有物產豐富，地形鞏固，易守難攻等有利政權延存條件地形，但非坐守之地，易言之，以四川資源爭衡天下，「上足以爲王，下足以爲霸」，但恃險坐守，雖能延宕一時，一旦中原一統後，必致敗亡，所謂「天下未亂蜀先亂，天下已定，蜀後定」是最好寫照，蓋險塞難阻的地形，寇盜動亂最佳保障，也是官兵征伐最大障礙，這種地形布滿四川境內，是川省多盜寇重要因素之一；二則民變幾乎起源流竄於湖廣、陝西、四川三省山內地區；三省山內地區，地均犬牙相錯，長林深谷，往往跨越三省邊境，難以劃界，其地非但山高，且物產豐富，常爲官兵巡防所不及。自明初以來，即爲流民聚集之地，川省官員又無招撫流民奇策，流民遂常年蟄伏山中，一遇荒災，往往搶糧殺民，至爲慘烈，一互官兵追擊，又逃入深山老林，出沒無常，官兵防不勝防，弘治、正德、嘉靖、隆慶年間，巨寇皆釀於此地，思宗崇禎年間，流賊更以此爲根據，流竄於川陝湖廣三省之間；三則地理偏遠地區，官府管轄不到，常淪爲盜窟；這種避遠官府管轄不到淪爲盜窟，以土司地區較爲嚴重，其中又以都掌蠻、播州、永寧等地，爲少數民族擁有著，明廷王法有所不及，故常釀成大禍；四則民變幾乎出現於天災之後，有司之未能體恤民瘼，災民四出求食，變亂遂生，從神宗萬曆到崇禎年間，四川災荒連年，朝廷賑災無策，飢民四出，徒爲民亂製造良機。

從太祖洪武六年一月，蠻酋編張等變亂筠連州起，至思宗崇禎十七年十一月，張獻忠據蜀，前後二百餘年，民亂和少數民族動亂次數大約二百三十

〔註 28〕《營山縣志》（乾隆 8 年刊本，故宮善本）卷四，頁 74～76，李以寧〈文學公傳〉。

二次，當中以成都、重慶二府各占百分之十七，比例最高，此二府為川省開發最早，政治較容易控制地區，但民亂相對著也較頻繁，可見民亂並未隨著政治容易控制而減少，此值得民亂專家注意者；另一民亂發生較多地區為敘州府，占百分之十三，此地區和山都掌蠻接鄰，神宗前，變亂無時，待初川撫曾省吾戡平後，其亂遂止；夔州府占百分之十，保寧占百分之九；三省山內地區占百分之五，蓋這些地區或毗鄰邊疆民族，或靠近陝西、湖廣，地廣山深，較難控制，民亂次數多；此外松潘占百分之六，遵義占百分之四，均與邊方民族動亂有關。

（五）

民亂發生次數最多地區，也是遭受災難最多地區，兵馬經過，人民逃竄，廬舍盡毀，村落無煙。家屠戮，屍溝瘠，十足人間悲劇。從正德藍鄢亂起，至明末，四川無時無刻，不遭兵禍。明人文集，如徐敷詔《徐定庵先生文集》及熊過《南沙先生文集》，一再強調兵燹是川省經濟走上凋敝，人民流移轉死，不知息所的最主要原因。尤其是神宗征播以後，又繼之以兵荒頻見，採榷不休，導致財盡民窮，公私交困，帑藏處處空虛，官府動輒捉襟見肘。〔註29〕兵災演至經濟破產，農民流移四出之慘相，如非親自目睹，很難憑空想象得知。當時川省在兵寇擾攘下，首見於土田荒蕪，廢耕廢食，農村徹底破產。土田荒蕪，糧食無出，導致糧價高昂，斗米值四、五十兩，與明清正常糧價一石一兩相比較，低者高達四十倍，高者竟達三百倍，在此高昂米價下，能苟全性命者，寥寥無幾。米價高昂，無米可食，遂易子析骸，競相食人肉，以苟喘生命於亂世，其後瘟疫、饑饉、犬虎之毒等天災地荒，相繼并興，百年生靈，蕩然無存，足見民亂破害力之強。

明季遺民張懋文在〈蜀難紀略後評〉一文中論及張獻忠叛亂之事，提及張獻忠本是一介饑民，其始（剛發難時），「無發粟之謀臣」，其既也（勢力擴大）「無鳴鼓之智士」；其歸命（投降）「既昧於羈靡」，其颺去（復叛），又「失於撲滅」，導致狼奔豕突，喋血千城。」從此文中可窺出民變爆發之因果關係，首先是經濟殘破，流民饑饉，四處流移，有司無賑恤招撫之良策，遂群起作亂，待亂事一起，朝廷又無智勇之文武大將，足以戡定民亂，其後更因「勦撫用之不當」，撫之又無羈靡之法，勦之又無實力，即降之，又縱之，徒給予民亂製造

<hr>

〔註29〕《徐定庵先生文集》卷十三，頁55～56，及《南沙先生文集》卷三，頁12～22，〈安蜀亭碑計〉，及《萬曆四川總志》卷十，頁47～55。

—213—

叛亂時機，待時機成熟，其勢不止，遂攻城掠地，屠殺生靈，造成地方殘破。張獻忠失敗後，其餘眾競相竄起，四處燒殺搶掠淫辱，川省守土之臣，又無恢復圖舉之策，以致千里煙火斷絕，各地義勇，又自相魚肉，殺掠而死者，十倍於賊。總之，張戀文已道出民變爆發之前因後果，足爲治國者之殷鑑。〔註30〕

附圖五　明代四川行政區域圖

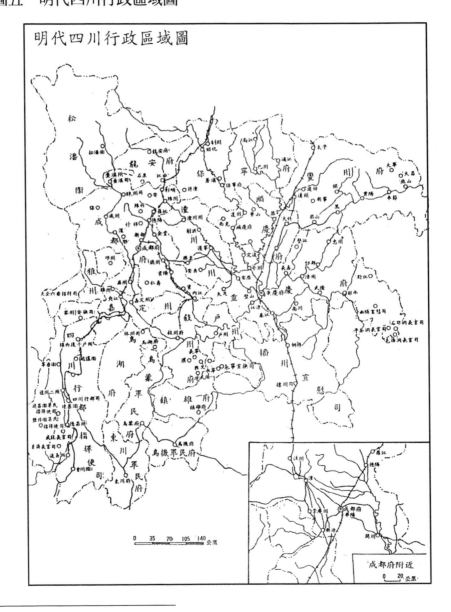

明代四川行政區域圖

〔註30〕　《遂寧縣志》（乾隆 52 年刊本，故宮普舊），雜記上，頁 21～22，張戀文〈蜀難紀略後評〉。

徵引書目

壹、重要史料

1. 《西軒效唐集錄》，丁養浩〔明〕，十二卷，《四部分類叢書集成》三編之一八，《武林往哲遺著》第八函，台北：藝文印書館，民國 60 年。

2. 《忠肅集》，于謙〔明〕，十三卷，《四庫全書珍本》四集，文淵閣本，台北：台灣商務印書館印，民國 61 年。

3. 《少保于公奏議》，于謙〔明〕，十卷，《百部叢書集成》三編之一八，武林往哲遺著第一二函，台北：藝文印文館，民國 60 年。

4. 《通雅》，方以智〔明〕，五十二卷，《四庫全書珍本》三集，文淵閣本，台北：台灣商務印書館景印，民國 60 年。

5. 《遜志齋集》，方孝孺〔明〕，二十四卷，《四庫全書》一二五三冊一七四。

6. 《學圃齋隨筆》，文元發〔明〕，十五卷，舊鈔本，國立中央圖書館公藏善本書微捲（以下簡稱中圖微捲）。

7. 《長物志》，文震亨〔明〕，十二卷，《百部叢書集成》之十一，《硯雲甲乙編》二，清乾隆金忠淳輯刊，道光蔡氏紫梨華館重雕本，台北：藝文印書館，民國 55 年。

8. 《古今事物考》，王三聘〔清〕，八卷，《百部叢書集成》之六一，《續知不足齋叢書》，清高承勳輯，台北：藝文印書館，民國 56 年。

9. 《隴蜀餘聞》，王士禎〔清〕，不分卷。

10. 《弇山堂別集》，王世貞〔明〕，一百卷，明萬曆庚寅孟冬穀旦金陵鐫行，台北：台灣學生書局，民國 54 年 5 月初版。

11. 《弇州史料前集》，王世貞〔明〕，三十三卷，明楊鶴雲萬曆間刊本，國立中央圖書館公藏善本書（以下簡稱中圖善本）。

12. 《弇州史料後集》，王世貞〔明〕，七十卷，明萬曆間刊本，中圖善本。

13. 《王奉常集》，王世懋〔明〕，六十九卷，明萬曆 17 年吳郡王氏家刊本，中圖善本。

14. 《具茨集》，王立道〔明〕，十四卷（詩五卷，文集八卷，遺稿一卷），《四庫全書珍本》六集，文淵閣本，台北：台灣商務印書館景印，民國 64年。

15. 《鹽法議略》，王守基〔清〕，不分卷，《百部叢書集成》之六八，《滂喜齋叢書》第二函，據清光緒潘祖蔭輯刊《滂喜齋叢書》本景印，台北：藝文印書館，民國 56 年。

16. 《蘭江集》，王在晉〔明〕，二十二卷，明萬曆 28 年序刊本，漢學研究資料中心七十一年度蒐集流佚海外古籍景照本（以下簡稱漢學影本）。

17. 《王廷相集》，王廷相〔明〕，全四冊，北京：中華書局出版，1989 年 9月第一版。

18. 《敬所王先生文集》，王宗沐〔明〕，三十卷，明萬曆 2 年福建巡按劉良弼刊本，中圖微捲。

19. 《兼山遺稿》，王崇文〔明〕，二卷，附行實一卷，明嘉靖 32 年曹縣刊本，中圖微捲。

20. 《端溪先生集》，王崇慶，孔天胤〔明〕編，八卷，明嘉靖 31 年建業張蘊校刊本，中圖微捲。

21. 《白崖奏議》，王元〔明〕，明嘉靖 38 年序刊本，漢學影本。

22. 《烏衣集》，王宇〔明〕，四卷，明天啓 4 年刊本，漢學影本。

23. 《念初堂集（王雅川全集）》，王材〔明〕，四十八卷，清雍正 5 年刊本，漢學影本。

24. 《續文獻通考》，王圻〔明〕，明萬曆間刊本，台北：文海出版社影印。

25. 《抑菴文集》，王直〔明〕撰，王禎〔明〕編，十三卷，後集三十七卷，《四庫全書珍本》八集，文淵閣本，台北：台灣商務印書館景印，民國66 年。

26. 《重編王文瑞公文集》，王直〔明〕撰，劉教編，四十卷，明隆慶 2 年王有霖刊本，中圖善本。

27. 《王公奏稿》，王恕〔明〕，六卷，明嘉靖 26 年序刊本，漢學影本。

28. 《王端毅公奏議》，王恕〔明〕，十五卷，《四庫全書珍本》五集，文淵閣本，台北：台灣商務印書館景印，民國 62 年。

29. 《青崖奏議》，王萱〔明〕，七卷，明嘉靖 7 年王氏家刊本，中圖微捲。

30. 《樗全集》，王畿〔明〕，六卷，明刊本，漢學影本。

31. 《王忠文集》，王禕〔明〕撰，劉傑、劉同〔明〕編，二十四卷。

32. 《方麓集》，王樵〔明〕，十六卷，《四庫全書珍本》三集，文淵閣本，台北：台灣商務印書館景印，民國 60 年。

33. 《方麓居士集》，王樵〔明〕，十四卷，《戊申筆記》一卷，《紫薇堂劄記》

一卷，明萬曆間刊崇禎 5 年補刊墓誌銘本，中圖微捲。

34. 《梧山王先生集》，王縝〔明〕，二十卷，明刊本，中圖微捲。

35. 《緱山先生集》王衡〔明〕，二十七卷。

36. 《震澤集》，王鏊〔明〕，三十六卷，《四庫全書珍本》五集，文淵閣本，台北：台灣商務印書館景印，民國 62 年。

37. 《洞麓堂集》，尹臺〔明〕，十卷，《四庫全書珍本》五集，文淵閣本，台北：台灣商務印書館景印，民國 62 年。

38. 《敬事草》，孔貞運〔明〕，五卷，明崇禎間原刊本，中圖微捲。

39. 《雲蕉館紀談》，孔邇〔明〕，《百部叢書集成》之十七，《稗乘》，明萬曆孫幼委校刊，台北：藝文印書館，民國 56 年。

40. 《古菴毛先生文集》，毛憲〔明〕，十卷，明嘉靖 41 年武進毛氏家刊清代補修，中圖微捲。

41. 《熊峰集》，石瑤〔明〕，十卷，《四庫全書珍本》三集，文淵閣本，台北：台灣商務印書館景印，民國 60 年。

42. 《古歡堂集》，田雯〔清〕，三十七卷，附《黔書》二卷，《四庫全書珍本》二集，文淵閣本，台北：台灣商務印書館景印，民國 59 年。

43. 《黔書》，田雯〔清〕，四卷，《百部叢書集成》之六十四，《粵雅堂叢書》三十六函，台北：藝文印書館，民國 54 年。

44. 《申忠愍詩集》，申佳胤〔明〕，六卷，《四庫全書》一二九七，集二三六。

45. 《沱村先生集》，史褒善〔明〕，六卷，明萬曆 33 年澶州史氏家刊本，中圖微捲。

46. 《痛餘雜錄》，史惇〔明〕編，不分卷，《百部叢書書成》之六十一，《知不足齋叢書》，清高承勳輯，台北：藝文印書館，民國 56 年。

47. 《南中紀聞》，包汝楫〔清〕，《百部叢書集成》之三一，《硯雲甲乙編》，清乾隆金忠淳輯刊，道光蔡氏紫梨華館重雕本，台北：藝文印書館，民國 55 年。

48. 《明善齋集》，江以達〔明〕，十四卷，明隆慶 3 年紀振東刊本，中圖微捲。

49. 《吏部考功司題稿（上中下）三冊》，吏部考功司〔明〕，台北：偉文圖書出版有限公司，民國 66 年 9 月。

50. 《艾熙亭先生文集》，艾穆〔明〕，十卷，明平江艾日編刊本，中圖微捲。

51. 《雲石堂集》，成靖之〔明〕，二十四卷，明崇禎間刊本，中圖微捲。

52. 《御制平西蜀文》，朱元璋〔明〕，《百部叢書集成》之十六，《紀錄彙編》，明萬曆沈節甫輯，陽羨陳于庭刊，台北：藝文印書館，民國 55 年。

53. 《懷園睿製集》，朱申〔明〕，十卷，明成化 13 年序刊本，漢學影本。

54. 《皇明留臺奏議》，朱吾弼〔明〕等編，二十卷，明萬曆 33 年原刊本，中圖善本。

55. 《湧幢小品》，朱國禎〔明〕，三十二卷，《筆記小說大觀》正編第三冊，台北：新興書局影印。

56. 《明詩綜》，朱彝尊〔清〕，一百卷，《四庫全書》一四五九～一四六〇集 398～399。

57. 《白雲稿》，朱右〔明〕，五卷，《四庫全書珍本》二集，文淵閣本，台北：台灣商務印書館景印，民國 59 年。

58. 《覆瓿集》，朱同〔明〕，七卷，《附錄》一卷，《四庫全書珍本》初集，文淵閣本，台北：台灣商務印書館景印，民國 58 年。

59. 《茂邊紀事》，朱紈〔明〕，一卷，明嘉靖間刊《金聲玉振集》，中圖微捲。

60. 《朱文懿公奏疏》，朱賡〔明〕，十二卷，明刊本，中圖微捲。

61. 《獻園睿製集》，朱椿〔明〕，十七卷，明成化 2 年序刊本，漢學影本。

62. 《簡齋朱公願學稿》，朱鑑〔明〕，四卷，清雍正年間刊本，漢學影本。

63. 《說學齋稿》，危素〔明〕，四卷，《四庫全書珍本》三集，文淵閣本，台北：台灣商務印書館景印，民國 60 年。

64. 《太函集》，汪道昆〔明〕，一二〇卷，明萬曆 19 年金陵刊本，中圖微捲。

65. 《玄扈樓集》，汪道昆〔明〕，不分卷，清稿本，中圖微捲。

66. 《粵西叢載》，汪森〔清〕，三十卷，《筆記小說大觀》二十九編第十冊，台北：新興書局影印，民國 64 年。

67. 《敬事草略》，沈一貫〔明〕，十九卷，明刊本，漢學影本。

68. 《雪堂集》，沈守正〔明〕，十卷，《附錄》一卷，明崇禎庚午（三年）武林沈氏家刊本，中圖微捲。

69. 《野獲編（附補遺）》，沈德符〔明〕，三十卷，《百部叢書集成》之二四，《學海類編》第十七函，台北：藝文印書館，民國 56 年。

70. 《石田詩選》，沈周〔明〕撰，華汝德編，十卷，《四庫全書》一二四九，集一八八。

71. 《止止齋集》，沈演〔明〕，七十卷，明崇禎 6 年刊本，漢學影本。

72. 《青霞集》，沈練〔明〕撰，王元敬〔明〕編，十一卷，《四庫全書珍本》五集，文淵閣本，台北：台灣商務印書館景印，民國 62 年。

73. 《南京都察院志》，祁伯裕〔明〕，四十卷，明天啓 3 年序刊本，漢學影本。

74. 《豚翁隨筆（上，下）》，祁駿佳〔明〕，《百部叢書集成》之七十二，《仰視千七百二十九鶴齋叢書》第二函，清光緒中會稽趙之謙輯刻，台北：藝文印書館，民國 54 年。

75. 《秋涇筆乘》，宋鳳翔〔明〕，《百部叢書集成》之二十四，《學海類編》甲，台北：藝文印書館，民國 56 年。

76. 《天工開物》，宋應興〔明〕，十八卷，香港，中華書局香港分局，1978 年 5 月港一版。

77. 《西隱集》，宋訥〔明〕，十卷，《四庫全書珍本》三集，文淵閣本，台北：台灣商務印書館景印，民國 60 年。

78. 《宋金齋文集》，宋諾〔明〕，四卷，明萬曆間世選開封刊本，中圖微捲。

79. 《太霞洞集》，杜文煥〔明〕，三十二卷，《附錄》二卷，明天啓間原刊本，中圖微捲。

80. 《平播全書》，李化龍〔明〕，十三卷，《叢書集成初編》第一二〇冊，台北：新文豐出版社，民國 74 年元月初版。

81. 《星壁集》，李光縉〔明〕，七卷，明崇禎 10 年溫陵諸葛刊本，中圖微捲。

82. 《李文節集》，李廷機〔明〕，二十八卷，台北：文海出版社，民國 59 年 3 月初版。

83. 《李文節集》，李廷機〔明〕，二十八卷，明崇禎間刊本，中圖微捲。

84. 《明熹宗七年都察院實錄》，李長春〔明〕，四冊，據國立北平圖書紅格鈔本微捲景印，台北：國立中央研究院歷史語言研究所（北下簡稱史語所）校勘，民國 55 年 4 月印行。

85. 《明熹宗實錄》，李長春〔明〕，八十七卷，據國立北平圖書館紅格鈔本微捲景印，台北：史語所校勘，民國 55 年 4 月印行。

86. 《天問閣集（上中下）》，李長祥〔明〕，《百部叢書集成》之七十二，《仰視千七百二十九鶴齋叢書》第二函，光緒中會稽趙之謙輯，台北：藝文印書館，民國 54 年。

87. 《懷麓堂筆》，李東陽〔明〕，一百卷，《四庫全書》一二五〇，集一八九。

88. 《大明會典》，李東陽、申時行〔明〕等，二百二十八卷，台北：文海出版社，民國 53 年 3 月再版。

89. 《龍江船廠志》，李昭祥〔明〕，八卷，明嘉靖 32 年刊本，台北：國立中央圖書館出版，民國 74 年 12 月台初版。

90. 《古廉文集》，李時勉〔明〕，十一卷，《附錄》一卷，《四庫全書珍本》三集，文淵閣本，台北：台灣商務印書館景印，民國 60 年。

91. 《崇禎朝記事》，李遜之〔明〕，四卷，《四部分類叢書集成》三編之十七，《常州先哲遺書》第一函，台北：藝文印書館，民國 60 年。

92. 《蜀雅》，李調元〔清〕，二十卷，《百部叢書集成》之三十七，函海十四，清乾隆李調元輯刊本，道光李朝夔重修補刊，台北：藝文印書館，民國 57 年。

93. 《井蛙雜記》，李調元〔清〕，十卷，《筆記小說大觀》十九編第九冊，台北：新興書局影印。

94. 《骨董志》，李調元〔清〕，十二卷，《筆記小說大觀》十二編，台北：新興書局影印。

95. 《落落齋遺集》，李應昇〔明〕，十卷，南明嘉興錢士升等校刊，清初印本，中圖微捲。

96. 《天香閣隨集》，李介〔明〕，二卷，《百部叢書集成》之六十四，《粵雅堂叢書》第二函，清咸豐伍崇曜校刊，台北：藝文印書館，民國54年。

97. 《言事記略》，李植〔明〕，六卷，明刊本，漢學影本。

98. 《見聞雜誌》，李樂〔明〕，十一卷，台北：偉文圖書出版有限公司，民國66年9月。

99. 《古穰集》，李賢〔明〕撰，程敏政編，三十卷，《四庫全書珍本》二集，文淵閣本，台北：台灣商務印書館景印，民國59年。

100. 《古穰雜錄》，李賢〔明〕，《百部叢書集成》之七，《歷代小史》卷九十四，台北：藝文印書館，民國55年。

101. 《清江詩集十卷》，貝瓊〔明〕，《四庫全書》一二二八，集一六七。

102. 《西臺摘疏》，吳尚默〔明〕，不分卷，《百部叢書集成》之九十八，《涇川叢書》第二函，清道光趙紹祖等校刊，台北：藝文印書館，民國56年。

103. 《四夷廣記》，吳愼懋〔明〕，不分卷。

104. 《啟禎兩朝剝復錄》，吳應箕〔明〕，十卷，《四部分類叢書集成》續編之十四，《貴池先哲遺書》二，台北：藝文印書館，民國60年。

105. 《留都見聞錄》，吳應箕〔明〕，不分卷，《四部分類叢書集成》續編之十四，《貴池先哲遺書》第三函，台北：藝文印書館，民國60年。

106. 《樓山堂集》，吳應箕〔明〕，二十七卷，《百部叢書集成》之六十四，粵雅堂叢書第十六函，台北：藝文印書館，民國54年。

107. 《萬曆疏鈔》，吳亮〔明〕，二十七卷，明萬曆己酉（37年）萬全刊本，中圖善本。

108. 《家藏集》，吳寬〔明〕，七十七卷，《四庫全書》一二五五集一九四。

109. 《游蜀日記》，吳燾〔清〕，二卷，《後記》一卷，《心中雜識》一卷，中圖微捲。

110. 《吳文肅摘稿》，吳儼〔明〕，四卷，《四庫全書珍本》三集，文淵閣本，台北：台灣商務印書館景印，民國60年。

111. 《涇野先生文集》，呂柟〔明〕撰，徐紳等編，三十六卷，明嘉靖34年眞定府于德昌刊本，中圖微捲。

112. 《益部談資》，何宇度〔明〕，不分卷，《百部叢書集成》之二十四，《學海類編》二十五，台北：藝文印書館，民國 56 年。

113. 《聖主中興全盛錄》，何光顯〔明〕，三卷，《兼三錄》四卷，《聖主中興四年辛未大曆》一卷，明崇禎刊本，漢學影本。

114. 《皇祖四大法》，何棟如〔明〕，十二卷，明萬曆甲寅（42 年）江東何氏原刊本，國立中央圖書館藏本，台北：台灣學生書局影印，民國 75 年 6 月初版。

115. 《勘處播州事情疏》，何喬新〔明〕，《百部叢書集成》十六函，《紀錄彙編》，明萬曆沈節甫輯陽羨陳于廷刊，台北：藝文印書館，民國 55 年。

116. 《椒邱文集》，何喬新〔明〕，三十四卷，《四庫全書珍本》五集，文淵閣本，台北：台灣商務印書館景印，民國 62 年。

117. 《名山藏》，何喬遠〔明〕，全二十冊，明崇禎 13 年刊本景印，台北：成文出版社有限公司，民國 61 年 1 月台一版。

118. 《何文定公文集》，何瑭〔明〕，十一卷，明萬曆 8 年澶州知州張申鴻刊本，中圖微捲。

119. 《柏齋集》，何瑭〔明〕，十一卷，《四庫全書珍本》六集，文淵閣本，台北：台灣商務印書館景印，民國 64 年。

120. 《淡然軒集》，余繼登〔明〕撰，馮琦編，八卷，《四庫全書珍本》五集，文淵閣本，台北：台灣商務印書館景印，民國 62 年。

121. 《陸學士先生遺稿》，余繼登〔明〕，十六卷，明萬曆 36 年郭一鶚等浙江刊本，中圖微捲。

122. 《明史紀事本末》，谷應泰〔清〕，八十卷，台北：三民書局，民國 58 年 7 月初版。

123. 《博物要覽》，谷應泰〔清〕撰，李調元輯，十六卷，《百部叢書集成》之三十七，《函海》十函，據清乾隆李調元輯刊《函海》本影印，台北：藝文印書館，民國 57 年。

124. 《宗子相集》，宗臣〔明〕，十五卷，《四庫全書珍本》六集，文淵閣本，台北：台灣商務印書館景印，民國 64 年。

125. 《志異續編》，青城子〔清〕，四卷，《筆記小說大觀》正編第九冊，台北：新興書局影印。

126. 《井丹先生集》，林大春〔明〕，十八卷，明萬曆 19 年潮陽林氏家刊本，中圖微捲。

127. 《方齋存稿》，林文俊〔明〕，十卷，舊鈔本，中圖微捲。

128. 《皇明政紀彙編》，林太乙〔明〕，十卷，清寫本，漢學影本。

129. 《禮部志稿》，林堯俞〔明〕等纂修，俞汝楫等編纂，一百卷，《四庫全書》五九九～五九八，史三五五～三九六。

130. 《林東城集》，林春〔明〕，二卷，明嘉靖 25 年孔文谷浙江刊本，中圖微捲。

131. 《見素集》，林俊〔明〕，二十八卷，《奏議》七卷，《續集》十二卷，《四庫全書珍本》五集，文淵閣本，台北：台灣商務印書館景印，民國 62 年。

132. 《林登州集》，林弼〔明〕，二十三卷，《四庫全書珍本》四集，文淵閣本，台北：台灣商務印書館景印，民國 61 年。

133. 《容春堂前集》，邵寶〔明〕，二十卷，《後集》十四卷，《續集》十八卷，《別集》九卷，《四庫全書珍本》五集，文淵閣本，台北：台灣商務印書館景印，民國 62 年。

134. 《明太祖文集》，明太祖〔明〕撰，姚士觀，沈鐵〔明〕編校，二十卷。

135. 《澹志齋集》，周如磐〔明〕，十四卷，明萬曆 47 年序刊本，漢學影本。

136. 《芻蕘集》，周是修〔明〕，六卷，《四庫全書珍本》四集，文淵閣本，台北：台灣商務印書館景印，民國 61 年。

137. 《涇林集》，周復俊〔明〕，八卷，明嘉靖間張文柱校刊本，中圖微捲。

138. 《全蜀藝文志》，周復俊〔明〕，六十四卷。

139. 《名義考》，周祈〔明〕，十二卷，《四庫全書珍本》五集，文淵閣本，台北：台灣商務印書館景印，民國 62 年。

140. 《垂光集》，周璽，一卷，《四庫全書珍本》五集，文淵閣本，台北：台灣商務印書館景印，民國 62 年。

141. 《頌天臚筆》，金日開〔明〕，二十四卷，明崇禎己巳刊本，國立中央圖書館藏本，台北：台灣學生書局印行，民國 75 年 6 月。

142. 《金文靖集》，金幼孜〔明〕，十卷，《四庫全書珍本》二集，文淵閣本，台北：台灣商務印書館景印，民國 59 年。

143. 《七修類稿》，郎瑛〔明〕，五十一卷，《筆記小說大觀》三十三編。

144. 《姜鳳阿文集》，姜寶〔明〕，三十八卷，明刊本，漢學影本。

145. 《衢村集》，范嵩〔明〕撰，張雲漢編，六卷，明刊本，漢學影本。

146. 《石民未出集》，茅元儀〔明〕，二十卷，明天啓間東海茅氏刊彙印本，中圖善本。

147. 《白堂樓藏稿》，茅坤〔明〕撰，姚翼編，十一卷，《續稿》十五卷，《吟稿》十卷，明嘉靖 43 年萬曆 11 年刊本，中圖微捲。

148. 《河州景忠錄》，胡秉虔〔清〕撰，《藝海珠塵》癸集，《百部叢書集成》之三十五，台北：藝文印書館，民國 57 年。

149. 《少室山房集》，胡應麟〔明〕撰，江湛然輯，一百二十卷，《四庫全書珍本》十二集，文淵閣本，台北：台灣商務印書館景印。

150. 《少室山房筆叢正集》，胡塵麟〔明〕，三十二卷，《四庫全書》八八六，子一九二。

151. 《衡廬精舍藏稿》，胡直〔明〕，三十卷，《四庫全書珍本》四集，文淵閣本，台北：台灣商務印書館景印，民國 61 年。

152. 《見只編》，姚士麟〔明〕，三卷，《百部叢書集成》之九十七，《鹽邑志林》第三函，明天啓樊維城輯刊，台北：藝文印書館，民國 56 年。

153. 《元明事類鈔》，姚之駰〔清〕，四十卷，《四庫全書珍本》初集，文淵閣本，台北：台灣商務印書館景印，民國 58 年。

154. 《姚孟長全集》，姚希孟〔明〕，元十三卷，明崇禎間蘇州張叔籟刊本，中圖微捲。

155. 《姚文敏公遺稿》，姚夔〔明〕，十卷，明弘治間桐廬姚氏家刊本，中圖微捲。

156. 《東泉文集》，姚鏌〔明〕，八卷，明嘉靖 26 年梧州府同知姚尚經刊本，中圖微捲。

157. 《仲蔚先生集》，俞允文〔明〕，二十四卷，《附錄》一卷，明萬曆 10 年休寧程善定刊本，中圖微捲。

158. 《禮部志稿》，俞汝〔明〕，一百卷，《四庫全書珍本》初集，文淵閣本，台北：台灣商務印書館景印，民國 58 年。

159. 《存漢錄》，高斗樞〔明〕，不分卷，《百部叢書集成》之七十二，《仰視千七百十九鶴齋叢書》第二函，光緒中會稽趙之謙輯，台北：藝文印書館，民國 54 年。

160. 《蘇門集》，高叔嗣〔明〕，八卷，《四庫全書珍本》六集，文淵閣本，台北：台灣商務印書館景印，民國 64 年。

161. 《蘇門集》，高叔嗣〔明〕，八卷，明嘉靖 42 年毛愷揚州刊本，中圖微捲。

162. 《鴻猷錄》，高岱〔明〕，不分卷，《百部叢書集成》之十六，《紀錄彙編》，台北：藝文印書館。

163. 《高文襄公集》，高拱〔明〕，四十四卷，明萬曆 42 年序刊本，漢學影本。

164. 《掌銓題稿》，高拱〔明〕，三十四卷，明隆慶間原刊本，中圖微捲。

165. 《高文端公奏議》，高儀〔明〕，十卷，明萬曆辛丑（29 年）錢塘高氏家刊本，中圖微捲。

166. 《垣署四六存稿》，唐文燦〔明〕，七卷，明萬曆刊本，漢學影本。

167. 《荊山集》，唐順之〔明〕，十二卷，《四庫全書》一二七六，集二十五。

168. 《漁石集》，唐龍〔明〕，四卷，《百部叢書集成》之九十五，《金華叢書》第二十一函，清同治光緒間胡鳳丹輯利，台北：藝文印書館，民國 57 年。

169. 《漁石集》，唐龍〔明〕，四卷，明嘉靖間刊本，中圖微捲。

170. 《懷星堂集》，祝允明〔明〕，三十卷，《四庫全書珍本》六集，文淵閣本，台北：台灣商務印書館景印，民國 64 年。

171. 《蠡勺編》，凌揚藻〔清〕，四十卷，《百部叢書集成》之九十三，《嶺南遺書》第十二函，清道光伍崇曜校刊，台北：藝文印書館，民國 57 年。

172. 《林衣集》，秦舜昌〔明〕，八卷，明天啓 3 年馮元仲編刊本，中圖微捲。

173. 《淮海史隱稿》，秦懋德〔明〕，六卷，明萬曆 16 年序刊本，漢學影本。

174. 《東谷贅言》，敖英〔明〕，《百部叢書集成》十八函，《寶顏堂秘笈》第十六函，明萬曆中繡水沈氏自齋刊本，台北：藝文印書館，民國 54 年。

175. 《馬端肅奏議》，馬文升〔明〕，十二卷，《四庫全書珍本》五集，文淵閣本，台北：台灣商務印書館景印，民國 62 年。

176. 《馬文莊公文集選》，馬自強〔明〕，十五卷，《附錄》一卷，明萬曆 42 年關中馬氏家刊本，中圖微捲。

177. 《披垣封事》，馬思理〔明〕，三冊，明崇禎刊本，漢學影本。

178. 《東洲初稿》，夏良勝〔明〕，十四卷，明嘉靖間建昌府推官危德校刊本，中圖微捲。

179. 《明太宗實錄》，夏原吉〔明〕，三百七十四卷，據國立北平圖書館紅格鈔本微捲景印，台北：史語所校勘印行，民國 57 年 6 月。

180. 《明通鑑》，夏燮〔清〕，九十卷，台北：世界書局，民國 51 年 11 月初版。

181. 《高陽集》，孫承宗〔明〕，二十卷，清順治 12 年孫之芳閩中嘉慶間印本，中圖微捲。

182. 《文簡集》，孫承恩〔明〕，五十八卷，《四庫全書珍本》二集，文淵閣本，台北：台灣商務印書館景印，民國 59 年。

183. 《白谷集》，孫傳庭〔明〕，五卷，《四庫全書珍本》十集，文淵閣本，台北：台灣商務印書館景印，民國 68 年。

184. 《宗伯集》，孫繼〔明〕，十卷，《四庫全書珍本》四集，文淵閣本，台北：台灣商務印書館景印，民國 61 年。

185. 《皇明疏鈔》，孫旬〔明〕，七〇卷，明萬曆甲申（12 年）兩浙都轉運鹽使司刊本，國立中央圖書館藏本，台北：台灣學生書局影印，民國 75 年 6 月。

186. 《西菴集》，孫蕡〔明〕，九卷，《四庫全書珍本》六集，文淵閣本，台北：台灣商務印書館景印，民國 64 年。

187. 《孫毅菴奏議》，孫懋〔明〕，二卷，《四庫全書珍本》三集，文淵閣本，台北：台灣商務印書館景印，民國 60 年。

188. 《具茨晁先生詩集》，晁沖之〔宋〕，一卷，明嘉靖間開州晁氏寶文堂寫刊本，中圖善本。

189. 《國賦紀略》，倪文璐〔明〕，一卷，《百部叢書集成》之二四，《學海類編》九函，據清曹溶輯，陶越增訂《學海類編》景印，台北：藝文印書館，民國56年。

190. 《倪文貞集》，倪元璐〔明〕，十七卷，《四庫全書》二二九七，集二三六。

191. 《青谿漫稿》，倪岳〔明〕，二十四卷，《四庫全書珍本》十集，文淵閣本，台北：台灣商務印書館景印，民國68年。

192. 《倪文僖集》，倪謙〔明〕，三十二卷，《四庫全書珍本》十二集，文淵閣本，台北：台灣商務印書館景印。

193. 《五邊典則》，徐日久〔明〕，二十四卷，明崇禎3年序刊本，漢學影本。

194. 《皇明經世文編》，徐孚遠、陳子龍、宋徵璧〔明〕等編，三十卷，明崇禎年間平露堂刊本影本，台北：國風出版社，民國53年11月。

195. 《職方疏草》，徐明鑒〔明〕，十三卷，明刊本，漢學影本。

196. 《鳩茲集》，徐時進〔明〕，八卷，明萬曆間刊本，中圖微捲。

197. 《徐定庵先生文集》，徐敷詔〔明〕選，徐紹吉編，二十一卷，明萬曆44年刊本，中圖微捲。

198. 《國朝典彙》，徐學聚〔明〕，二百卷，台北：台灣學生書局，民國54年元月初版。

199. 《世廟識餘錄》，徐學謨〔明〕，二十六卷，據國立中央圖書館藏明萬曆徐氏家刊本景印，台北：國風出版社，民國54年9月10日出版。

200. 《玉芝堂談薈》，徐應秋〔明〕，三十六卷，《四庫全書珍本》十集，文淵閣本，台北：台灣商務印書館景印，民國68年。

201. 《山堂萃稿》，徐問〔明〕，十六卷，明嘉靖20年常州知府張志選刊本，中圖微捲。

202. 《明名臣琬琰錄》，徐紘〔明〕，二十四卷，《續錄》二十卷，《四庫全書珍本》六集，文淵閣本，台北：台灣商務印書館景印，民國64年。

203. 《青藤書屋文集》，徐渭〔明〕，三十卷，《百部叢書集成》之六十，《海山仙館叢書》。

204. 《徐氏筆精》，徐燉〔明〕，八卷，《四庫全書珍本》十集，文淵閣本，台北：台灣商務印書館景印，民國68年。

205. 《御選明臣奏議》，清乾隆46年敕編，四○卷，《四庫全書珍本》九集，文淵閣本，台北：台灣商務印書館景印。

206. 《梁端肅公奏議》，梁材〔明〕，十四卷，明萬曆37年序刊本，漢學影本。

207. 《遵聞錄》，梁億〔明〕，《百部叢書集成》之六，明萬曆中高鳴鳳輯刊本，

台北：藝文印書館，民國 54 年。

208. 《鬱洲遺稿》，梁儲〔明〕，八卷，《四庫全書珍本》四集，文淵閣本，台北：台灣商務印書館景印，民國 61 年。

209. 《少華山人文集》，許宗魯〔明〕，十五卷，《續集》十五卷，明嘉靖 25 年關中刊本，中圖微捲。

210. 《雲村集》，許相卿〔明〕，十四卷，《四庫全書珍本》二集，文淵閣本，台北：台灣商務印書館景印，民國 59 年。

211. 《黃門集》，許相卿〔明〕，十二卷，萬曆 25 年陳與郊浙江刊本，中圖微捲。

212. 《適志齋稿》，許樂善〔明〕，十卷，明天啓 5 年跋刊本，漢學影本。

213. 《蟬衣生蜀草》，郭子章〔明〕，十二卷，藍格舊鈔本，中圖微捲。

214. 《宛在堂文集》，郭之奇〔明〕，三十四卷，明崇禎 11 年刊本，漢學影本。

215. 《郭給諫疏稿》，郭尚賓〔明〕，二卷，《百部叢書集成》之九十三，《嶺南遺書》第三函，清道光伍崇曜校刊，台北：藝文印書館，民國 57 年。

216. 《對山集》，康海〔明〕撰，張治道編，九卷，《制策》一卷，明嘉靖 24 年西安知府吳孟祺刊本，中圖微捲。

217. 《圖書編》，章潢〔明〕，一百二十七卷，據明萬曆 41 年刊本影印，台北：成文出版社有限公司，民國 60 年元月台一版。

218. 《楓山章先生集》，章懋〔明〕，九卷，《百部叢書集成》之九五，《金華叢書》第三十函，據清同治胡鳳丹輯刊《金華叢書》本影印，台北：藝文印書館，民國 57 年。

219. 《梅花草堂筆談》，張大復〔明〕，十四卷，明崇禎間吳郡張氏刊清順治乙末（12 年）修補本，中圖善本。

220. 《伐檀齋集》，張元凱〔明〕，十二卷，《四庫全書珍本》二集，文淵閣本，台北：台灣商務印書館景印，民國 59 年。

221. 《翠屏集》，張以寧〔明〕，四卷，《四庫全書珍本》二集，文淵閣本，台北：台灣商務印書館景印，民國 59 年。

222. 《峴泉集》，張宇初〔明〕，四卷，《四庫全書珍本》五集，文淵閣本，台北：台灣商務印書館景印，民國 62 年。

223. 《昭甫集》，張同德〔明〕，二十六卷，明萬曆 28 年大梁張氏原刊本，中圖微捲。

224. 《張文定公全集》，張邦奇〔明〕，七十八卷，明嘉靖間刊本，中圖微捲。

225. 《錦里新編》，張邦伸〔清〕，十六卷，《筆記小說大觀》四十一編。

226. 《新校本明史》，張廷玉〔清〕，三百三十二卷，台北：鼎文書局，民國 67 年 10 月再版。

227. 《明世宗實錄》，張居正〔明〕，五百六十六卷，據國立北平圖書館紅格鈔微捲景印，台北：史語所校勘，民國 54 年 1 月刊行。

228. 《明穆宗實錄》，張居正〔明〕等，七十卷，據國立北平圖書館紅格鈔本微捲景印，台北：中研院史語所校勘，民國 54 年 11 月。

229. 《新刻張太岳先生文集》，張居正〔明〕，四十七卷，明萬曆 40 年繡谷唐國達刊本，中圖微捲。

230. 《張居來先生集》，張佳胤〔明〕，六十五卷附一卷，明萬曆 22 年序刊本，漢學影本。

231. 《芝園別集》，張時徹〔明〕，十卷，明刊本，漢學影本。

232. 《芝園外集》，張時徹〔明〕，十六卷，明嘉靖間原刊本，中圖微捲。

233. 《荊玉堂鈔》，張維禎〔明〕，十卷，明萬曆 39 年序刊本，漢學影本。

234. 《明光宗實錄》，張維賢〔明〕等，八卷，據國立北平圖書館紅格鈔本微捲景印，台北：中研院史語所校勘，民國 55 年 4 月刊行。

235. 《清署小草》，張維機〔明〕，二十卷，明崇禎 4 年刊本，漢學影本。

236. 《滇南新語》，張泓〔清〕，《百部叢書集成》三五，《藝海珠塵》第十函，清吳省蘭輯，清錢熙祚增輯本，台北：藝文印書館，民國 57 年。

237. 《小山類稿》，張岳〔明〕，二十卷，《四庫全書珍本》五集，文淵閣本，台北：台灣商務印書館景印，民國 62 年。

238. 《雲南機務鈔黃》，張紞〔清〕，不分卷，《百部叢書集成》十六函，《紀錄彙編》，台北：藝文印書館。

239. 《西園聞見錄》，張萱〔明〕，一百七卷，哈佛燕京學社印，民國 29 年。

240. 《敬軒文集》，張萱〔明〕撰，張鼎編，二十四卷，《四庫全書珍本》十二集，文淵閣本，台北：台灣商務印書館景印。

241. 《方洲集》，張寧〔明〕，二十六卷，附《讀史錄》六卷，《四庫全書珍本》三集，文淵閣本，台北：台灣商務印書館景印，民國 60 年。

242. 《方洲雅言》，張寧〔明〕，《百部叢書集成》之十八，《寶顏堂秘笈》第二十二函，明萬曆中繡水沈氏刊本，台北：藝文印書館，民國 54 年。

243. 《續黔書》，張澍〔清〕，二卷，《百部叢書集成》之六四，《粵雅堂叢書》第三十七函，台北：藝文印書館，民國 54 年。

244. 《寶日堂初集》，張鼐〔明〕，三十二卷，明崇禎己巳（2 年），中圖微捲。

245. 《松窗夢語》，張瀚〔明〕，八卷，《四部分類叢書集成》三編之一八，《武林往哲遺著》第五函，台北：藝文印書館，民國 60 年 10 月。

246. 《奚囊蠹餘》，張瀚〔明〕，二十卷，《百部叢書集成》三編之一八，《武林往哲遺著》第六函，台北：藝文印書館，民國 60 年 10 月。

247. 《皇明疏議輯略》，張瀚〔明〕等編，三十七卷，明嘉靖 30 年大名府刊

本，中圖善本。

248. 《東征紀行錄》，張瓚〔明〕，《百部叢書集成》之六，《今獻彙言》，明萬曆中高鳴鳳輯刊本，台北：藝文印書館，民國 54 年。

249. 《石隱園藏稿》，畢自嚴〔明〕，八卷，《四庫全書珍本》五集，文淵閣本，台北：台灣商務印書館景印，民國 62 年。

250. 《崇蘭館集》，莫如忠〔明〕，二十卷，明萬曆刊本，漢學影本。

251. 《莊學士集》，莊天合〔明〕，八卷，明博古堂刊本，中圖微捲。

252. 《定山集》，莊泉〔明〕，十卷，《補遺》一卷，《四庫全書珍本》九集，文淵閣本，台北：台灣商務印書館景印，民國 67 年。

253. 《蜀中名勝記》，曹學佺〔明〕，三十卷，明萬曆 46 年福清林茂之金陵刊本，中圖微捲。

254. 《蜀中廣記》，曹學佺〔明〕，一百八卷。

255. 《北臺疏草》，盛時選〔明〕，二十卷，明隆慶 6 年序刊本，漢學影本。

256. 《意見》，陳于陛〔明〕，《百部叢書集成》十八函，《寶顏堂秘笈》第十六函，明萬曆中繡水沈氏自齋刻本，台北：藝文印書館，民國 54 年。

257. 《昭代經濟言》，陳子壯〔明〕，十四卷，《百部叢書集成》之九三，《嶺南遺書》第六函，據清道光伍崇曜校刊《嶺南遺書》景印，台北：藝文印書館，民國 57 年。

258. 《二酉園文集》，陳文燭〔明〕，十四卷，續集二十三卷，明萬曆 12 年龍膺刊本，中圖微捲。

259. 《皇明世法錄》，陳仁錫〔明〕，九十二卷，國立中央圖書館公藏善本書，台北：台灣學生書局，民國 54 年元月初版。

260. 《蓬窗日錄》，陳全之〔明〕，八卷，明嘉靖 44 年山西祁縣刊本，中圖微捲。

261. 《蜀都碎事》，陳祥裔〔清〕，四卷，《筆記小說大觀》續編第八冊，台北：新興書局影印。

262. 《古今圖書集成‧方輿彙編‧職方典》，陳夢雷〔清〕，一千五百四十四卷，台北：文星書店，民國 53 年 10 月 1 日出版。

263. 《幾亭文錄》，陳龍正〔明〕，三卷，《外書》九卷，明崇辛禎末（4 年）原刊本，中圖微捲。

264. 《陳白沙集》，陳獻章〔明〕撰，湛若水校定，九卷，《附錄》一卷，《四庫全書》一二四六集一八五。

265. 《陳眉公先生全集》，陳繼儒〔明〕，六十卷，附《年譜》一卷，明崇禎間華亭陳氏家刊本，中圖微捲。

266. 《明英宗實錄》，陳文〔明〕等，三百六十一卷，據國立北平圖書館紅格

鈔本微捲景印，台北：中研院史語所校勘印行，民國 57 年 2 月二版。

267. 《禪寄續談》，陳師〔明〕，五卷，明萬曆丙申（24 年）錢唐陳氏刊本，中圖善本。

268. 《芳洲文集》，陳循〔明〕，十卷，《續編》六卷，明萬曆 21 年陳以躍建安刊本，中圖微捲。

269. 《大竹文集》，陳鼎〔明〕，三卷，《大竹遺考》一卷，明嘉靖刊本，漢學影本。

270. 《留溪外傳》，陳鼎〔明〕，十八卷，《四部分類叢書集成》三編之一七，《常州先哲遺書》第九函，台北：藝文印書館，民國 60 年。

271. 《滇黔遊記》，陳鼎〔明〕，《百部叢書集成》之二四，台北：藝文印書館，民國 56 年。

272. 《辨物小志》，陳絳、周揚〔明〕著，《百部叢書集成》之二四，《學海類編》第十九函，清曹溶輯陶越增訂，台北：藝文印書館，民國 56 年。

273. 《陸文裕公續集》，陸深〔明〕，十卷，明嘉靖 30 年雲間陸氏家刊本，中圖微捲。

274. 《儼山文集》，陸深〔明〕，一百卷，《外集》四十卷，《續集》十卷，明嘉靖雲間陸氏家刊本，中圖微捲。

275. 《蜀都雜抄》，陸深〔明〕，《百部叢書集成》十八函，《寶顏堂秘笈》，明萬曆中繡水沈氏尚白齋刻本，台北：藝文印書館，民國 54 年。

276. 《古今說海》，陸楫〔明〕，存一百三十七卷，《四庫全書》八八五～八八六，子一九一～一九二。

277. 《陸子餘集》，陸粲〔明〕，八卷，《四庫全書珍本》五集，文淵閣本，台北：台灣商務印書館景印，民國 62 年。

278. 《（新刻京本華夷風物）商程一覽》，陶承慶〔明〕，二卷，明刊本，漢學影本。

279. 《楚書》，陶晉瑛〔明〕，不分卷，《百部叢書集成》二四，《學海類編》，台北：藝文印書館，民國 56 年。

280. 《歇庵集》，陶望齡〔明〕，二十卷，《附錄》一卷，明仁和知縣喬時敏校刊本，中圖微捲。

281. 《拜環堂奏疏》，陶崇道〔明〕，二卷，舊鈔本，中圖微捲。

282. 《洹詞》，崔銑〔明〕，十二卷，《四庫全書珍本》六集，文淵閣本，台北：台灣商務印書館景印，民國 64 年。

283. 《藏山集詩十卷文二卷》，游朴〔明〕，明萬曆 45 年刊本，漢學影本。

284. 《增補（廣）智囊補》，馮夢龍〔明〕，二十八卷，《筆記小說大觀》正編第三冊，台北：新興書局影印。

285. 《北海集》，馮琦〔明〕，四十六卷，明萬曆末年雲間林氏刊本，中圖微捲。

286. 《紫園草》，曾朝節〔明〕，二十二卷，明萬曆 25 年吳楷等河東刊本，中圖微捲。

287. 《救荒備覽》，勞潼〔清〕，四卷，《附錄》一卷，《百部叢書集成》之九三，嶺南遺書第七函，清道光伍崇曜校刊，台北：藝文印書館，民國 57 年。

288. 《名臣寧攘要編》，項德楨〔明〕，五冊，明萬曆刊本，漢學影本。

289. 《楚臺疏略》，彭宗孟〔明〕，十卷，明刊本，漢學影本。

290. 《彭惠安集》，彭韶〔明〕，十卷，《附錄》一卷，《四庫全書珍本》三集，文淵閣本，台北：台灣商務印書館景印，民國 60 年。

291. 《太史屠漸山文集》，屠應峻〔明〕，四卷，《附錄》一卷，明萬曆 43 年刊屠氏家藏二集本，中圖善本。

292. 《燕峰詩鈔》，費密〔清〕，不分卷，《四部分類叢書集成》續編之九，《怡蘭堂叢書》，台北：藝文印書館，民國 59 年。

293. 《明文海》，黃宗羲〔清〕，四百八十二卷，《四庫全書珍本》七集，文淵閣本，台北：台灣商務印書館景印，民國 65 年。

294. 《千頃齋初集》，黃居中〔明〕，二十六卷，明刊本，漢學影本。

295. 《一統路程圖記》，黃汴〔明〕，八卷，明隆慶 4 年序刊本，漢學影本。

296. 《名臣經濟錄》，黃訓〔明〕，五十三卷，《四庫全書珍本》三集，文淵閣本，台北：台灣商務印書館景印，民國 60 年。

297. 《雙槐歲鈔》，黃瑜〔明〕，十卷，《百部叢書集成》之九三，《嶺南遺書》第一函，清道光伍崇曜校刊，台北：藝文印書館，民國 57 年。

298. 《久庵先生文選》，黃綰〔明〕，十六卷，明萬曆刊本，漢學影本。

299. 《黃太史怡春逸稿》，黃輝〔明〕，二卷，明萬曆末年黃氏家刊本，中圖微捲。

300. 《兩宮鼎建記》，賀仲軾〔明〕，《百部叢書集成》之二四，《學海類編》第十二函，清曹溶輯，陶越增訂，台北：藝文印書館，民國 56 年。

301. 《冬官紀事》，賀仲軾〔明〕，《百部叢書集成》一八，《寶顏堂秘笈》第二十一函，明萬曆中繡水沈氏尚白齋刻本，台北：藝文印書館，民國 54 年。

302. 《欽定續文獻通考》，嵇璜，曹仁虎〔清〕等奉敕撰，二百五十卷。

303. 《宸華堂集》，程正誼〔明〕，十卷，《續集》一卷，明萬曆 27 年華陽知縣張氏刊本，中圖微捲。

304. 《明文衡》，程敏政〔明〕編，一百卷。

305. 《篁墩文集》，程敏政〔明〕，九十三卷，《四庫全書珍本》三集，文淵閣本，台北：台灣商務印書館景印，民國 61 年。

306. 《千一疏》，程涓〔明〕，二十二卷，明萬曆己酉（37 年）黃如松閩中刊本，中圖善本。

307. 《喬中丞奏議》，喬壁星〔明〕，十卷，明萬曆 39 年序刊本，漢學影本。

308. 《國朝獻徵錄》，焦竑〔明〕，一百二十卷，台北：台灣學生書局，民國 54 年元月初版。

309. 《玉堂叢話》，焦竑〔明〕，八卷，台北：本鐸出版社，民國 71 年 2 月初版。

310. 《聞署日鈔》，舒榮都〔明〕，二十二卷，明天啓壬戌（2 年）原刊本，中圖微捲。

311. 《明神宗實錄》，溫體仁〔明〕等，五百九十六卷，據國立北平圖書館紅格鈔本微捲景印，台北：中研院史語所校勘，民國 55 年 4 月刊行。

312. 《溫恭毅公文集》，溫純〔明〕，三十卷，明崇禎 12 年西京溫氏家刊本，中圖微捲。

313. 《葉臺全集》，葉向高〔明〕，一百三十八卷，明萬曆至崇禎間遞刊本，中圖微捲。

314. 《四夷考》，葉向高〔明〕，《百部叢書集成》十八函，《寶顏堂秘笈》三函，明萬曆中繡山沈氏尚白齋刊本，台北：藝文印書館，民國 54 年。

315. 《石洞集》，葉春及〔明〕，十八卷，《四庫全書珍本》五集，文淵閣本，台北：台灣商務印書館景印，民國 62 年。

316. 《萬二愚先生遺集》，萬國欽〔明〕，六卷，明萬曆 37 年南昌萬氏家刊本，中圖微捲。

317. 《洞陽子集》，萬恭〔明〕，十八卷，《續集》七卷，《再續集》十卷，《洞陽子箋》一卷，明萬曆刊本，中圖微捲。

318. 《鞭心偶集》，葛士奇〔明〕，十五卷，清初刊本，中圖微捲。

319. 《葛端肅公文集》，葛守禮〔明〕，十八卷，明萬曆 10 年濟南知府宋應昌編刊本，中圖微捲。

320. 《集玉山房稿》，葛昕〔明〕，十卷，《四庫全書珍本》三集，文淵閣本，台北：台灣商務印書館景印，民國 60 年。

321. 《董學士泌園集》，董份〔明〕，三十七卷，明萬曆 34 年烏程董氏家刊本，中圖微捲。

322. 《明仁宗實錄》，楊士奇〔明〕等修，十卷，據國立北平圖書館紅格鈔本微捲景印，台北：中研院史語所校勘，民國 57 年 2 月二版。

323. 《明宣宗實錄》，楊士奇〔明〕等修，一百一十五卷，據國立北平圖書館

紅格鈔本微捲景印，台北：中研院史語所校勘，民國57年2月二版。

324. 《東里文集》，楊士奇〔明〕，二十五卷，《四庫全書珍本》七集，文淵閣本，台北：台灣商務印書館景印，民國65年。

325. 《東里別集》，楊士奇〔明〕，三卷，《四庫全書珍本》七集，文淵閣本，台北：台灣商務印書館景印，民國65年。

326. 《皇朝馬政記》，楊時喬〔明〕，十二卷，《四庫全書珍本》四集，文淵閣本，台北：台灣商務印書館景印，民國61年。

327. 《臨皋文集》，楊寅秋〔明〕，四卷，《四庫全書珍本》二集，文淵閣本，台北：台灣商務印書館景印，民國59年。

328. 《明氏實錄》，楊學可〔明〕，不分卷，舊鈔本，中圖善本。

329. 《升菴集》，楊慎〔明〕撰，張士佩編，八十一卷，中圖微捲。

330. 《楊忠烈文集》，楊漣〔明〕，六卷，明崇刊6年刊本，中圖微捲。

331. 《文敏集》，楊榮〔明〕，二十五卷，《四庫全書珍本》四集，文淵閣本，台北：台灣商務印書館景印，民國61年。

332. 《楊忠介集》，楊爵〔明〕，十三卷，《四庫全書珍本》五集，文淵閣本，台北：台灣商務印書館景印，民國62年。

333. 《撫滇奏草》，閔洪學〔明〕，十二卷，明天啓6年序刊本，漢學影本。

334. 《文毅集》，解縉〔明〕撰，解悅〔清〕編，十六卷，《四庫全書珍本》四集，文淵閣本，台北：台灣商務印書館景印，民國61年。

335. 《明太祖實錄》，解縉〔明〕等，二百五十七卷，據國立北平圖書館紅格鈔本微捲影印，台北：中研院史語所校勘，民國57年6月二版。

336. 《堅瓠集》，褚家軒〔清〕，六十六卷，《筆記小說大觀》續編第六冊，台北：新興書局影印。

337. 《趙寒卿文集》，趙士諤〔明〕，三卷，《撫宣疏》一卷，《署疏草》一卷，明萬曆刊本，漢學影本。

338. 《芝園文稿》，趙世顯〔明〕，三十六卷，明萬曆34年閩中趙氏原刊本，中圖微捲。

339. 《松石齋集》，趙用賢〔明〕，三十六卷，明萬曆40年海虞趙氏原刊本，中圖微捲。

340. 《□山集》，趙秉忠〔明〕，十二卷，明萬曆間刊本，中圖微捲。

341. 《趙忠毅公文集》，趙南星〔明〕，二十四卷，明崇禎11年吳橋范景文刊本，中圖微捲。

342. 《味檗齋文集》，趙南星〔明〕，十五卷，《百部叢書集成》之九四，《畿輔叢書》第十九函，清王灝輯光緒定州王氏謙德堂刊，台北：藝文印書館，民國55年。

343. 《趙文肅公文集》，趙貞吉〔明〕，二十三卷，明隆慶間原刊本，中圖微捲。

344. 《雪廬焚餘稿》，趙維寰〔明〕，十卷，《續草》二卷，明崇禎 2 年刊本，漢學影本。

345. 《南沙先生文集》，熊過〔明〕，八卷，明泰昌元年熊胤衡重刊本，中圖微捲。

346. 《葭館詩草·初草一卷》，潘之恆〔明〕，《續草》二卷，《百餘杜詩草初草》一卷，《東游詩草初草》一卷，《續草》二卷，《治城詩草初草》一卷，《泰谷詩草初草》二卷，《涉江詩草》七卷，明萬曆刊本，漢學影本。

347. 《竹澗集奏議》，潘希曾〔明〕，四卷，《四庫全書珍本》四集，文淵閣本，台北：台灣商務印書館景印，民國 61 年。

348. 《國榷》，談遷〔明〕，一百四十卷，北京：中華書局，1988 年 6 月第二次出版。

349. 《經國雄略》，鄭大郁〔明〕，十三冊，明刊本，漢學影本。

350. 《少谷集》，鄭善夫〔明〕，二十五卷，《四庫全書珍本》四集，文淵閣本，台北：台灣商務印書館景印，民國 61 年。

351. 《止齋文集》，鄭岳〔明〕，二十四卷，《四庫全書珍本》四集，文淵閣本，台北：台灣商務印書館景印，民國 61 年。

352. 《東園文集》，鄭紀〔明〕，十三卷，《四庫全書珍本》三集，文淵閣本，台北：台灣商務印書館景印，民國 60 年。

353. 《滎陽外史集》，鄭眞〔明〕，存六十三卷，《四庫全書珍本》初集，文淵閣本，台北：台灣商務印書館景印，民國 58 年。

354. 《伯仲諫臺疏草》，鄭欽、鄭銳〔明〕，《百部叢書集成》之九八，《涇川叢書》第二函，清道光趙紹祖等校刊，台北：藝文印書館，民國 56 年。

355. 《政學錄》，鄭端〔清〕，五卷，《百部叢書集成》之九四，《畿輔叢書》第四十三卷，清王灝輯，光緒定州王氏謙德堂刊，台北：藝文印書館，民國 55 年。

356. 《自知堂集》，蔡汝楠〔明〕，二十四卷，明嘉靖 37 年，德清知縣胡定刊本，中圖微捲。

357. 《可泉先生文集》，蔡克廉〔明〕，十五卷，明萬曆 7 年晉江蔡氏家刊本，中圖微捲。

358. 《中山蔡太史館閣宏辭》，蔡毅中〔明〕，三卷，明新安朱一緯重刊本，中圖微捲。

359. 《清白堂稿》，蔡獻臣〔明〕，十七卷，明崇禎年刊本，漢學影本。

360. 《林屋集》，蔡羽〔明〕，二十卷，明嘉靖間原刊本，中圖微捲。

361. 《智品》，樊玉衡〔明〕，十三卷，萬曆甲寅（42年）刊本，中圖微捲。

362. 《吹劍齋文集》，鄭宗齡〔明〕，八卷，明刊本，漢學影本。

363. 《南中奏牘》，鄧渼〔明〕，十六卷，明萬曆間雲南原刊本，中圖善本。

364. 《愼修堂集》，劉升〔明〕，二十三卷，明泰昌元年刊本，中圖微捲。

365. 《明憲宗實錄》，劉吉〔明〕等，二百九十七卷，據國立北平圖書館紅格鈔本微捲景印，台北：中研院史語所校勘，民國57年2月二版。

366. 《東川劉文簡公集》，劉春〔明〕，二十四卷，明嘉靖33年寧國刊本，中圖微捲。

367. 《兩谿文集》，劉球〔明〕，二十四卷，《四庫全書珍本》十一集，文淵閣本，台北：台灣商務印書館景印。

368. 《槎翁詩集》，劉嵩〔明〕，八卷，《四庫全書珍本》五集，文淵閣本，台北：台灣商務印書館景印，民國62年。

369. 《四素山房集》，劉鴻訓〔明〕，十九卷，附《皇華集》一卷，明崇禎16年刊，清雍正間刊本，中圖微捲。

370. 《廣陽雜記》，劉獻廷〔清〕，五卷，《筆記小說大觀》續編第九冊，台北：新興書局影印。

371. 《石瓠》，劉燮〔明〕，六卷，《四部分類叢書集成》三編之一三，《庚辰叢編》，台北：藝文印書館，民國61年。

372. 《劉蒿陽先生集》，劉繪〔明〕，二十卷，明萬曆元年銅梁張佳刊本，中圖微捲。

373. 《拙齋十議》，蕭良榦〔明〕，不分卷，《百部叢書集成》之九八，《涇川叢書》第一函，清道光趙紹祖等校刊，台北：藝文印書館，民國56年。

374. 《鄴下草》，蕭譽〔明〕，二十卷，明萬曆間楚黃蕭氏家刊本，中圖微捲。

375. 《渭崖文集》，霍韜〔明〕，十卷，明萬曆4年序刊本，漢學影本。

376. 《古園集》，盧雍〔明〕，十二卷，明崇禎6年，盧瀚刊本，中圖微捲。

377. 《錢臨江集》，錢琦〔明〕，十四卷，明萬曆32年刊本，漢學影本。

378. 《明會典》，龍文彬〔清〕，八十卷，台北：世界書局，民國52年4月二版。

379. 《霞繼亭集》，謝珽讚〔明〕，三卷，明萬曆間刊本，中圖微捲。

380. 《滇略》，謝肇淛〔明〕，十卷，《四庫全書珍本》三集，文淵閣本，台北：台灣商務印書館景印，民國60年。

381. 《密庵集》，謝肅〔明〕，八卷，《四庫全書珍本》別集，文淵閣本，台北：台灣商務印書館景印，民國62年。

382. 《四溟集》，謝榛〔明〕，十卷，《四庫全書珍本》八集，文淵閣本，台北：台灣商務印書館景印，民國66年。

383. 《薛文介公文集》，薛三省〔明〕，四卷，明崇禎間甬東薛氏刊本，中圖微捲。

384. 《滇海虞衡志》，檀萃〔清〕，十三卷，《百部叢書集成》之八七，《問影樓輿地叢書》第二函，清光緒胡思敬校刊，台北：藝文印書館，民國56年。

385. 《登陴紀略》，繆沅〔明〕，不分卷，明崇禎間刊本，國立中央圖書館藏本，台北：台灣學生書局影印，民國75年6月初版。

386. 《九十九疇》，顏季亨〔明〕，十卷，天啓庚申刊本，國立中央圖書館出版，正中書局印行。

387. 《苑洛集》，韓邦奇〔明〕，二十二卷，《四庫全書珍本》四集，文淵閣本，台北：台灣商務印書館景印，民國61年。

388. 《襄毅文集》，韓雍〔明〕，十五卷，《四庫全書珍本》四集，文淵閣本，台北：台灣商務印書館景印，民國61年。

389. 《兼濟堂集》，魏裔介〔清〕，十二卷，《百部叢書集成》之九四，《畿輔叢書》第四十四函，清王灝輯，光緒定州王氏謙德堂刊，台北：藝文印書館，民國55年。

390. 《魏文毅公奏議》，魏裔介〔清〕，三卷，《百部叢書集成》之九四，《畿輔叢書》第四十四函，清王灝輯，光緒定州王氏謙德堂刊，台北：藝文印書館，民國55年。

391. 《譚襄敏奏議》，譚綸〔明〕，十卷，《四庫全書珍本》六集，文淵閣本，台北：台灣商務印書館景印，民國64年。

392. 《整庵先生存稿》，羅欽順〔明〕，二十卷，明天啓2年羅珽化重刊本，中圖微捲。

393. 《整庵存稿》，羅欽順〔明〕，二十卷，《百部叢書集成》十六，《正誼堂全書》十三，清康熙張佰元編，清同治左宗堂增刊，台北：藝文印書館，民國57年。

394. 《圭峰集》，羅玘〔明〕，三十卷，《四庫全書珍本》四集，文淵閣本，台北：台灣商務印書館景印，民國61年。

395. 《三省山內風土雜識》，嚴如煜〔清〕，不分卷，《百部叢書集成》之八七，《問影樓輿地叢書》第二函，清光緒胡思敬校刊，台北：藝文印書館，民國56年。

396. 《殊域周咨錄》，嚴從簡〔明〕，二十四卷，據國立台灣大學圖書館藏本景印，台北：台灣華文書局。

397. 《東皋錄》，釋妙聲〔明〕，《四庫全書珍本》五集，文淵閣本，台北：台灣商務印書館景印，民國62年。

398. 《天下郡國利病書》，顧炎武〔清〕，一百二十卷，台北：廣文書局，民

國 68 年 11 月初版。

399. 《讀史方輿紀要》，顧祖禹〔明〕，一百三十卷，台北：洪氏出版社，民國 71 年 1 月出版。

400. 《嬾眞草堂集》，顧元〔明〕，五十卷，明萬曆 46 年刊本，中圖微捲。

401. 《顧文康公集》，顧鼎臣〔明〕，十七卷，《續稿》六卷，《集》四卷，明崇禎 13 年至弘光元年崑山顧氏刊本，中圖微捲。

402. 《東江家藏集》，顧清〔明〕，四十二卷，《四庫全書珍本》五集，文淵閣本，台北：台灣商務印書館景印，民國 62 年。

403. 《歐陽南野先生文集》，歐陽德〔明〕，三十卷，明嘉靖 37 年梁汝魁陝西刊本，中圖微捲。

404. 《土官底簿》，不著撰人，二卷，《四庫全書珍本》初集，文淵閣本，台北：台灣商務印書館景印，民國 58 年。

405. 《大明官制天下輿地水陸程限備覽》，不書撰者，十七卷，明刊本，漢學影本。

406. 《大明一統文武諸司衙門官制》，不書撰者，十六卷，明嘉靖 20 年焦璉刊本景印，台北：台灣學生書局，民國 59 年 12 月景印初版。

407. 《太常續考》，不書撰者，八卷，《四庫全書珍本》初集，文淵閣本，台北：台灣商務印書館景印，民國 58 年。

408. 《明崇禎實錄》，不書撰者，十七卷，據國立北平圖書館紅格鈔本微捲景印，台北：中研院史語所校勘，民國 56 年 3 月印行。

409. 《崇禎長編》，不書撰者，六十六卷，據國立北平圖書館紅格鈔本微捲景印，台北：中研院史語所校勘，民國 56 年 3 月初版。

410. 《霞山文集》，不書撰者，十卷，明刊本，漢學影本。

411. 《錢幣考》，不書撰者，《百部叢書集成》三五，《藝海珠塵》一四，台北：藝文印書館，民國 57 年。

貳、地方志

1. 《慶符縣志》，丁林聲〔清〕等纂修，二卷，清康熙 25 年清稿本，國立故宮博物院圖書文獻館公藏善本書（以下簡稱故宮善本）。

2. 《筠連縣志》，丁林聲〔清〕纂修，四卷，清康熙 25 年刊本，故宮善本。

3. 《墊江縣志》，丁蓮〔清〕纂修，八卷，清乾隆 11 年刊本，故宮善本。

4. 《蓬州志》，方旭〔清〕等纂修，十五卷，清光緒 23 年刊本，國立中央研究院歷史語言研究所公藏善本書（以下簡稱中研院史語所善本）。

5. 《峨眉縣志》，文曙〔清〕等纂修，十二卷，清乾隆 5 年刊本，故宮善本。

6. 《陝西通志》，王光庭〔明〕等撰，三十五卷首一卷，明萬曆 39 年刊本，

國立中央圖書館漢學研究中心影照海外佚存古今書目編（以下漢學影本）。

7. 《洪雅縣志》，王好音〔清〕等纂修，二十五年首一卷附圖，清嘉慶 18 年紅格套印本，中研院史語所善本。

8. 《貴州通志》，王來賢〔明〕等撰，二十四卷，明萬曆 25 年刊本，漢學影本。

9. 《成都縣志》，王泰雲〔清〕等纂修，六卷首一卷，清嘉慶 20 年刊本，中研院史語所善本。

10. 《光榮縣志》，王培旬〔清〕重纂修，三十八卷首一卷，清道光 22 年刊本，中研院史語所善本。

11. 《南充縣志》，王瑞慶〔清〕等纂修，三十卷首一卷，清道光 29 年刊本，中研院史語所善本。

12. 《犍爲縣志》，王夢庚〔清〕等纂修，十卷首一卷，清嘉慶 19 年重刊本，中研院史語所善本。

13. 《秀山縣志》，王壽松〔清〕等纂修，十四卷首一卷，清光緒 17 年刊本，中研院史語所善本。

14. 《巴縣志》，王爾鑑〔清〕纂修，十七卷首一卷，清乾隆 25 年刊本，故宮善本。

15. 《補輯石砫廳新志》，王槐齡〔清〕纂輯，十二卷，清道光 23 年刊本，中研院史語所善本。

16. 《石砫廳志》，王縈緒〔清〕纂修，不分卷，清乾隆 40 年刊本，故宮善本。

17. 《綿竹縣志》，王謙言〔清〕纂修，陸箕永增補，七卷，清康熙 60 年刊本，故宮善本。

18. 《敘州府志》，王麟祥〔清〕纂修，四十三卷首一卷末一卷附圖，清光緒 21 年刊本，中研院史語所善本。

19. 《夾江縣志》，王佐〔清〕等纂修，十二卷，清嘉慶 18 年刊本，中研院史語所善本。

20. 《江津縣志》，王煌〔清〕等重纂修，十二卷，清光緒元年刊本，中研院史語所善本。

21. 《峨眉縣志》，王燮〔清〕等纂修，十卷首一卷，清嘉慶 18 年重刊本，中研院史語所善本。

22. 《蠻司合誌（上，下）》，毛奇齡〔清〕，台北：廣文書局，民國 57 年 1 月初版。

23. 《宜賓縣志》，平廷鼎〔清〕等纂修，六卷，清康熙 25 年刊本，故宮善本。

24. 《瀘州直隸州志》，田秀栗〔清〕等纂修，十二卷附圖，清光緒 8 年刊本，中研院史語所善本。

25. 《遂寧縣志》，田朝鼎〔清〕等纂修，八卷首一卷，清乾隆 11 年刊本，故宮善本。

26. 《興文縣志》，江亦顯〔清〕等纂修，六卷，清光緒 13 年修，民國 25 年重印本，台北：成文出版社中國方志華中地方三七二號影印本。

27. 《雲陽縣志》，江錫麟〔清〕等纂修，十二卷，清咸豐 4 年刊本，中研院史語所善本。

28. 《資縣志》朴懷德〔清〕等纂修，八卷，清康熙 25 年刊本，故宮善本。

29. 《重慶府志》，有慶〔清〕等纂修，九卷，清道光 23 年刊本，中研院史語所善本。

30. 《鳳縣志》，朱子春〔清〕等，十卷首一卷，清光緒 18 年刊本，故宮善本。

31. 《梁山縣志》，朱言詩〔清〕續纂修，十卷首一卷，清光緒 20 年刊本，中研院史語所善本。

32. 《隆昌縣志》，朱雲駿〔清〕纂修，二卷，清乾隆 40 年刊本，故宮善本。

33. 《酆都縣志》，朱象鼎〔清〕纂修，八卷，清康熙 49 年刊本，故宮善本。

34. 《巴州志》，朱錫穀〔清〕纂修，十卷首一卷附圖，清道光 13 年巴州州署刊本，中研院史語所善本。

35. 《梓潼縣志》，朱廉〔清〕等纂修，二卷，清乾隆 45 年刊本，故宮善本。

36. 《涪州志》，多澤厚〔清〕等纂修，十二卷，清乾隆 55 年刊本，故宮善本。

37. 《瀘州九姓鄉志》，任五采〔清〕等纂修，二卷，清光緒 7 年修傳鈔，中研院史語所善本。

38. 《九姓司志》，任履肅纂，任啟烈〔清〕原修，二卷，清乾隆間刊本，故宮善本。

39. 《犍為縣志》，沈念慈〔清〕纂修，十卷首一卷，清乾隆 52 年刊本，故宮善本。

40. 《三臺縣志》，沈昭興〔清〕重纂修，八卷，清嘉慶 19 年刊本，中研院史語所善本。

41. 《增修崇慶州志》，沈恩培〔清〕等纂修，十二卷首一卷，清光緒 3 年刊本，中研院史語所善本。

42. 《四川總志》，杜應芳〔明〕等纂修，二十七卷附圖，明萬曆 47 年刊本，國立中央圖書館公藏善本書（以下簡稱中圖善本）。

43. 《夾江縣志》，李大城〔清〕等纂修，六卷，清康熙間傳鈔本，故宮善本。

44. 《重修成都縣志》，李玉宣〔清〕等纂修，十六卷首一卷，清同治 12 年刊本，中研院史語所善本。

45. 《續修綿州直隸州志》，李在文〔清〕等纂修，五十四卷，清慶 17 年刊本，中研院史語所善本。

46. 《丹稜縣志》，李光泗〔清〕等纂修，十二卷首一卷，清乾隆 26 年刊本，故宮善本。

47. 《順慶府志》，李成林〔清〕等纂修，袁定遠增補，十卷，清康熙 25 年原刊，46 年曾補本，故宮善本。

48. 《威遠縣志》，李南暉〔清〕等纂修，八卷首一卷，清乾隆 40 年刊本，中研院史語所善本。

49. 《西充縣志》，李昭治〔清〕纂修，十二卷，清康熙 61 年刊本，故宮善本。

50. 《羅江縣志》，李桂林〔清〕等纂修，馬傳業等續纂修，三十六卷，清嘉慶 20 年修，同治 4 年續修印本，中研院史語所善本。

51. 《劍州志》，李梅賓〔清〕等纂修，二十四卷，清雍正 5 年刊本，故宮善本。

52. 《溫江縣志》，李紹祖〔清〕等纂修，三十六卷首一卷，清嘉慶 20 年刊本，中研院史語所善本。

53. 《中江縣志》，李維翰〔清〕等纂修，五卷，清康熙 54 年刊本，故宮善本。

54. 《開縣志》，李肇奎〔清〕纂修，二十七卷首一卷，清咸豐 3 年刊本，中研院史語所善本。

55. 《羅江縣志》，李調元〔清〕，十卷，《百部叢書集成》三十七函，《函海》十八函，台北：藝文印書館，民國 57 年。

56. 《營山縣志》，李榕〔清〕纂修，四卷，清乾隆 8 年刊本，故宮善本。

57. 《郫縣志》，李馨〔清〕纂增修，沈芝蘭增補，十卷，清乾隆 16 年刊，27 年增補本，故宮善本。

58. 《忠州直隸州志》，吳友篪〔清〕等纂修，八卷首一卷，民國 21 年翻印清道光 6 年鉛印本，中圖善本。

59. 《雙流縣志》，吳特仁〔清〕續纂，二卷，清光緒 20 年刊本，中研院史語所善本。

60. 《蓬溪縣志》，吳章祁〔清〕等重修纂，十六卷圖一卷，清道光 24 年刊本，中研院史語所善本。

61. 《威遠縣志三編》，吳增輝〔清〕纂修，四卷，清光緒 3 年刊本，中研院史語所善本。

62. 《章谷屯志略》，吳德煦〔清〕輯，不分卷，清同治 13 年抄本，故宮善本。

63. 《劍州志》，吳應濟〔清〕修，李榕重纂修，十卷，清同治 12 年刊本，中研院史語所善本。

64. 《理番廳志》，吳羹梅〔清〕，六卷首一卷附圖，清同治 5 年刊本，中研院史語所善本。

65. 《夔州府志》，吳潛〔明〕纂，十二卷，據天一閣藏明正德刊本，中圖善本。

66. 《華陽縣志》，吳鞏〔清〕等纂修，四十四卷首一卷，清嘉慶 21 年刊本，中研院史語所善本。

67. 《邛州直隸州志》，吳鞏〔清〕修，王來遴輯，四十六卷首一卷，清嘉慶 23 年刊本，中研院史語所善本。

68. 《涪州志》，呂紹衣〔清〕等重纂修，十五卷首一卷末一卷，清同治 9 年刊本，中研院史語所善本。

69. 《岳池縣志》，何其泰〔清〕等纂修，二十卷首一卷，清光緒元年重刊本，台北：學生書局《新修方志叢書》二三七號影本。

70. 《馬湖府志》，余承勛〔清〕纂，七卷，據天一閣藏明嘉靖刊本影印，漢學影本。

71. 《彰明縣志》，何慶恩〔清〕等纂修，五十七卷首二卷，清同治 10 年刊本，台北：學生書局新修方志叢書二三九號影本。

72. 《渠縣志》，何慶恩〔清〕等續纂修，五十二卷首一卷，清同治 3 年刊本，中研院史語所善本。

73. 《新繁縣鄉土志》，徐愼〔清〕等纂修，十卷，清光緒 33 年排印本，中研院史語所善本。

74. 《新修潼川府志》，阿麟〔清〕等纂修，三十卷，清光緒 23 年刊本，中研院史語所善本。

75. 《廣安州新志》，周宮競〔清〕重撰，四十三卷首一卷，民國 2 年鉛印本，中研院史語所善本。

76. 《新寧縣志》，周全紳〔清〕纂修，四卷，清乾隆 18 年刊本，故宮善本。

77. 《馬邊廳志略》，周斯才〔清〕編輯，六卷首一卷，清嘉慶 10 年刊本，中研院史語所善本。

78. 《衛藏通志》，和琳〔清〕撰，十六卷，《百部叢書集成》之七八，《漸西村舍叢刊本》第二函，清光緒遠昶輯刊，台北：藝文印書館，民國 59 年。

79. 《直隸瀘州志》，施廷翰〔清〕等纂修，八卷，清乾隆 24 年刊本，故宮善本。

80. 《榮昌縣志》，施學煌〔清〕增纂修，二十二卷，清光緒 9 年增刊本，中研院史語所善本（缺卷一、二）。

81. 《定遠縣志》，姜田範〔清〕等纂修，六卷附圖，清光緒元年刊本，中研院史語所善本。

82. 《資陽縣志》，范淶清〔清〕修，何華元等編，四十八卷首二卷，清咸豐 10 年刊本，中研院史語所善本。

83. 《開縣志》，胡邦盛〔清〕纂修，不分卷，清乾隆 11 年思補堂刊本，故宮善本。

84. 《富順縣志》，段玉裁〔清〕纂修，五卷首一卷，清乾隆 42 年刊本，故宮善本。

85. 《什邡縣志》，紀大奎〔清〕等續纂修，五十四卷，清嘉慶 17 年刊本，中研院史語所善本。

86. 《補纂仁壽縣原志》，姚令儀〔清〕等原修，翁植等補纂修，六卷序目一卷末一卷，清光緒 7 年補纂刻嘉慶 7 年本，中研院史語所善本。

87. 《峨邊廳輿地圖》，姚建寅〔清〕等纂修，不分卷，清光緒 7 年修傳鈔本，中研院史語所善本。

88. 《眉州屬志》，涂長發〔清〕等纂修，十九卷，清嘉慶 4 年刊本，中研院史語所善本。

89. 《荊州志》，徐嘉會〔明〕等撰，五卷，明萬曆 12 年刊本，漢學影本。

90. 《光緒井研志》，高承瀛〔清〕等纂修，四十二卷，清光緒 26 年刊本，中研院史語所善本。

91. 《西充縣志》，高培穀〔清〕等纂修，十四卷，清光緒元年刊本，中研院史語所善本。

92. 《大寧縣志》，高維嶽〔清〕等重纂修，八卷首一卷，清光緒 11 年刊本，台北：學生書局《新修方志叢書》二三六號影本。

93. 《江安縣志》，高學濂〔清〕輯，二卷，清道光 9 年刊本，中研院史語所善本。

94. 《合江縣志》，秦湘〔清〕等續纂修，五十四卷，清嘉慶 18 年刊本，中研院史語所善本。

95. 《雲陽縣志》，秦覺〔明〕纂，二卷，據天一閣藏明嘉靖刊本影印，台北：新文豐出版公司《天一閣明代方志選刊》影印本。

96. 《高縣志》，敖立榜〔清〕等纂修，五十四卷，清同治 5 年刊本，台北：成文出版社中國方志叢書華中地方三九〇號影印本。

97. 《仁壽縣新志》，馬百齡〔清〕等纂修，八卷，清道光 17 年刊本，中研院史語所善本。

98. 《越雟廳志》，馬忠良〔清〕原纂，馬湘等續纂，孫鏽等增修，十二卷，清光緒 32 年鉛印本，中研院史語所善本。

99. 《續修羅江縣志》，馬傳業〔清〕等纂修，二十四卷，清同治 4 年刊本，中研院史語所善本。

100. 《墊江縣志》，夏夢鯉〔清〕等纂修，十卷附圖，清道光 8 年刊本，中研院史語所善本。

101. 《夔州府志》，恩成〔清〕等重纂修，三十六卷首一卷附圖，清道光 7 年刊本，中研院史語所善本。

102. 《灌縣志》，孫天寧〔清〕纂修，十二卷首一卷附圖，清乾隆 51 年刊本，中研院史語所善本。

103. 《新都縣志》，孫真儒〔清〕等纂修，五十四卷，清嘉慶 21 年刊本，國立中央圖書館臺灣分館公藏善本書（以下簡稱中圖分館善本）。

104. 《遂寧縣志》，孫海〔清〕等纂修，六卷首一卷，清光緒 4 年刊本，中研院史語所善本。

105. 《東鄉縣志》，孫海〔清〕纂修，二卷，清乾隆 6 年寫本，故宮善本。

106. 《灌縣鄉土志》，徐昱照〔清〕等纂修，二卷，清光緒 32 年刊本，中研院史語所善本。

107. 《內江縣志》，徐思溫〔清〕等續纂修，十五首一卷，清光緒 9 年刊本，中研院史語所善本。

108. 《內江縣志》，徐嘉霖〔清〕等纂修，二卷，清康熙 25 年刊本，故宮善本。

109. 《保寧府志》，徐雙桂〔清〕等纂修，六十二卷，圖考一卷，補遺一卷，清道光元年刊本，中研院史語所善本。

110. 《閬中縣志》，徐繼鏞〔清〕等纂修，八卷，清咸豐元年刊本，中研院史語所善本。

111. 《南溪縣志》，翁紹海〔清〕纂修，十卷，清道光 20 年刊本，中研院史語所善本。

112. 《營山縣志》，翁道均〔清〕增纂修，三十卷，清同治 9 年刊本，中研院史語所善本。

113. 《洪雅縣志》，郭世芬〔清〕等續纂修，十二卷首一卷，清光緒 10 年刊本，中研院史語所善本。

114. 《青神縣志》，郭世芬〔清〕等續纂修，五十四卷，清光緒 3 年刊本，中研院史語所善本。

115. 《永川縣志》，許曾蔭〔清〕等續纂修，十卷首一卷，清光緒 20 年刊本，中研院史語所善本。

116. 《壁山縣志》，寇用平〔清〕等重纂修，十卷首一卷末一卷，清同治 4 年刊本，中研院史語所善本。

117. 《雅州府志》，曹掄彬〔清〕修，曹掄翰輯，十六卷，清嘉慶 16 年補刊乾隆 4 年本，中研院史語所善本。

118. 《會理州志》，曹溶哲〔清〕纂，不分卷，清乾隆年間鈔本，故宮善本。

119. 《雲陽縣志》，曹源邦〔清〕纂修，四卷，清乾隆 11 年刊本，故宮善本。

120. 《廣安縣志》，曹蘊錦〔清〕纂修，八卷，清雍正 11 年鈔本，故宮善本。

121. 《黔江縣志》，張緒章〔清〕等纂修，五卷首一卷，清光緒 20 年刊本，台北：學生書局《新修方志叢書》二三二號影印本。

122. 《續修新繁縣志》，張文珍〔清〕等纂修，十六卷首一卷附圖，清同治 12 年刊本，中研院史語所善本。

123. 《長壽縣志》，張永熙〔清〕重修，十卷，清光緒元年刊本，中研院史語所善本（缺卷八，九）。

124. 《洪雅縣志》，張可述〔明〕纂，五卷，據天一閣藏明嘉靖刊本影本，中圖善本。

125. 《潼川州志》，張世雍〔明〕纂，五十四卷，據明萬曆 47 年序刊本景照，中圖善本。

126. 《安縣志》，張仲芳〔清〕纂修，四卷，清乾隆 54 年刊本，故宮善本。

127. 《富順縣志》，張利貞〔清〕等纂修，三十八卷，清道光 70 刊本，中研院史語所善本。

128. 《新都縣志》，張奉書〔清〕等纂修，十八卷首一卷，清道光 24 年刊本，中研院史語所善本。

129. 《潼川府志》，張松孫〔清〕等纂修，十二卷首一卷，清乾隆 51 年刊本，中研院史語所善本。

130. 《蓬溪縣志》，張松孫〔清〕等纂修，八卷，清乾隆 51 年刊本，故宮善本。

131. 《蓬溪縣志》，張松孫〔清〕等纂修，十二卷，清乾隆 51 年刊本，故宮善本。

132. 《重修梓潼縣志》，張香海〔清〕等纂修，六卷附圖，清咸豐 8 年刊本，中圖善本。

133. 《嘉定州志》，張能麟〔清〕等纂修，五卷，清康熙 6 年鈔本，故宮善本。

134. 《重修昭化縣志》，張紹齡〔清〕重纂修，四十八卷，清同治 3 年補刊本，故宮善本。

135. 《屏山縣志》，張曾敏〔清〕等纂修，八卷首一卷，清乾隆 43 年刊本，故宮善本。

136. 《丹稜縣鄉土志》，張景旭〔清〕等纂修，不分卷，清光緒 32 年官書報局排印本，中研院史語所善本。

137. 《廣元縣志》，張賡謨〔清〕纂修，十三卷首一卷，清乾隆 22 年刊本，中研院史語所善本。

138. 《彭山縣志》，張鳳翥〔清〕纂修，七卷，清乾隆 22 年德風堂刊本，故宮善本。

139. 《資陽縣志》，張德源〔清〕纂修，十六卷首一卷，清乾隆 30 年刊本，故宮善本。

140. 《彭縣志》，張龍甲〔清〕等重纂修，十三卷首一卷末一卷附圖，清光緒 4 年刊本，中研院史語所善本。

141. 《漢州志》，張珽〔清〕纂修，十四卷首一卷，清乾隆 11 年刊本，故宮善本。

142. 《增修萬縣志》，張琴〔清〕等纂修，三十六卷首一卷，清同治 5 年刊本，中研院史語所善本。

143. 《續漢州志》，張超〔清〕等纂修，二十四卷，清同治 8 年刊本，中研院史語所善本。

144. 《眉州屬志》，張漢〔清〕纂修，五卷首一卷，清康熙 56 年刊本，故宮善本。

145. 《蜀典》，張澍〔清〕編，十二卷，清光緒 2 年尊經書院重刊本，中研院史語所善本。

146. 《大足縣志》，張澍〔清〕撰，四卷，原藍格鈔本，中研院史語所善本。

147. 《威遠縣志》，陳汝秋〔清〕纂修，六卷，清嘉慶 18 年刊本，光緒 3 年重印本，中研院史語所善本。

148. 《射洪縣志》，陳廷鈺〔清〕等重纂修，十八卷首一卷，清嘉慶 24 刊本，中研院史語所善本。

149. 《安岳縣志》，陳其寬〔清〕等纂修，四卷，清光緒 23 年刊本，中研院史語所善本。

150. 《潼川州志》，陳時宜〔明〕等撰，五十四卷，明萬曆 47 年刊本，漢學影本。

151. 《裏塘志略》，陳登龍〔清〕編，二卷，據清嘉慶 15 年雲凹水曲山房刊本鈔，中研院史語所善本。

152. 《達州志》，陳慶門〔清〕等纂修，四卷，清乾隆 7 年刊，12 年續增本，故宮善本。

153. 《郫縣志》，陳慶熙〔清〕等纂修，四十四卷，清同治 9 年墨韻堂刊本，中研院史語所善本。

154. 《鄰水縣志》，陳觀光〔清〕纂修，四卷，清乾隆 22 年刊本，故宮善本。

155. 《新津縣志》，陳霽學〔清〕等重纂修，四十卷首一卷，民國 11 年重拓印本，中研院史語所善本。

156. 《寰宇通志》，陳循〔明〕等撰，一百一十九卷，明景泰間內府初刊本。

157. 《增修灌縣志》，莊思恆〔清〕等纂修，十四卷首一卷附圖，清光緒 12 年刊本，中研院史語所善本。

158. 《邛州志》，戚延裔〔清〕纂修，十三卷，清康熙 33 年刊本，故宮善本。

159. 《四川通志》，常明〔清〕等重纂修，二百零四卷首二十二卷，清嘉慶 21 年刊本，中研院史語所善本。

160. 《夔州府志》，崔邑俊〔清〕等纂修，十卷，清乾隆 11 年刊本，故宮善本。

161. 《奉節縣志》，曾秀翹〔清〕等續纂修，三十六卷首一卷，清光緒 19 年刊本，中研院史語所善本。

162. 《江津縣志》，曾受一〔清〕纂修，二十卷藝文補編一卷，清乾隆 33 年刊本，故宮善本。

163. 《珙縣志》，曾受一〔清〕等纂修，十五卷首一卷，清乾隆 36 年刊本，故宮善本。

164. 《榮經縣志》，勞世況〔清〕纂修，九卷首一卷末一卷，清乾隆 10 年刊本，故宮善本。

165. 《新修成都府志》，馮任〔明〕等纂修，五十八卷附圖，明天啟元年刊本，中研院史語所善本。

166. 《蜀故》，彭遵泗〔清〕輯，二十七卷，清光緒 24 年玉元堂校刊本，中研院史語所善本。

167. 《灌記初稿》，彭洵〔清〕著，四卷，清光緒 20 年刊本，中研院史語所善本。

168. 《綿州志》，屠用謙〔清〕等纂修，十九卷，清乾隆元年刊本，故宮善本。

169. 《榮縣志》，黃大本〔清〕纂修，四卷，清乾隆 21 年刊本，故宮善本。

170. 《射洪縣志》，黃允欽〔清〕等纂修，十八卷首一卷，清光緒 12 年刊本，中研院史語所善本。

171. 《璧山縣志》，黃在中〔清〕纂修，二卷，清乾隆元年刊本，故宮善本。

172. 《井研縣志》，黃光璨〔清〕纂修，二卷，清雍正 13 年刊本，故宮善本。

173. 《四川通志》，黃廷桂〔清〕等纂修，四十七卷首一卷，清乾隆文淵閣《四庫全書》，故宮善本。

174. 《筠連縣志》，程熙春〔清〕等纂修，十六卷，清同治 12 年刊本，中研院史語所善本。

175. 《合江縣志》，葉體仁〔清〕等纂修，八卷，清乾隆 27 年刊本，故宮善本。

176. 《太平縣志》，楊汝楷〔清〕等纂修，十卷首一卷，清光緒 19 年刊本，中研院史語所善本。

177. 《蘆山縣志》，楊廷琚〔清〕等纂修，二卷，清康熙 60 年刊本，故宮善本。

178. 《樂至縣志》，楊佐龍〔清〕等纂修，不分卷，清雍正 6 年刊本，故宮善本。

179. 《保寧府志》，楊思震〔明〕纂修，十四卷附圖，明嘉靖 22 年刊本，中圖善本。

180. 《茂州志》楊迢憚〔清〕等纂修，四卷首一卷，清道光 11 年刊本，中研院史語所善本。

181. 《會理州志》，楊昶〔清〕原修，鄧仁垣重修，吳鍾崙九編，十二卷，清同治 9 年刊本，台北：成文出版社中國方志叢書華中地方三六七號影印本。

182. 《中江縣新志》，楊霈〔清〕等重纂修，八卷首一卷，清道光 19 年刊本，中研院史語所善本。

183. 《江安縣志》，雷伊任〔清〕纂修，四卷，清乾隆 28 年鈔本，故宮善本。

184. 《江北廳志》，福珠朗阿〔清〕等纂修，八卷首一卷，清道光 24 年刊本，中研院史語所善本。

185. 《南溪縣志》，福倫〔清〕等續纂修，八卷，清同治 13 年刊本，中研院史語所善本。

186. 《納谿縣志》，趙炳然〔清〕纂修，十卷，清嘉慶 18 年刊本，中研院史語所善本。

187. 《石泉縣志》，趙德林〔清〕等重纂修，十卷，清道光 14 年刊本，中研院史語所善本。

188. 《江安縣志》，趙模〔清〕等纂修，六卷，清嘉慶 17 年刊本，中研院史語所善本。

189. 《大邑縣志》，趙霖〔清〕等重纂修，二十卷，清同治 6 年刊本，中研院史語所善本。

190. 《名山縣志》，趙懿〔清〕等纂修，十五卷，清光緒 18 年刊，22 年重校本，中研院史語所善本。

191. 《樂至縣志》，裴顯忠〔清〕等重纂修，十六卷首一卷，清道光 20 年刊本，中研院史語所善本。

192. 《石泉縣志》，潘瑞奇〔清〕等纂修，不分卷，清康熙 26 年鈔本，中研院史語所善本。

193. 《安岳縣志》，鄭吉士〔清〕等纂修，三卷，清康熙 60 年刊本，故宮善本。

194. 《三臺縣志》，鄭璇〔清〕等纂修，八卷首一卷，清乾隆 51 年刊本，故宮善本。

195. 《酆都縣志》，蔣履泰〔清〕等增纂修，四卷首一卷，清光緒 19 年刊本，中研院史語所善本。

196. 《大竹縣志》，蔡以修〔清〕等重纂修，四十卷，清道光 20 年刊本，中研院史語所善本。

197. 《敘永永寧廳縣合志》，鄧元鏸〔清〕等纂修，五十四卷首一卷，清光緒 34 年刊本，故宮善本（缺卷四十九，五十）。

198. 《龍安府志》，鄧存詠〔清〕重纂修，十卷，清道光 22 年刊本，中研院史語所善本。

199. 《達縣志》，魯鳳輝〔清〕等補纂修，五十二卷，清嘉慶 20 年刊本，中研院史語所善本。

200. 《宜賓縣志》，劉元熙〔清〕等纂修，五十四卷一首，民國 21 年排印本，中圖善本。

201. 《漢州志》，劉長庚〔清〕等重纂修，四十卷首一卷末一卷，清嘉慶 17 年刊本，中研院史語所善本。

202. 《萬縣志》，劉高培〔清〕纂修，四卷，清乾隆 11 年刊本，故宮善本。

203. 《城口廳志》，劉紹文〔清〕等纂修，二十卷首一卷，清道光 24 年刊本，中研院史語所善本。

204. 《青溪縣志》，劉傳經〔清〕等纂修，四卷，清嘉慶 18 年刊本，中研院史語所善本。

205. 《崇寧縣志》，劉壇〔清〕等纂修，四卷，清嘉慶 18 年刊本，中研院史語所善本。

206. 《安岳縣志》，濮瑗〔清〕等重纂修，十六卷首一卷，清道光 16 年刊本，中研院史語所善本。

207. 《金堂縣志》，謝惟傑〔清〕等纂修，九卷首一卷末一卷，清道光 24 年補刊本，中研院史語所善本。

208. 《銅梁縣志》，韓清桂〔清〕等續修，陳昌等編，十六卷首一卷，清光緒元年刊本，中研院史語所善本。

209. 《長壽縣志》，薛祿天〔清〕等纂修，十卷，清康熙 53 年刊本，故宮善本。

210. 《太平縣志》，鐘蓮〔清〕纂修，二卷，清乾隆 60 年寫本，故宮善本。

211. 《合江縣志》，瞿樹蔭〔清〕等增纂修，五十四卷首一卷，清同治 15 刊

本，中研院史語所善本。

212. 《富順縣志》，羅廷權〔清〕等增纂修，三十八卷，清同治 11 年刊本，中研院史語所善本。

213. 《資州直隸州志》，羅廷權〔清〕等續纂修，三十卷首四卷，清光緒 2 年刊本，中研院史語所善本。

214. 《仁壽縣志》，羅定權〔清〕等纂修，十五卷首一卷，清同治 5 年刊本，中研院史語所善本。

215. 《珙縣志》，羅度〔清〕等纂修，十五卷，清光緒 9 年刊本，台北：成文出版社中國方志叢華中地方三六六號影印本。

216. 《丹稜縣志》，顧汝萼〔清〕等重纂修，十卷首一卷，清光緒 18 年刊本，中研院史語所善本。

217. 《巫山縣志》，不著撰人，不分卷，傳鈔清康熙 54 年修本，故宮善本。

218. 《仁壽全志》，不著撰人，二卷，清乾隆年間寫本，故宮善本。

219. 《打箭爐志》，不著撰人，不分卷，清乾隆間鈔本，故宮善本。

220. 《西昌縣志》，不著撰人，不分卷，清乾隆間寫本，故宮善本。

221. 《忠州志》，不著撰人，十四卷，清乾隆間鈔本，故宮善本。

222. 《慶符縣志》，不著撰人，三十七卷，清光緒年間抄本，台北：成文出版社中國方志叢書華中地方三七六影印本。

參、一般論著

（一）專　書

1. 《中國西南地理考釋》，方國瑜，上下冊，北京：中華書局出版，1987年 10 月第一版。

2. 《藏族史要》，王輔仁等編著，成都：四川民族出版社，1982 年第一版。

3. 《明代的軍屯》，王毓銓，北京：中華書局出版，1965 年 6 月第一版。

4. 《西南民族研究》第二冊，中國西南民族研究會編，《彝族研究專輯》，成都：四川民族出版社，1987 年 5 月第一版。

5. 《四川簡史》，四川簡史編寫組編著，成都：四川省社會科學院出版社 1986 年 12 月第一版。

6. 《中國民族史》，江應梁主編，上中下三冊，北京：民族出版社，1990年 10 月第一版。

7. 《四川人口史》，李世平著，成都：四川大學出版社，1987 年 10 月第一版。

8. 《中國土司制度淵源與發展史》，吳永章，成都：四川民族出版社，1988

年 5 月第一版。

9. 《羌族簡史》，羌族簡史編寫組，成都：四川民族出版社，1986 年第一版。

10. 《明清稀見史籍敘錄》，武新立，成都：新華書店發行，1983 年 12 月第一版。

11. 《中國井鹽科技史》，林元維等著，成都：四川科學技術出版社，1987 年第一版。

12. 《李自成紀年附考》，柳義南，北京：中華書局出版，1983 年 6 月第一版。

13. 《張獻忠屠蜀考辨——兼析湖廣填四川》，胡昭曦，成都：四川人民出版社，1980 年第一版。

14. 《明清彝族社會史論叢》，胡慶均，上海：上海人民出版社，1981 年 4 月第一版，1983 年 10 月 1 日第二次印刷。

15. 《四川歷史農業地理》，郭聲波，四川人民出版社，1993 年 9 月第一版。

16. 《四川城市水災史》，郭濤，成都：巴蜀書社，1989 年第一版。

17. 《西藏志》，張汝杰編輯，成都：巴蜀書社，1986 年 10 月第一版。

18. 《明清四川井鹽史稿》，張學君等，成都：四川人民出版社，1984 年第一版。

19. 《中國森林史科》，陳山榮，中國林業出版社，1983 年 12 月第一版。

20. 《茶業通史》，陳椽，農業出版社，1984 年 5 月第一版。

21. 《四川井鹽史論叢》，彭久松等編，成都：四川省社會科學院出版社，1985 年 3 月第一版。

22. 《藏族史略》，黃奮生，民族出版社，1985 年 12 月第一版。

23. 《四川茶葉通史》，賈大泉等著，巴蜀出版社，1989 年 4 月第一版。

24. 《明代政爭探源》，鄭克晟，天津古籍出版社，1988 年 12 月第一版。

25. 《元明兩代中央與西藏地方的關係》，鄧銳齡，北京：中國藏學出版社 1989 年 2 月第一版。

26. 《中國古代貨幣史》，蕭清，人民出版社，1984 年 12 月第一版。

27. 《明代驛制度》，蘇同炳，台北：中華叢書編審委員會出版，民國 58 年 6 月初版。

28. 《甘肅民族貿易史稿》，黨誠思等編，甘肅人民出版社，1988 年 5 月第一版。

29. 《中國古代史論叢》，鄭天挺等，1981 年第二輯，福建人民出版社，1981 年 9 月。

30. 《明末農民戰爭》，袁良義著，中華書局出版，1987 年 9 月北京第一次

印刷。

31. 《中國農業經濟史》，曹貫一著，中國社會科學出版社發行，1989 年 3 月第一版。

32. 《明清社會經濟結構》，姜守鵬，東北師範大學出版社，1992 年 1 月第一版。

33. 《明清時代商人及商業資本》，傅衣凌，台北：谷風出版社 1986 年 12 月。

34. 《明代南直隸賦役制度的研究》，賴惠敏，台灣大學出版委員會，民國 72 年 6 月初版。

35. 《明末農民戰爭史》，顧誠，中國社會科學出版社，1984 年 10 月第一版。

（二）

1. 〈明代馬政與邊茶〉，王宏志，《中山學術文化集刊》，第十三集。

2. 〈明清時代關中地區人口的消長〉，田培棟，《平准學刊》，四輯上冊，1989 年 2 月。

3. 〈元明清容美土司興亡史（1308～1734）〉，李焚村，《中華民國蒙藏學術會議論文集》，民 77 年 10 月。

4. 〈中國的茶葉產區及其特色〉（上，下），吳振鐸，《華學月刊》，第一三二期、一三三期，民國 72 年 1 月 21 日。

5. 〈明代烏斯藏朝貢述略〉，杜長風，《西藏研究》，1990 年第三期，頁 67～73。

6. 〈涼山土司族屬考—附論土司制下的生產關係〉，唐嘉弘，《四川大學學報叢刊》，第五輯，1980 年 5 月 20 日，頁 118～125。

7. 〈明朝前中期中央政府對藏族地區的治理〉，馬文余，《西藏研究》，第一期，1989 年。

8. 〈明清山林農木經營初探〉，陳柯云，《平准學刊》，四輯上冊，1989 年 2 月。

9. 〈中國茶葉史略〉，陳裡楳，《金陵學報》，第十卷，第一，二期，1940 年。

10. 〈打箭爐鍋庄考略〉，曾文瓊，《西藏研究季報》，第四期，1989 年，頁 15～21。

11. 〈明代的漢藏茶馬互市〉，趙毅，《中國藏學》，1989 年第三期，頁 101～117。

12. 〈明代西邊疆之茶馬市場〉，譚英華，《邊政公論》，第二卷，一二期，1943。

（三）

1. Elliot Sperling "The Szechwan-Tibet Frontier in the Fifteenth Century"

Mingstudies, No. 26（fall, 1988）, pp.37-54。

2. Jona than Spence and John Wils, Jr, *From Ming to Ching-conquest, kegion, and continuity in seventeenth　Century china.*（New Haven and London Yale University Press, 1979）。

3. Ray Huang, *Taxation and Governental Finance in sixteen-century Ming China.*（New York, Cambridge University Press, 1974）。

4. 河上光一，〈宋代四川的榷茶法〉,《史學雜誌》第 71 卷 11 期。